"海外新闻出版实录丛书"编辑委员会

主　任　蒋茂凝
副主任　陈英明
委　员（按姓氏笔画排序）
于平安　王　艳　古隆中　刘冬燕
张泽辉　张林初　陈英明　吴娣伊
李晓晔　李文清　赵海云　香江波
蒋茂凝　游　翔

·海外新闻出版实录丛书·

Haiwai Xinwen
Chuban Shilu

海外新闻 2015
出版实录

国家新闻出版广电总局进口管理司 编

中国书籍出版社
China Book Press

目 录
CONTENTS

图书

英美法德科幻作家多从大学来 /3
欧亚诸国和已故诺奖得主格拉斯 /8
《百年孤独》永远不孤独 /11
欧洲思想家出书传播中国文化 /13
英国向中国力推莎士比亚 /17
法国青年追寻"出版梦" /21
日韩俄中小学教科书必有经典古诗文 /23
日本"红本""蓝本"出版追忆 /25
日本一本股票图书的出版奇迹 /29
日本《不听话……看不懂……》出版轶事 /32
日本把《空想……》变成现实的出版奇迹 /35
日本《……"电"……》书出版往事 /39
日本《……步行的东京》出版记 /43
日本《自炊家园》为单身贵族寻找"口福" /47
日文版《谁动了我的奶酪？》出版简历 /50
日文版《富爸爸穷爸爸》畅销回头看 /54
日本《伯尔尼的尾巴》出版趣闻 /58
日本《新潮杂志书》出版奇迹 /61
境外媒体关注《中小学校园足球教材》出版 /65
美国大学历史教科书尊重历史 /68
上海《一课一练》教英国人加减乘除 /70
出书卖书读书都在"华丽转身" /73

I

报刊

跨越百年，康泰纳仕国际业务的拓展 /77
康泰纳仕十年中国路 /80
欧洲七大报纸结盟合作 /94
回顾首届"全球新闻奖"的诞生 /95
德国《明镜》周刊"3.0计划"受阻 /99
意大利记者出入"人间炼狱"三十年 /101
"洛阳纸贵"几乎压垮俄罗斯报刊业 /103
中国香港"报纸档"今昔 /104
媒体正在升格为"领导" /107
记者与战争 /111

音像

音乐节或是美国及世界音乐产业未来 /117
音乐产业复兴寄希望于流媒体 /119
美国大牌歌星自办网站"卖唱" /121
格莱美反衬美国唱片业萎缩 /123
德国不来梅有"四个音乐家" /126
德国音乐市场与中国歌手 /129
《音乐之声》"唱了"50年依然好听 /133
苏俄音乐未了金戈铁马情 /134
新"星"围绕中国"月亮"转 /136
日本热销"高仓健CD" /139
《江南Style》视频点击量突破20亿 /140
朝鲜半岛最老最潮"咏叹调" /141
马来西亚"乐动世界" /144
国外音乐人看好中国音乐节市场 /148

电影

美国总统的电影"福利" /153
好莱坞电影收益颇丰 /156
英国影视剧纠结于"统一"或"独立" /158
一片两名：俄罗斯与乌克兰争抢票房头筹 /160
印度有了第一家电影博物馆 /161
日本美食电影概览 /163
2014年韩国电影引领"抗日文化潮" /165
少了韩国味的《雪国列车》却有国际范儿 /171
朝鲜也上映4D电影 /174
外国电影走进平壤国际电影节 /176
新加坡拍摄"建国之父"电影花絮 /179
《狼图腾》"走出去"到蒙古国 /181
国外配音市场点滴 /183

电视

美日电视职业剧"很专业" /189
美日韩动物电视节目讲究分寸 /191
挪威流行"慢电视" /194
新西兰欢迎中国影视戏剧 /196
韩剧吸引美国人 /198
韩国电视台拍摄《超级中国》电视纪录片 /200
《超级中国》在韩国收视率创纪录 /204
韩国电视"过度消费孩子"对吗？ /207
国外电视养生节目没有万能药和伪大师 /209
国外电视"以险取胜"综艺节目走向衰落 /212
韩日中电视剧"走出去"到美国 /214
韩剧"走出去"在新加坡"6"六大顺 /217
中国电视剧走进非洲 /219

电台

美国之音浅吟低唱"夕阳无限好" /225
乌干达电影业与中国武术 /227
英国广播公司将"以互联网为中心" /229
英国广播公司提前"再见"彭定康 /231
得到老总批准，英国广播公司才能开玩笑 /234
挪威或成为首个取消调频广播的国家 /235
澳大利亚广播公司在华获全覆盖权 /237

电子

《电子学》月刊让摩尔定律流芳"半"世 /241
美国流行"梦幻体育"游戏 /243
硅谷融合新旧媒体或有大手笔 /244
苹果手表等于手腕计算机 /246
谷歌等或与苹果争夺智能手表市场 /249
瑞士制表商不甘心只当苹果智能手表的看客 /250
日本电子企业兴旺缘于中国手机 /252
索尼微软想让中国玩家转向电视游戏机 /253
电子书阅读效果不如纸介质书 /254
取代电子战的数字战离我们并不遥远 /256
瑞士"小布拉特"体育传媒大权卖给中国万达 /258

网络

脸书要拉《纽约时报》等纸媒入伙 /263
美国《艾伦秀》通过网络进入中国 /266
4G 还不普及的欧盟已开始钟情 5G /268
5G 移动互联网或登堂入室 /270
英德法追捧网络流行语 /273
美媒称互联网或重塑中国电影业 /277

2014年是中国手机游戏"走出去"元年 /279
网站创造新的新闻获取方式 /282
互联网让人们远离纸介质出版物 /284
互联网未来是什么样子？ /289
当心网络假新闻把主流媒体往沟里带 /291
互联网或让"假作真时真亦假"变成现实 /293

打 印

美国发明新一代3D打印机 /297
3D打印为美军打造未来"战袍" /299
美国用3D打印技术建气象站 /301
芬兰造纸业期待浴火重生 /302
西班牙公司推出3D食物打印机 /304
太空3D打印机完成首次打印 /306
汽车从3D打印机里"开"出来 /307
3D打印人造眼球或成为现实 /310
全球印刷版纸介质广告出现反弹迹象 /311
4D打印革命即将到来 /312
手写永远不可替代 /314

发 行

美国亚马逊实现机器人配货 /319
美国批准亚马逊无人机试飞送书上门 /323
从波士顿的图书馆看"美国的雅典" /324
彼得兔及其系列童话探源 /327
巴黎塞纳河畔淘书其乐无穷 /329
德国法兰克福首发《习近平谈治国理政》 /332
德国可在大路边淘好书 /337
瑞士试验无人机送书到家 /339

在意大利博洛尼亚童书展看中国童书 /341
在环球旅游中逛书店和图书馆 /344
全球好书店侧影 /347
日本书店对反中反韩图书说"不" /350
中国文学"走出去"在韩日泰 /352
在北京图博会上看外国童书的创作 /356

版权

美国破获"史上最大"数据盗窃案 /363
美英利用"愤怒小鸟"窃取个人隐私 /364
好莱坞对抄袭多是"无法认定" /366
英国承认中国致力于知识产权保护 /369
"海盗湾"潮落之后还会潮起吗？ /372
印度向联合国争瑜伽归属权 /374
有关3D打印的知识产权争议 /376

阅读

法国作家评价《习近平谈治国理政》 /385
书香巴黎 /389
英国写在羊皮纸上的《大宪章》800寿诞 /395
百岁广义相对论历久弥新 /397
丹麦巴西韩国日本培养娃娃书卷气 /399
通过阅读重新认识一战 /404
10本图书助你深入了解一战 /409
《福尔摩斯探案集》现实生活溯源 /413
在爱尔兰都柏林阅读《尤利西斯》 /416
东洋人钟爱"日式口袋书" /418
尼泊尔人最爱读毛主席的书 /421
中国网络文学成为越南翻译出版纸介质图书源头 /424

谁来接手世界互联网管理权？ /429
日本在美国大学争话语权 /433
欧美社交网络冷与热 /436
谷歌面临被欧洲议会"肢解"的局面 /440
谷歌公司被欧盟"咬住" /444
纽约时报广场未了中国广告情 /446
谁是艳照门的发布者？ /448
法国保护本土文化就要"例外" /451
中国软实力在斯里兰卡大有用武之地 /454

管　理

图 书

英美法德科幻作家多从大学来

许多中国观众感叹，我们为什么拍不出《天体》、《星际穿越》、《火星救援》这样的科幻电影？在13亿人中为什么没有一批杰出的科幻文学作家？如何培养科幻作家和科幻文学呢？不妨借鉴国外的经验。

一、科幻创作是英国大学的必修课

英国人赫伯特·威尔斯被视为与儒勒·凡尔纳齐名的欧洲科幻作家。在英国，希望成为"威尔斯第二"的科幻职业作者层出不穷，这和英国学校的教育环境以及社会鼓励科幻创作的氛围密切相关。

在威尔士多年从事科幻教学工作的凯琳女士告诉采访者，科幻小说是校园书店里卖得最火的图书之一。科幻课程之所以能在英国课堂上立住脚跟，是因为学生们乐意通过研究自己喜欢的小说来获得学分。更重要的是，这种和生活密切相关的文学课程能够满足他们探索人性的好奇心。凯琳女士表示，科幻文学课程的作用正是指导学生少走弯路，去选择经典或有价值的科幻读物。

在英国的不少大学，科幻小说创作是从本科到博士阶段贯穿始终的研究方向。例如，苏格兰的斯特林大学通过让学生自行组合课程的方式，培养出了不少科幻文学人才。从该校毕业的伊恩·班克斯就被美国《时代》周刊称为"英国同时代作家中最有想象力的人"。

多数英国科幻文学爱好者还表示，自己的写作兴趣源于学校传授的客观独立思维方式。他们喜欢用这种方式来看待社会乱象，并将自己的观点写入幻想文学。

二、美国大学是培养科幻人才的桥头堡

美国的科幻小说创作非常活跃，被"维基百科"列为科幻小说家的就有1200多人。美国人在科幻小说家的培养上有很多方式，其中最重要的渠道来自大学正规教育。

美国"科幻小说研究月刊"的统计表明，北美地区有数百所大学开设和科幻小说有关的专业。可以说，美国几乎所有州的大学都有相关课程，其中，密苏里大学罗拉分校早在1959年就开设了科幻小说课。伊利诺伊州高校里的科幻文学教材还收录了中国科幻作家的作品。阿肯色州亨德森州立大学的科幻课程包括学习科幻流派背景、现代科幻及科幻类型与分类。加州的克莱蒙特·麦肯纳学院设有外星人文学课。加州帕沙迪纳社区学院则设有科幻小说和奇幻作品。值得一提的是，美国的高校科幻教育工程并非一蹴而就。20世纪70年代科幻学科刚刚兴起时，一些美国人认为科幻是浅薄而短命的通俗文化，不适合进入大学课堂，是几代教育学者的努力才使美国高校成为培养科幻人才的桥头堡。

不仅是普通州立大学，麻省理工学院等美国名校现在也设有科幻小说课程。在加州大学洛杉矶分校，科幻小说知识还走进研究生课堂。在该校编写Film/TV 222的课程中，采访者还看到探讨美国科幻电影不同流派的论坛活动。世界闻名的加州大学圣地亚哥分校和河滨分校也设有科幻小说课。前者的研究方向是对科幻小说走向的展望，研究方法是把女权主义、环保主义、多元文化、后现代主义和文学传统等社会议题与创作相结合。后者则主要研究女性主义科幻小说这一文学体裁。应该说，美国大学对科幻小说写作的教育及研究，涉猎范围相当广泛，也较为深入。

除了大学教育以外，科幻小说研究协会、科幻诗人协会以及小说写作培训中心等社区机构，也是推动美国科幻创作的重要力量。最著名的是堪萨斯大学的GUNN科幻小说学习中心。这个中心提供全方位的创作培训，一些课程是研究生必修科目。GUNN中心还举办创作评选，为学员颁发奖学金以资鼓励。更具影响力的颁奖礼是美国科幻小说研究协会的终身贡献奖、表彰年度杂文的先锋奖、表彰为科幻出版和编辑工作做出杰出贡献的服务奖等。很多科幻小说写手视获得美国科幻小说研究协会的表彰为至高荣誉。

在美国，很多科幻小说专业的学生毕业后选择成为专职写手或电影编剧，不过，中途转行的人也不在少数。无论如何，科幻小说在美国拥有坚实的读者基础，从事相关创作的人也受到全社会的尊重。

三、法国大学工科或新闻学高产科幻人才

法国是科幻文学的发源国家之一,百年来科幻作家层出不穷,但正如法国学者叶连娜·郎丽所言,长期以来科幻文学在法国属于"亚文学"范畴,大学并没有开设专门的科幻专业,也没有"科幻博士"之类的学位可以深造。法国科幻作家多为"半路出家"。

"科幻之父"儒勒·凡尔纳的大学专业是法律,著名科幻/纪实两栖作者皮埃尔·布勒(创作出《桂河大桥》和《人猿星球》两部类别大相径庭的代表作)是法兰西高等电力学院出身的工程师。记者出身的科幻作家也不少。如号称"诗人科幻作家"、第一位在时间旅行类作品中提出"祖父悖论"的勒内·巴雅维尔,是法国《新观察家报》的资深国际事务评论员,以撰写美国政治事务评论著称。还有一些科幻作家出身很特别,如当代著名玄幻作家贝尔纳尔·韦伯是一名"灵学家"。

但有一点是共同的,即法国科幻作家极少文学系出身,而是以工科或新闻学背景居多,这是因为科幻作品需要丰富的信息和系统的自然科学知识,拥有工科、新闻学背景的人更具优势。这种学科尴尬让法国科幻文学教育出现郎丽所言的"亚文化"特色,即本应有所贡献的各大学文学系对科幻研究长期不够重视,倒是学术研究机构会通过研讨会、展览会等方式介绍科幻成果,奖掖后学,如2010年至2011年法国拉维莱特科学院举办了号称"盛会"的科幻展示研讨会。法国尼斯大学自2003年起,每隔三年举办一次科幻作家学术研讨会。科幻学术研究的最高机构是1979年成立的"想象类文学研究中心(CERLI)",该中心原则上每年举行一次年会,挂钩杂志《奥特朗托》号称法国科幻"学院派"刊物,但发行量有限且内容不仅限于科幻文学。

相比而言,出版社和杂志社是法国科幻人才培养的主力军。1974年,法国科幻动漫家莫比乌斯等组建科幻动漫创作团队"人形联盟",并创办第一本科幻动漫周刊《金属咆哮》。这本杂志在1977年搬去美国之前,扶植了大批科幻作者。2000年,法国第一家专业性科幻、奇幻出版社——布拉格隆内独立出版社成立,开始用编辑科幻丛书的形式培养和召集科幻作者,先后推出多套科幻丛书和科幻系列漫画。

科幻出版社、杂志社为有志于科幻文学创作的新手提供了"练手"平台和谋生之路,让他们中的佼佼者可以一路走下去,这也是战后大多数国家科幻、玄幻类作家的主流培养途径。

四、德国大学科幻创作常是课堂作业

在科技强国德国,科幻文学一直被视为"轻松文学"。不过,近年来出现的"科幻文学热"和新涌现的一批科幻文学作家令其成为德国文化热点。德国高校和社会文学机构也纷纷推出科幻文学课程,输送创作人才。

德国哈根远程大学文化和人文系"新德语文学和媒体艺术历史"专业,在最近开设了科幻文学课程。据了解,这门课程不仅教授德国及世界科幻文学的历史,还包括分析有代表性的科幻文学作品,并学习著名作家的写作技巧。

像哈根远程大学这样设立科幻文学课程的高校还有很多,如德国哥廷根大学、比勒菲尔德大学、波茨坦大学等。德国科幻文学研究学者尤塞夫松对采访者说,德国科幻文学出现于文艺复兴时期,当时基本局限于月球旅行等描写。库尔德·拉斯维茨1897年的《双行星》是德国科幻文学真正的开端。目前,德国有数万人进行科幻文学创作,其中一半不是职业作家。

"21世纪是高科技时代,人们的阅读习惯发生改变,与科技、网络联系起来。"尤塞夫松认为,高校拥有丰富的资源,有条件也有责任打造科幻文学人才。不过,对学生来说,要成为合格的科幻写手并非易事。德国斯图加特大学文学系学生芭芭拉告诉采访者,学生必须每月读两本科幻文学作品,如德国作家弗兰克·施茨廷的《群》等。每周有专题报告、小组讨论等活动。课程结束时,学生还要交一篇几十页的科幻小说。有的学生还自费出版作品,在法兰克福书展和莱比锡书展上自我推销。

采访者发现,科幻文学在德国虽被归为文学专业,但授课教师却不限于人文和艺术类,来自太空、核能、海洋、气候等领域的科学家也给大学生讲课。德国一所海洋科学研究所的学者维奈尔就是其中一员。他对采访者表示,要成为科幻文学家,仅仅看儒勒·凡尔纳等名家小说是不够的,"科学现状比任何大学生能想到的更离奇"。

德国当今最成功的科幻小说《群》就是作者弗兰克·施茨廷汲取科学数据写就的。据悉,施茨廷为写这本书花了三年研究海洋生物学、地质学、海底勘探等数据,之后用两年时间撰写。这期间,他得到31位科学家的协助。而著有《发毯编织工》《耶稣的摄像带》等畅销书的当红科幻作家安德烈亚斯·艾希巴赫,大学里主修的是宇宙航空技术,毕业后先从事软件开发,之后闯入文坛成为得奖专业户。科幻文学研究学者尤塞夫松表示,科幻文学虽然不是科普读物,但创作者应该多接触科学知识和技术创新,这样才能提高故事可信度。

采访者了解到,除了大学以外,德国的文学研究机构也提供科幻文学的学习平台。德国各地的文学研究院都有作家培训课程，科幻文学是其中一个方向。学生们通过为期三年的进修，都有机会成为作家。而德国不少社区大学和培训机构也设有科幻文学创作课程。这些课程有专家教授，特别注重实践性，通常边学边创作。报名学习的既有二十出头的年轻人，也有家庭主妇、退休老人，他们的目标只有一个——成为科幻小说写手。课程结束时，作为学习成果的小说也同步完成，并被推荐到出版社。

德国有2000多家出版社，每年出版新书8万余种。德国图书市场报告显示，科幻文学位列"读者最喜欢的文学作品"第二位。许多不知名作者先通过网络销售电子书，然后转型成纸介质图书作家，成为高收入一族。

（王　艳　编译）

欧亚诸国和已故诺奖得主格拉斯

"他是独特的","他是不可复制的","他的离去代表德国文学史一个时代的结束",德国《法兰克福邮报》如此评价2015年去世的诺贝尔文学奖得主君特·格拉斯。自从格拉斯去世以后,各国媒体都在对这位德国文坛巨匠充满争议的一生进行解读和评说。瑞士《新苏黎世报》盛赞格拉斯的作品"映射了整个欧洲",法国《费加罗报》称其是"不知疲倦的辩论家,勇破禁区的思想者"。不过,依然有一部分舆论对这位"政治作家"的生前言行持有异议。比如,在波兰和以色列这两个与格拉斯的文学命运"捆绑在一起"的国家,人们对他的离世更是众说纷纭。

一、波兰"赞"多和以色列"毁"多

格拉斯的逝世在波兰引发极大关注。尽管该国领导人曾公开谴责格拉斯将参加纳粹党卫队的事实隐瞒多年,致使其在波兰的支持者成为"舆论牺牲品",但大多数波兰人将格拉斯视为"内心磊落、人格伟大"的作家。在格拉斯的出生地,波兰北部港口城市格但斯克,当地电视台和官方网站"三联城"对格拉斯的逝世展开持续报道。数以千计的格但斯克市民自发地聚集到位于市中心黄金地段的"格拉斯艺术馆",吊唁这位荣誉市民和世界文学巨匠。波兰《共和国报》称格拉斯是波兰的"民间大使",促进了"德波和解"。格但斯克还计划在城市公园为格拉斯竖立雕像。

在大多数波兰人心中,格拉斯既属于德国,也属于波兰。这位作家1927年出生在格但斯克市(当时被称为"但泽"),他的父亲是德国商人,母亲是波兰少数民族。当时的"但泽"在德波两国之间存在主权争议,格拉斯的文学作品大多与这座城市有关，从中探究战争的恐怖，其中就包括他的成名作《铁皮鼓》及《格但斯克三部曲》等。早在格拉斯获得诺贝尔文学奖之前，格但斯克市政府就已授予他"荣誉市民"称号。

与波兰相同，格拉斯的逝世在以色列也引发舆论震动，各大媒体都以醒目的图片和位置对这位德国作家进行解读。格拉斯三年前对以色列的批评引发的风波至今未息，2015年又正值以色列政坛敏感时期，因此，该国对格拉斯的评论显得颇为尖锐。

以色列媒体的大多数相关报道都提到格拉斯2012年的诗作《不得不说的话》（格拉斯在这首诗中批评以色列对伊朗的强硬政策，称以色列是"对世界和平的威胁"）。该国希伯来语作家协会主席赫尔泽·查卡克表示："格拉斯给全世界带来很多优秀作品。但直到去世前，他都没有表现出对反以色列言论的悔改之意。"以色列国家广播电台也表示，格拉斯对犹太国家的批评太过头。有以色列右翼人士称，"格拉斯在以色列与伊朗问题上存在可耻的道德模糊"。在以色列媒体所属的网上论坛中，支持和反对格拉斯的跟帖大致各占一半。而以色列左翼则称格拉斯以正义良心活跃在战后舞台上，是反对北约在德国部署核武器的和平主义者。以色列《国土报》专栏作家列维认为，格拉斯对以色列的态度提出一个重要命题：是否对以色列政府的批评就是"反犹主义"？"与其去指控这些观点，不如反思为什么他们会有这种看法"。

二、"德国的良心"

在格拉斯的家乡德国，书迷们纷纷在社交网络上悼念格拉斯。塔利亚等知名书店对格拉斯的《铁皮鼓》、《蟹行》、《剥洋葱》等作品展开特别推荐。在亚马逊等网上书店，格拉斯的代表作一再出现热销势头。"二战让德国人的内心世界遭到摧毁，战后文学就是在这种背景下诞生的"，德国柏林文化学者戈尔德曼表示，格拉斯领衔的战后文学家引导德国人反思二战历史，塑造了新的德国文学观。和格拉斯一样，另一位诺贝尔文学奖得主伯尔的中篇小说《列车正点到达》也揭露了法西斯战争的罪恶，是德国"失落一代人"的代表。此外，约翰逊的《雅各布的种种揣测》、瓦尔瑟的《间歇》等作品，普遍采用怪诞、意识流、蒙太奇、内心独白等手段，以小故事演绎大历史。

德国《明镜》周刊将格拉斯等战后文学家称为"德国的良心"。韩国《东亚日报》称，2002年访问韩国时，格拉斯曾对日本的"历史文盲"进行辛辣批判，称"日本在回顾那段血腥历史方面表现出无能，这是日本的巨大缺陷"。德国文化学者戈尔德曼认为，2015年是反法西斯战争胜利70周年，阅读《铁皮鼓》等战后文学作品，有利于理解德国人反思历史的角度和深度。

三、与中国有一面之交

据中国德语文学研究会名誉会长叶廷芳介绍，格拉斯1979年曾经受邀访问中国，其间在北京大学举办过朗诵会，并将他的新书《鲽鱼》推荐给中国读者。那是格拉斯唯一一次到访中国。叶廷芳表示，格拉斯对中国文坛的影响是潜移默化的，那个时代《铁皮鼓》等作品对中国人来说并不陌生。

中国德语文学研究会会长李永平曾于2013年赴德国拜访格拉斯。当时，格拉斯迫切想要了解中国现状，并自爆非常喜欢喝茅台酒，还当场朗诵了自己写的一首有关中国的诗。当时刚获得诺贝尔文学奖的莫言托李永平向格拉斯捎去问候，后者得知后非常高兴。时隔半年，格拉斯特意托人给莫言带去礼物。李永平表示，中国德语文学研究会2003年曾邀请格拉斯访华，但因为"非典"疫情没有能成行。等到2013年重新邀请时，格拉斯的身体状况已经不允许他出国了。据李永平透露，格拉斯与日本作家大江健三郎的交往较多，两人都强调文学对政治的参与。在对历史问题的反思上，两个人"心心相印"，都认为一个民族应该有所反思才会进步。

（赵品芳　编译）

《百年孤独》永远不孤独

2014年4月17日，哥伦比亚作家加夫列尔·加西亚·马尔克斯在墨西哥逝世，享年87岁。他是20世纪最杰出的作家之一，1982年获得诺贝尔文学奖，《百年孤独》是他的代表作。

加西亚·马尔克斯1927年3月6日出生于哥伦比亚北部的阿拉卡塔尔，后来，他的很多小说故事发生地"马孔多"的灵感都来自这个小镇。如今这里已经成为文化之旅的目的地。

加西亚·马尔克斯的父亲加夫列尔·埃利希奥·加西亚先后做过报务员和药剂师，他与路易莎·桑蒂亚加·马尔克斯·伊瓜兰的爱情曾遭到女方父亲的反对，父母的这段罗曼史也成为加西亚·马尔克斯《霍乱时期的爱情》的创作源泉。

加西亚·马尔克斯是11个孩子中的老大，他的童年是在外祖父家度过的，外祖父对他的影响很深。

外祖父的9个非婚生子女、妹妹艾达·罗莎吃土的习惯和1928年哥伦比亚香蕉种植园工人罢工，都是加西亚·马尔克斯的童年记忆，也都以各种方式出现在了他的作品中。

加西亚·马尔克斯从小就表现出非凡的想象力，少年时期在巴兰基亚上学时就开始写诗，并给报纸投稿。

加西亚·马尔克斯曾进入波哥大大学学习法律和政治学，但后来放弃了学业，专心进行文学创作和新闻工作。

加西亚·马尔克斯在1947年发表了第一部作品《第三次辞世》，第一部长篇小说《枯枝败叶》于1955年发表。

加西亚·马尔克斯曾先后为哥伦比亚《宇宙报》、《先驱报》、《观察家报》工作过，担任过《国民报》总编，还担任过古巴拉美社驻欧洲的特派记者和驻纽约记者。

加西亚·马尔克斯在前往苏克雷的一次旅途中结识了梅塞德丝·巴尔查，两人在1958年结婚，生了罗德里戈和贡萨洛两个儿子。

1961年，加西亚·马尔克斯移居墨西哥，为一些小杂志工作，并出版了自己的第二部小说《没有人给他写信的上校》。此外，他凭借《恶时辰》在波哥大赢得了一个文学奖项，并开始创作《族长的没落》。

在这一时期，他更多地投入到电影剧本的编剧工作，例如由奥图罗·利普斯坦执导的《大限难逃》。但是，这项工作也让他认识到了应该专注于文学创作。1965年，他完成了长达两年的《百年孤独》的创作，1967年6月，一经出版就获得了成功。《百年孤独》是全球文学界的巅峰之作，曾被翻译成35种语言，销量超过3000万册。

1967年至1973年，加西亚·马尔克斯生活在西班牙的巴塞罗那，离好友秘鲁作家马里奥·巴尔加斯·略萨的住所很近。1976年，略萨打了他一拳之后，两人绝交。在几十年后的今天，仍然没有人知道当初两人为何反目。

加西亚·马尔克斯一生获奖无数，1982年，因为"他的小说以丰富的想象编织了一个现实与幻想交相辉映的世界，反映了美洲大陆的生命与矛盾"而获得诺贝尔文学奖。

加西亚·马尔克斯不仅仅是一名伟大的作家、记者和编剧，他还是"魔幻现实主义文学之父"，也是左派政治思想人士，与菲德尔·卡斯特罗私交甚好。

加西亚·马尔克斯曾两度罹患癌症。1992年接受了肺癌手术，2000年确诊为淋巴癌患者，在洛杉矶的化疗过程使他的健康大大受损。

加西亚·马尔克斯出版的最后几部作品有自传体小说《活着为了讲述生活》（2002年）、《苦妓追忆录》（2004年）和《我不是来演讲的》（2010年）。

（王朝玲　编译）

欧洲思想家出书传播中国文化

长久以来，中国人对欧洲国家的了解，远远大于欧洲人对中国的了解。这种不对等的状态，影响了中欧合作的深入发展。2014年下半年，中国总理李克强访问德国期间，在德国《世界报》上发表署名文章称，"期待德国知识界能从莱布尼茨和歌德的中国研究中获得启示，多做增进相互认知和理解的工作"。莱布尼茨和歌德做过哪些中国研究？不妨重温那段历史。17世纪至18世纪，欧洲许多思想家对中国哲学、文学、制度等方方面面进行过认真研究，不少人更是被中国智慧所折服。

一、《中国近事》引起轰动

德国哲学家莱布尼茨是仰慕中国文化的众多欧洲思想家之一。1666年，年仅20岁的他利用在中国的欧洲传教士们发回的书信和书籍，编辑成《中国近事》一书，在欧洲引起轰动。传教士白晋在巴黎看到此书后给莱布尼茨写信，对这本书表示赞扬。后来，白晋到中国后，两人就建立起一种通信关系。

"一个历史悠久又如此和平的国家，一定保存了很多在欧洲已经失去的东西。"莱布尼茨早在1687年如此评价中国，"欧洲人擅长理论思维，就像在数学中表现的那样，而在实践经验方面中国人却比我们强。"

莱布尼茨发明的、如今应用于现代信息学的二进制与中国《易经》太极八卦排列有着惊人的相似之处。他在论文《二进制算术的解说》中，将副标题确定为"它只有0和1，并论述其用途以及伏羲氏所使用的古代中国数字的意义"。后来，莱布尼茨干脆不说是他自己发明了二进制，而只是讲重新发现了中国人原来的学问。他创立的理性哲学也被认为是受到中国宋明理学思想的启发。

莱布尼茨主张欧洲与中国互相学习。他竭力促成在法国、德国、奥地利等地设立研究中国的机构，他在欧洲开创了对中国文化进行认真的学术性研究的风气。在给柏林选帝侯夫人索菲-夏洛蒂的一封信中，他写道："我准备在自己的办公室门上挂个牌子，写上'中国事务处'几个字。凡是涉及有关中国的问题，均可先寄给我，再由我转给在中国的传教士。"在长达半个世纪的时间里，莱布尼茨对中国表现出一个百科全书派学者的极大求知欲。

二、《浮士德》有中国文学的影子

歌德被称为"魏玛的孔夫子"，在法兰克福的歌德故居，随处可见当时流行的"中国风"。二楼主厅名字叫"北京厅"，厅中摆放着中式描金红漆家具，墙上挂的也是印有中国图案的蜡染壁帔。音乐室里有一架古老风琴，琴盖上绘有一幅典型的中国风景画。

不过，年轻时代的歌德对中国文化并不以为然，曾对"汉风"进行讽刺。1813年是一个重要的转折点，当时拿破仑在莱比锡大会战中失败，带来封建复辟的黑暗时期。歌德对这种战乱和历史倒退感到厌倦。他在《西东合集》首篇以"逃亡"为题写下诗篇："北方、西方和南方分崩离析，宝座破碎，王国战栗，逃走吧，逃向纯洁的东方，去呼吸宗法社会的清新空气……"

从那时起，他开始广泛阅读当时在欧洲出版的有关中国的书籍，从他在图书馆借书的登记情况看，他涉猎的中国书籍不下44种，包括历史、地理、文学、哲学等。歌德还练习中国书法，翻译中国诗歌，对所接触的中国的一切都赞颂备至。1827年是歌德一生创作中最后一个兴旺时期的开端。在生命的最后6年里，他完成《威廉·迈斯特》第二部和《浮士德》第二部。那段时间，也是歌德接触中国文学作品最多的时期。他不但一本本地认真阅读，而且精心研究。这些书主要有两类：一类是欧洲人写的介绍中国的游记和报道，如《马可·波罗游记》等；第二类则是中国的哲学和文学著作，如《论语》等儒家经典，以及《好逑传》《花笺记》和《玉娇梨》等明清小说。1827年2月，他的部分日记记录了他对中国文学的学习情况：2日，研究中国诗；3日，读《花笺记》；4日，看中国的诗；5日，同约翰谈《中国女诗人》，夜里继续研读中国文学；6日，抄写《中国女诗人》；11日，晚上给艾克曼朗诵中国诗。而他这样做的目的是："碰到好的作品，只要它有可取之处，就把它吸收过来。"

"中国人有成千上万这类作品，在我们的远祖还生活在野森林的时代就有这类作品了。"歌德曾说，"中国人几乎和我们有同样的思想、行为和感情，我们不久就觉得自己和他们是类似的人。只不过在他们那里,一切都来得更加明朗、纯洁,也更合乎道德。"

三、《重农主义……》介绍中国经济思想

在治理国家方面,当时欧洲许多思想家也纷纷提出效法中国。法国重农学派的领袖人物魁奈,就非常赞赏儒家的治国思想。1756年,经过他的极力说服,路易十五甚至曾仿照中国皇帝的样子,举行了一场别开生面的"籍田大礼",在欧洲轰动一时。

魁奈曾将中国视为"一切国家的典范",其创立的经济学家团体——重农学派,也效法中国的儒家学派。重农学派认为,社会财富的真正源泉是农业。中国经济思想从此在西方广为传播。魁奈的论文专集《重农主义,最有利于人类的管理的自体体系》是当时经济学和政治学领域的权威著作,他还将出版地点标明为"北京"。

魁奈非常提倡中国哲学,尤其推崇孔子的品德和教诲,把《论语》当成"圣经",曾写过《孔子简史》。他还仔细研究过老子的"无为"思想,第一个把"无为"译成"自由放任"。

《中华帝国的专制制度》是魁奈的经典著作。他在该书"序言"中说:"我从有关中国的报告中得出结论,中国的制度系建立于明智和确定不移的法律之上,皇帝执行这些法律,而他自己也审慎地遵守这些法律。"书中,魁奈支持开明君主制的思想,有意让欧洲政府仿效中国的君主制度设计。

除了歌德、莱布尼茨、魁奈,欧洲其他思想家伏尔泰、卢梭、狄德罗等人,都曾深入研究过中国文化。法国"百科全书派"著名学者狄德罗曾高度评价过中国儒家经典"四书"、"五经"。法国思想家笛卡尔在其著作《方法论》中热情颂扬了中国人的智慧和理性。伏尔泰对儒家学说推崇备至,他曾将《论语》中的"己所不欲,勿施于人"视为每个人都应遵守的座右铭,他还说,"世界的历史始于中国",当中华文明已然昌盛、发达之时,欧洲人"还只是一群在阿登森林中流浪的野人呢"。1755年,由伏尔泰改编的戏剧《中国孤儿》在巴黎法兰西剧院首次上演,引起巨大轰动。在巨著《风俗论》中,伏尔泰更是表现出对中国文明的强烈兴趣。

在沙俄,涅恰耶夫在1788年把伏尔泰改编自元曲的《中国孤儿》译成俄文;作家拉吉舍夫在西伯利亚写了《有关中国市场的信札》;普希金的中国情结很深,在他的藏书中,有关中国的书籍多达82种。而在英国,先后有威廉·坦普尔、

安东尼·柯林斯、马修·廷德尔、蓝姆塞等人在其著作中谈及中国在当时世界上领先的文化和科技。

在18世纪很长的一段时间里，欧洲社会流行的中国形象几乎都是正面的，直到鸦片战争前后，随着中国的日渐衰落，"中国热"才在欧洲逐渐降温。尽管欧洲思想家对中国的研究多从"二手资料"中获得，但他们能看到东西方文化间互补互利的重要性，值得当今中国和欧洲在合作交流中借鉴。

（杨令军　编译）

英国向中国力推莎士比亚

2014年秋天,英国皇家莎士比亚公司宣布,将在英国政府资助下,把莎士比亚全部作品翻译成中文,并将其戏剧在中国进行巡演。作为世界上最著名的戏剧演出公司之一,英国皇家莎士比亚公司利用戏剧演出、教学推广等各种手段,在全球推广莎翁的文化遗产。

一、把莎翁全部作品翻译成中文出版

"公司已经派人前往中国考察。"英国皇家莎士比亚公司新闻部门主管丽兹女士对采访者说,虽然还未确定由谁来完成这项"官方翻译工作",但是英国皇家莎士比亚公司已和部分"有资质且有能力"的翻译公司和个人进行接触。按照计划,首部被翻译的莎翁戏将是《威尼斯商人》,选中的译者将在2015年上半年赴英,参加在伦敦进行的该剧彩排工作。英国文化部将为这一翻译项目提供150万英镑(约合1500万元人民币)。

除了将莎翁戏带入中国以外,英国皇家莎士比亚公司此次还计划将14部中国戏剧译成英文。丽兹女士对采访者表示,具体名单已经陆续明确,她说:"中国是戏剧大国,历史上有很多经典戏剧,比如《赵氏孤儿》,就被称为'中国版'《哈姆雷特》。"据她介绍,英国皇家莎士比亚公司旗下剧团曾改编并排演《赵氏孤儿》,这部由剧团艺术总监格雷格利·多兰执导的戏剧,演出后受到英国业内广泛好评。"未来我们会为英国观众表演更多中国优秀戏剧作品。"

2016年是莎士比亚逝世400周年,丽兹透露,届时英国皇家莎士比亚公司将组织剧团到中国巡演。"公司正在与北京、上海和香港等城市的合作伙伴协商演出事宜。"丽兹说,这将是英国皇家莎士比亚公司首次大规模访华,英国政府也资助了此次活动,她相信巡演将会"非常成功"。

中国驻英国使馆公使衔参赞项晓炜对采访者说,由权威机构主导翻译工作将有助于中国观众更好地理解、欣赏莎翁戏剧。而英国皇家莎士比亚公司将中国经典戏剧翻译成英语,"无疑有助于中国文化走向世界"。

二、把14部中国戏剧翻译成英文出版

采访者曾赴莎士比亚的故乡艾文河畔斯特拉福德采访,在艾文河畔,距离莎士比亚埋葬地、著名的"圣三一"教堂不远处,就是英国皇家莎士比亚公司总部。

英国皇家莎士比亚公司成立于1961年,前身"莎士比亚纪念剧院"则有100余年的历史。目前,该公司在斯特拉福德拥有皇家莎士比亚、天鹅和别处三座剧院。英国皇家莎士比亚公司目前有700名员工,每年出品戏剧20部左右,演出地点遍布全球。该公司计划在未来6年排演36部莎翁作品。

据英国皇家莎士比亚公司2013年度报告披露,2013年,全球有超过150万人观看了该公司出品的戏剧。除《尤利乌斯·凯撒》《罗密欧与朱丽叶》等莎翁经典戏剧外,英国皇家莎士比亚公司还编排演出了音乐剧《马蒂尔德》、话剧《伽利略传》等作品。英国皇家莎士比亚公司的工作人员对采访者说,截至2013年,《马蒂尔德》已在世界范围内获得43项奖项,并在美国百老汇演出数场。官方订票网站显示,莎翁戏《爱的徒劳》正在皇家莎士比亚剧院上演,不过,导演将这部经典戏剧的时代背景设在20世纪初。该剧票价在6英镑到40英镑不等。

采访者在英国皇家莎士比亚公司总部所在地采访时,发现不少活动海报上都写着"免费入场"。英国皇家莎士比亚公司方面也多次对采访者强调,他们把莎翁戏剧翻译成中文,以及把14部中国戏剧翻译成英文,既出版又演出。其他相关演出单位可以自由使用,无需向他们付费。这种普及文化的公益性行为令人佩服。

其实,英国皇家莎士比亚公司的运营并非完全依靠政府投入。报告显示,该公司2012至2013财年总收入为6250万英镑(其中演出票房收入较前一年增长75%),英国艺术委员会拨款1660万英镑,财政自给率达到73%。"财政报告的数字不是全部",一名伦敦记者说,英国皇家莎士比亚公司也为英国,特别是斯特拉福德带来了不菲旅游收入。

三、带动中小学生创作和演出

在英国皇家莎士比亚公司的官方介绍手册上,"让人们和莎士比亚产生联系"的口号让人印象深刻。在年轻一代中普及推广莎翁戏剧和其文化内涵,也是该公司的重要工作。

从 2006 年起,英国皇家莎士比亚公司在英国发起"学与演"计划,让中小学生把课堂上的文学作品如莎士比亚戏剧表演出来。这一项目推出后立即获得英国各界欢迎,目前,"学与演"项目的规模和内容都已扩大,每年英国皇家莎士比亚公司会在英国选拔 10 所学校,派专人负责该项目。2010 年,英国皇家莎士比亚公司和英格兰地方电台牵头,帮助小学生撰写莎士比亚广播剧剧本。学生们不仅完成《哈姆雷特》五幕剧剧本,还将其录制成广播剧在英国广播公司播出。被采访者表示,这样的合作方式,不仅提高了青少年的文化素养,也让他们学会了创新。

除在外组织各种活动,英国皇家莎士比亚公司总部本身也有教育职能,根据其官网介绍,这里师资包括导演、演员和教育工作者,他们为青少年和专业演员、导演等提供多种学习项目,如针对中小学教师的培训项目,课程就包括"莎翁时期语法"、戏剧表演等。

相关链接

德国歌德学院"官方"中文翻译项目早于英国皇家莎士比亚公司

作为传播德国文化的桥头堡,歌德学院早英国皇家莎士比亚公司一步,于 2009 年就以经济资助的方式推出"官方"中文翻译项目。

歌德学院德国总部的一名负责人告诉采访者,歌德学院(中国)每年两次组织德中的相关机构和专家学者举行会议,各汇总一份推荐书目。每次会议推荐的 15 种书籍中大约有 8 种将获得翻译资助。没有被列入推荐书目的书籍,在经过严格审核后也可以获得资助。据了解,译者由歌德学院与出版社共同选定,翻译报酬则按语言和内容难易度分为三个等级。

采访者了解到，"官方"中文翻译项目推行七年来，歌德学院共将41种德国书籍翻译成中文。翻译频率也从项目初期的每年一两种，上升至每年10余种。通过此项目译成中文的德语书籍包括马丁·瓦尔泽的小说《恋爱中的男人》，路易斯·穆尔舍茨的卡通书《小鼹鼠嘉宝》，以及《德国统一现状》、《法兰克福学派史——批判理论与政治》等社科类书籍，种类丰富。

柏林洪堡大学文化学者海尔穆特对采访者表示，在全球范围内，德语文学再次朝向主流发展，其他人文和社科类书籍也引起强烈反响。这一潮流的出现，与歌德学院的翻译资助计划有关。特别是中国这样的崛起大国，也是歌德学院该计划的重点对象，取得的效果明显。

（李朝霞　编译）

法国青年追寻"出版梦"

2013年末至2014年,法国《图书周刊》对出生在1980年至1990年的法国青年进行了出版行业求职抽样调查。部分参加抽样调查的年轻人是法国大学图书馆系和文学系的学生。这些学生认为,尽管他们成长在全球遭遇金融危机的年代,近年来,在出版行业他们所见所闻的是纸介图书销售量下降、阅读人数减少、一些实体书店关门停业的现实。但是,面对未来职业的选择,这些大学生确信将来会继续从事出版行业,原因如下:

一、重要产业

参加抽样调查的法国年轻人认为,对于一个国家来说,出版业是文化传播的主要行业,在国民经济发展中起到不可或缺的作用。人类进步,科技革新都与出版行业息息相关。面对目前出版业出现的状况,80后的年轻人认为不应回避现实,反而应该迎接挑战,重新思考行业发展的现状,为振兴出版行业发挥自己和团队的力量。正因为如此,憧憬未来,他们感到受到鼓舞和激励,将来就业一定会选择出版业。

现任法国马赛—艾克斯大学图书馆系的负责人说,该院绝大多数的学生希望毕业后从事一项出版业的工作。学生们认为,出版业的重要性不可忽视。出版业如同其他行业一样,都是在不断解决问题中得以发展,只有改革与创新,才能促使出版业更加繁荣、更加发达。

二、喜欢阅读

图书是人类进步的阶梯。所有参加抽样调查的法国80后年轻人都喜欢阅读。在古往今来的浩瀚书海中，他们感受到阅读的乐趣，体会到自身精神的升华。因此，他们把阅读作为最大的爱好。他们期盼毕业参加工作后，经过他们的努力，把一本书稿制造成为一本新书出现在书店和图书馆，能够得到读者的好评。

安东尼·戈蒂耶，23岁，现是法国西部拉瓦天主教大学图书专业二年级的学生。他说，上大学前曾在一个书店实习过，期间他学到了许多知识。在此之后考大学首选了现在所学的专业。他认为，阅读图书获得知识对自己来讲非常重要。对目前实体书店的前景他并不失望，认为只要坚持就会有希望。他设想工作后能把书店和网络结合起来，使实体书店能够成为人们购书和上网的交流场所，不断扩展目前实体书店的业务范围，让读者之间的交流更加方便。

三、崇高使命

参加抽样调查的法国80后年轻人认为，知识的传播和普及非常重要，目的在于提高全民的文化水平。他们立志毕业后承担这一崇高使命，继续推动自己国家出版行业的发展并与世界同行交流经验。随着高新科技的不断发展，电子技术的广泛应用，他们确信，出版行业会有更大的飞跃。

纪饶姆·阿多尼昂，28岁，现是法国里昂大学图书馆系学生。在此之前，曾在其他大学学习过历史、雕塑等专业。进入图书馆系学习前，曾去过澳大利亚旅游。他认为，自己曾在好几个专业学习过，但经过比较，认为图书专业更适合自己，因为通过读书可以学到许多知识。将来从事出版行业，通过自己的劳动编辑和发行图书，这就是传播和普及知识。随着数字技术的广泛应用，电子阅读更加方便，人们交流方式的增多一定会促进文化朝多样化发展。

法国教育部门、文化部门和出版业的人士在了解法国80后年轻人对今后表示愿意从事出版业的志愿后非常惊喜，在职人员感到欣慰。他们期待更多的年轻人敢于担当，为出版业传播和普及知识，为全民文化的提高和发展做出更大的贡献。

（于平安　编译）

日韩俄中小学教科书必有经典古诗文

不久前,中国国内一些地区将小学一年级语文教科书中的古诗全部删除,从而引发社会争议。国家主席习近平于2014年教师节在北京师范大学考察时,表示不赞成把古代经典诗词和散文从课本中去掉,应该把这些经典嵌在学生脑子里,成为中华民族文化的基因。这番话引发公众广泛热议。据了解,日、韩等国同样将传统文化视为维系教育的根本,古诗词是基础教育环节中的必修课。

日本的学校非常重视传统文化教育,不仅要求学生能够认识和书写2000个汉字,还将古诗词、古文作为必修课。目前,日本高中的汉字课包括《春晓》等七首古诗和《矛盾》等三个中国古典寓言故事。创办于1670年的闲谷学校是日本现存最古老的平民学校,正在申请世界文化遗产。该校每年年初都要在那座被指定为日本国宝的校园礼堂里举行"新春读初仪式",以象征一年学习生活的开始。从江户时代以来,该校就将中国古代经典"十三经"之一的《孝经》作为"新春读初"教科书。不过,从2006年起,《论语》取代《孝经》成为"读初仪式"上的诵读宝典。

闲谷学校负责人认为,当今日本社会发生令人眼花缭乱的变化,人们的价值观也随之巨变,似乎找不到判断善恶的基准。作为经典,《论语》不会因时代和社会的变迁而失去光彩,它能够让现代人"温故而知新",懂得做人应当具备何种姿态。《论语》中的许多道理都与现实生活息息相关,比《孝经》更让人受益。

根据日本国定课程大纲,小学生语文课程需每周安排一节古文学习,包括古汉字、古代诗歌与俳句。中学阶段的古代语文教学比重进一步扩大。日本很多小学定期举行俳句比赛,甚至举行跨校联赛。据统计,60%以上的日本中学设有古文社,古诗社和书道社。在日本大学入学考试中,语文作为必修课程,统一试卷中必定包括古文阅读,且比重很大,这也被日本学生视为"最可怕的考验"。

古诗作为韩国古典文学中的瑰宝，早被列入中学教科书，每年高考都会有古诗方面的题目。在获得韩国教育部许可的18种中学语文教科书中，共有99首现代诗和古诗词，后者所占的比例不是很大。但到了高中，古诗词的比重明显增加。

韩国的汉诗是模仿中国诗词文化的作品，年代跨度两千多年。在韩国高中教科书中，汉诗作品共有28首，包括新罗时期崔致远的《秋夜雨中》、朝鲜初期丁若镛的《燕子初来时》、朝鲜后期金炳渊的《二十树下》等，都是高中生的必读文章。深受中国文化影响的韩国，近年来频喊"去中国化"，不过，单从教科书的编撰情况看，要想完全做到并不容易，除了28首汉诗，韩国高中教科书还包括古代歌谣（4首）、乡歌（9首）、高丽俗谣（8首）、京畿体歌（1首）、乐章（3首）、时调（67首）、歌词（18首）、民谣（22首）等多种形式的民俗古诗词。

俄罗斯也是具有悠久历史和文明传统的大国。为了让学生多接触本国经典文学，不仅中小学教科书中有经典古诗文，而且，根据总统普京的建议，俄罗斯教育与科学部从2013年起还特别向中学生推荐100本课外读物，让学生们阅读这些书籍的目的是培养他们的爱国主义和人文主义思想。

普京表示，俄罗斯一直以来都被认为是一个阅读的国度，因此，每个俄罗斯中学生都要多读经典文学，以传承俄罗斯文化。中小学校、学前教育机构以及高校要向年轻人讲述历史和先辈的价值观，增强他们对民族文化瑰宝的认知。

（吴娣伊　编译）

日本"红本""蓝本"出版追忆

江国香织创作的《在冷静与热情之间的ROSSO》和辻仁成创作的《在冷静与热情之间的BIU》,以红、蓝两色装帧,引起读者关注。两位作家第一次尝试同时出版同名的小说,成为热门话题。两本书发行销售半年,印刷12次,合计发行40万册。

作品的构思,源于江国香织和辻仁成两位作家。江国香织的一部小说从1997年6月至1998年2月在《月刊角河》(《月刊カドカワ》)上连载;辻仁成的一部小说从1998年5月至1999年7月在《feature》上连载。江国香织小说的主人公名叫"葵",是个男孩子;辻仁成小说的主人公名叫"顺正",是个女孩子。两位作家分别从男孩子和女孩子的角度,描写同一个恋爱故事,两部小说因此如同两面镜子,交相辉映。如今,经历了别样人生的两个主人公,按照作为恋人时的约定,把故事发展到了"2000年5月25日"。

1999年9月30日,以红色装帧的"江国香织版"和以蓝色装帧的"辻仁成版",以初版首印各2万册同时出版。两本书发行销售以后,在大牌书店的"十大畅销书排行榜"上,分列第一位和第二位;每周以1万册至2万册的速度销售,出版社因此不断重印。

一、以交通广告为中心,面向年轻女性展开宣传

《在冷静与热情之间的ROSSO》和《在冷静与热情之间的BIU》作为恋爱小说的"超级安打作品",一跃成为畅销书。围绕这两本书,出版社实施了事前告知战略。角川书店出版社经营事业部的金子泰子介绍道:

"坚信这是两部具有畅销力的作品,把编辑、宣传、营销融为一体。由于两

位作家的构思和策划得当,使我们劲头十足,在两本书发行销售的两个月之前就实质性地启动了。"

首先,展开以交通广告为主的宣传,宣传方案突出抓住年轻女性眼球的意识。从发行销售前的两周至发行销售的当天,把在车站张贴的宣传画、车内张贴的横批广告和吊式广告,撒向东京都内的(地铁、城铁)JR各线、京五·井之头线、小田急线、东急东横线、营团地下铁银座线。

此外,除了在本社《这个电视》、《feature》、《东京步行者》、《关西步行者》等媒体刊登广告以外,还主要在《ELLE JAPON》、《Ray》等女性杂志上打广告,同时,也在广播电台的宣传栏目做寻找代理的广告。

二、强调两本书是一套,激发读者两本书都要阅读的欲望

从一开始,就把"象征热情和冷静的色彩各异的两本书"的设想作为大事来抓,围绕标题的确定、装帧的设计,在营销和编辑方面反复进行认证。

为了避免同名的两本书流通上的混乱,除了加上副标题《ROSSO(红)》和《BIU(蓝)》之外,还在书的书签(日本出版的新书,一般带有腰封、书签、小开本的图书广告册等——编译者注)上动脑筋。说明两本书是一套,让读者一眼就能分清楚,激起读者两本书都要看的欲望,一边在这本书的书签里加上那本书的广告,一边是当两本书放在一起时,把两本书的书签合二为一,又可以当成一篇文章来阅读。

与此同时,又推出另一个策划。把附有书签的应募券分成两个种类寄送出去,在返回的应募券中进行抽选,被抽中的100个读者可以得到作家签名的原创作品招贴画。这个策划也分两次实施,第二次实施的最终截止日期是2000年5月25日,因为那一天对两部小说是具有重要意义的一天。

三、在都市的部分大型书店举办"事前告知展示"

在正式发行销售前的一个月,确定后的图书封面拿给各图书交易公司看的时候,各图书交易公司纷纷指出:"两种书一定要放在一起。预订的时候希望标明'江国香织版'和'辻仁成版'。要利用'出版周报'或'商品情报'对书店事前告知。"

角川书店出版社在出版"角川文库"的时候,曾发展特约经销的书店300家,这些书店对销售《在冷静与热情之间的ROSSO》和《在冷静与热情之间的

BIU》两本书也充满兴趣。直到正式发行销售的前一天，也就是1999年9月29日，这些书店还直接送来了手书的"FAX通信"，上面写着两条建议：一条是"希望把两本书摆在一起"；另一条是"预订时希望加上副标题或作家的姓名"。到了10月20日，因为两种书"发行销售后位居各家书店销售排行榜的第一位和第二位"，这些书店更是以"FAX通信"的形式雪片似的送来预订文书(预订单)。

一方面，预订中心在没有副标题的情况下展开征订；另一方面进行模拟实验，即顾客(读者)在弄不清作品的情况下请求预订如何应对。经过这些努力，担心的混乱没有出现。

在两本书正式发行销售后，书店店堂里是否摆上了两本书，这是角川书店出版社一直担心的事情。所以，营销员总在不断地巡视书店。

实施销售战略，首先在东京、横滨、埼玉、千叶、名古屋等地的女性读者很多的30家大型书店"自报姓名"，从1999年9月中旬开始举办"事前告知展示"。在"事前告知展示"期间，角川书店出版社把以前出版的江国香织作品单行本和辻仁成作品单行本及文库本并排摆放，把张贴在地铁站里的相同的招贴画贴在书店里面，各家书店对此表现出强烈的关注。可见，独特的展示产生了多么大的影响！

两本书发行销售后，充分证明这种事前告知展示的效果有多大。据说，这30家书店的销售额，远远超过其他书店的销售额。"在那些协助举办'事前告知展示'的书店，因为出版社在当初与之有展开多方面宣传的约定，还特意准备了用于赠送的流行音乐CD和成套销售时附带的纸制礼品盒"。

角川书店出版社如此操作的长处，还在于书店不负担用于礼品的包装纸，在展示上各家书店"八仙过海，各显其能"。这也得到读者的好评，不少读者认为这是"希望胜利的景象"。因此读者个人预订两本书的也很多。

1999年10月2日，有邻堂町田照亮书店，举办了江国香织、辻仁成两位作家的签名售书会，读者把照亮书店围得水泄不通，真可谓盛况空前！其后，许多书店也请求举办签名售书会，但由于两位作家的时间表难以调整，未能实现，使书店颇感遗憾。

四、把两本书作为"礼品书"销售，对读者产生了吸引力

1999年11月，面对"圣诞商战"，角川书店出版社瞄准新的商机，进行新的销售运作，把两本书作为"礼品书"成套销售。

首先替换腰封。与图书封面上贴的金银箔颜色相称，为"江国香织版"准备了银色的腰封，为"辻仁成版"准备了金色的腰封，送到书店请其替换。其次，制作用于展示的展示台，分配给希望进行展示的书店。把在两本书发行销售前作为重点的30家书店扩大到100家，在这100家书店同时进行展示。这期间，辻仁成荣获"女性奖"，也成为热门话题。好事情似乎都凑到一块了。

1999年12月，第二次把车内吊式广告撒向（地铁、城铁的）东京都营地下铁全线、东武东上线、京五线、小田急线、大阪的地下铁全线和阪急电铁。由于广告宣传得力，两本书在大阪的销售册数直线上升。到了2000年，为了在情人节促销，专门制作与之相称的随书赠送的流行音乐CD，使两本书变成最合适的礼品更加畅销。

有的年轻女性说，"恋人之间相互赠送'红本'（指《在冷静与热情之间的ROSSO》）、'蓝本'（指《在冷静与热情之间的BIU》）阅读最浪漫"。

责任编辑金子泰子介绍道，两本书的"核心目标读者是20岁左右的女性，但也有78岁的女性说让她想起了'年轻时恋爱的日子'。两本书的读者面之广、读者的感受之不同，由此可见一斑"。两本书策划的巧妙自不待言，出版社与书店相互配合，编辑与店员遥相呼应，广告宣传与市场营销融为一体，共同努力的结果可以说是抓住了读者的心。

（王定熙　编译）

日本一本股票图书的出版奇迹

当年，日本股市火爆的时候，有关股票的图书也行情日涨。

由仁科刚平著述、钻石社出版的《从互联网的小型股票交易开始 做股票做到1亿日元！》一书，投入市场行情持续上涨，把股票投资的初学者或者说是以前根本不了解股票交易世界的读者也卷入其中。

1999年11月26日，本书初版首印15000册，截止到2000年5月18日，加印几十次，发行40万册。

本书的前半部分，分析现在股票交易的趋势并进行预测，解说股票投资的基础知识。正如腰封上吸引人的句子"5年把10万日元变成1亿日元的投资术"所显示的那样，本书的后半部分按照不同阶段介绍了从10万日元起步，做到1亿日元的投资术，是实践性很强的指南。在本书的最后一章，建议使用互联网和计算机对信息进行收集、管理。卷末还有术语解释。

一、尝试制作浅显易懂的股票图书

本书的目的有两个：一个是"思考在5年内把10万日元增加到1亿日元的技巧"，另一个是"传播成为自己可以判断、自己可以行动的DIY型投资家的知识"。因为是初学者，所以就需要培养作为"投资家"的意识，就需要指导凭借自己责任进行投资的技巧。

据钻石社出版局第三编辑部的高野仓俊胜介绍，钻石社此前出版的《股票请这样买》一书，行情较好。于是，高野仓俊胜找到这本书的执笔者之一的仁科刚平，建议他以《做股票做到1亿日元！》为标题再写一本书。

《股票请这样买》从1999年9月发行销售以后，以不断加印的势头开始畅销，把《做股票做到1亿日元！》作为股票投资的第二本入门书，"利好"是可以期待的。

当时正值鼓吹互联网股票的图书不断出版的时期。高野仓俊胜说："我们不是跟风，而是设想面向过去完全没有股票交易经验、在不久的将来会参与股票投资的一般人，制作浅显易懂的股票图书。《股票请这样买》被认为是并排摆在书店里的股票相关图书中写得最浅显的股票书。一般来说，大前提是从零开始讲解基础知识。"以这种方式制作图书，对读者起到了引导作用。在推出《做股票做到1亿日元！》前夕，《股票请这样买》印刷28次，发行总计22万册。

二、"本金"从当初的300万日元降低到10万日元

《做股票做到1亿日元！》的标题，从策划阶段就决定了，但确定"本金"的"数量"颇费周折。作者仁科刚平拟出了"把300万日元变成1亿日元"的选题说明。当把这个选题说明拿到编辑会议和销售会议上讨论时，与会者指出："社里马上能拿出300万日元的人没有那么多，书如果照这个基调做出来，读者面会不会很狭窄？"于是一再降低"门槛"，最后把选题说明修订为从10万日元起步做到1亿日元。

全书的结构由一看就明白的图解和绘画、经过奋斗并非达不到的"崇高目标""1亿日元"这个梦一般的关键词，以及引导读者的"三个台阶论"，再加上凭借容易计算的阅读抓住了读者。

虽然目标读者以20岁左右至30岁左右的人为主，但"颇感意外，40岁至60岁的读者也很多"。仅从读者卡片就可以看到，《做股票做到1亿日元！》的读者层次十分广泛，有大学生，有家庭主妇，甚至还有出生于20世纪70年代的读者。许多读者寄来感想，有读者说"这才是第一本实践性很强的书"；有读者说看了这本书，"操作家庭证券交易系统的自信油然而生"，等等。

请书店把《做股票做到1亿日元！》与《股票请这样买》并排摆在书架上，也起到了相互促销的作用。据说，大多数读者一旦把《做股票做到1亿日元！》拿在手中，也会同时购买《股票请这样买》。

《做股票做到1亿日元！》最初上市的销售势头比其他同类书好，但真正开始爆炸性的畅销，是在2000年1月"雅虎股票1亿日元"的新闻赫然登出的时候。"1亿日元"这个数字猛然间充满现实意味，也成为多内容串联电视节目的热门话题。本书的关键词"1亿日元"吸引了更多的读者，就连家庭主妇也投资股票交易了。

在纪伊国屋书店所有书店的业务书部门的销售排行榜上,从 2000 年 1 月的后半月开始,《做股票做到 1 亿日元!》连续 18 周位居第一。在 2 月至 3 月这段时间时里,销售册数可以用"飞升"来形容,重印(增印、加印)的册数比通常多出 10 倍以上。

三、货币信息杂志创刊,杂志与图书产生"1+1 大于 2"的效果

这期间,除了《日经新闻》、《读卖新闻》、《朝日新闻》这些大报以及各地方的报纸登出广告以外,又在东京都内和近郊的 JR 中央线、山手线、京滨东北线、东海道线等地铁线打出横式广告和吊式广告。据说,"特别是 2 月份《朝日新闻》用大量篇幅刊登广告,在一段时间里产生了巨大冲击力,打了广告的地铁沿线的书店,销售额有明显提升。"

此外,钻石社为股票投资初学者"量身打造"创刊了货币信息杂志《ZAI》。在创刊之前,除了在货币相关图书的新闻广告旁边加入预定广告,还插上告知"3 月 21 日创刊"的书签,使《做股票做到 1 亿日元!》这本书对读者的吸引力持续不断。借着《做股票做到 1 亿日元!》畅销的东风,《ZAI》杂志的广告宣传也取得良好效果。仁科刚平出现在《ZAI》杂志创刊号的封面上,印刷了 35 万册全部卖完。杂志与图书产生了"1+1 大于 2"的效果,双方都在增加新的读者。

钻石社把预订的包括《做股票做到 1 亿日元!》的 15 种货币相关图书发往全国的书店,反响极好。受《做股票做到 1 亿日元!》的"牵引",征订数不断增加,15 种书不仅好销,而且还拉动了其他书的销售。

紧接着,东京都内的一家书店在 3 月份召开了"货币相关图书商谈会",该书店代表在会上决定用图书和杂志搭建新的货币图书专柜和展示台。其中,有的书店把钻石社的杂志广告复印放大,作为"分门别类货币相关图书指南"贴在揭示牌上,起到了强烈的展示效果。

高野仓俊胜指出:"我认为,货币相关书好卖,现在最理想的是书店。而这些实践性很强的书的品质高低,严格选取或淘汰的是读者。"按照以上这段话的意思,《做股票做到 1 亿日元!》如此畅销,取决于读者的积极主动,取决于书店的反应敏捷。

高野仓俊胜说:"今后做书的方式,应当是'自己确定的选题没错'与读者的理解相结合,同时,还要不断得到书店的支持。"

(宋正群 编译)

日本《不听话……看不懂……》出版轶事

林定昭，1965年出生于日本东京，毕业于青山学院大学，1996年进入主妇之友社以后，以编辑翻译书为主，先后编辑出版了20种图书。其中，《不听话的男人　看不懂地图的女人》当年面世后，销售行情特别好。

该书2000年4月3日发行销售的时候，首印15000册，到2000年6月下旬，已是第七次印刷，累计达到35万册。

据主妇之友社销售部介绍，该书的重印速度超过该社发行突破100万册的《在医院里是这样逝世的》一书，创造了主妇之友社最高的纪录。

在发行销售前的3月份，出版社到纪伊国屋书店参加《不听话的男人　看不懂地图的女人》的预订需求意见听取会，纪伊国屋书店也对这本书表现出浓厚的兴趣，认为"至少卖得出去"。

一、杂志《周刊文春》刊登专集，认为"运作下去可以发行50万册"

《不听话的男人　看不懂地图的女人》正像预测的那样，正式发行销售后持续畅销。《周刊文春》的记者在书店看到这种情况以后，马上组织专集发表出来。

"专集"认为，"当初预测能够发行17万册左右，但从目前的势头看，可以卖到50万册"。主妇之友社销售部的员工因此也士气大振。

《不听话的男人　看不懂地图的女人》是一本翻译书，该书把"不能理解男人的女人"和"不能理解女人的男人"作为主要读者，围绕性别不同、大脑思维各异，展开意味深长的解释。据说，由于这本书详细地描写了深奥的男女关系，被世界12个国家购买版权，并在这些国家相继成为畅销书。

主妇之友社出版路线是以人的心理、人的状态为焦点，所以，除了出版《不听话的男人　看不懂地图的女人》之外，还出版了为数众多的同类书，诸如发行6万册的《人活着不能被人随便驱使的13条法则》、发行24万册的《不要忙忙碌碌　要慢慢生活！》、发行12万册的《别急！要有个人的时间》、发行5万册的《保持深沉，人生一定可以改变》，以及发行3万册的《色拉不能再吃了》等。

实际上，这些翻译书是仅仅依靠一个编辑诞生出来的。这个编辑就是出版部的林定昭。

主妇之友社很早以前就着手翻译出版。据林定昭介绍，他所在的出版部效益增长很快，被社内确定为"畅销部门"，纳入年度预算的范围。

二、一个专职翻译书编辑的直感与信息收集

据说，在以"主妇"、"婴儿"、"料理"、"服装"为形象的主妇之友社，出版部的"阅读主力"只有专职翻译书编辑林定昭一个人。

林定昭1996年进入主妇之友社，第二年编辑了翻译书《特里莎母亲》。现在，林定昭以每年编辑8种书为目标。对于林定昭来说，作为新领域的开拓者，在耗费"惊人的能量"，但过去编辑的作品不断再版，获得的充实感却比旁人要大得多。

林定昭说，对《不听话的男人　看不懂地图的女人》，他是"凭直觉觉得畅销"的。其实，林定昭平常收集信息的范围非常广泛，他的"直觉"只相当于露出冰山一角。每天之于他都是"信息收集日"。在国内，他频繁与日本的著作权管理中介业者——所谓的版权代理人接触；在国外，他凭借特有的观察力参加涉外图书展，同时，也考察涉外的书店、涉外的读者，等等。

三、以一个读者的身份考察书店

林定昭说，在日本的书店考察，"我从来不和书店的店员交谈。店员们总是自己经手的书觉得有趣就摆上书架，觉得没有趣就马上退货。对我而言，书店是决定胜败的场所。我如果同店员聊天，瞬间就会站在出版社的立场上。我不讨厌以一个读者的身份与书店接触。"

他认为，"亲眼见的事实就是一切"。与其他编辑相比，林定昭有着不同的信念，就连图书问世以后的危机感也能让人体会到。

林定昭1999年编辑的8种书，除了两种外，其余6种均已重印。他作为主

妇之友社的"安打作品制作者"而受到关注。2000年以来，他4月份推出两种书，5月份至7月份各推出一种书，在年底以前再推出三种书。林定昭不想画地为牢，他打算以人为主题，不断推出爱情、宗教、自我启发方面的图书，"如果读者有需求，还会做虚构类的图书"。

每当他编辑的图书问世，大众媒体就群起关注。以前面提到的《周刊文春》的专集宣传为开端，《朝日新闻》、《读卖新闻》、《每日新闻》这些全国性报纸，依靠共同通信社配送信息的地方报纸，刊登了一连串的书评文章，都是他坚持不懈、努力不止的结果。

林定昭以锐利的眼光探寻有卖点的图书，在一种书一种书之间踩着胜败的天平。他那编书"不盈余就不罢休"的态度，也许就决定了他是改变"杂志王国"主妇之友社的中心人物。

（李弟刚　编译）

日本把《空想……》变成现实的出版奇迹

近藤隆史，1961年出生于福冈县久留米市，1985年毕业于爱知县立大学外国语系。先在旺文社系列的出版社西兹出版社工作，后来转入审出版社，从事少女漫画杂志的编辑工作。之后，进入宝岛社，从事《临时增刊宝岛》的编辑。1998年进入媒体制造出版社。现在既是媒体制造出版社的员工，又是"空想科学研究所"的代表。

几年前，《空想科学读本1》和《空想科学读本2》合计发行突破100万册。《空想科学读本3》能否持续前两本的势头，是摆在近藤隆史面前的难题。

为了占有地球争斗的怪兽乌尔都玛，以直立跳跃的姿态着地的一瞬间，袭扰都市形成的冲击波会是什么样的呢？通常，即使看到画面，也难以想象。但《空想科学读本3》似乎做出了回答：那种冲击波"相当于4级地震"。根据"空想科学"的世界观，身长40米、体重35000吨的乌尔都玛如果从空中降落，附近的地球人就会遭到巨大的灾难，正义的英雄为了医治灾难给地球人造成的创伤，以变幻莫测的方式与乌尔都玛展开殊死搏斗。

一、用"科学的眼光考察"动画中的英雄

从小学生到60岁以上的范围广大的读者，抱着浓厚的兴趣，以"科学的眼光考察"电影和电视中的英雄或"英雄符号"，只因为看了媒体制造出版社出版的《空想科学读本3》。包括《空想科学读本3》在内的"空想科学"系列书的作者柳田理科雄，把听起来很陌生的"空想科学"的语言，定义为"科学地考察人类创造的空想与梦的世界，其乐无穷"。

2000年7月21日发行销售的《空想科学读本3》，初版首印10万册，到了

2000年9月10日，已是第四次印刷，发行27万册。《空想科学读本1》、《空想科学读本2》由宝岛社分别在1996年2月和1997年6月发行销售，合计发行突破100万册，成为很有人气的系列图书。在1998年，两种书出版了"文库版"。由于作者与宝岛社之间发生了不愉快，《空想科学读本3》隔了三年才出版。

二、面向女性、年轻人提供话题，使读者"返老还童"

由于媒体制造出版社长期徘徊在增长与负增长之间，《空想科学读本3》的责任编辑、出版事业部的近藤隆史部长决定在策划与销售两方面进行新的尝试。在策划方面，一是给已出版的《空想科学读本1》和《空想科学读本2》的核心读者30岁至40岁的男性提供喜好的资料，二是面向女性、年轻人为其提供新的话题，以期扩大读者的范围。

具体做法是科学分析"阿尔卑斯的少女帕伊西"和称为"带着玻璃假面具"的北岛马屋的少女伽罗的日常生活；制造"电磁战队兆伦沙阿"、"超电磁马辛"、"超电磁霍尔特"等五个英雄之谜，扩大"英雄符号"的范围，增加项目和内容。

近藤隆史从收到的读者明信片分析："10岁读者占了全部读者的50%，读者真是令人吃惊的年轻。20岁的读者和女性读者的增加，也实实在在可以感觉到。"因此，可以说在策划方面是成功的。

三、如果有100个人，就会有100个人的科学

在介绍《空想科学读本3》的促销情况时，需要触及一下作者柳田理科雄和责任编辑近藤隆史的关系。他们两人是中学时代的朋友，共同在鹿儿岛度过了初中和高中时代。进大学后，两人通过书信始终保持着联系。1995年7月，已在宝岛社工作的近藤隆史，请中途从东京大学退学、经营起学习私塾的柳田理科雄执笔《空想科学读本》。

近藤隆史说："他（指柳田理科雄）看什么都有趣，总能产生奇怪的想法。和他一块儿走在街上，他会突然问道：'东西从那幢大楼掉下来是什么样子？'"柳田理科雄说："计算自由落下的速度，比如200米高的建筑物，东西从上面落地需要6至7秒，人在下面要跑开，可以跑出50米。"说这些的时候，柳田理科雄总是一副真诚的样子。

"喜欢科学幻想的人有时会说：'为什么在梦的世界里会提出现实的物理的奇想？大约因为那通常是研究对象之外的内容。'所谓科学，就是对事物的思考方

式,这是归属于个人的。如果有100个人,就有100个人的科学。"这是柳田理科雄的论点。近藤隆史感到习惯性思维支配世间,有必要从相反的角度观察事物,因此,他促使《空想科学读本》诞生。后来,近藤隆史扩大柳田理科雄的活动范围,专门成立了"空想科学研究所"。现在,柳田理科雄除了为媒体制造出版社创作以外,还为扶桑社、索尼杂志、日本文艺社执笔。

四、三家出版社协作办展示,促进新书销售

在《空想科学读本3》作为系列书的第三本出版时,近藤隆史提出两点:①超越一家出版社的框架,举办"空想科学研究所展示";②实施作者走遍全国书店的方案。在"空想科学研究所展示"上,为了隆重推出新书,出版相同系列书的媒体制造出版社、媒体汽车竞赛出版社、扶桑社通力合作,把已经出版的七种书统一布置,进行展示,目标是以六折预订出3000套。同时,三家出版社还表示出在下一年也搞共同展示的意向。

媒体制造出版社出版的《空想科学读本》,第一本销售84000册,第二本销售七万册,可以说《空想科学读本3》的销售要上去,就得拼命努力。比如,《空想科学读本3》的实力与书店一方的判断大相径庭。此外,在三年多的空白期,类似的图书出版很多,使得"未公认的文化"的书架在书店呈减少趋势。这也成为对《空想科学读本3》展开促销的背景。

在让"空想科学"的品牌加紧渗透的同时,从地方书店的现状出发,制定了构建作者、编辑、出版社等"制造商"与书店相互扶携、促进销售的未来模式的方案。在巡访书店的同时,针对广播电台准备内容,在10家地方广播电台亮相,展开地域性很强的促销活动。为什么要亮相广播电台呢?因为作为合作伙伴之一的媒体汽车竞赛出版社,在出版《空想非科学大全》、准备打广告的时候,意外发现客户在广播电台做商业广告超过在报纸上做商业广告,且广告内容也是针对广播电台制作的。

五、与作者同时寻访全国84家书店

关于作者和编辑巡访书店,主要考虑是让作家直接接触地方书店,有条件的还组织管乐队渲染气氛。在2000年7月21日《空想科学读本3》的正式发行销售日,书店巡访从横滨、川崎地区的10家书店开始。在一个月的时间里,作者柳田理科雄同时以媒体制造出版社营销员的身份遍访书店,先后到过福冈地

区 10 家书店、鹿儿岛地区 10 家书店、名古屋·丰桥地区 8 家书店、京都·大阪·神户地区 12 家书店、札幌地区 9 家书店、广岛地区 11 家书店、仙台地区 14 家书店，等等，共计 12 个都市的 84 家书店。

当时，还制作了 700 多本签名书，在"未公认的文化"的书架上与相同的系列书摆在一起。另外，作为初步的尝试，还举行了巡访后的费用均摊的"餐饮会"。按照图书交易公司和大牌书店的销售数据推测，平常每天销售册数为 15000 册，高峰时期达到 2 万册。2000 年 9 月 4 日决定第四次印刷，加印 2 万册。巡访书店的效果显现出来。媒体制造出版社打算今后要抓住新书发行的时机，采取持续巡访书店的措施。

（王德胜　编译）

日本《……"电"……》书出版往事

在日本，面向"超级初学者"的入门书《从电脑的"电"字开始——Windows98应对版》，受到中老年读者的追捧，在市场上越来越畅销。2000年4月初版首印5万册，到了2000年10月24日，13次印刷，发行突破24万册。

正如书名所提示的那样，连电脑的"电"字都不认识的漫画家萨多维圣贝，活到67岁第一次接触电脑，就把学电脑的体验写成了面向中老年群体的电脑入门书。这本书的彩色漫画和彩色写真丰富多样，内容浅显易懂。

在《从电脑的"电"字开始——Windows98应对版》的"引子"部分，作者介绍说，打开刚刚买来的电脑说明书，里面什么文字说明也没有，跳入眼帘的只有"DOS/V"、"OS"等术语，这使作者非常焦虑和愤怒。这种焦虑和愤怒，化作撰写这本书的原动力。作者一方面被电脑术语弄得手足无措，对入门手册"入不了门"感到生气，一方面凭借一流的幽默，不仅学会了电脑，享受到漫游互联网的快乐，而且还承担起引导电脑初学者的义务。

一、从月刊杂志《Paso》的读者之声产生了策划

从根本上说，《从电脑的"电"字开始——Windows98应对版》的策划，诞生于朝日新闻社出版的面向初学者的电脑杂志《Paso》。据本书编辑、《Paso》编辑部原主任浅井聪和本书的另一位编辑、《Paso》编辑部原员工须田刚介绍，《Paso》在经常听到"托杂志的福，终于明白电脑是怎么回事"的声音的同时，也收到主要是来自中老年男性的"还是弄不懂电脑"的来信。尽管杂志非常详细地进行了解说，但月刊杂志的篇幅有限，不能完全满足这些中老年男性的需求。于是，面向年长者的电脑入门书的策划油然而生。萨多维圣贝提笔创作入门书，

主要在于编辑们的诚意打动了他。

须田刚充当萨多维圣贝学电脑的家庭教师，每周有一两次要到他家。半年下来，萨多维圣贝学习电脑颇有心得，须田刚就请他写书。作者执笔写了一个多月。拿到须田刚手里的原稿，除文章以外，还写了三大本注解，甚至连插图、写真、表格的摆放位置也考虑到了。

须田刚说："漫画家充分考虑了读者的阅读习惯，在原创稿件上下了很大功夫。"以三大本注解为原型，再加上须田刚的解说页，浅井聪和须田刚开始了编辑工作。

长条校样出来的时候，作者又重新校对复核。"因为采用 MaC 的 DTP 制作，所以还能够应对。但即使是这样，老先生还不断叮嘱，说要把'一览表'的错误降到最低限度。我们做书追求的就是容易读，容易看。"

就这样，以《Paso》1998 年 4 月增刊号的形式，出版了《从电脑的"电"字开始 (Windows95 应对版)》一书。发行销售后不断脱销、不断加印，销售总册数达到 197000 册。这个增刊号，就是《从电脑的"电"字开始——Windows98 应对版》的前身。

之后，从 1998 年 10 月开始，《Paso》每月刊登萨多维圣贝的《追加连载 从电脑的"电"字开始》，一直持续到 1999 年 5 月。在此期间，电脑的新机型不断上市，基本软件向"Windows98"转移。为了应对这种情况，在前述的增刊号内容里，加上"追加连载"的内容，以"Windows98 应对的补充修订版"的形式，出版图书。

作者再次用新机型检验"Windows98"，更换了部分插图和写真，进行了非常精当的补充。

精益求精的做书方式和对高龄者极端负责的态度，抓住了众多读者的心。本书以横排方式排版，也是特色之一。书中把"OS"换成"母亲"、把"应用"换成"能干的孩子们"，这些由作者在苦学过程中派生出来的翻译，也是本书的独特之处。

凭借智慧和幽默接触电脑，然后把电脑当成工具轻松地使用，萨多维圣贝的这种挑战精神，激励着许多"电字"派的人心，并给这些人以勇气。

增刊号在发行近 20 万册的时候，期待《从电脑的"电"字开始——Windows98 应对版》登台亮相的读者也多起来。从这本书正式出版发行的当天开始，一直保持着良好的销售势头。在朝日新闻社所有图书的销售中，《从电脑的"电"字开始——Windows98 应对版》一直保持第一位。

因为增刊号的实际销售业绩可观，书店对《从电脑的"电"字开始——

Windows98应对版》也充满很高的信任度。各地书店纷纷表示："要确保与前面的增刊号相同的销售量。"

另外，朝日新闻社还专门制作了用于促销《从电脑的"电"字开始——Windows98应对版》的书架，分发给书店。书店精心推出手写的图书广告，在电脑专业书或话题书专柜张贴。

据浅井聪和须田刚介绍，"书店很清楚，仅仅通过看见广告并理解其内容的读者的嘴，就能把图书的信息广泛传播开去。"

《从电脑的"电"字开始——Windows98应对版》发行销售之初，在《朝日新闻》上打出整版广告，在"学艺版面"还刊登了对作者的访谈，但并没有积极地利用其他大众传媒运作，只是一边在《Paso》刊登自家广告寻找代理人，一边在周末刊登报纸广告。即使这样，每当报纸广告登出，销售册数在周末就提升。

二、因为作者亮相电视台，家庭主妇们开始关注《从电脑的"电"字开始——Windows98应对版》

有读者来信说，希望把《从电脑的"电"字开始——Windows98应对版》作为电脑制造商的入门书附在出售的电脑上。其实，不少电脑制造商时常征求作者的建议。这本书在电脑教室作为教科书在使用，书的作者经常受邀充当文化中心或面向居家工作者讲座的讲师。

对《从电脑的"电"字开始——Windows98应对版》反响最强烈的，是2000年9月11日作者在电视朝日的《彻子的小屋》栏目里亮相。作者介绍了《从电脑的"电"字开始——Windows98应对版》一书的内容，介绍了自己与电脑"较劲儿"的经历。在节目播出以前，以FAX事先通知了书店，加上报纸广告刊登后产生的效果，从节目播出的第二天开始，书店店堂更加热闹起来。不仅中老年男性读者大批涌入书店，而且以家庭主妇为主的女性也开始关注《从电脑的"电"字开始——Windows98应对版》，读者群体不断扩大是显而易见的，仅仅是纪伊国屋书店所属的书店，就销售了1万册以上。

朝日新闻社出版的《使用电脑遇到困难时应当翻阅的书2001》一书，除了在封面印上萨多维圣贝的漫画以外，还增加了《从电脑的"电"字开始·例外编》，把作者感染病毒的体验与防止病毒的对策告诉读者。对于初学者而言，萨多维圣贝的存在，也许就是值得信赖的品牌。

说到以后的计划,浅井聪和须田刚指出:"IT业越来越热,对于普通人和高龄者来说,有关互联网的指南书也越来越需要。"从这个角度出发,继《从电脑的"电"字开始——Windows98应对版》之后的策划,一直在进行之中。

(万波 编译)

日本《……步行的东京》出版记

　　日本人文社出版的《使用大字地图漫步东京　步行的东京》，以新的视点在地图出版领域确立了独特的品牌，面世后销售行情一直看涨。

　　1999年12月10日，初版印刷2万册，仅过去一年，即在2000年12月，就已经销售了20万册。

　　该书的开本采用便于随身携带的新书开本，是一本网罗了日铁山手线及周边地区的以地图为主体的指南书。这本书说到底是为了制作便于在大街上"步行"的地图，结构由"神乐坂"、"青山大道"等大街小巷组成。在大致可以把握那些街道个性的文章旁边，添加了照片；与街道氛围相称的富于变化的索引、目录字体，更显出编辑所花的工夫。

　　书中除了对公园、博物馆、美术馆、名胜古迹、剧场礼堂、老字号商铺等加上了醒目标识，还使用连体铅字标明了所有的快餐店、家庭饭店和小型无人管理商店，查阅起来十分方便。樱花、红叶、狂欢节、古董市场等给逛街带来乐趣的信息充满全书。该书出版时，人文社以在自家的网站上不断增加新的更加详细的信息与该书同时运作，也尝试着立体地、全方位地开展营销活动。

一、在出版行业内首次出版易于查阅的七千分之一的地图

　　如果说携带方便、易于查阅的地图的"先驱"，那要算是人文社1997年出版的《街图迷你东京23区》。直到现在，这本书还得到众多商务人员的追捧，成为生命力极强的常销产品。

　　《使用大字地图漫步东京　步行的东京》虽然按照那时的数据制作，但划时代的意义在于，该书中的地图是出版行业第一次按照"七千分之一"的尺寸制作

的。在此之前,"万分之一"的尺寸是主流,是最大的微缩尺寸。与万分之一的地图相比较,更显得该书容易查阅。

据人文社第二经营部的小川辉雄和水上利一介绍,该书的策划开始于1999年4月。从社里的编辑制作公司到经营部,都在想制作大地图作为礼品对外赠送。小川辉雄说:"我自身经常就是戴着眼镜、拿着放大镜看地图。在大街上,拿着放大的复制的地图边看边走的商务人员也很多。所以,凭直觉感到可以制作大字地图,必须尽快行动起来。"

需要大字地图的人们,对健康的关注度在提高。最近,作为通常的健康法之一,步行的人气十分兴旺。

水上利一说:"根据这一点进行策划,摸索独特的切入点。"

如今,就连具体的路线和饭店都有详细引导的指南书泛滥成灾,所以,不如制作对读者一边步行一边发现属于自己的路线起作用的地图。"信息太多,文字越来越小,作为制作者的我们,也做过难以查阅的地图。因此,对于制作者来说,首先应当尝试向制作容易查阅的地图领域扩展。"就这样,七千分之一的地图诞生了。

追求容易查阅的目标就必须在细节上下功夫。比如在设计上,去掉与地图重叠的文字周围的白色,代之以樱花树的淡红色、银杏树的黄色,甚至让读者看见颜色,就可以分清树的种类。小川辉雄和水上利一介绍说:"归纳集中内容,花费了许多时间。我们以游玩的心态编辑该书,也有想使该书对不大买地图的女性产生吸引力的目的。"

二、举办首次展示会,为发行销售"点火"

人文社虽然没有打广告,但开展的第一次新书宣传活动,就产生了巨大反响。

与1999年12月10日的首发式同时,人文社在东京八重洲图书中心本店的一楼入口处柜台进行展示,宣传用语原封不动地照搬"使用大字地图漫步东京",分外引人注目。一周以后,出现很大反响,在三省堂书店神田本店的展示会上,有一天销售了380册,创下单日销售的最高纪录。从读者构成的情况来看,这本书也得到了中老年女性的好评。据说,当时的销售现场货物不够,一边从其他卖场调剂,一边从出版社的仓库出货。

"搞新书宣传活动我们是第一次。展示会有没有效果不得而知。当时恍如梦中,现在回想起来的确反响不小。"

在三省堂书店神田本店，为了进一步搞好年底年初的店堂宣传活动，尤其为了应付节假日可能出现的购销高峰，向出版社预订了1000册。由于在展示会点旺了"发行销售"之火，在1999年内加印到2万册。结果，2万册上市不久就脱销，紧接着继续重印。

在2000年1月下旬《东贩周报》的综合排行榜上，《使用大字地图漫步东京 步行的东京》一书进入"10种最佳图书"的行列。在纪伊国屋书店，由本部管辖的各个分店展开销售，其中有的分店一周之内销售了2000册。

一般来说，实用书年销售二三万册就是畅销书。当初，社里对本书的策划，一半是期待，一半是怀疑，所以，后来出现的反响令全社人吃惊。

《使用大字地图漫步东京 步行的东京》一书在大牌书店和"属于终端"的大型书店开始销售，其影响犹如水的波纹一样逐渐扩散，各大众媒体也开始关注，有的杂志介绍这本书，有的报纸表扬这本书。在2000年1月，除了电视朝日介绍这本书以外，在有偿电视的节目里，推出了使用本书漫步街头的策划，其内容播放了一个星期。

此外，人文社预先做出计划，一旦判断其网站的宣传效果达到"火候"，就予以关闭。

三、用读者的眼光经常推出新鲜的策划

在地图好卖的2月份至5月份，来自各地中学有关《使用大字地图漫步东京 步行的东京》一书的预订络绎不绝，有的预订50册，有的预订100册。这些书是分配给到东京"进修旅行"的学生的。这本书的地图与传统的商务用的地图不同，充实了对文化设施和名胜古迹的指南，学生们拿到这本书，都说看了让人放心。另外，关东周边的书店预订了300册。出版社问为什么订这么多？书店回答说，由于准备高考，关东周边地区的学生要来东京的大学访问，当地高中统一预订了这些书。

《使用大字地图漫步东京 步行的东京》面世以后，很多读者给出版社寄来感想，比如"到东京去的时候，有这本书就觉得方便了"、"多谢制作了这么好的地图"等。除此之外，出版社每天还收到数个询问，比如"有没有千叶县版的"等。

网罗了东京都23个区的《大字地图 东京七千分之一》在2000年5月出版，与《使用大字地图漫步东京 步行的东京》并排摆在书店的店堂，不少读者把两种书作为一套购买。

水上利一指出，由于《使用大字地图漫步东京　步行的东京》的面世，许多书店实践着超越传统地图销售的方式。在一些大型书店，这本书不仅摆在地图、指南书的书架上，而且也出现在话题书的书柜里；在一些中小书店，把这本书的开本视作带来利润的开本，在文库书专柜的一角或现金出纳机的旁边，都摆放着这本书，以这本书为首，"率领"相近的十几种图书同时面对读者。

经济不景气，大家普遍囊中羞涩，比起出远门旅行，当天可以来回的游玩以及让心灵充实的散步，更容易引起人们的关注。小川辉雄和水上利一分析道："在本书所具有的吸引力上再加大力度，得到的评价不就是顺应了那种需求吗？"

作为《使用大字地图漫步东京　步行的东京》第二本的《使用大字地图漫步横滨镰仓》也已出版，这本书因有与东京版不同的独特视角而得到好评。

"每当一本书做完，就要用读者的眼光继续搜寻，希望经常推出新鲜的策划。"

人文社编辑出版的是其他社没有的系列，所以，今后也是可以期待的。

（吴娣伊　编译）

日本《自炊家园》为单身贵族寻找"口福"

为单身贵族"量身定做"图书，向来是日本出版社追求的目标之一。

一、开着大篷车穿行在大街小巷叫卖

以出版实用书为核心的日本池田书店出版社，面向被称为"新社会人"的20岁左右的单身读者，在2000年3月发行销售了《自炊家园——饮食节约的生活劝告》。截止到2001年4月，该书印刷15次，发行了15万册。之后，又把发行20万册作为增加销售的目标，在销售曲线上"再制造一座山峰"。之所以确定新的销售目标，这是因为可以叫作"《自炊家园》第二本"的《快乐的单身生活——适度的生活之术》，也由池田书店出版社于2001年2月14日发行销售，书店把两本书并列销售取得很好的业绩。

两本书，以单身生活为关键词，瞄准年轻的读者，上市以后，学生、白领、走向单身的工薪阶层等无论年长的还是年轻的男性女性，都抢着购买。

在采取并列销售方式的书店，两本书的实际销售状况为2比1:《自炊家园》卖出2本，《快乐的单身生活》就会卖出1本——拉动效应十分明显。

《自炊家园》在东京池袋的新荣堂书店发行销售时，该书店的常务董事齐藤丈夫灵机一动，开着大篷车四处进行展销，从而点着了"成功之火"。在新荣堂书店池袋本店，2000年4月至9月的6个月里，开展了大篷车销售，累计销售册数达到2000多册。

池田书店出版社对书店是只要有订货请求就随时添货。在《自炊家园》面世一段时间以后，出版社以为"快要卖不动了"、"销售行情下滑是不可避免的"，然而，每个月平均还能卖出330册至350册。新荣堂书店的大宫店，也开着大篷车进行展销，卖出了 800 多册。

与此同时，开着大篷车卖书的书店还有很多，比如神奈川日吉的天一书房日吉店、福冈小仓的探寻小仓店、东京新宿的纪伊国屋书店新宿本店等。

二、有关烹调的基础知识建议型读本是《自炊家园》一书的前身

担任《自炊家园》编辑的田口胜章说："改变饮食生活，意识到食材重要的人越来越多，但带着自炊目的到书店'料理书柜'来的人却很少。特别是工薪阶层，即使到了书店，浏览的书架也比较有限。所以，把书堆在大篷车上，作为商品广而告之，唤起读者的购买冲动就显得非常重要。"

田口胜章在进入池田书店出版社的第二年，也就是 1993 年，就编辑制作过四六变形开本的名为《自炊指南图书》的单行本，这本书也可以认为是《自炊家园》的前身。

一个人独自生活，什么都得自己动手，要吃得香，自然就需要烹调的基础知识。《自炊指南图书》介绍了煮、烧、炒、蒸、炸等技术；介绍了从"美洲虎"（一道菜的名称——编译者注）到中华料理的烹饪法；还给出了饮食费用节约的主意等。这本"建议型读本"，与现在的《自炊家园》的基本概念是相同的。

然而，在编辑过程中，对内容却进行了多次调整和改良。其中，把 109 个烹饪法的菜谱，浓缩成 70 个。

菜谱的选定与个人的主观性有很大关系，所以，把握编辑制作室意向收集的"梅脯烧苹果"、"西红柿魔方"等日常不熟悉的料理，都在《自炊家园》中省略了。此外，为了强化"手提式图书"的形态，采用了可以最大限度容纳真实写真的新书开本（尺寸虽然比文库本尺寸大一点，但基本可以同文库本一样，归类为"口袋书"——编译者注）。

三、第二本《快乐的单身生活》从衣、食、住出发，由六大支柱构成

在与编辑制作室的共同作业中，田口胜章从不做无原则的妥协。

按照既定的编辑技巧，策划了指导单身生活的第二本书《快乐的单身生活》，在 2001 年 2 月发行销售。也可以说是"衣、食、住的智慧袋"的《快乐的单身生活》，由"居住"、"金钱"、"修理"、"饮食"、"危险躲避"、"街道信息"等六大内容构成。

在书中配上漂亮、合适的插图，加强表现力，这种做书方式，继承了田口胜章一贯的风格，加上相应的数据，真可以说是"生活方便的指南"。

之所以要认真讲解"应当知道的平常小事"，是因为田口胜章认为："现在能够教授平常小事的人没有了。"

《快乐的单身生活》面世后，以全国的主要都市为中心，显示出良好的销售趋势，出版社的经营部已经实实在在地感觉到了。

围绕被认为有1000多万过着单身生活的人们，池田书店出版社的销售欲望高涨是不难理解的。

田口胜章也经历过单身生活。据他介绍，单身生活让他体会最深的是，"感冒睡觉时特别需要小心"。所以，《快乐的单身生活》不仅摆在料理的书架上，而且也出现在"心灵治疗"的书柜边。《快乐的单身生活》在平常小事中有新发现，时不时也起到了"单身贵族保护者"的作用。

上半年已经4次印刷并发行6万册的《快乐的单身生活》，在2001年年底销售达到了10万册。

（古隆中　编译）

日文版《谁动了我的奶酪？》出版简历

在当年,《谁动了我的奶酪？》几乎是一本火遍全世界的畅销书。日文版《谁动了我的奶酪？》同样火遍日本列岛。

一、读者从 9 岁到 84 岁,3 个月发行销售 100 万册

仅仅 96 页的小书,发行销售不到 3 个月,竟抓住了 100 多万人的眼球,成为红极一时的畅销书。这本书就是扶桑社出版的日文版《谁动了我的奶酪？》。2000 年 11 月 30 日,《谁动了我的奶酪？》初版首印 2 万册,到 2001 年 2 月 20 日,已经 13 次印刷,发行 164 万册。据说,这本书因为获得 9 岁至 84 岁的范围广泛的读者青睐,所以持续畅销。

本书的核心内容由一个寓言构成。说的是作为主人公的两只老鼠和两个小人,在旅途中寻找象征幸福的奶酪的故事。好不容易发现的奶酪突然消失,这让老鼠和小人既失望又懊恼。无奈之下,只好寻求新的方向。本书以小人们的格言形式,编织出富于启示的 15 封通信。

在本书的故事中,也描绘了小人和老鼠议论的情形,从而变成吸取教训的忠告。

《谁动了我的奶酪？》的英文原著,于 1998 年 9 月在美国发行销售,很快成为发行总册数超过 300 万册的超级畅销书。像 IBM 公司、苹果电脑公司等众多大企业和政府机构,还选用这本书作为研修时的教科书。

此外,在作者的网页上,自从刊登出日文版《谁动了我的奶酪？》即将出版的信息后,日本也有不少企业向出版社咨询和预订。

二、妙趣在于站在各自的立场上都可以解读

在社里图书编辑部担任本书编辑的富田健太郎认为，本书的最大魅力在于，这本书"不是论述手段而是论述思维方式的指南书，不限于什么状况，读者站在各自的立场都能解读"。对于只是怦然心动的我们而言，这本书在不经意中给予了缜密的心理分析，一边阅读，一边就能得到新的体验。富田健太郎说，《谁动了我的奶酪？》在美国是作为地道的商务书畅销，而在日本被如此众多的读者阅读，不是更说明该书所具有的新鲜的多种多样的魅力吗？

由于这本书在研修现场不断成为讨论、研究的热点，所以才几次重新修订。扶桑社在买进这本书的版权以后，开始做书碰到的第一个难题就是要重新翻译原作者不断寄来的膨胀的校样。经过与翻译者多次的磨合，全书终于脱稿。之后，书稿在社内传看，得到大家的一致好评。有的员工认为，"最好不要仅仅作为商务书来把握"；有的员工认为，"应当提炼吸引年轻女性的东西"。在社内会议上，有关这本书的意见和建议频出，气氛活跃，十分有利于编辑制作工作的顺利开展。

最头疼的就是书名（标题）问题。大家提出各种按照商务书的习惯取个主标题，然后通过副标题进行补充的方案，但一直确定不下来。到了2000年10月初，"是不是太严肃"的疑问，才引出了现在的书名。英语原版书是精装书的装帧，看上去过于呆板。社里决定日文版的书要打破原版书的"硬壳"，代之以朴素的有亲和力的封面。价格设定在880日元，非常便宜，既容易购买，又容易向人推荐。

在书名确定以后，富田健太郎把书的校样转给社宣传部主任青泽正树。看完校样，青泽正树认为，"感觉内容很有冲击力，寓言的解读方式很合乎'手册一代'的需求。人们生活在不稳定的现代社会，这本书抓住了他们的心"。不限定读者群体，这本书适应所有因身边杂事烦恼的男女老少。青泽正树把校样交给宣传部20岁至30岁的员工及"高人"，请他们看后一定写出"读后感"。青泽正树要从这些"读后感"中，尽量挑选生动活泼的语言，以实名方式做在广告里。

"宣传部不是要读者的书评，而是想用合乎市井百姓胃口的语言讲述。"《谁动了我的奶酪？》发行销售后，宣传部沿着东京都内私有地铁各线，在出入口展开"门式广告"和"窗式广告"，目的也是为了开发更多的读者。

三、使用 POP 立体地塑造老鼠和奶酪的形象，实际效果就是本书的不断加印

现在，与 50 岁男性并列的"中心读者"，是 20 岁至 30 岁的女性。从"读者调查表"的内容看，这些年轻女性才是读者不断增加的原动力。

在《谁动了我的奶酪？》发行销售之前，宣传部预测本书畅销可能超越商务书的框架，为此，要根据情况变化使用读者的评论随时调换广告内容。

例如，图书编辑部的富田健太郎说，"复制本书腰封内容的一部分，把'这个故事可以改变你的商务'转化成'这个故事可以改变你的人生'，从而产生吸引更多读者的效果。以前，宣传部从增加销售册数的角度出发，提出各种宣传方案，总能提升销售册数。现在，进一步尝试制作面向学生等更年轻读者的腰封，拿出这样的方案，我们可以对应。"

老鼠和奶酪的形象也采用立体的 POP 制作方式，得到书店的好评。书店认为，"这样便于展开大篷车销售"。采用 POP 制作方式，也和"加印"（即"增印"、"重印"）相联系。

据该社销售部的吉田雅裕介绍，在 2000 年 10 月中旬，销售部的员工传看了《谁动了我的奶酪？》。在"首发日"之前，专程到位于商务街的书店推介，最后决定以准备开着大篷车展销的书店为中心进行图书配送。

在书店店堂发行销售以后，销售部与宣传部合作进行广告宣传。如前所述，由于交通广告做得很到位，给地铁沿线的书店传递了信息，引来许多预订。

此外，一些书店开着大篷车展销，销售册数一再攀升，因此成为书店行业的热门话题。在新的征订单上，销售部增添了大篷车展销成功的例子，发往全国书店。由于征订单产生了好的反应，来自书店的查询越来越多，2000 年 12 月 29 日已经决定了加印的册数。加印的时间与大牌书店大批量预订的时间同步，结果加印的书一出来，马上就被"消化"，没有库存的积压。到后来，出版社与书店互通信息，出现了随时预订、随时加印、随时"消化"的良性循环。

《谁动了我的奶酪？》在《国王早中餐》《书心！关口堂书店》《特讯！》等电视节目上介绍后，预订单更像雪片似的飞到出版社，其中最突出的还是东京、大阪的各个都市。《谁动了我的奶酪？》的广告在九州、四国、广岛、静冈的地方报纸刊登以后，给那里的书店传递了信息，效果也很明显，书店甚至请求出版社的促销人员直接把书送过去。

《谁动了我的奶酪？》之所以成为畅销书，可以说是出版社各部门紧密配合的结果。编辑部重新编辑原书的内容；宣传部的大力宣传使本书在读者心中引起

共鸣；销售部审时度势，准确及时地把握了加印的时间。

富田健太郎指出，"这是一本读完可以产生话题的书，这是一本可以促使夫妻、父母和孩子进行交流的作品。企业良好的策划与众多读者的支持，是这本书成功的奥秘。有了这两方面，出版社会越做越好。目前，围绕本书的新的策划正在酝酿之中。"

（宋家德　编译）

日文版《富爸爸穷爸爸》畅销回头看

《富爸爸穷爸爸》在美国成为"百万册畅销书"。这本书的作者属于美籍日本人的第四代，在年轻的时候从事商务活动取得成功，积累起巨大的财富。作者在书中讲解了金钱哲学，这本书是以前不曾有过的有关金钱的图书。在日本发行销售以后，同样出现了爆炸性的行情，同样是"大安打之作"。

2000年11月15日，《富爸爸穷爸爸》初版首印2万册，到了2001年5月28日，已经是21次印刷，达到1045000册了。本书的读者群体非常广泛，从13岁到87岁的读者都有。

筑摩书房出版社编辑部的矶部知子，担任《富爸爸穷爸爸》的编辑。据她介绍，她和《富爸爸穷爸爸》的译者白根美保子，过去以关心孩子们为主题，做过两本"自助自立书"。两个人在接下来的选题探讨中，觉得有一个东西应该正确地传达给孩子们，那就是"金钱"这个主题。

当时，有一位在美国书店工作的熟人，向白根美保子推荐了几本谈论金钱的图书，其中的《富爸爸穷爸爸》引起了白根美保子的关注。她随后向矶部知子介绍了这本书。这些都是1998年的事情。

矶部知子在策划过程中，觉得《富爸爸穷爸爸》的确是日本年轻一代需要的书，然而，筑摩书房出版社以前从来没有做过这种类型的作品，一旦做了这种书会不会影响出版社传统的形象呢？矶部知子感到迷茫，编辑部内部为此也出现过争论。

之后，在社内召开的策划决定会议上，经营部认为"今后应当追求这种书"。得到经营部的支持，编辑部方才决定出版《富爸爸穷爸爸》。紧接着，编辑部与经营部、宣传部联手，正式拉开了出版《富爸爸穷爸爸》的序幕。

"各部门确认一个形象，虽然需要时间和工夫，有时相互还会产生摩擦，但一旦互相理解、形成共识，做起来就会很顺手。"矶部知子说道。

例如，在核心目标读者和图书书名上，就出现过分歧。经过反复讨论和协商，经营部接受矶部知子的建议：把核心目标读者定位在相当于年轻一代父亲的50岁上下的工薪阶层；矶部知子及编辑部接受经营部的建议：作为商务书销售内容应当浅显易懂。不仅如此，鉴于广告牌或揭示板在那些商务书卖得火的大型书店摆放对读者有吸引力，经营部还进一步制定了先在几家主要的大型书店"点火"，然后逐渐扩大开去的销售策略。《富爸爸穷爸爸》后来的销售业绩表明，这种销售策略完全符合市场情况。

一、在书店、开本、封面设计上下功夫

在决定书名的会议上，多数意见认为，要使书名更加浅显易懂地传达内容，就应当添加说明性的副标题（即小书名）。"这一点，不能马虎。《Rich Dad, Poor Dad》的书名，在本国（美国）获得了众多读者，但不等于在我国（日本）就能获得很多读者。应当接受作者的建议，让书名活起来。"

在开本上，矶部知子当初准备采用 A5 开本，把《富爸爸穷爸爸》当成普通的书来做。由于现在的一般读者拿到书，感觉不到厚度，感觉不到分量，才愿意阅读，所以，有同事建议，"采用教科书的开本，使读者产生这本书就是教科书的感觉，就希望买来看了。"矶部知子采纳了同事的建议。

设计封面，充分考虑了日本人"喜欢符号形象"的特点，要使"富爸爸"、"穷爸爸"的人物形象出现在封面上。矶部知子从几个插图画家的作品中精挑细选，最后选中长崎训子的具有讽刺意味，但又有分寸感的作品。"富爸爸"、"穷爸爸"的人物形象渲染出故事性，比预想的效果好得多，等于是圆满地完成了图书的"颜面"设计工作。

《富爸爸穷爸爸》向书店配书开始于 2000 年 11 月 9 日，当天，在东京都内主要大型书店每店配书 5 至 6 册，到了周末，就出现火爆行情。11 月 13 日，出版社决定重印 3 万册。

二、经过电视介绍，反响越来越大，每周平均重印 10 万册

《富爸爸穷爸爸》的广告，以《朝日新闻》、《日经新闻》为开端，从全国性报纸做到大众化报纸和地方性报纸。在最初一段时间里，几乎没有在杂志上做广告，但经过电视上"畅销书栏目"的介绍，《富爸爸穷爸爸》的关注度越来越高，

出版社觉得没有把握的许多杂志，也纷纷介绍了这本书。

2001年1月，共同通信社以"话题之书"写出的综合性文章，在各地方报纸刊登以后，《富爸爸穷爸爸》的影响向日本全国扩散。到了2月上旬，差不多进入每周平均重印10万册的时期。

这个时期，腰封上采用什么吸引人的句子或以更新颖的句子代替原来的句子、选择什么媒体做广告或刊登读者之声，这不仅是经营部、宣传部的事情，而且编辑部也要参与，三方频繁协商。

媒体宣传到位，店堂行情骤起，让出版社感到了众多反应敏捷的读者的存在。即使这样，矶部知子还谦虚地说："那些做惯初印册数多的图书的人，也许要笑话我们。我们把多数不确定的读者作为'核心目标读者'，初版第一次印刷就是2万册，这不能不使我们既紧张又难受。"

为读者着想，追求浅显易懂。《富爸爸穷爸爸》的专业术语用平实的语言表述，书中出现的汉字尽量加注音和注释。

《富爸爸穷爸爸》主要属于"教诲之书"，其中的六条教诲按章节整理，使之显而易见；原文的教诲用词深奥难懂，翻译时改变成朴素的格言式短句；每一个插页都放上副标题，便于读者把握内容。

《富爸爸穷爸爸》正式出版以后，矶部知子捧着新书反复通读，"一页一页地看，一页一页地抚摸，直到挑不出毛病为止"。当不断听到来自读者的"容易阅读"的评价，矶部知子比什么都高兴。

三、《富爸爸穷爸爸》的续编因生活方式不同带来价值观不同

对《富爸爸穷爸爸》的反映，20岁的读者认为这本书"成为生活方式的指针"；许多30岁至35岁的读者则认为"考虑调换工作时很迷茫，这本书起到指点迷津的作用"，年轻人确实被《富爸爸穷爸爸》抓住了眼球。

当然，也有读者对《富爸爸穷爸爸》提出批评，说即使按照作者的方案操作也不能成功。矶部知子认为："以求得赚钱的基本知识来阅读，肯定会产生那样的疑问。本书不仅是技巧书、知识书，而且也是思维方式书。像这样把金钱哲学说得如此明确的人，以前还不曾有过。"

在以前，矶部知子按照同样的想法曾尝试做有关金钱的图书。1996年，出版社内聚集了一批有志的女性编辑，大家策划面向女性的《有哲学的生活书系列·微笑图书》。这套系列书因为要传达有关衣食住行和健康的生活哲学，所以，金钱也是其中的主题之一。

然而，在日本，有关金融商品解说和投资入门的书不少，且这方面的写手也很多。如果哪位写手正面地、积极地描述金钱，日本人会觉得怪怪的。可以把金钱与生活方式联系起来讲述的作者在日本找不到。因此，《有哲学的生活哲学·微笑图书》的策划只好放弃。矶部知子之所以邂逅《富爸爸穷爸爸》激动不已，正是因为千方百计寻找能够讲解金钱哲学的作者而又找不到，可这样的作者却在《富爸爸穷爸爸》中出现了。

2001年6月25日，《富爸爸的流动资金·四个小矮人》出版。这本书从一般从业人员、自营工商业者、经理、投资家等四种人的角度出发，明确解说了由于人的生活方式不同，各自的价值观就不同，即"生活方式靠自己选择"。6月5至6日，经过矶部知子的策划，本书的作者也来到日本，为《富爸爸的流动资金·四个小矮人》出版造势。

接下来，矶部知子与作者、译者商定，作为"完结编"，准备在2002年3月翻译出版《Rich Dad's Guide To Investing》。为了满足函购读者的需求，顺应他们的期待，矶部知子决定《Rich Dad's Guide To Investing》和《富爸爸的流动资金·四个小矮人》两本书同时发行销售，可以和前面的《富爸爸穷爸爸——美国有钱人教给我们的赚钱哲学》并称为"三部曲"。"日本人以传统的对金钱的观点来看待一切事物，还能发现什么？'三部曲'的确给他们带来了新的刺激。"

（李文清　编译）

日本《伯尔尼的尾巴》出版趣闻

《伯尔尼的尾巴》发行册数直线上升，出版时间不长就已经26次印刷，达到79000册。在1996年5月正式发行销售的《伯尔尼的尾巴》，描写了作者郡司七重与一只名叫"伯尔尼"的导盲犬共同生活的故事。相关的书也很多，截至1996年，包括本书在内，已有4家出版社出版了8种书。到1996年5月末，8种书的发行册数合计为20万册。在销售这8种书的时候，书店曾不断举办"新书展示"。紧接着，又有两家出版社出版了与导盲犬有关的书。《伯尔尼的尾巴》等书从出版发行到2001年已过去5年，行情依然良好，读者层面不断扩大，可以认为是既畅销又常销的系列书。

《伯尔尼的尾巴》是如何问世的呢？原东方出版社编辑部的新名哲明是本书的责任编辑，请听他的回忆——

在1995年的3月，新名哲明拿到郡司七重的原始稿件，首先感到的是困惑：
"通过他人预约的书稿，以前经手的都是商务书或连环漫画书。像与福祉有关的书，根本没有接触过。我差点儿就要对作者说'我很忙，实在对不起……'。"

然而，这部最终没有退回的原始书稿，竟改变了新名哲明的人生。

作者郡司七重因病失去视力，无论怎样讨厌犬类，也必须和导盲犬伯尔尼共同生活，像一家人一样有了与狗共同的生活经历。不久，伯尔尼自己也因为衰老失去视力，不能完成导盲犬的任务了。尽管这样，伯尔尼作为郡司七重家庭的成员之一，还是在主人的关怀下度过了最后的岁月……这就是《伯尔尼的尾巴》的主要故事情节。

"忘记了时间，一边流着眼泪，一边看着稿子，这是我作为编辑的初次体验。我对郡司七重的文笔也感到吃惊，作者对包括伯尔尼在内的家庭成员的印象都惟妙惟肖地描绘出来。"

新名哲明向出版社的社长小林茂申报选题，希望批准出版。然而，小林茂社长没有点头。

1995年的日本出版行业，尽管整体上还是繁荣的，但许多书店和出版社已经提前面对"不景气"了。"与福祉有关的书"往往与"好卖"、"畅销"无关，小林茂社长的犹豫是可以理解的。

当时，已经当了5年编辑的新名哲明因为碰壁十分沮丧。他说："出版行业都以为把书做出来就畅销，制作'空想销售额'的趋势很强烈。尽管不喜欢这种趋势，但自己在这种现实面前也只是徒叹奈何。郡司七重的书稿，如同一块大石头压在我的背上。"

一、从一些出版人、书店人那里得到鼓励，终于鼓起勇气要出这本书

为了进一步寻求《伯尔尼的尾巴》单行本图书出版的可行性，新名哲明给许多人看了这部书稿，并与之商谈。某位专业图书出版社的社长断言："以导盲犬为主题做'畅销'书，那是无稽之谈。"新名哲明问这位社长应当怎样调整，这位社长又没有具体的正面的建设性的意见。

"认真做出来就会好卖的"，位于东京饭田桥的群羊图书中心的武藤浩平店长的一席话，点燃了新名哲明的希望之火。武藤浩平认为，"一般书店的人们都想卖好的书。"这句话给新名哲明留下了深刻印象。"这本书也许可以唤起书店人想卖好书的意识。我受到武藤的鼓励，增加了出书的勇气"，新名哲明愉快地回忆道。

下定决心要出书的新名哲明，开始具体研究"畅销的导盲犬书"的制作方案，向曾经出版过导盲犬图书的经验丰富的明日出版社请教。该社的涉川育由经手过《南无阿弥陀佛意味深长的12个月》和《森林披肩领》等书的装帧，新名哲明把《伯尔尼的尾巴》的书稿给他看，同时，也向他学习图书装帧设计的技巧。涉川育由觉得这本书内容不错，建议出版，同时，也提出预约，让他来装帧这本书。

新名哲明有了以上积累，再向社里申报选题。然而，小林茂社长还是没有开绿灯。

二、社内的秘密：编者和作者各出一半费用自费出版

把《伯尔尼的尾巴》出成单行本图书还是没有希望……然而，最后给新名哲

明决定性力量的,却是作者自己,因为郡司七重提出了自费出版的方案。

新名哲明说道:"至少从内容上看,社内是认可的。凭借自费出版,这本书可以出来。不过,当时的郡司七重,她的丈夫因为癌症刚刚去世,一边要挑起家庭的重担,一边还要抚养上初中一年级的儿子。她提出自费出版,我如何能同意?"

到了最后,新名哲明还是接受了自费出版的建议。新名哲明对郡司七重完全由作者出钱的方案做了调整,费用的一半由自己负担。新名哲明觉得这是抛开编辑的立场、与郡司七重产生共鸣后的个人行为。编者与作者各出50%的费用出书,这在今天说起来很平常,但在当时却属于社内的秘密。

从新名哲明拿到书稿的那一天算起,时间过去了一年两个月,《伯尔尼的尾巴》终于"得见天日"。初版第一次印刷6000册,制作费用为200万日元,二人各出100万日元。在6000册书中,有2000册交给郡司七重,请她在举办讲演会时,当场销售,以收回费用。

在与"福祉书卖不动"的传统观念的斗争中,《伯尔尼的尾巴》出版了。本书发行销售一周以后,《朝日新闻》的《无声人语》栏目做了专题介绍,本书进入广大读者的视野。1997年,"支持《伯尔尼的尾巴》协会"启动,开展了寻求《伯尔尼的尾巴》动画化、电影化的市民运动。到了第二年即1998年3月,以《再见!导盲犬伯尔尼》为剧名的电视剧诞生,由日本著名演员大竹忍武主演的电视剧,收视率达到16.9%。在这一过程中,希望出版相关图书的出版社不断出现。新名哲明说道:"当初何等难产!后来又是那么幸运。从郡司七重那里,畅销的构思、好卖的选题也自然而然产生出来。"

在《伯尔尼的尾巴》出版两个月以后,新名哲明离开东方出版社。他作为"支持《伯尔尼的尾巴》协会"的代表,组织郡司七重的讲演会,开展寻求对导盲犬理解的市民运动。为了实现《伯尔尼的尾巴》动画化,已经获得144000人的签名和250名预定出资赞助者,制作成动画,也只有一步之遥了。新名哲明笑着说道:"自从遇到郡司七重的书稿以后,我的人生也改变了。"

东方出版社可以说也是收获颇丰,《伯尔尼的尾巴》与续编《花环的瞳孔》发行合计超过10万册,成为很有生命力的系列常销书之一。两种书在第二次印刷以后,开始向作者郡司七重支付版税。关于新名哲明,小林茂社长说道:"从出版的热情到后来的活动看,他是很有眼光、很有头脑的。他离开我们社,令人遗憾。不过,我们社既托他的福,同时,我们社也会继续支援他。"

(王 艳 编译)

日本《新潮杂志书》出版奇迹

每期以一个演员为主题做成特刊，以"月刊OOOO"和演员的名字为标题，这样的杂志书写真集由新潮社出版，销售行情一直很好。《新潮杂志书　月刊系列》从演员的选择到杂志封面的设计、再到充满艺术魅力的写真拍摄，都很讲究，因为做出了前所未有的写真集，成为读者的热门话题。

《新潮杂志书　月刊系列》的总编辑宫本和英认为，"传统的杂志做写真集，一般内容反映日常生活，拍摄的照片采用凸版技术，看上去很庄重，但并不是十全十美。我一直想做充满意外性和新奇感的写真集"。宫本和英一直担任面向中学生的时髦杂志《尼古拉》的总编辑，虽然曾主要做写真集，但以前从未做过真正的演员的写真集，所以，宫本和英打算向自己挑战。

一、选用中等水平的演员，得到三个专业人员的支持

宫本和英的想法是："一月一期，每期一个演员，定价尽可能便宜，不用熟悉照相凸版技术的人员，而用年轻的有艺术感觉的摄影师。我们做的写真集的水平，要高于司空见惯的演员写真集，要凭借我们的独创性，引导出演员的独特魅力。"宫本和英的设想，得到了与演员关系很"铁"的自由导演兼制片人岩田照雄、在探索艺术写真上小有成就的年轻摄影师平间至和、图案设计师清水正己的赞同，于是，大家开始策划《新潮杂志书　月刊系列》。然而，不但宫本和英，即便这三个人，以往也没有接触过这样的选题，因此，也等于是在向未知的领域挑战。

开始的时候，挑选的候补演员有三人，一个是永作博美，一个是篠原凉子，还有一个是友盛枝。这三个演员，既不是当今显赫一时的偶像，也不是曾经火

爆、现在被人遗忘的明星。这三个演员在不少电视剧中担任主要角色，但给观众的感觉还是"重要的配角"。

宫本和英说："首席偶像我们没有必要去找，找也白找。新派偶像有自己的代理事务所，因为如日中天，要价很高，我们做他们和她们的写真集，需要很高的制作成本，需要大批量的发行册数。与演艺界没有关系的出版社，要做这些人的写真集，根本不可能。中等水平的演员，对我们的策划有兴趣。所以，最初挑选的三个演员，可以说是我们的实验品。"

二、引导演员说真心话，体现各自的魅力

写真，考虑演员的个性，三个人设定三个主题格式。以医院为背景，突出永作博美痛苦的痉挛感觉；人为设计一个架构，让位于其中的篠原凉子伤痕累累，表现暴力氛围；让友盛枝舞动细长的肢体，渲染狂热的情绪。到后来，每次根据每个演员的不同特点，同时设计多个场景，为了便于摄影，有时还在摄影室制作场景。在摄影方面，投入了大量成本。

在《新潮杂志书　月刊系列》中，除了现场写真以外，在对演员的采访过程中，还把演员的私人照片，比如童年写真等作为远景（背景）。广告只打在"封2"、"封3"和"封4"上。在采访者中，还启用了新潮社原员工，现在的电影导演天愿大介。宫本和英认为，"为了引导演员说出真心话，体现各自的魅力，比起新闻记者来，职业的电影导演因为熟悉演员的演出过程，所以当采访者更合适。"

三、创刊号发行 12 万册，以创纪录的速度卖完售罄

创刊号《新潮杂志书　月刊　永作博美》，在 1998 年 11 月出版，定价很低，仅 600 日元，除了在书店发行销售之外，甚至也在小型无人管理商店（CVS）发行销售，发行册数为 12 万册。据（东京都）首都圈的小型无人管理商店连续三天的调查统计，这本杂志书的行情出乎意料的好，12 万册以创纪录的速度卖完售罄。紧接其后的《新潮杂志书　月刊　篠原凉子》和《新潮杂志书　月刊　友盛枝》乘势而上，分别出版发行 15 万册。由于当初设定的发行理念是限定册数、不再增印，所以，出现退货就"立即裁决"（意即马上让书店或小型无人管理商店赔偿部分退货损失）。宫本和英说："创刊号在很短时间内卖完，这成为热门话题。加上大众媒体的宣传，更加提高了杂志书的知名度。印刷发行册数的限定，

也刺激了读者的购买欲望。"

《新潮杂志书　月刊系列》的核心目标读者，是15岁至20岁的青年人。宫本和英说："现在每期选哪个演员，许多读者也提出建议和希望。当初，内容追求艺术感觉，怕读者说假模假式的。从客观效果看，这种担心是多余的。我们杂志书的审美情趣，不仅狂热的爱好者接受，而且狂热爱好者以外的读者也认可，也抢购。这说明，我们的杂志刺激了潜在爱好者的购读欲望。"

《新潮杂志书　月刊系列》到2001年7月，已出版发行25期。从第16期《新潮杂志书　月刊　奥菜惠》开始，从发行册数限定和制作成本考虑，定价提高到700日元。发行册数根据每个演员的"人气指数"而定，每期的发行册数都不一样，但平均起来，从7万册到10万册。与从前相比，发行册数少了许多"水分"，退货率不到30%，每期的实际销售册数都比较稳定。当然，只要有退货，那还是"立即裁决"。2001年2月发行的第22期《新潮杂志书　月刊　井川遥》，在策划阶段，对井川遥的知名度难以判断，就根据人们的关注度、人气指数等指标对读者进行"切片"分析，在发行时间上反复选择，结果发行册数定在13万册，实际销售率达到96%，获得"大安打"式的成功。

宫本和英指出："定价700日元，发行册数为10万册，实际销售率完成70%，这是我们定的指标。后来看，每期都达到了指标。每期限定册数的设想也取得成效。即使是获得'大安打'成功的杂志书系列，据说越是加印越是畅销，其实，那种拖拖拉拉的销售未必是良策。"

每期选择演员都是"具体问题具体处理"。专业导演岩田照雄和艺术与技能制片厂有着深厚的联系，在他的大力协助下，宫本和英经常是在三四个演员中挑选一个。往往在摄影日期确定以前，下一期的内容还没有确定时，总会有演员造访出版社，自我推销，说"请选择我吧"！宫本和英认为，这证明《新潮杂志书　月刊系列》确立了品牌效应。

四、把没有采用的剪接照片，刊登在网站上

2001年秋天，新潮社决定在本社网站开设"未使用女演员"网页。从《新潮杂志书　月刊系列》创刊以来，先后动用了100个摄影记者，每个摄影记者跟随一个演员平均摄影两天，积累了庞大的写真资料，出版社将杂志书没有采用的照片刊登在网页上。此外，在2001年年内，还发行了《新潮杂志书　月刊系列》的临时增刊版。

因为出版这套系列，宫本和英接触了近100个演员。特别对于那些女演员，

宫本和英说道：我们的杂志书"相当于演员的广告，有时会给演员们的生活带来决定性的影响，但肯定不会造成伤害"。

补充一下，在采访者完成本文的时候，《新潮杂志书　月刊系列》的最新一期于 2001 年 8 月 9 日出版发行，题目为《新潮杂志书　月刊　乙叶》。

（李爱蓉　编译）

境外媒体关注《中小学校园足球教材》出版

"中国梦"具体在中国体育上就是"中国体育梦",具体在中国足球上就是"中国足球梦"——"足球梦"即将被注入中小学生的课本中。面向小学三年级至高中的校园足球教材在 2015 年 3 月底完成编写,同时引入二维码、3D 图像和真人画面,学生可以通过真人教学视频学习技巧动作。

2015 年 2 月,中央全面深化改革领导小组第十次会议审议通过了《中国足球改革总体方案》,方案提出:要让校园足球、新型足球学校、职业俱乐部、社会足球等各种培养途径衔接贯通,大胆改革,大胆探索,为中国足球发展振兴探索新体制。

新体制的其中一个体现,就是足球教材引入校园。据《北京青年报》报道,由足球教育专家、中小学教研员、一线体育教师共同编写的《中小学校园足球教材》于 2015 年 3 月底编写完成。

报道称,《中小学校园足球教材》共分为 7 册,其中,学生用书 4 册,分别为三至四年级、五至六年级、七至九年级、高中全一册;教师用书 3 册,分别为一至六年级、七至九年级、高中全一册。

据报道,教材将根据学生认知水平和运动技能形成规律安排相应内容。比如在所有学段的教材中,都涵盖熟悉球性、踢球技术、接球水平、盘带及过人的学习章节,但具体内容各有不同。

例如在熟悉球性章节,三至四年级学生学习带球、踩球、脚背正面颠球等基本技能,五至六年级则学习多种部位颠球等相对复杂的技能。

报道称,除了涉及足球的基础知识、基础技战术教学内容、训练与比赛方法的设计过程等内容之外,教材还特别注重对学生意志品质的培养。

另外,教材在每页介绍中都引入了二维码和 3D 图像技术。比如在"个人进攻战术"的讲解过程中，就设计了3D足球场的画面，描绘出场上队员、各个裁判的具体位置，并根据每个队员的站位，在其旁边设计了"画外提示框"，标注出每个队员应该注意的事项。

"采用3D技术主要是可以使各种技术展示一目了然，方便学生理解。"人民教育出版社体育室主任陈珂琦表示。在3D人物的设计上，教材还特别注重男女比例的搭配，防止出现"男生一边倒"的情况。

2014年7月，教育部长袁贵仁在全国学校体育工作座谈会上指出，要加快校园足球的普及。计划用三年时间，把校园足球定点学校由目前的5000余所扩展到2万所，并逐步建立健全小学、初中、高中和大学四级足球联赛机制，通过招生考试政策，疏通足球人才成长通道，培养优秀足球后备人才。

据媒体报道，北京市将完善市级、区级、校级、班级四级联赛体系，力争每年各级联赛场次不少于1万场。

据报道，2016年，足球项目将纳入中考体育的选测项目，同时，探索高中体育会考进行足球项目测试。另外，北京市将在市级教育经费中，每年设立专项经费用于校园足球的发展。其中，小学将确保每周上好一节足球课。

相关链接

德国足球教科书有100多种

不少国家都在探究德国成为"足球强国"的原因，德国人对此总笑笑说，"因为我们从小就会踢足球"。在德国，中小学校面向所有的学生开设足球课。德国足协还为校方制定了训练和比赛用教科书。德国各出版社编辑发行的足球教科书（课本、教材）更是丰富多彩，每个学校可根据自身需求选用。

德国科隆体育学院足球专家迪特尔斯对采访者说，参与编写课本的团队，都是获得德国足球培训学院等权威机构认可的专业人士。这些教科书图文并茂，重视趣味性和实用价值，尤其是多媒体教科书，更能引起青少年的学习兴趣。柏林畔考区的小学体育老师约翰内斯对采访者说，足球是德国小学体育课上的重要内容，为必修课。与其他学科一样，德国各州的足球课教科书并不统一。同一州的不同学校，教科书内容也有区别。目前的足球教科书有上百种，如《愉快足球》、《足球训练》等。

"小学（德国为1至4年级）足球教科书主要培养孩子们的兴趣。"约翰内斯说，课本里既有对踢球、接球、运球等基本动作的讲解，也有基础的足球规则知识。此外，还会加入德国国脚的励志故事。相比之下，中学足球教科书更突出操作性，会集中讲解运球、防守、射门等技巧。"就像中国孩子熟悉乒乓球冠军一样，德国孩子通过书本成为足球明星的拥趸。不同的是，中国孩子的兴趣大多停留在口头上，而德国人从小身体力行"。

据德国媒体报道，不少足球教科书设计有足球游戏和足球歌曲，采用3D图像技术展示球场、队员站位，还用提示框标注每个人担负的场上职责和注意事项。有的课本提供二维码，可通过手机扫描获得技术视频。迪特尔斯表示，德国足球教科书的另一大目标，是用竞赛精神感染学生，培养他们的团队合作和公平竞争理念，未来的教科书将突出数字化，让学生更直观地学习足球知识。

德国足球界的改革从教科书中也能窥见一斑。20世纪90年代，德国足球给人的印象是力量、对抗，而传统技术无疑是短板，甚至连该国教科书也明确表示"德国踢不出那种拉丁风格"。然而自2005年开始，足球教科书进行了大量修改，技术流的内容受到重视。这是德国足球经历2000年低潮期后的痛定思痛。如今，国家队成绩的提高促使学校重视足球课程，更多家长愿意将孩子送上球场。

（杨令军　编译）

美国大学历史教科书尊重历史

"慰安妇"是日本二战时历史上一个极为敏感的问题，一批日本历史学家认为，这些"慰安妇"只不过是妓女。因此，这些日本历史学家认为，美国麦格劳－希尔出版公司出版的一本名为《传统与交流》的大学历史教科书，在关于日本军队二战期间使用的性奴隶方面存在"大量表述错误"，敦促该出版公司改正。

在哈佛大学和哥伦比亚大学接受过教育、现任日本大学荣誉教授的伯太几彦（音）将慰安妇比作在荷兰和日本红灯区工作的女性。

伯太几彦在日本东京告诉外国记者："人类历史的每个时期都有妓女，所以，我不认为慰安妇是特殊的类别。"

韩国和中国是日本侵略战争行为的受害国，对日本与这两个国家的政治摩擦来说，慰安妇是中心问题。首尔和北京声称日本试图美化强迫20万女性充当性奴隶的历史，东京则表示这个问题已经解决了。

2015年正值二战结束70周年，日本首相安倍晋三正在考虑如何在几个高规格纪念活动上讲话。一些保守派敦促安倍推翻日本就战争期间的"侵略"向邻国所做的道歉。

《传统与交流》这本书共900页，是美国大学使用的历史教科书，其中有两段关于"慰安妇"的表述。共有19名日本大学教授向麦格劳－希尔出版公司发出信件，就这两段文字中的八处措辞提出异议。

日本外务省已试图劝说麦格劳－希尔出版公司和撰写这两段话的夏威夷大学教授赫伯特·齐格勒改变措辞，但都被拒绝了。

赫伯特·齐格勒在2015年2月告诉《华盛顿邮报》称，他把这个要求看作是"对我言论自由和学术自由的侵害"。

共有20名美国教授在2015年3月的美国历史学会期刊上发表信件，表达了他们对"日本政府最近试图禁止日本及他国历史教科书记载'慰安妇'内容这一行为"的惊愕。

现在在伯太几彦的带领下，日本教授们也采取了行动，他们向麦格劳－希尔出版公司写信，就该教科书声称多达 20 万妇女被强迫成为日军的慰安妇提出质疑，伯太几彦称，真正的数量约为两万人。他们也对称这些妇女是"来自天皇的礼物"这一表述提出了异议。

在日本外务省要求修改教科书之后，麦格劳－希尔出版公司 2015 年 1 月在《华尔街日报》上发表声明称："学者们就'慰安妇'这一历史事实的看法是一致的。我们坚定不移地支持我们作者的著作、研究和表述。"

（杨令军　编译）

上海《一课一练》教英国人加减乘除

西学东渐到东学西渐，从教育发达的英国洋娃娃开始，几乎从教洋娃娃们数"1、2、3、4、5……"起步。2015年夏天，被誉为"教学神书"的上海数学教科书《一课一练》摆上了英国部分小学的课桌，成为当地孩子学习数学的新范本。上海小学生们再熟悉不过的《一课一练》"走出去"到了英国，这是中英两国在教育领域展开合作的又一项重要工程。从中国数学老师"支教"英国，到中国教科书亮相当地课堂，再到考卷也被"拷贝"借鉴，中式数学教育出口英国究竟价值几何？这个话题正在英国社会引发热议。

一、上海学生 PISA 数学考试世界第一

在东伦敦圣玛丽小学读书的多哈2015年7岁，是班上数学尖子。他对学校即将引入的中国课本充满好奇。多哈说，此前英国教育部长亲自来到学校，旁听从上海来"支教"的中国老师如何用英语教授数学。该校员工露西说，英国人的确不擅长活用数学知识，比如买东西时不会快速找钱，买房子时更难精打细算。她说，自己的学校不仅购买中国教科书，还引进中国考卷。这些考卷先由老师们拿去"深耕"，再改造成英国学生容易接受的模式。

根据英国出版商哈珀·柯林斯的介绍，《一课一练》英国版共有11册，分别对应英国小学到初中的11个年级。该教科书以原书中的题目为基础，针对英国本地特点进行适当修改。出版社表示，目前还不便透露更多详情，内容上的调整是因为中英两国学制和课程标准不一样，比如说，英国版《一课一练》5年级的内容，可能会同时涵盖中国版4至6年级的内容。

家住伦敦西区海默史密斯的特里希说，很遗憾自己两个孩子就读的学校没

有使用《一课一练》的计划。不过，特里希打算在新书出版后到书店去买，并称"不在乎价钱"。从2014年开始，特里希就在关注英国教育部门引进中国教科书的进展，"听说中国孩子数学很牛，这套教科书也一定有过人之处"。

特里希还说，她和华人邻居交流时发现，与中国家长从中国带来的数学教科书相比，英国本土教科书显得很"小儿科"。和家长们意识到同样问题的还有英国教育界官员。2013年，英国政府在教改大纲中做出明确修订：5岁学生的课程里要引入分数概念，9岁学生要掌握12×12乘法表。

同样是在2013年，经济合作与发展组织发布的《国际学生评估项目》（PISA）显示，中国上海中学生的数学、阅读、科学能力均列世界第一。数学成绩方面，上海学生平均分是613分，英国学生仅为494分。其中，上海学生数学素养的平均成绩为600分，比第二名高出38分。这一权威评估结果在西方引发轰动。

正是中国人在PISA考试中的拔尖表现刺激了英国教育界，最终促成《一课一练》走进英国。作为英国教育部与中国的另一交换项目，大约60名上海教师2014年远赴英格兰，帮助当地学生提高数学成绩，同时，对英国小学、初中数学老师进行培训。

二、《一课一练》作为辅助教科书使用

英国时任教育部副部长特鲁斯2014年在结束对中国的考察后表示，尽管西方教育界对中国严格的教育方法一直存在批评，但她在中国的所见所闻表明，数学教育和中国经济的成功有着密切关系。有鉴于此，英国政府决定在数学教育领域效仿中国，改变英国的"落后"现状。支持特鲁斯的英国首相卡梅伦表示"要在英国掀起一场教育革命"，让英国中小学"跟上更先进水平"。

据了解，中国教科书的"试点"学校2015年集中于英格兰地区，而非传言中的"英国全境"。即便如此，此举依然激起英国社会的广泛讨论，支持声和反对声不相上下。在英国教师协会工作的波斯特德不赞成数学教改，她认为给5岁孩子讲分数只能让他们更糊涂，"很多孩子连整数的概念还没弄懂呢"。英国最大的教师联盟"全国校长协会与女教师工会"负责人凯特认为，不同的学校使用不同教科书势必造成混乱。还有人质疑，如果小学改变了数学学习方式，那中学和大学入学考试都得跟着改革，否则面临脱节的尴尬。

支持者则认为没有必要"草木皆兵"。一些参与邀请中国老师的教育工作者表示，英国的小学本来就是各出各的考题，并没有全国试卷的概念。谁愿意尝试外国经验，不会影响其他学校的进度。此外，中国教科书是作为辅助教科书使用的，不带有强制性。英国全国算术协会负责人艾利考克表示，78%的英国成年人的数学水平低于初中考试及格标准，其中半数只具备小学水平。他认为，现实告诉国民"是时候改变了"。来自曼彻斯特的金融从业者摩尔说，他在工作中离不开计算器，和他一样的同事不在少数。因为有切身体会，摩尔很支持两个女儿学习中国教科书，并不担心孩子会变成"做题机器"。

来自约克的英国中学数学教师弗兰克说，请中国教师来授课比单一引进教科书更重要，因为老师能帮助消化教科书精华。他坦言，数学研究是无国界的领域，"上海模式"能丰富英国人的教学见识，没有什么坏处。

三、西方学校"取经"未必"念经"

在许多中国父母纷纷送孩子到国外读书的当下，西方国家却开始借鉴中国的教育模式。消息传出，很多中国网民表示"长志气"。一些中国教育专家说，西方学校"取经"别国是一种传统，但"取经"之后不一定全能落实。以英国为例，引进《一课一练》会受到议会、教职员工、家长等多方意见的干预，加上英国学校的教辅书籍多种多样，并不像中国使用统编教科书，最终有多少学生能真正用上《一课一练》尚难确定，国人没有必要以此衡量中国应试教育的成败。

有些中国教育专家说，我国教科书"走出去"到西方国家是好事，这说明中西教育交流突破理论层面，进入技术操作阶段。据了解，上海已经连续三年在国际PISA测试中取得第一，但"学生付出的代价太大，所花时间比其他国家学生多很多。因此，既要看到中国基础教育的长处，也要清楚国外在素质教育上的优势"。

（李朝霞　编译）

出书卖书读书都在"华丽转身"

未来将有更多在 Kindle 电子书阅读器、iPad、笔记本电脑上阅读的图书,以 podcast、手机客户端为形式的图书,博客类图书,纸介质图书……

换句话说,这似曾相识,但它们更有高科技含量。据 2015 年 1 月在纽约举办的数字图书世界会议和展会的所见所闻,未来我们看待这些图书的方式也正是如此。

2014 年 7 月,美国亚马逊公司推出了 Kindle 无限服务,订阅者每月支付 10 美元便可以从其 Kindle 电子书阅读器上阅览 70 万部图书。亚马逊公司 Kindle 读物内容部主管鲁斯·格兰迪内蒂在会议上称,与音乐单曲和电视节目的在线销售相比,借阅服务"总体势头良好",而"随意点餐式"图书的销售仍较为强劲。然而我们利用网络媒体的方式——从流媒体到下载、从借阅到拥有——也将成为我们使用图书的方式。

把声破天公司(Spotify,著名流媒体音乐服务商——编译者注)和网络影视光盘租赁公司(Netflix)的模式应用于数字图书听起来有点儿超前思维,但是这与 1731 年本杰明·富兰克林引入的图书借阅费的理念并没有很大差别——1731 年时,富兰克林建立了一所订阅图书馆,用户需支付费用后借书阅览。

近三个世纪之后,亚马逊和奥伊斯特及 Scribd 等对手公司正在尝试把实质上相同的理念引入我们的平板设备,并取得了一些成绩。Scribd 公司接受采访时说,自从 2013 年提供无限电子书借阅服务以来,订户数量每月平均增长 31%。

"订阅模式在某些层面上是成功的,"亚马逊公司的格兰迪内蒂说,"我认为图书无法阻挡这股潮流。"

在数字图书世界还有不少并不新鲜的理念。例如,这次展会上人们再次确定,自出版(也叫"自助出版"或"自主出版")会变得越来越容易。

协助作者把灵感化为数字和实体书的布勒布自助出版公司的产品总监布雷迪·克劳帕说，"启动者"网站等融资渠道可以代替出版社为一本书预筹资金。书迷们可以用钱包来支持小众计划，而布勒布自助出版公司、英格拉姆、马尼帕尔数字公司和Ixxus出版公司则愿协助人们把梦想变为现实。

和其他媒体一样，大多数独立电子书公司的业务仍然要通过几个大玩家完成。布勒布自助出版公司等许多独立书籍制作网站都通过亚马逊公司和苹果公司的网站售卖产品。亚马逊公司仍是美国的第一大电子书零售商，位居第二的苹果公司正在迎头赶上。这两家公司从Kindle和iBooks销售的电子书中得到了至少30%的分成。

（王定熙　编译）

报 刊

跨越百年，康泰纳仕国际业务的拓展

康泰纳仕公司创立于1907年，1922年辗转到美国媒体大亨纽豪斯（Newhouse）家族手里。康泰纳仕国际是康泰纳仕美国出版公司的国际业务公司，其总部位于英国，出版了许多世界知名的杂志品牌，如《Vogue》、《Glamour》、《Gentleman's Quarterly》、《Architectural Digest》、《Wired》、《House & Garden》、《Condé Nast Traveller》、《Tatler》与《Vanity Fair》等。到目前为止，公司已经出版124种杂志，发布了近100个网站，200多个平板和移动应用程序（APP），是公认的杂志业主要出版商。面对近些年来全球经济下行，数字技术飞速发展给传统出版业带来的冲击，康泰纳仕秉承只出版高品质刊物的理念，及时把握机遇，迎接挑战，不断提升其创新力和对全球读者的影响力。

一、抓住机遇，率先开拓国际市场

康泰纳仕是第一家出版杂志国际版本的公司。20世纪90年代初，康泰纳仕在西欧诸国出版了30多种刊物。其中，1916年，在一战期间，首先推出了英国版《VOGUE》；4年后法国版《VOGUE》问世，同时成立了法国康泰纳仕出版公司。在大洋洲，1959年，公司出版了澳大利亚版；在南美，康泰纳仕从1975年开始在巴西开展出版业务；在亚洲，1999年，公司率先推出日文版，2001年，开始进入中国市场。2015年，康泰纳仕国际集团又在冰岛出版《VOGUE》，在墨西哥出版《Vanity Fair》。到目前为止，康泰纳仕国际业务已经拓展到全球20多个国家，出版了120多种杂志。

二、细分读者市场，不断推出新产品

康泰纳仕国际业务的不断扩展与其本地化战略和对当地读者市场不断进行研究，适时推出满足市场需求的新产品有着密切的关系。公司在 2005 年以版权合作的方式出版了中文版《VOGUE 服饰与美容》之后，现在，在中国已经推出了 8 种适应中国市场的全球知名的多媒体品牌杂志：《服饰与美容 VOGUE》、《VOGUE COLLECTIONS》、《VOGUE ME》、《悦己 SELF》、《智族 GQ》、《GQ STYLE》、《安邸 AD》和《悦游 TRAVELER》。其中，《GQ STYLE》、《VOGUE COLLECTIONS》、《VOGUE ME》是公司参照国际经验，又根据中国读者市场的需要于近些年推出的新刊物，大受中国读者的欢迎。

三、打破常规，善于创新

康泰纳仕国际进行了许多出版方面的创新，如康泰纳仕在意大利出版的口袋版《VOGUE》不断被行业复制，使《VOGUE》引领该国的多媒体市场。中文版《VOGUE ME》是专为中国〇〇后读者量身定做的刊物，上市后通过其个性、年轻、时尚的高质量和创意立刻取得成功。再加上目前的社交媒体平台的大网络环境，《VOGUE ME》很快成为反映〇〇后声音的媒体品牌。

在数字出版方面，1996 年，康泰纳仕国际在发布 Vogue.co.uk 网站之时，就将自己定位为数字出版的领导者，并不断发布品牌网站、iPad 和移动应用软件及多媒体设备的版本。公司也一直在努力探索其杂志的电子增强版，处于行业领先状态。中文版的《VOGUE ME》于 2016 年上市，是中国《VOGUE》与人民画报社以版权合作的方式出版的双月刊特刊。它创下了 6 分钟内网络销售 3 万册限量版杂志的纪录，打破了单册杂志的网络销售纪录。

四、吸引人才，汇聚人才

近百年来，康泰纳仕国际出版公司仿若一块磁石，牢牢地吸引了来自全球各国的知名编辑、摄影家和创意先锋。康泰纳仕档案馆是反映 20 世纪社会与文化的晴雨表。世界大战期间，公司的知名艺术家包括 Dali、Berard 等；知名作家与撰稿人 J. D. Salinger, Truman Capote, Edith Sitwell, Virginia Wolfe, Aldous Huxley 等，摄影师 Mert Alas and Marcus Piggot, Richard Avedon 等等。很多艺术家都是康泰纳仕的独家撰稿人或摄影师，此外，多数世界名模也把他们的平面编辑权独家授予康泰纳仕杂志。

五、承担社会责任，举办慈善活动

康泰纳仕国际一直积极支持举办各种慈善活动，为赈灾、非营利组织筹集善款、增强人们的善举意识。其在全球杂志品牌的编辑和团队都有很强的社会责任意识，将这些慈善活动融入他们独创的编辑页面。大多数这样的创意活动都由每个市场独立运营，但是也有一些活动项目是由康泰纳仕国际从全球的视角进行整体操作。

在各方面的合力作用下，康泰纳仕国际因其创作的内容优质、设计抓人眼球，且时常突破常规而声名鹊起，尤其是后者，已经通过各种媒体渠道为更广大读者深知。

（香江波　撰写）

康泰纳仕十年中国路

与德国贝塔斯曼出版集团、澳大利亚新闻集团及日本的讲谈社等世界上其他几大出版集团相比，康泰纳仕可能不那么为人所熟知，但是提起其旗下的杂志如《VOGUE 服饰与美容》、《VANITY FAIR 名利场》、《THE NEW YORKER 纽约客》等，大家却是耳熟能详的。康泰纳仕在 2005 年开始进军中国市场，以两年一刊的步伐先后推出了《VOGUE 服饰与美容》、《悦己 SELF》、《智族 GQ》、《安邸 AD》和《悦游 TRAVELER》五本杂志，均在市场上取得不凡成绩。到 2015 年，康泰纳仕进军中国已经十年。这十年，康泰纳仕采取了些什么策略一步步占领中国市场呢？未来其又将有什么动作呢？

一、世界出版大亨康泰纳仕

康泰纳仕公司由康得·纳斯创立于 1907 年，1922 年辗转到美国媒体大亨纽豪斯（NEWHOUSE）家族手里。当康泰纳仕的经营权落到老萨姆的长子士毅·纽豪斯手里时，他凭借精湛的管理理念和敏感的市场触觉使康泰纳仕走上了辉煌，创造了如《VANITY FAIR 名利场》、《THE NEW YORKER 纽约客》等名列世界前茅、称霸美国杂志市场的品牌杂志。纽豪斯也因此连续 28 年登上《福布斯》财富榜。经过百余年的发展，如今康泰纳仕集团旗下拥有《VOGUE》、《VANITY FAIR》、《GQ》、《CONDE NAST TRAVELER》、《THE NEW YORKER》、《GEEK》、《WIRED》等全球闻名的杂志品牌。

康泰纳仕集团的杂志出版涉及时装、美容、生活、家居、旅游、美食、名流、人文等众多领域，业务主要分为两大模块——康泰纳仕美国出版公司和康泰纳仕国际出版集团。据相关统计，截至 2014 年，康泰纳仕在全世界超过 23 个国家出版杂志,种类超过130多种,总发行量超过3500万册,在全球有一亿多读者,并且拥有自己的网站83个,用户数量达到2400万。[①]康泰纳仕美国出版公司经营美国本土的20多种杂志,其余百余种杂志则由康泰纳仕国际出版集团出版。康泰纳仕美国出版公司总部设在美国纽约时代广场,而康泰纳仕国际出版集团总部设在伦敦。至2008年,康泰纳仕国际出版集团在英国、法国、德国、意大利、西班牙、俄罗斯、墨西哥与拉美、印度、日本等国家和地区共设有10个全资子公司,出版73种杂志;同时,还在澳大利亚、巴西、中国、希腊、匈牙利、韩国、波兰、葡萄牙、罗马尼亚、南非、瑞典和荷兰等12个国家授权当地出版公司共计出版杂志32种。[②]

康泰纳仕国际出版集团的业务拓展是谨慎推进的,尤其是在与西方国家有差异的中国市场上。因此,在中国,康泰纳仕直到2005年才推出第一本版权合作刊物《VOGUE服饰与美容》,此后,接着在2007年、2009年、2011年和2013年陆续推出《悦己SELF》、《智族GQ》、《安邸AD》和《悦游Traveler》。时尚杂志一般定位高端,且图文制作精良,因而被媒体统称作"闪光杂志",康泰纳仕也不例外。自创立以来,康泰纳仕就一直以出版高端杂志或"最好的杂志"为办刊宗旨。其在中国推出的这五本杂志虽然内容定位与编辑特色不同,但目标受众与广告客户定位却是一致的:都以高端消费者或奢侈品消费者为目标受众,自然目标广告客户也均为奢侈品牌制造商。

二、世界杂志危机与中国杂志市场

1. 世界杂志危机:数字媒体兴起,杂志零售量下降,广告收入锐减

深受互联网和电子出版迅猛发展的影响,世界各地的杂志行业先后出现发展危机:日本出版业在亚洲地区是翘楚,其杂志行业在20世纪最后10年里出现"崩溃";紧接着在21世纪初,金融危机促使世界出版业最发达地区之一的美国的杂志行业也出现危机。诸如康泰纳仕的《PORTFOLIO》、《GOURMET》,赫夫纳的《花花公子》,《时代》杂志随刊寄送的《STYLE & DESIGN》,《新闻周刊》、《福布斯》、《商业周刊》等许多不仅在全美国而且在全世界都具有影响力的杂志

---

① 谢宜亨:国际时尚杂志如何进军中国市场——以康泰纳仕为例,《新闻世界》,2014(1):108
② 姜晓娟:高端定位,谨慎扩张,和谐团队——揭秘康泰纳仕,《传媒》,2009(7):66

或停刊或出售，杂志行业一片哀鸿。

传统杂志所面临的危机，主要表现在两个方面：一是杂志零售量下降，这导致许多传统杂志品牌选择停刊或出售的道路，如《新闻周刊》就因此在2012年底放弃了纸质杂志市场。二是杂志的广告收入大幅缩水，国外一家网站AWL根据美国杂志出版商协会提供的过去十年中美国主要杂志的年收入额数据制作了一份图表，该图表中杂志的广告收入在2005年至2009年间经历"坠崖"式的下滑。

康泰纳仕作为出版行业大亨，在这场杂志业危机中不仅未能幸免，而且损失惨重。2009年4月，康泰纳仕停刊《PORTFOLIO》杂志，一本被认为有潜力可以与《财富》、《福布斯》匹敌的财经刊物。康泰纳仕为将《PORTFOLIO》打造成为精品杂志，投入了上亿美元，调动了许多优秀的人力资源，却运营不到两年就停刊。10月，康泰纳仕旗下美食类杂志《GOURMET》、育儿类杂志《COOKIE》、新娘杂志《ELEGANT BRIDE》和《MODERN BRIDE》也先后倒闭。美食类杂志《GOURMET》自1941年开始出版，历经半个多世纪，见证了美国二战后物质匮乏时人们的生活追求，却在物质丰富时代"阵亡"，它的"阵亡"震惊了整个行业。

然而，这些挫败并没有令历经百年沧桑的康泰纳仕停住发展杂志的步伐。在数字媒体蓬勃发展、杂志零售量与广告收入锐减的背景下，康泰纳仕坚持逆流勇进，在1998年至2007年的10年间，陆续进入13个新市场，年均创刊8种以上。而潜力巨大且在金融危机中表现出众的中国市场，是康泰纳仕集团决心开拓的一个重要战略市场。

2. 中国杂志市场：阅读需求增加，定位重复，市场开发不足

进入21世纪后，尽管世界各地都受到金融危机影响，然而中国的经济发展一直稳步增长，随着物质水平的提高，人们的精神文化需求日益增长。现代都市生活节奏快、压力大，多图少文、内容休闲轻松的杂志将会比书籍更受读者青睐。

中国杂志种类多，而单本发行量不高，且许多杂志定位重复、改版频繁。中国杂志市场上有近万种杂志，发行量最高的在700万份到800万份之间，而在美国，发行量最高的杂志可以达到2600万份。每年9月，很多杂志都进行改版和赠送别册、夹带赠品等促销活动，这不仅是出于商业利润的考虑，更是因为中国杂志市场上许多刊物定位的重复，导致目标市场重叠，因而只有通过改版和促销来寻找和拓展属于自己的目标市场。

现在，中国杂志创办越来越多地定位高端，然而市场上有许多高端杂志并没

有取得所期望的经济效益,也没有抢占到所期望的市场份额。高端市场——学历高、收入高、品位高的读者,他们追求时尚、追求享乐、追求品位,乐于捕捉新鲜、时尚、前沿的事物,他们对服装、化妆品、饰品、奢侈品、交通工具以及住所都有很高的要求,而中国当前的高端杂志往往还不能满足或者说不能完全满足这类读者的阅读诉求。

三、康泰纳仕进军中国五步棋

2005年至今已然十年,康泰纳仕在中国内地相继成功打造《VOGUE服饰与美容》、《悦己SELF》、《智族GQ》、《安邸AD》和《悦游Traveler》五本时尚刊物,成功抢占中国时装、美容、男性、家居和旅游类时尚杂志的市场份额,在中国市场站稳脚跟。

1.《VOGUE服饰与美容》:把美国时尚带到中国

(1)"时尚圣经"《VOGUE》

《VOGUE》是康泰纳仕旗下最有影响力的杂志之一,成立于1892年,1909年被康泰纳仕收购。其封面精美,内容涉及时装、化妆、美容、健康、娱乐、艺术等多个方面,女性热衷通过它去揣摩时尚。一本优秀的时尚刊物是时尚界的意见领袖,在时尚圈占有一定地位,具有一定发言权,而《VOGUE》每期的内容都能波动一季时尚风向。《VOGUE》在时尚圈的地位、对于女性的意义、在全球范围的发展,使得康泰纳仕集团在全球享有盛誉。

康泰纳仕集团顺应全球化浪潮进军中国市场,与人民画报社合作在2005年8月推出了《VOGUE服饰与美容》——《VOGUE》的中文版本。而在此之前,《VOGUE》已经在多个国家和地区发行了包括澳大利亚版(1959年)、意大利版(1965年)、巴西版(1975年)、德国版(1979年)、西班牙版(1988年)、韩国版(1996年)、俄罗斯版(1998年)、日本版(1999年)等10多个版本。

(2)以版权合作进入中国

中国的女性期刊有两大阵营:以《家庭》、《知音》为代表的中国本土的传统女性刊物,内容涉及婚恋和家庭,读者定位于普通家庭妇女;以《瑞丽》、《时尚COSMO》等为代表的新派女性刊物,定位于某一年龄段或某一职业的收入较高的女性群体,细分了目标受众,内容也更精致,强调女性的独立与美。女性时尚刊物,所指为后者。2005年时,中国市场上的女性时尚刊物,已经有代表日系时尚的《瑞丽》和《昕薇》,代表法式优雅的《ELLE世界时装之苑》,以及代表本土原创风尚的《时尚 COSMO》。康泰纳仕将《VOGUE 服饰与美容》推入中国杂志市场，则将美国时尚带到了中国。

《VOGUE 服饰与美容》的进入模式并不是创新性的。由于中国的时尚工业尚未发展起来，中国的时尚刊物主要是中外合作推出的。这种合作的模式有三种：一是境外杂志品牌走进来，开办中文版本，如《ELLE 世界时装之苑》；二是境外出版集团走进来，重新打造本土的杂志，如《时尚 COSMO》；三是中外出版社合作推出新的杂志品牌。前两种均是版权方面的中外合作，而第三种则是出版集团的合作，是一种资源优势互补。

以境外杂志品牌为基础来开办中文版，是中国时尚杂志发展的主要推动力。出于品牌拓展的需求，多是境外杂志品牌主动合作的。《VOGUE》便是如此。为了尽快实现本土化，以便打开地方市场，《VOGUE》选择了人民画报社合作。《VOGUE 服饰与美容》选择在 2005 年 8 月 10 日左右面向中国读者，之所以选择这样的时间点，一则可以避免与同类刊物 9 月刊正面交锋，抢占市场缝隙；二则也可以给自己预留时间进行调整。

（3）《VOGUE 服饰与美容》抢占市场

《VOGUE》的中文版刊名为《服饰与美容》，与《ELLE 世界时装之苑》、《瑞丽》和《时尚 COSMO》等同类刊物比较，这个刊名比较通俗和大众化。然而《VOGUE 服饰与美容》是定位于高端女性的时尚杂志，这个刊名似乎不太恰当。但创刊人员选择这个刊名必是经过一番考量的，背后原因笔者至今未曾参透。

《VOGUE 服饰与美容》创刊号封面是中国本土模特杜鹃与 Gemma Ward 一同拍摄的，此后杜鹃迅速在世界时尚圈蹿红。关于封面人物，《VOGUE 服饰与美容》的编辑团队和发行团队是起过争执的：编辑团队坚持以国际闻名的超模作为封面人物，从而坚持《VOGUE》的高端路线；发行团队认为应该以歌星、影星为封面，从而以熟悉的面孔来招徕读者，迎合读者。最终的结果是《VOGUE 服饰与美容》的封面人物多是中国当红的演艺明星，偶有超模。此外，创刊号还开设了《中国创意》栏目来展示中国设计师的作品，通过推介新人来鼓励中国设计的特色和风格发展，帮助探索中国时装发展方向。这些反映出《VOGUE》迅速实施了本土化策略，通过支持本土化的模特、采用本土化的编辑团队、鼓励本土化的设计等来博得受众的认同，以占领市场，同时也推进中国时尚业发展。

2.《悦己 SELF》：都市女性新态度

（1）《悦己 SELF》——都市女性新态度

《悦己 SELF》是康泰纳仕集团旗下的《SELF》与中国妇女杂志社的《悦己》

进行版权合作，在2007年4月1日推出的女性综合时尚刊物。此前，《悦己》杂志的定位类似《知音》。

新生的《悦己SELF》虽然名称变化不大，只是在"悦己"后边加上了"SELF"，但是在内容、形式上都有了很大的改变。首先是封面人物和设计的变化，不同于改办前采用平面模特作为封面，新生的《悦己SELF》多邀请当红明星，基本是女星作为封面人物，宣扬封面人物的女性特色，如2013年9月的封面人物就是当红影星倪妮，性感妩媚而不失干练，配以的文字是"倪妮——就想做个有棱有角的女人"；《悦己SELF》的封面设计也更加有时尚感。其次，改办后的《悦己SELF》在内容上更加广泛，涵盖健康、职场、情感、生活、服饰、美容等女性生活的各个方面，力求贴近都市白领女性的真实生活。《悦己SELF》倡导"快乐由自己，美丽身心灵"的价值主张，定位于鼓励和帮助中国女性寻找"自我愉悦"，在宣扬服饰美容等外在修饰之余，也格外关注女性的自我感觉与身心发展。

（2）引进品牌与本土化策略

从《悦己SELF》的发展来看，可以窥见版权合作是中国时尚期刊走向成功的主要模式。中国时尚杂志可谓就是在版权合作的推动下发展起来的。1988年，法国桦榭菲力柏契出版集团和上海译文出版社合作，推出了《ELLE》的中文版——《ELLE世界时装之苑》，被认为是第一本进入中国市场的国际时尚女性高端杂志，开创了中国时尚杂志之先河。此后，一系列中外版权合作的时尚杂志相继而生。一方面，通过中外版权合作，能够帮助中国时尚刊物克服在时尚资讯方面的资源不足和人才短缺。另一方面，中外版权合作可使中国时尚期刊借助国际时尚大刊的品牌效应，从而更快获得市场的认可。《悦己SELF》正是借助康泰纳仕集团的内容资源和人才资源，并且依靠其品牌而成就了今日的《悦己SELF》。

《悦己SELF》为了实现本土化策略，迎合中国女性的情感诉求，从内容生产、发行推广等方面进行了本土化。首先是编辑团队的本土化。《悦己SELF》的编辑成员几乎全是本土人员，同时，还采用带有中国特色的人事管理体制。编辑人员与目标受众的文化背景趋同性，直接导致《悦己SELF》的内容会是目标群体——中国女性价值观里乐于接受或者能接受的东西。其次，《悦己SELF》的编辑原则是着力从中国本土实际出发，确保不触及跨文化管理下的文化敏感区域，做到不跨越文化区隔。相同文化传统，使《悦己SELF》的把关人能准确掌握受众的接受界限。再者，《悦己SELF》在全国的发行及终端市场推广由康华时讯期刊发行有限公司负责，而其广告业务则由上海康泰纳仕广告有限公司全程代理。本土化的发行推广公司以相同的文化背景更能明白读者的喜好和需求，从而完成发行推广。

（3）应对新媒体冲击

随着新媒介技术的发展成熟，新媒体的迅速崛起，对传统纸质媒体造成严峻冲击。尤其是时尚资讯杂志，其市场空间必然在新媒体发展的浪潮中遭到严重压缩。在这种媒介环境下，时尚刊物的生存空间是狭窄的。《悦己 SELF》便处在这样一个狭窄的空间里。然而，早在改版之初，《悦己 SRLF》似乎就想好了应对之策。

2007 年 4 月 1 日，《悦己 SELF》杂志上市时，"悦己女性网"（www.self.com.cn）也同步开通了。"悦己女性网"不仅呈现来自《悦己 SELF》杂志的部分内容，也登载与杂志内容相关的信息，其开设与杂志相同的如"服饰"、"美容"、"美体"、"健康"等栏目。然而"悦己女性网"并不仅仅是呈现《悦己 SELF》杂志电子版的内容，不同于只提供时尚资讯的第一代都市女性生活社会门户"VOGUE 时尚网"，"悦己女性网"是第二代都市女性生活社区门户，在提供全球时尚资讯的同时，也注重杂志、读者、网友的互动和分享。

3.《智族 GQ》：做成熟男士的读物

《智族 GQ》是中国新闻社与美国康泰纳仕集团通过版权合作推出的一本男性时尚杂志，是美国著名男性杂志《GQ》的中文简体版。《GQ》1958 年创刊于美国，在美、英畅销几十年，并在全球十多个国家和地区发行了不同版本。2009 年，随着中国男性时尚刊物市场的开发，《GQ》打造了中国大陆简体版——《智族 GQ》，而繁体版 1996 年已经在中国台湾出版。

与中国大多数时尚杂志一样，《智族 GQ》的出版是中外版权合作的成果。中国新闻社作为中国仅有的两家通讯社之一，地位卓著，主办过时政杂志《中国新闻周刊》。康泰纳仕集团选择与中国新闻社合作，就注定了《智族 GQ》不是一本平凡的杂志。

（1）《智族 GQ》"杀出重围"

在 2009 年《智族 GQ》进入前，中国的男性时尚杂志已经进入市场扩容阶段，存在《时尚先生》、《大都市》（男士版）、《男人装》、《时尚芭莎》（男士版）、《时尚健康》（男士版）、《达人志》、《风度》、《新视线》、《VOGUE》（男士版）、《名牌》等十余本男性时尚杂志，且在男刊零售市场中平均销量相对较高。仅在 2009 年，就已经有《摩登绅士》、《男人风尚》加入男性时尚刊物阵营，《智族 GQ》继前者脚步加入，并没有占据市场先机。

经过一番准备，《智族 GQ》在 2009 年 10 月推出创刊号。创刊号以刘德华、张艺谋、孙红雷为封面人物，"中国新绅士"以大红色字体醒目地标在创刊号封面上，人物形象和文字呼应表明了《智族GQ》的读者定位和内容定位。封面设计采用三折页形式，除了第一折页（封面）的三位名人，二折页和三折页分别为：王中磊、宁浩、谭盾、韩三平；蔡国强、曾梵志、林丹、王石，如此强大的明星阵容，足见其来势汹汹。《智族GQ》的口号是从美国版《GQ》的"Look Sharp, Live Smart"翻译而来，为"有型有款，智趣不凡"，照应了"智族"的刊名，也反映了其内容特色。《智族GQ》创刊号有480页，以厚重的内容来彰显其高端大气，定价20元，以附赠包包的形式来吸引读者眼球进行销售。

先于《智族GQ》在2009年4月由瑞丽集团推出的《男人风尚》，创刊号给老牌男性时尚杂志如《时尚先生》、《芭莎男士》、《男人装》、《时尚健康》（男士版）等时尚集团旗下期刊造成了冲击，却并未撼动《男人装》在零售市场第一的地位。而10月，《智族》甫一上市，就立即占据了当月销量第一位。当然，这与读者的好奇心和创刊号的发行促销行为有关。然而，随着时间的推移，读者慢慢理性化，《智族》的发行销售依然位居前列：到2010年第一季度，从整体销量来看，《智族》基本与《男人装》持平；2011年上半年，《智族》在男性时尚期刊平均销量排行榜中位居第二；到2011年下半年，从男性时尚类期刊平均销量变化来看，排名前十位的依次为《男人装》、《时尚先生》、《男人风尚》、《智族GQ》、《时尚健康》（男士版）、《时尚芭莎》（男士版）、《ELLEMEN睿士》、《达人志》、《新视线》、《名牌》，《智族GQ》排在了第四位。虽然《智族》整体排位略有下滑，却始终位居前列。

（2）《智族GQ》，成熟男士的读物

男性时尚刊物是指以男性为主要读者对象的时尚生活类读物，并非所有的男性刊物都是男性时尚刊物，以汽车、房产、通讯等男性感兴趣的话题作为内容的刊物只能算是男性刊物，而不是男性时尚刊物。

《智族GQ》作为一本男性时尚刊物，在众多竞争者中脱颖而出的首要原因，在于其清晰的内容定位。《时尚先生》作为中国真正意义上的第一本男性时尚杂志，为读者提供综合性的内容；《时尚健康》（男士版），顾名思义，以心理、生理健康咨询内容为主打，是一本专业性的时尚杂志；《男人装》则是典型的为读者提供男性消费的时尚嬉皮杂志；《芭莎男士》注重告诉男人如何塑造形象和修炼品位；《品牌》则关心男人的梦想，着力打造精英杂志；与《芭莎男士》类似，《男人风尚》更倾向于告诉男人如何着装更帅气。在缤纷各样的竞争者面前，《智族》找准市场缝隙，走城市商务路线，以成熟有品位的成功男士为目标受众。当确定了目标读者后，《智族GQ》就致力于满足他们对富有"智趣"的内容的需求,正如其口号,"有型有款,智趣不凡",既要满足他们休闲消遣的需求,又得提供充满智慧、拓宽眼界的内容,将这两种需求有效地体现在内容中,就形成了智族的内容特色。读者定位和内容定位决定了《智族 GQ》的功能定位是满足成功成熟男士(即商务男士)休闲消遣和对高品位内容的双重需求。

4.《安邸 AD》:家居生活理想国

(1)从《AD》到《安邸 AD》

《AD》是康泰纳仕旗下杂志之一,创刊于 1920 年,内容主要涉及有关家与生活方式,在世界多个国家拥有多个版本。《AD》以展示"世界上最美丽的家"为编辑宗旨,依靠康泰纳仕的势力和资源,整合全球内容素材,打造最重要的杂志板块"最美丽的家"——向读者呈现如 Coco Chanel(可可·香奈儿)、Julia Child(茱莉亚·查尔德)、Edward Kennedy(爱德华·肯尼迪)、Marilyn Monroe(玛丽莲·梦露)、Audrey Hepburn(奥黛丽·赫本)、Michael Jackson(迈克尔·杰克逊)等好莱坞巨星、政界名流及顶级时尚设计师的家。1981 年 12 月,《AD》刊载了关于里根总统夫妇家居生活的内容,从此树立了其在名人家居生活报道方面的权威地位。

中国一直是国际传媒集团乐于开垦的市场。康泰纳仕集团在将《AD》打入意大利、德国、法国、俄罗斯等国家后,瞄准了中国的家居生活类杂志市场。而早在 2005 年,康泰纳仕就已经通过版权合作的方式推出了《VOGUE 服饰与美容》,后来又陆续在 2007 年和 2009 年推出《悦己 SELF》和《智族 GQ》,这几本杂志的成功创办或改版,使康泰纳仕集团有了在中国市场办杂志的信心。不惧市场中已存在的强势的同类刊物,康泰纳仕集团按照"两年一刊"的步伐在 2011 年与中国妇女杂志社进行第二次合作推出了《安邸 AD》。

到 2011 年,中国家居类生活杂志正式发展已经十余年。此时市场已具有一定规模,既存在《瑞丽家居设计》等本土的时尚家居生活杂志,也有引进的国际品牌本土化产品如《家居廊》、《美好家园》等。《安邸 AD》已在时间上失了先机,要在众多强者之间竞得一席之地,必须审慎而行,做出自己的特色。

(2)一本好的刊物从刊名做起

刊名是一本杂志的第一标识。在人们未接触到实物而口耳相传的时候,一个好的刊名能给人留下深刻而良好的印象;在接触到实物之后,一个经得起回味的刊名能起到余音绕梁的影响,从而加深读者印象。"安邸",是一个值得人拍手叫好的刊名。首先,选用"安"和"邸"这两个汉字,就表明了其本土化、中国化的意识,"邸"多存于中国古文,指府邸、宅邸,以"安邸"为名,充分照顾了中国的文化背景。其次，对"安邸"涵义的解读，即是此本刊物的定位解读。"邸"的本意指高级官员或王公贵戚的住所，于是，这本刊物主要为中高端读者提供家居生活参考，刊名就暗含目标受众。再次，"安邸"的意义象征了这本刊物的文化诉求。"安邸"，既可作动词，指安置布置房屋，也可作名词，指安逸安心的房屋，这个房屋也可引申为"家"，那么这本刊物想要传达给读者的讯息是：这本刊物既可指导人们将家布置得更美好、更温暖，也希望每个人都有个安逸安心的家。这种"家"的文化的传达，使这本刊物更具魅力。

当前，很多杂志的刊名起得比较随意，尤其是版权合作的杂志，刊名往往是"品牌原名+简单的中文名"。康泰纳仕在中国办的第一本杂志刊名为"VOGUE服饰与美容"，笔者窃以为这个刊名虽然直接向读者指明刊物内容，却缺少一种考量，没有表现出诚意。中国引进版权的杂志不少，而实现引进版权杂志的本土化是业界一直在探索，也在做的事情，然而连刊名都不能实现本土化，谈何从内容乃至其他方面实现本土化？汉字具有迷人的魅力，充分运用汉字的博大精深，做一个有底蕴的，既能表明内容与受众定位又能表达自己品牌诉求的刊名，是实现引进版权杂志的本土化与中国化的第一步。

康泰纳仕后来改造的《悦己 SELF》，刊名虽好，却是本土版的原名。《智族GQ》和《安邸AD》虽然延续版权合作杂志的刊名构成方式，却在中文名上进行了一些考量，这不得不说也是康泰纳仕在中国办杂志的思想一步一步走向成熟的表现。

（3）不只介绍家居

家居生活类杂志发行量不大，以广告收入为主。该类杂志除了一部分稳定的订阅群体外，存在一部分即时性的受众，即对讲究实用性的读者而言，他们购买杂志的行为一定是发生在其有装修装饰房屋需求的时候，这是一种阶段性购买的行为。如此，只有通过适当拓宽固定的订阅群体，才能吸引到更多的广告主，增加广告收入。出于这种考量，《安邸AD》的内容不仅是介绍家具和家庭装饰。

《安邸AD》在内容上设置了六大模块："AD发现"——寻找城市生活中的好去处；"AD设计+艺术"——报告潮流前沿的设计元素和艺术，锻造读者发现时尚、发现美的眼睛；"AD话题"——围绕人们生活展开的话题，为实际生活提供一些参考；"最美丽的家"——展现全世界最美的家与生活，以家居风格来表达主人的追求与生活态度；"AD指南"——告诉读者怎样布置一个美好的家；"AD趋势"——展现衣食住行等生活各个方面的独特风格与发展趋势。其中，"最美丽的家"是继承《AD》杂志的风格与品牌，展现名流、明星的家与生活，介绍整个家建造的来龙去脉，更呈现主人的生活态度与追求，讲述家居背后的故事。这个模块满足了普通人对名人的窥私心理，因而很受读者欢迎。《安邸AD》的品牌宣传语是"一家一世界"，主张每一个家，既存在家居装饰上的不同而自成一个世界，也通过家居风格来显现主人内心的世界，每个人的生活阅历、文化背景及人生观、世界观都不尽相同，因而每个家也都不同。这种将"家"与主人的思想诉求联系起来的表达，正如刘禹锡的《陋室铭》所言，"斯是陋室，唯吾德馨"。

再者，《安邸AD》的内容不仅包括建筑、家居、室内设计、艺术等领域的世界流行趋势与前沿动向，更囊括时装、珠宝、香水、美食等备受女性读者关注的内容，其实是在向女性读者靠拢。单一的家居装修杂志受众范围是比较狭窄的，况且存在一部分即时性读者，因而笼络数量众多的女性读者是增加受众的有效手段。

5.《悦游TRAVELER》：快乐地出游

（1）《TRAVELER》，带着榜单进中国

康泰纳仕集团逆流勇进，在2013年3月推出《悦游》——"旅游圣经"《TRAVELER》中文版，这是其在中国推出的第五本杂志。《悦游Traveler》于2013年3月在中国创刊上市，创刊号为2013年4月号，封面人物为著名影星张曼玉。出于中国方面政策与杂志内容地方化的考虑，《悦游TRAVELER》仍旧以版权合作方式出版，康泰纳仕此次选择与已经合作过《悦己SELF》和《安邸AD》的老伙伴中国妇女杂志社合作，可谓轻车熟路。就连刊名也是承袭"悦己"的理念，定为"悦游"，打出"世界悦游越小，心界悦游越大"的口号。《悦游TRAVELER》的美国母版《TRAVELER》创刊于1987年，以"旅行的真谛"为办刊宗旨，内容涵盖旅游胜地、酒店、美食、航空等，也涉及出行装备、购物等与旅行相关的诸多内容，已经发展成为世界知名的高端旅游类杂志，被誉为"旅游圣经"。其杂志编辑部主办的每年一度的"读者之选"、"金榜"和"热榜"已成为旅游行业的全球性权威榜单。

在发行中国版本之前，《TRAVELER》已经在全球拥有6个国家和地区的不同版本。其广为人知的是每年发起的评选榜单"读者之选"、"金榜"和"热榜"，最为大众所关注的是自1988年开始举办的"读者之选"评选活动。"读者之选"是由读者自己评选在过去一年里旅行去过的城市、酒店及航班航线等，经过一系列变革，如今为便利读者广泛参与，通过网络平台进行投票评选。"读者之选"是全球旅游业中罕见的极具公信力的评选，评选结果代表读者大众的真实感受。在继承《TRAVELER》内容风格的同时，《悦游TRAVELER》也将"读者之选"

等评选活动引入中国。首期"2013悦游中国，读者之选"评选活动于2013年9月10日至11月30日举办，借鉴美国版的经验，结合中国消费者旅行习惯，设置了喜爱的国家、城市、岛屿、酒店、航空、邮轮、水疗等7个项目，由读者投票评选。同时，将评选结果的数据作为年度权威"金榜"的评选依据之一。

将《TRAVELER》最为读者关注的榜单一起引入中国，有助于《悦游TRAVELER》快速打开市场：一则可以借着《TRAVELER》的品牌拓展《悦游TRAVELER》知名度，二则也利于拉近刊物与读者的距离，通过提高读者参与度来招揽读者。

（2）为何选择旅游类杂志作为进军中国第五棋？

在《悦游TRAVELER》之前，康泰纳仕已经通过版权合作分别在2005年、2007年、2009年、2011年成功推出《VOGUE服饰与美容》、《悦己SELF》、《智族GQ》、《安邸AD》，涉及女性服装、妆饰、情感、男性时尚和时尚家居领域。面对不景气的杂志行业，康泰纳仕虽然有丰富的内容、品牌、人才资源和资金实力，然而却不得不慎重决定。那么，其为何选择打造《悦游TRAVELER》呢？康泰纳仕旗下还有许多其他知名的杂志品牌，为何不选择其他品牌来做中文版，或者是打造一个新刊物呢？以旅游类杂志作为进军中国的第五步棋，有何优势？

第一个原因，或许在于中国旅游业的快速发展。中国的经济发展一直稳步增长，而随着生产水平的增长，国人更加注重享受生活，越来越多的人选择假期出游，中国的旅游人群逐年增加。另外，受金融危机影响，全世界旅游业大都萎缩，而中国经济在危机中表现出众，人民币对外增值，出境游不减反增。因此，不管是国内旅游还是出境游的数据都表明，中国旅游人群呈上升趋势。同时，旅游者的消费水平也随上述两个因素有所提升，选择旅行的多为中上阶层，他们讲究生活品质，有较高消费能力，追求旅行中的品质和体验，具有了解世界顶级奢华旅行生活方式的需求。

再者，中国高端旅游类杂志市场开发不足。目前，中国市场上的旅游杂志上百种，知名的却寥寥可数，且知名杂志中多是版权合作刊物，国际版面较多，文字和版式的国际化风格明显。旅游杂志中发行和广告收入做得最好的是《中国国家地理》，其他旅游类杂志多数经营情况欠佳，整个旅游杂志市场呈现"一家独大"的趋势。《中国国家地理》依托中国科学院地理研究所，有丰富的图文内容，却仅仅强调山川河流等自然之美，并不算是一本真正意义上的旅游类杂志。因此可以说，中国杂志市场上还没有一本能够真正满足高收入、高教育、高品位人群的旅游内容阅读需求的杂志。与此同时，随着国内旅游业蓬勃发展，旅游媒体市场逐步放开，国际集团旗下的旅游媒体有了进入中国市场的契机。

另外,《TRAVELER》是康泰纳仕旗下最具影响力的杂志品牌之一。其经历了二十多年发展,在世界各地已有6种版本,凭借内容特色和权威榜单已经成为世界知名的高端旅游杂志。《TRAVELER》本身的品牌优势,也是康泰纳仕选择打造该品牌的中文版《悦游 TRAVELER》的原因之一。

四、未来的康泰纳仕

康泰纳仕集团能够跻身世界杂志出版五强之列,从其历史发展进程并结合其在中国内地杂志市场落下的这五步棋来看,是有一些行业内其他传媒值得学习的理念的。首先,康泰纳仕有一个坚持不懈的出版理念。从1909年买下《VOGUE》开始,康泰纳仕即走上了一条追求品质的路子,出版"最好的杂志"一直是公司的办刊宗旨[①],其坚持了百余年而不动摇。今天,"创造最佳编辑产品并被公认为最佳"仍然是康泰纳仕企业目标的第一项。其次,康泰纳仕有一种谨慎进取的发展战略,这在开拓中国市场方面表现得尤为明显。早在2001年中国加入WTO时,康泰纳仕国际出版集团就将中国市场作为一个重点目标,由负责国际集团亚太区业务的副总裁 James Woolhouse(简武浩)亲自牵头开展调研;合作调研及筹备进行了4年之久,直到2005年9月才正式与中国版权合作出版了《VOGUE服饰与美容》,而简武浩本人原驻伦敦,因集团对亚太市场尤其是中国市场高度重视,竟于2005年将自己的家搬到了香港,亲临"前线"坐镇。[②]

2005年至今十年,康泰纳仕凭着自己先进的出版理念和高超的市场运营手法,成功推出五本杂志,登陆中国杂志市场。根据康泰纳仕这十年的办刊和运营市场的手法,可以对其未来五年(2015-2020年)在中国的动作进行一些预测。

首先,其从2005年至今,已经成功在中国市场推出《VOGUE服饰与美容》、《悦己SELF》、《智族GQ》、《安邸AD》和《悦游TRAVELER》,从这五本刊物的创办时间来看,康泰纳仕在办刊时间上已经有了一个规律,即两年出一刊。按照这个规律,如不出意外,其在2015年和2017年还将开办两本新刊物。

其次,康泰纳仕开办的这五本杂志,均采取了品牌移植的方式。因为2003年10月,国家新闻出版总署重申,不允许"洋杂志"在中国出版、发行中文版,因而版权合作依旧是境外杂志进入中国市场的唯一合法方式。而中外版权合作出刊多半是对国际知名杂志品牌进行移植,从而利于在最短的时间内打开市

---

① 李莉娟:康泰纳仕是怎么做杂志的?《对外传播》,2013(2):56
② 姜晓娟:高端定位,谨慎扩张,和谐团队——揭秘康泰纳仕,《传媒》,2009(7):66

场。康泰纳仕旗下最富有影响力的品牌《VOGUE》和《GQ》已经被成功移植到《服饰与美容》和《智族》上，那么，接下来康泰纳仕将移植旗下哪些杂志品牌呢？据读者推测，主打科技内容的《GEEK》(《极客》)和崇尚无线技术及数码的《WIRED》(《连线》)以及日渐主推珠宝的《W》将是未来五年里康泰纳仕可能移植的杂志品牌。

再者，为顺应数字化浪潮，传统杂志不得不在数字领域进行开拓，杂志业正在智能手机和平板电脑等移动终端上获得新的阅读市场。康泰纳仕的五本杂志，在开办之初就建立了相应的网站，并且也开发了移动终端上的市场。然而，在未来的五年，这种将内容从纸质上搬到手机及电脑上的"数字化"行为，必然将逐步改变。如何更新颖地呈现自己的内容，如何更好地与读者互动，或许就是接下来康泰纳仕要在杂志数字化方面考虑的问题。

（覃　琴　撰写）

欧洲七大报纸结盟合作

做报纸的人通常只关心自己的报纸、自家的品牌以及自家记者的名气。因此，当七家欧洲主要日报缔结为一个有着好听名字"Lena"的联盟时，这并非小事。"Lena"是"欧洲主要报纸联盟"的缩写。联盟声称它的目标是令新闻更出色，而且是在跨国范围内。加入联盟的报纸有德国的《世界报》、西班牙的《国家报》、意大利的《共和国报》、法国的《费加罗报》、比利时的《晚报》以及瑞士的《每日新闻报》和《日内瓦论坛报》。

具体来说，这些报纸不仅将在编辑内容上互通有无，也会共同研究。这意味着，意大利一篇关于难民的报道可能出现在《世界报》上。或者是德国外交的分析文章出现在《费加罗报》上。不仅如此，对于重大访问事件各报记者可能共同合作并刊登。

此外，以欧洲发展为核心议题的活动将邀请来自政界和经济界的专家。对此，读者的兴趣十分巨大。新的报业联盟将加强欧洲公众意见的形成。

七家主要报纸同样决定在数字开发项目上合作。网上新闻还刚刚起步，各报编辑将相互拜访取经。

联盟负责人为西班牙《国家报》前主编哈维尔·莫雷诺。他说："联盟将有助于我们的报纸真正完成转型——这对整个欧洲的读者有益。"

有专家指出，英国的《金融时报》和《泰晤士报》没有加盟，是一个缺憾。

（宋正群　编译）

回顾首届"全球新闻奖"的诞生

全世界最有名的新闻奖莫过于"普利策奖",现在诞生了"全球新闻奖"——可不可以这样认为,后者有赶上并超越前者的潜力?

2014年10月下旬,在首届世界媒体峰会全球新闻奖评选落下帷幕的那一刻,来自世界各大传媒集团的评委们相视而笑,这一刻终于完美收官了。

作为世界媒体峰会首届全球新闻奖,从动议、策划、实施到最终呈现在世人面前的亲历者,笔者更是感慨良多,因为这个大奖本身就是一个奇迹,它有太多前所未有、难能可贵的特点,且意义深远。

一、世界媒体峰会如同新闻传媒的G20

面对全球多元化的机遇与挑战,面对新媒体产生的全球化冲击,面对不同区域力量的制衡与中国的崛起……在一个相对短的时间内,能将这么多不同观点、不同价值、不同视角、不同理念的多家世界级的媒体集团集结在一起,让不同新闻作品展示于世人面前,如此的不回避、不做作、不刻意、不粉饰,如此的阳光,如此的客观与公正,这在世界新闻史上是不可想象的。

世界媒体峰会如同新闻传媒的G20,最初由中国新华社社长李从军先生倡议,邀请笔者代表新闻集团,又联络了美联社、路透社、塔斯社、共同社、英国广播公司、美国时代华纳特纳广播集团和谷歌九家世界著名媒体机构共同发起,如今半岛媒体集团、纽约时报公司、美国全国广播公司、南非米瑞德集团、印度教徒报公司和巴西圣保罗页报报业集团也是峰会成员。首届峰会于2009年10月在北京举行,全球170多家媒体负责人出席会议。2012年7月,第二届世界媒体峰会在莫斯科开幕,来自102个国家213家媒体的300多名负责人与会。除两届大会之外，峰会还于2011年和2013年召开两次主席团会议，并先后开展了"关注儿童"、"关注贫困"、"关注环境"等系列全球公益活动，正式发布了全球传媒界第一个有关媒体知识产权保护的公约。

在全球化的今天，无论站在何种角度，峰会的世界各大媒体集团都意识到，在互联网飞速发展、全球扁平化、人人都可以表达的时代，如何能够让新闻回归本源，如何让人们看到多元世界不同角落的不同事件、不同文化与人们的不同生态与命运，比过去任何时候都更重要。2013年，世界媒体峰会执行主席、新华社社长李从军先生提议设立世界媒体峰会"全球新闻奖"，以表彰那些在全球范围内对新闻做出杰出贡献的人。

尽管设立"全球新闻奖"让所有的委员都兴奋不已，但毕竟在此之前，从来没有一个这样权威的机构在全球范围内设立与评选一个如此重量级的新闻大奖，并且必须与以往世界上任何一种新闻大奖有所区别，既要确保新闻大奖的客观、公平与公正，又要触及世界各地的不同角落，采集与倾听不同的声音，组织工作量之大、难度之强、要求之高，可谓前所未有。

如何能在短时间内评选好世界媒体峰会"全球新闻奖"，成了一道艰巨的难题。在李从军先生大力推进与积极努力下，峰会秘书处成立了评委会办公室进行组织协调，各个成员间相互配合，大家在一起，汇集不同的意见、不同的观点，很好地运用了互联网上IT的最新统计技术，经过专家评委网上预评和现场遴选，最终在2014年10月27日将首届世界媒体峰会"全球新闻奖"呈现给了世人。

作为当今世界上最权威的高端媒体组织，世界媒体峰会的执行主席、新华社社长李从军先生在整个世界媒体峰会的形成与全球大奖的设立等诸多问题上的积极、坦诚、公平、自信、包容与担当，不仅代表着中国新一代政府官员的魄力、远见卓识、合作智慧与超强的执行力，更向世界传达着今日中国的积极稳健、从容有为与理性务实。

二、"全球新闻奖"的设立是划时代里程碑

毫无疑问，世界媒体峰会"全球新闻奖"是世界传媒行业的一个伟大创新，让全球的媒体与媒体人看到那些最杰出的报道，这对于全球传媒界可谓一个划时代的里程碑，从此，传媒界有了更公平、更客观、更广泛的视野与共识。

其次，新媒体方式与新技术的运用，彻底打破了世界范围内各类传统媒体与媒体圈子自然形成的历史桎梏与壁垒，让世界各地的媒体人，特别是年轻媒体人得以像"好声音"一样公平地崭露头角，这不仅会改变这些获奖者的命运，也将

为世界传媒行业吸收与保留更多的人才，让媒体的新闻报道变得更杰出，如同在传媒界点燃了奥林匹克运动会的火炬。

再次，"全球新闻奖"的建立，让更多的，包括中国在内的发展中国家的新闻得以呈现，这些国家或地区赢得了更平等的关注与尊重。在过去的一个世纪里，发展中国家对发达国家的关注与了解远远大于发达国家对发展中国家的关注与了解，这种不均衡的信息障碍正在被打破。

在全球关注媒体人员安全、有识之士还要不要从事新闻行业的质疑声中，"全球新闻奖"的诞生无疑将为整个传媒界开启一个全新的圣殿，表彰那些更有料的杰出新闻人、那些为一篇好新闻有着巨大付出的人。他们的事迹与获奖不仅令人感动，也将激励更多的新闻工作者，让人们更多地思考并回归新闻的本源与价值，通过新闻发现变化，发现那些改变世界的细节与趋势，以及那些改变背后的东西，并通过更多客观有益的报道催化好的变化、催化创新，抑制甚至阻止坏的变化，让新闻变得更有价值与意义，让我们共同生存的这个星球变得更好。

相关链接

世界媒体峰会"全球新闻奖"

世界媒体峰会"全球新闻奖"是2013年10月世界媒体峰会第二次主席团会议决定设立的，是峰会创建的首个涵盖多种媒体业态、覆盖全球的综合性新闻赛事。其宗旨为"真实、客观、卓越"，旨在鼓励新闻从业人员不断提高专业水准、追求卓越品质，鼓励媒体机构顺应时代变化，勇于创新变革，积极履行社会责任和公益使命。

首届"全球新闻奖"设"公益奖"、"创新奖"和"报道奖"三大类奖项。评委会由峰会主席团成员机构和世界其他知名媒体机构的资深从业者以及专业机构的专家学者等组成。

2014年10月27日，世界媒体峰会公布首届"全球新闻奖"的获奖名单，其中有塞纳斯·帕拉古米、半岛媒体集团英文频道、《今日美国报》和美国《环球邮报》。

《印度教徒报》记者塞纳斯·帕拉古米获得了"发展中国家优秀新闻从业人员奖"，而半岛媒体集团英文频道获得了"发展中国家优秀新闻团队奖"。无论是

"优秀新闻从业人员（提名）奖"，还是"优秀新闻团队（提名）奖，都在"公益奖"的范畴。

获"优秀新闻从业人员提名奖"的有：《印度教徒报》的米拉·斯里尼瓦桑、尼泊尔《共和国报》的苏伦德拉·鲍德尔、马来西亚《南洋商报》的陈奕龙、孟加拉国 NS 新闻网站的舍里·阿克特尔以及肯尼亚标准媒体集团的阿杜·朱巴特。

获"优秀新闻团队提名奖"的有：《巴勒斯坦周刊》、新德里电视台的《真相与渲染》节目组、半岛媒体集团阿拉伯语频道驻叙利亚新闻团队以及印度《瞭望》周刊。

《今日美国报》以《大屠杀的背后：美国群死群伤恶性凶杀案件之鲜为人知的故事》获"媒体创新奖"。

获"媒体创新提名奖"的有：美国《西雅图时报》的《海洋变化：太平洋的危机》、以色列《国土报》的《2012年巴以冲突博客直播》、法新社的《三维模拟视频图形》、肯尼亚标准媒体集团的《"促医改"新闻在线应用平台与相关数据调研》系列以及《今日俄罗斯》的《普京问与答：最佳引语和即时反应》。

"新媒体报道奖"由美国《环球邮报》的《缅甸出现政治危机》获得。

获得"新媒体报道提名奖"的有：《芝加哥论坛报》的《芝加哥枪支泛滥之殇》、《今日俄罗斯》的《陨石撞击俄罗斯乌拉尔》、半岛媒体集团的《隐私与信息安全》、美国 ProPublica 新闻网站的《用药过量》以及半岛媒体集团的《曼德拉：彩虹国度之父》。

（王德胜　编写）

德国《明镜》周刊"3.0 计划"受阻

据德国《商报》网站报道,德国《明镜》周刊杂志总编辑沃尔夫冈·比希纳准备继续推行该杂志社的纸媒与数字媒体融合计划。2014 年晚些时候,杂志社在汉堡发表声明说,所谓的"《明镜》3.0 计划"获得了所有股东的支持。

声明说,股东们欢迎总编室和经理室通过与《明镜》周刊和网站的编辑部门"紧密合作"去实现该计划。但声明没有谈到具体细节。

然而,据德国《法兰克福汇报》网站报道,《明镜》周刊各个报道领域的负责人反对比希纳。他们对总经理奥韦·萨费表示,不愿意和总编辑继续合作。有 225 名编辑以及档案部和秘书处的一大批员工提出要求,希望职工两合公司(拥有《明镜》集团 50.5% 的股份)的代表在股东大会上否决主编比希纳的"《明镜》3.0 计划"。企业职工委员会也提出了同样的要求。

该计划是主编比希纳和总经理萨费推行的大规模数字化方案的一部分。股东们如果否决该计划,那么主编比希纳的日子也就到头了,他必须走人。而纸媒编辑部大部分人的叛乱——《明镜》网站的工作人员大多与他们看法相左——也会因此取得成功。

"《明镜》3.0 计划"是一次大胆的行动,也是《明镜》的股东找来比希纳的原因。他担任德新社总编时工作出色。比希纳的任务是,做到迄今无人做成之事——协调印刷的《明镜》周刊和网站,打造数字化时代的《明镜》,使之成为一份始于纸张并且在互联网上也能引人入胜的杂志,为的是也在互联网上找到愿意为内容付费的读者。

这听起来不错,但确实是一项艰巨的任务,是一个决定平面媒体未来的问题。即便没有平面媒体竞争对手和强大的网络集团,不少平面媒体也已经江河日下。从《明镜》那里，人们能看出这是怎么一回事。这是为维护高品质新闻文化而斗争的范例：嫌一切节奏太慢的网站编辑对阵喜欢在办公室边品咖啡边工作的传统主义者。

（万　波　编译）

意大利记者出入"人间炼狱"三十年

马西莫·夏卡或许是全世界最有影响力的意大利摄影记者。1998年他获得了"荷赛奖",2015年他庆祝自己进入摄影记者这一行——可能是全世界最艰难、最危险的职业之一——满30年。

自网络报道这一形式出现以来,当一名摄影记者就意味着同时担任摄影师和导演。夏卡发现自己对该职业的这两方面都极其适合。不管他使用何种媒体,他的理念总保持不变:做一名受直觉指引的真正的摄影记者。

在谈到他从事的工作时,他自己给出了最好的解释。他在接受美国《赫芬顿邮报》采访时说:"通常,我会带着一个简单的大概想法抵达某处。好奇心和与街头民众的接触,常常是开启大门从而发现后面惊人故事的钥匙。"他总是独自出行,除非是在播报新闻的时候。

他解释说:"我更喜欢一个人出行,因为这是接触你想要传达的现实的最佳方式。而当你报道新闻的时候,你就必须与现场的同事建立友谊和工作关系。"

回顾他去过的地方能让我们了解他的人生:他到过近几十年来最重要的一些冲突现场,去过很多时时存在危险的国家。对于他在自己的职业生涯中差点儿送命这一事实,他始终铭记在心。他说:"在你选择这个职业的时候,你需要意识到你也许回不来了这个可能性。不确定性无处不在,你很可能永远都不知道什么时候你会与死亡很近以及你离它有多近。"

事实上,当一名战地摄影记者意味着每天都要接触"人间炼狱"。你很难不怀有这种恐惧。前一天还在战场上,第二天却平静地在你的起居室里看电视,这会是什么感觉?夏卡说:"你所遇到的人——他们往往是各种暴力和虐待的受害者——会传达出一种让你在回家后无法忽视的尊严感。这肯定会改变你的日常生活。"

对他影响最大的经历是在萨拉热窝,他将那里视为第二故乡。他说:"前南斯拉夫的冲突深深影响了我的私人生活以及职业生涯。在过了这么多年后，我在波斯尼亚结交的朋友现在依然是我的朋友。"

说到改变，对夏卡来说，适应数字时代还是很容易的事。在某些方面，他完全没有真正适应：他仍旧使用胶卷并且拍摄黑白照片。

那么，30年来在极端环境中工作让他有什么收获呢？他说："见过和报道过这么多事情是一把'双刃剑'：一方面是做这项工作所带来的满足感，另一方面我对未来工作的标准也必然水涨船高。"换句话说，"游戏"仍在进行，更好的还在后头。

（吴娣伊　编译）

"洛阳纸贵"几乎压垮俄罗斯报刊业

"俄罗斯媒体因纸张价格上涨面临崩溃的威胁",俄罗斯通讯与大众传媒部部长尼古拉·尼基福洛夫在给梅德韦杰夫总理的信函中表达了强烈的担忧。据俄罗斯媒体报道,一些媒体因为纸张价格暴涨而不堪重负。俄罗斯通讯与大众传媒部副部长阿列克谢·沃林表示,到2015年年底俄罗斯可能会有一半媒体倒闭。

卢布大幅贬值,令俄罗斯国内纸浆和造纸公司出口纸张有利可图,因而减少了对国内的供应量,造成俄罗斯国内纸张价格飞涨。从2014年秋季到2015年秋季,俄罗斯国内纸张价格上涨了1.5倍。纸张价格的上涨让国内的印刷业和新闻媒体业面临着倒闭的威胁。为避免新闻媒体业和印刷业倒闭,俄罗斯通讯与大众传媒部部长尼古拉·尼基福洛夫不得不请求梅德韦杰夫总理帮忙。

俄罗斯《生意人报》报道称,尼基福洛夫在信中说,受纸张价格上涨影响,报社、杂志社未来可能大批裁员,学校教科书的印刷发行也会受到影响。针对这一形势,梅德韦杰夫总理要求副总理德沃尔科维奇与各政府部门一起制定措施,以全面解决国内造纸厂商关于纸张不公平定价的问题。

对于国内纸张价格大幅上涨,阿尔汉格尔斯克纸浆和造纸厂发言人表示,这主要是由于卢布贬值后,从国外进口相应的设备价格上涨和贷款成本提高所致。由于西方对俄罗斯实施金融制裁,他们难以从国外获得贷款支持。另外,公司从国外购买造纸化学品,也是成本上涨的原因之一。但专家指出,进口产品占造纸厂产品成本不到10%,因此,纸张价格正常上涨的范围应在10%—15%比较合理。但俄罗斯许多造纸厂归外国公司所有,他们不得不考虑自己的利润。俄罗斯传媒集团发行部经理巴兰称,此前,俄罗斯纸张价格年平均增长3%—5%,而现在每月上涨率最低达到5%。目前,集团在纸张和印刷上的费用占了近70%,媒体因此亏损。

(古隆中 编译)

中国香港"报纸档"今昔

笔者作为外国记者,在中国香港居住多年,一直对香港的"报刊亭"很关注。在香港,"报刊亭"一般称为"报纸档"。这道在香港街头散发墨香纸韵的风景,抵挡不住社会发展大潮的裹挟,渐渐消逝,连笔者都感叹不已。

一、报纸档源于《南华早报》

香港这座城市史料记载的首个流动报纸档,由颇负盛名的英文《南华早报》于1904年创办,地点就在当时港英政府总部所在的中环花园道。

《南华早报》创办人是孙中山领导下的兴中会成员谢赞泰,反清自然是《南华早报》初期的指导思想。香港首家报纸档地处港英政府军事、政治、宗教的心脏地带,难免引起港英政府暗地支持反清的不宜联想。好在,《南华早报》的报纸档并未闹出什么外交风波来。以此地为出发点,香港报纸档逐渐发展起来。

20世纪80年代之前,报纸档花样不多,两三张折叠凳,三两个水果箱,就搭建起来,除报纸和杂志,允许兼营的货物很少。近30年来,有关部门逐渐松绑,报纸档渐有流动杂货铺的样貌。在今天的报纸档,可见打火机、小食品、矿泉水、香烟、地图等诸般杂货,这与内地报刊亭是类似的。其中,香烟所占的比例较大,在有些摊位,甚至占到全部货品的五分之一强。图书和卡通漫画书的比例在上升,有的也占五分之一。

香港杂志销售和内地近似,按门类摆放,品种繁多,包括时尚、电脑、体育等。所不同的是,一些报纸档出售色情杂志,摊主会奉上黑色塑胶袋,供此类读者消费时包裹遮盖。

同内地报刊亭一样,香港报纸档可以做广告。固定位置有两处,一是在摊位背面，朝向机动车道，整面均可以承接广告。二是在摊位正面上方。由于香烟销量较大，因此，报纸档的香烟广告较为普遍。

二、报纸档在互联网时代沉浮

对报纸档构建，有关部门进行统一规划。目前的报纸档，以带轮手推车为依托，夜晚歇市后收拢起来，形似厚约半米、宽约两米、一人多高的铁柜子。白天营业时，面朝人行道的两扇门打开后，整体看起来像书架。

报纸档厚度较小，紧贴机动车道摆放，尽量减少对行人的影响。香港寸土寸金，几个平方米的报纸档空间逼仄，档主尽可能利用空间，使每座报纸档显得麻雀虽小、五脏俱全。

香港报纸档大多紧挨机动车道而立，有关部门并不干涉，乐见报纸档生存。香港有关部门深得市场经济之三昧——尽最大可能，给予无论规模大小的经营实体以足够自由。报纸档自然也是有关部门善治的受益者。

然而，随着读者越来越习惯电子阅读，报纸档这一百年历史风情，逐渐褪色。香港媒体调查显示，顶峰时期全香港3000余家报纸档，目前已缩水超过一半。

目前，报纸档主要集中在香港港岛区商业中心地带的中环、湾仔和铜锣湾等地。即便在这些地段，报纸档也正在离我们而去。

就在湾仔的《南华早报》办公地点隔壁，笔者亲眼目睹了一个报纸档的消失。2005年，笔者在此地见到一位独臂中年男子，找回零钱时，用英语对我说："谢谢你，先生！"2014年，这个报纸档已经不见踪影，而和它一墙之隔的书店也同时消失。在报纸档史上最初的主人《南华早报》眼前，这样的消失格外令人唏嘘感叹。

相关链接

"神兽"守护着韩国报刊亭

十多年前，韩国街头有很多专门的报刊亭，但最近几年，报刊亭的数量锐减。遍地开花的24小时便利店逐渐取代了报刊亭售卖报纸杂志的角色，报纸杂志电子版的普及也让电子订阅成为主流，智能手机的出现则挤占了更多人的阅读时间。

不过，一种名为"獬豸商店"（Haechi Shop）的街边贩卖台，依然发挥着报刊亭的作用。在首尔市区的一些繁华地段，可以见到这些棕色的、装潢一致的街边贩卖台，店铺内主要出售饮料、香烟、彩票、电话卡等日常杂物，还在上班时段提供早餐，同时，也配备了售卖报纸杂志的货架。

这些贩卖台其实是首尔市政府为美化市容、同时扶助弱势群体而出台的政策成果。为了美化市容，2007年，首尔市政府通过公共设施标准设计征集方案，推出了四种新式贩卖台，内部还设有换气扇和冰箱等。每个贩卖台的造价达700万韩元（约合人民币4.2万元）。

2008年3月，首尔市首先安装了四个设计不同的示范性贩卖台，随后开始进行阶段性安装。2008年建了1000个，2009年建了500个。到了2009年底，首尔市内的新式贩卖台"獬豸商店"已全部建成。

"獬豸"是传说中能辨善恶、主持正义的上古神兽。从朝鲜时期开始，獬豸石像就频频被设置在宫殿内，景福宫光华门前面的獬豸从古时候起就是为首尔"消灾降福"的神兽。这些新式的贩卖台上都有"Haechi Shop"的字样，并印有獬豸的图案，与整个首尔市政的形象设计系统是完全一致的。贩卖台的整体颜色设计也采用了"古宫褐"，与这座遍布古代宫殿的古都相得益彰。

根据《首尔市公共设施内设立报纸彩票贩卖台、商铺和自动售货机的条例》规定，残障人士、老人、单亲家庭、对国家有功者及其亲属有优先租赁贩卖台的权利。通过出售报纸杂志、饮料等维持生计，市民也可更方便快速地购买所需物品。

首尔市政府提供的资料显示，现在首尔市内共有2297家"獬豸商店"，其中1121家为综合商店，1176家为修理店。店面规格为2.8米长，1.4米宽，2.6米高。贩卖台背面墙体则成为首尔市发布公益广告的空间。

（李文清　编译）

媒体正在升格为"领导"

什么是媒体？为什么媒体的力量越来越大？为什么媒体会左右这个世界？人类创造了媒体，媒体反过来要"领导人类"。

一、"构建的事实"来自媒体

根据西方的传统价值观，事实只有一个，有待人们发挥主观能动性去认识和了解。客观事实被赋予重要地位，这是两千年来的普世观点。

但是随着历史的发展，事实被赋予新的含义。事实变成了"构建的事实"，即主观认识与客观事实发生关系的产物。事实不再唯一，主观认识在构建事实的过程中发挥着重要作用。在当今社会中，已经不存在绝对的事实。

从政治—社会角度出发，这种"构建的事实"是可变的、相对的。政治—社会事实实际上是整个社会中权力斗争的反映。一个权力集团的思维方式左右着舆论的走向。20世纪以来，现代大众媒体在这个影响过程中发挥着至关重要的作用。从政治—意识形态角度出发，广为接受的观点主要来自媒体。

当前的现实是，传统上的"第四权力"——媒体的地位已经迅速上升，已经在全球范围内构成了一种重要的政治—意识形态权力因素。媒体的发展往往与科技发展密不可分。最初是图书、报纸、杂志传播文字，然后是广播电台传播声音，接着是电影、电视传播图像，直到通过互联网综合地、立体地、全方位地传播文字、声音、图像的新兴媒体诞生。

二、媒体人帮助人类寻找事实和真理

电视是在世界范围内产生最大影响的媒体之一。毫无疑问，电视机是人类历史上最伟大的发明之一。在信息社会当中，电视为现代文明的发展奠定了基础。21世纪将是图像文化的世纪，将是屏幕媒体的世纪。如今屏幕媒体不只是电视，还有智能手机、平板电脑等。随着电视新闻模式的普及，人类逐渐被图像所包围。

电视为人们呈现了一个特殊的虚拟世界。在图像的作用之下，观众看到的事实往往区别于客观现实。虽然人们在收看相同的电视节目，但是人际关系却不断疏远。因此，人们对客观事实的认识主要来源于电视。人类的神经系统很难区分真实的图像和虚拟的图像，而且图像化的新闻使电视节目显得更加真实。于是，"虚拟的事实"的出现，给人类历史带来了深刻的变化。

由于人脑很难区分图片的来源，因此，整个人类的是非观都被电视绑架了。有人说，电视对人类产生的作用甚至大于核武器。电视创造了"虚拟的事实"，其影响力远远大于家庭、宗教和传统教育。事实和虚拟的界线被电视打破了。无独有偶，互联网的发展势头似乎比电视更猛。21世纪的人类生活或将围绕互联网这个核心来构建。

为了留住观众，电视传播的信息无所不包，哪怕是暴力、恐怖、死亡、战争和色情。在观众的脑海中，人类社会变成了一个由电视节目拼凑而成的混沌世界。虽然电视诞生于20世纪20年代，但是随着二战后资本主义的不断膨胀，并在美国这个霸权主义国家的推动之下，已经成为通过图像传播信息的最主要技术手段之一。

从电视开始，数字媒体文化颠倒了感知和理解的发展顺序，混淆了全人类的视听，但是图像文化对人们的影响也不是无穷无尽的。由于媒体文化对政治思想的作用越来越大，社会媒体人的权力也在不断提升。随着新闻全球化的不断发展，媒体人将帮助全人类去伪存真，在纷繁复杂的信息当中寻找真实和真理。

三、"第四权力"上升到领导地位的权力

经济、政治和社会文化领域都出现了全球化趋势。随着冷战的结束，全球化达到了一个高潮。全球化成了孕育新的传播技术的温床，而媒体则成为通过新技术传播新闻的载体，但是新的数字技术并非对所有领域都有益无害。被边缘化的社会劳动者就无法从中获益，受益最多的往往是操纵媒体的权力集团。由于饥

饿、贫困、文盲、社会排斥等现象的存在，新的信息传播技术并没有服务于大多数人。就在数字媒体全球化的同时，饥饿依然是一个世界性难题。

随着高新技术的运用，饥饿和贫困等社会问题并不可能自然而然地消失，但是，假如没有这些数字工具，社会排斥等问题可能更加恶化。互联网所承载的信息量是前所未有的，为人类提供了一个重要的沟通工具。比起无法接触互联网的群体，能够从互联网获取信息的群体具有明显的竞争优势，但是这些优势并不是伴随拥有一台电脑或一部智能手机就能具备的。如果不能合理利用数字技术，人们不但不会从中受益，反而可能深受其害。例如，青少年网瘾已经成为一个愈发普遍的社会问题。虽然这些高新技术看起来很美好，但毕竟只是工具，需要人的合理利用。

虽说互联网改变了人们的生活，但是从中获益最多的其实是使其商业化的人。在互联网商业化的过程中，大众媒体的作用越来越重要，对舆论的导向作用也越来越大，然而，媒体能否促进民主的发展受到了广泛的质疑。在这种新的历史环境中，媒体被寄予更高的期望。在全球化时代，媒体被提出了新的要求，遇到了新的挑战。

媒体传播信息的目的是为了促进人类文明的发展，奠定民主的基础，为全人类谋求福祉，而不是为了压迫大众。媒体不能沦为剥削者的帮凶。媒体已经不只是"第四权力"，而是一种上升到领导地位的权力。

相关链接

近九成美国人从报纸电视获取新闻

在社交网络和电子设备高度普及的今天，传播新闻的途径可谓多种多样，但最新调查显示，多数美国人仍通过传统方式——看电视和读报纸获取新闻。

法新社称，美国新闻业研究机构2014年前后曾对1492名受访者进行调研。调研报告显示，尽管普通美国人平均至少通过4种电子设备获取新闻，但绝大多数还是钟情"传统媒体"——88%的受访者表示，获取新闻资讯的主要途径是读报纸、看电视、浏览主流网站。而通过社交网络和"新闻阅读器"或"新闻聚合器"等现代手段获取最新讯息的人只占极少数。分析人士称，"信任因素"是人们偏爱传统媒体的重要原因之一。43%的受访者表示"完全信任"传统途径传播的讯息，44%的人表示"比较信任"，使用社交媒体的人群中，只有15%的人相信信息来源可靠。

调查报告还显示，超过90%的美国中老年人最近一周都通过电视获取新闻；18岁到29岁的人群中，电视新闻的受众比例为76%。对于纸介质媒体，75%的60岁以上老年人保持读报纸的习惯，年轻人的比例为47%。

（李爱蓉　编译）

记者与战争

明明知道战场是险境，明明知道随时都可能付出生命，为何记者要去冒险？他们怎样克服危险、忘记恐惧？

"注意身体，因为我需要你的帮助去追回失去的时光。"

这是美国记者詹姆斯·福利写给家人的一封信的结束语，当时，他希望能够在叙利亚摆脱囹圄。这名2014年年满40岁的记者，2012年在报道叙利亚内战时，遭到"伊斯兰国"武装分子的绑架。

但詹姆斯·福利没能如愿获释。正如我们已经清楚地知道的那样，他被斩首了。2014年8月19日，网络上公布的一段视频记录了他被害的经过。抓他的人说，如果他们的要求得不到满足，他们会杀了另外一名扣押的记者。

这个令人震惊的事件揭示了报道冲突地区的新闻记者正付出可怕的个人代价，这引起人们对激励新闻工作者冒如此之大风险的动机，以及他们如何应对他们见到的事件提出质疑。

战地记者的角色是公认的。这些男性和女性在媒体中占据独特地位——一个小小的勇敢群体，世界永恒的冲突给他们的高大公众形象赋予了广阔的舞台。

他们的工作向我们展示了国家陷入混乱、烽火四起、四分五裂的情形。这些国家陷入可怕的境地，我们只能抱以怜悯，庆幸我们所见到的事情发生在世界的另一边。让我们知悉世界局势，让我们哪怕片刻摆脱舒适和自得，记者的工作比以往任何时候都更加重要。他们打开我们的视野，让我们了解我们再也不能忽视的当代历史。

观众或者读者的注意力被突发新闻所吸引，但是被掩盖的一个事实是，这项工作往往是记者付出了可怕的个人代价才完成的。仅以少数记者为例：厄尼·派尔在太平洋战争中被一名日本狙击手打死，罗伯特·卡帕在越南被反步兵地雷炸死，玛丽·科尔文在叙利亚因一枚迫击炮弹而命丧黄泉。

一、战地新闻变得更加危险了

第一个出现在战场上的"现代"战地记者是威廉·霍华德·拉塞尔，英国《泰晤士报》记者，他报道了1854年的克里米亚战争。60年后，第一次世界大战夺去两名记者的生命，而69名记者在二战中遇难。到了2003年伊拉克战争时，16名西方记者死在战争头两个星期，这场战争最终夺去200多名记者的性命，其中大多数是伊拉克人。

这些数字不但令人不安，还含有另一个不祥的真相。在早期冲突中死亡的记者，在大多数情况下并不是战斗人员的目标，他们之所以殒命，是因为他们选择在最危险的地方和战争中工作。新闻界目前的情况与以前非常不同。《华尔街日报》记者丹尼尔·珀尔遭到绑架，后来惨遭斩首，这才让人们注意到，叛乱分子、武装分子、恐怖分子和流氓无赖的武器也牢牢地瞄准了记者。

以前，让记者能够在冲突地区工作的行为守则一去不复返了。放在以前，即使他们并非不受阻碍，也肯定不会发现自己会被绑为人质，索要赎金，或者更糟糕的是，为了在互联网时代散播恐怖而像詹姆斯·福利那样在镜头前被处决。

人身受到的威胁上升使得如何保障记者安全成为关注的焦点。媒体因而发现自己处于一个独特的境地：不同于军队、警察或消防等行当，记者们没有受到过应对暴力事件的培训，让他们为前线的危险做好准备。一夜之间，他们从国内安全的案头工作转移到一个安全薄弱甚至缺失的国家，语言艰涩难懂，热浪令人窒息，当地政府敌视新闻自由。记者们必须明白，任务紧迫，容不得一点儿闪失，因为在战区，生存机会往往是以毫秒或者毫米为单位进行计算的。

远离家园，几周的工作时间可能拖上几个月，甚至几年时间，这可能会破坏记者的感情生活。与一名战地记者结婚，或者谈恋爱，意味着对方一接到通知立刻就要飞走，不知道他/她什么时候回来，无法跟他/她一起过纪念日和生日等等。如果涉及子女抚养，生病床前无人照料，甚至修理家中坏了的器具等具体问题时，这种缺席造成的失落会被无限放大。你爱的那个人选择在世界上最危险的地方工作，生死难料。

鉴于面临的危险程度，战地记者出现创伤后应激障碍大大增多了，这点并不奇怪，而且研究发现，除了这一障碍，还有两个现象也发生在战地记者身上：抑郁症和滥用药物。

不过，也有人以不同的方式解析数据。虽然有证据表明，战地记者患有创伤后应激障碍的风险是国内同行的 4 倍,但研究结果表明,绝大多数(约 80%)战地记者没有这种问题。战地记者一开始是自行选定的群体,他们在巨大逆境面前表现出强大的应变能力。

二、是什么促使人们以这项工作为生呢?

引用过的原因有很多:热爱历史,报道战争可以近距离接触历史事件;传递饱受战争之苦的人们的声音;高调职业生涯的诱惑;在国外工作,异国情调的魅力;或者其中一些或全部因素的组合。但这些解释都不足以说明问题。坚持从事这个行业,在战区或者疾病横行的地方工作几十年,就需要一个必不可少的生物倾向。

神经科学有力地解释了人的行为。心理学家、社会学家和人类学家推动各种理论。总的说来,他们让人们明白了促使战地记者投身于这样一个危险职业的动机。虽然这些洞察十分有用,它们仍然无法捕捉到更加难以捉摸的东西:嵌入冲突的诱人元素,成为磁铁吸引来那些能够敏感检测到这些元素的人。一位身份不明的消息人士发出了警告:"你可以咒骂战争,不过,它有一个诀窍,能够让平常人大放异彩,这点和平永远学不来。"

(李文清　编译)

音 像

音乐节或是美国及世界音乐产业未来

由于互联网的作用，让音乐不费吹灰之力就传遍全世界的时候，作为产业因为"免费"却苦不堪言——音乐产业已经陷入财政困境十多年了——不过，有一个领域却一飞冲天，那就是音乐节。不妨以美国为例。

音乐节在过去几年繁荣发展，迎合各种口味和各个地区的新音乐节数量正在激增。这些音乐节已经成为艺术家收入和知名度的一个重要来源。2015年4月10日，通常被视为美国音乐活动潮流制定者的"科切拉音乐节"在南加州的沙漠开幕，由此揭开了最繁荣的一季音乐节活动的序幕。

UG战略公司首席执行官帕拉格·班达里说："我认为音乐节基本上是音乐产业的未来。这是唯一真正呈现大幅增长的领域。"2015年以来，UG战略公司推出了尤幅里克数字电视网，该网专门播报全球音乐节巡回活动。班达里说："这确实是音乐产业中最后一个可为艺术家带来真正收入的领域。"

音乐节中最雄心勃勃的后起之秀是美国"里约热内卢摇滚音乐节"。该音乐节在2015年5月的两个周末举行，地点是拉斯维加斯大道上占地13公顷的全新音乐会场"摇滚之城"。该音乐节是巴西一个大型音乐节的美国版本，其宗旨是通过提供一个主流音乐巨星——包括流行音乐超级巨星泰勒·斯威夫特以及老牌的"金属乐队"——来抓住商机。

"科切拉音乐节"和其他两个历史悠久的美国音乐节——田纳西州的"波纳罗音乐节"和芝加哥的"俊杰音乐节"——都源于20世纪90年代的另类文化，并把自身作为崭露头角的新星可以亮相的舞台进行推销。

2015年，首次登场的音乐节包括："沙漠音乐节"，它是由巴黎歌剧院音乐总监菲利普·若尔担任指导的古典音乐节，举办地位于"科切拉音乐节"的举办地附近；举办地在威斯康星州的"清水音乐节"，该音乐节专门致力于呈现新创音乐，由"美好冬季"乐团的创立者贾斯廷·弗农策划；此外，还有其他若干乡村音乐节。

其他音乐节则设法通过配套服务，而不是音乐人阵容来凸显自己的特点。旧金山"户外音乐节"就设法通过对餐饮售卖者的精挑细选来吸引爱好美食的乐迷。

不仅美国的音乐节发展势头很猛，而且音乐节正在全球各地如雨后春笋般涌现。英国的"格拉斯顿伯里音乐节"就被视为现代音乐节的先锋。2015年的"俊杰音乐节"已经扩大到欧洲，它目前有了柏林版本，而且此前就已经在阿根廷、巴西和智利落户了。

并不是所有音乐节都取得了成功。堪萨斯城地区的"堪萨斯摇滚音乐节"就因票房惨淡而取消，"俊杰音乐节"也放弃了之前准备向以色列扩张的打算。

但是业内观察人士预计，随着音乐节逐步利用此前没有利用的商机并开发此前没有开发的地区，这一领域仍将强劲增长。

总部位于旧金山、提供在线活动策划服务的伊文布赖特公司说，该公司在2014年为全球5万个音乐节或其他活动销售门票，这个数字比2013年增加了50%。

该公司音乐活动营销负责人马丁娜·王（音）说："我们目前没有看到（这种发展态势）将在近期出现减速的迹象。"一个关键的推动因素是"千禧一代"的品位。伊文布赖特公司在2014年进行的一项研究发现，25%的大学生曾在过去一年参加过音乐节。

马丁娜·王说："提起'千禧一代'的消费，我们发现消费体验比具体消费品更重要。"

（赵品芳　编译）

音乐产业复兴寄希望于流媒体

据美联社报道，国际唱片业联合会表示，来自数字音乐的收入在2014年首次赶上实体专辑和唱片。

该联合会发布年度报告称，在总额149.7亿美元的全球音乐收入中，数字音乐与实体唱片销售额各占46%，其余部分则来自演出权和同步使用权的销售收入；老式黑胶唱片再度流行，现在占到总收入的2%；总收入与2013年相比下降0.4%，不过，该联合会称行业总体状况喜人。

该联合会称，订购音乐服务的崛起正在推动数字音乐发展，在这一付费流媒体领域存在"巨大的尚未开发的潜力"。

该联合会首席执行官弗朗西丝·穆尔说："各音乐公司正在谋划实现同比增长的可持续发展之路。"

据美国"石英"财经网站报道，国际音乐产业有忧有喜，破晓前总是最黑暗的。

国际唱片业联合会2015年晚些时候公布的数据显示，全球音乐收入2014年创下新低：2014年全年收入首次跌破150亿美元大关。

通过提供随心订购流媒体音乐的服务，音乐行业现在正在经历另一场转型。至少某些乐观的业界预测表明，好消息是流媒体增长可能成为引领行业走出如今所陷泥淖的力量。瑞士信贷银行2014年发布预测称，如果流媒体确成主流，则该行业可能最早于2015年恢复营收增长。

目前，流媒体服务仍为市场新商机。最大服务商斯波蒂菲公司拥有1500万付费用户及6000万活跃用户，总体而言不算多，但这可能发生变化。斯波蒂菲公司现金充裕，并希望扩大业务。苹果公司准备数月后推出其流媒体服务，而YouTube网站正在开发自己的订购产品。

订购流媒体的年费约120美元,这甚至比行业巅峰时期的人均音乐消费还要高。因此,即将到来的情况是,有相当一部分消费者在音乐上的花费比以往任何时期都要多。

(赵品芳　编译)

美国大牌歌星自办网站"卖唱"

经过几个月的精心准备以后，2015年上半年，美国歌手Jay-Z旗下的流媒体音乐播放网站"Tidal"正式上线。流媒体音乐播放近年发展迅速，在坎耶·韦斯特、麦当娜、蕾哈娜等业界大牌支持下，更加注重艺术家利益和音质的"Tidal"有望为行业带来震动。

"Tidal"最早是一家瑞典流媒体播放网站。Jay-Z于2015年1月底花5600万美元将其收购。美国《好莱坞报道者》杂志透露，除Jay-Z以外，他的妻子碧昂丝，还有蕾哈娜等10余名重量级歌手也持有"Tidal"的股份，因此，"Tidal"的启动发布会上可谓众星云集。美国歌手艾丽西亚·凯斯在发布会上说，"Tidal"将让整个音乐产业更有持续发展的能力。

Jay-Z曾对《公告牌》杂志说："不少人宁可花6美元买一瓶水，也不愿意花钱听歌，但是音乐是艺术家的劳动成果，理应获得报酬。"正因为如此，与"Spotify"、"Deezer"、"Pandora"等目前流行的互联网音乐播放平台相比，"Tidal"对消费者来说最大的特点就是没有免费服务，基础和高端订阅费分别为10美元/月与20美元/月。

法新社说，"更优秀的音质"是"Tidal"的卖点，该平台上音乐音质达到1411K/秒，而"Spotify"为付费用户提供的"高级音质"仅为320K/秒。此外，Jay-Z在社交媒体强调，"Tidal"会给艺术家更自由的"试验空间"，允许上传各种长度、各种形式的音乐作品。

流媒体音乐播放行业近年发展迅速，"Spotify"用户数已超过6000万（其中付费用户为1500万），"Tidal"只能算挑战者。美国有线电视新闻网（CNN）说，明星支持是Jay-Z的最大筹码，泰勒·斯威夫特和"Spotify"决裂以后，已经将个人作品上传至"Tidal"。

另据彭博新闻社报道，阿里巴巴和德国音乐公司 BMG 也签署了音乐分销协议。阿里巴巴将通过旗下虾米音乐等在线平台在中国独家销售 BMG 旗下音乐，其中包括黑色安息日乐队等艺人的作品。"中国早该有 Tidal 这样的平台。"北京的音乐人士说，在唱片业不景气、无处收取版税、演出机会有限的当下，收费流媒体播放平台能够为中国音乐人拓宽收入渠道。不过，这些音乐人士也承认，大部分中国乐迷已经习惯了"免费的午餐"，收费听歌模式需要时间培育和发展。"这需要行业共同努力，如果同时出现收费网站和免费网站，前者一定难以存活。"

（王　艳　编译）

格莱美反衬美国唱片业萎缩

格莱美颁奖每年一次，有专家认为格莱美是欧美音乐产业、音乐市场的"晴雨表"。2014年，第56届格莱美颁奖典礼在美国洛杉矶举行。"与其关注奖项归属，不如关注群星闪耀的表演。"美国《时代》周刊曾如此评价。颁奖的那天，包括碧昂丝和Jay-Z夫妇、麦当娜、披头士在世成员等欧美乐坛几代代表人物悉数登场表演。不过，颁奖典礼上热闹场面的背后，是欧美音乐产业在互联网等新技术的改变下，正在日渐萎缩的现实。

一、流行音乐市场分不清主流和支流

第56届格莱美的主题为"音乐将我们释放"。从颁奖典礼开始前的红毯仪式起，斯台普斯中心就开始星光熠熠。无论是身着银色亮光礼服的泰勒·斯威夫特，还是黑西服黑礼帽的麦当娜，都"谋杀"了现场摄影记者不少胶片。

碧昂丝夫妇的新歌拉开了这场视听盛宴的序幕，粉红佳人、凯蒂·佩里、绿日乐队等纷纷献上精彩表演。值得一提的是，中国钢琴家郎朗与美国重金属乐队Metallica跨界合作该乐队歌曲《One》，让现场观众大呼过瘾。郎朗此后还二次登台，独奏了一段柴可夫斯基的钢琴曲。此外，50年前英国披头士乐队首次登陆美国，并影响了几代美国人。此次颁奖礼披头士在世成员保罗·麦卡特尼和林戈·斯塔尔合作表演了麦卡特尼的新歌《Queenie Eye》，激起美国观众对过去唱片业黄金时代的回忆。

奖项方面，三个重量级奖项的归属展现了格莱美奖以及美国流行乐市场的变化："年度最佳唱片奖"被授予始终带着机器人头盔的法国电子乐组合"蠢朋克"乐队的《Get Lucky》；"年度最佳单曲奖"则授予17岁新西兰歌手洛德的

《Royals》;"年度最佳新人奖"被 2013 年还默默无闻的美国西雅图组合"麦克莫尔和莱恩·刘易斯"揽入怀中。碧昂丝的丈夫 Jay-Z 虽获得最多的 9 项提名,但仅收获"最佳音乐录影带奖"和"最佳说唱合作奖"两项。这样的结果说明和十几年前 R&B 音乐、说唱音乐引领潮流,与前几年新乡村音乐占据主导的格局不同,美国流行音乐市场上已越来越分不清哪个是主流了。

二、唱片公司正在被边缘化

和颁奖礼上的热闹相比,美国唱片产业进入 21 世纪以来的衰退是无可争议的事实。整个产业的营业额从 1999 年的 146 亿美元缩水至 2012 年的不足 45 亿美元,而且在互联网的冲击下,实体唱片销售额仅占 34%。

在数码时代,各大唱片公司的影响力已大不如前。这也让以唱片出版发行为评选之本的格莱美流失不少关注度。随着 iTunes 等音乐网络服务的兴起,消费者们不愿意为整张专辑买单,而是只挑自己喜欢的单曲付费下载或支付月费无限下载。以往音乐靠唱片版税谋生的方式已经难以为继,现在歌手们的主要收入来自巡回演唱会。

唱片公司在音乐和市场面前被边缘化,一方面使得现在的音乐越来越多元化,另一方面也让绝对巨星开始缺失,音乐人可持续性上亦开始乏力。群雄逐鹿的音乐市场有精彩的一面,但却总缺少拔尖儿的重点。过多的跨界和多元化,也让音乐评判的标准越来越模糊。

三、歌手需要电视和社交媒体及广告宣传

美国《商业周刊》网站认为,互联网和数字技术的发展让新音乐人更容易宣传自己。以当前的技术,乐队可以仅花几百美元就在家录制一整张专辑。YouTube、脸书等社交网站也可以成为新人自我宣传的舞台。此次最佳新人奖获得者"麦克莫尔和莱恩·刘易斯"就是这类音乐人成功的典范。他们的单曲《thrift shop》和《can't hold us》2013 年均荣登"公告牌"榜首,是有史以来首次没有大型唱片公司支持的歌手歌曲获此成就。这二人的成功之路就始于在 YouTube 上上传作品。美国《滚石》杂志曾称他们是从独立地下音乐一飞冲天的成功典型。

此外,《商业周刊》称,选秀节目如《美国偶像》、《X 因素》、《好声音》等帮助不少草根参与者开启歌手生涯,其中不少人近年来还获格莱美垂青。2008

年格莱美最佳乡村女歌手凯莉·安德伍德和 2009 年格莱美最佳 R&B 专辑奖得主珍妮弗·哈德森都曾是《美国偶像》冠军。极具人气的美国歌手麦莉·赛勒斯和英国组合"单向乐队"也都是选秀节目出身。《商业周刊》称,唱片公司帮助艺人成名的作用被高估了,现在艺人需要的是电视。社交媒体和广告的全方位宣传,没有哪个艺人是单纯靠电台播放他们的歌曲而成名的。

(王朝玲　编译)

德国不来梅有"四个音乐家"

德国的小城不来梅,被誉为"音乐之都"。在这座小城里,遍布着"四个音乐家"的痕迹,这四个音乐家是格林兄弟笔下的四个可爱的小动物——驴、狗、猫、鸡,它们如今成了不来梅的城市符号,并一路陪着人们游览小城风光。

格林兄弟的童话故事《不来梅的音乐家》讲的是一头驴、一条狗、一只猫、一只鸡,因为年纪大了,主人要将它们宰杀,于是,它们想办法逃脱并意外地相遇,并决定去不来梅做城市乐手。途中,它们打算在乡下一间房子借住,却发现这原来是一个强盗的窝点。它们急中生智,驴趴在最下面,狗、猫、鸡分别趴在上面叠罗汉,并在窗外大展"歌喉",同声吼叫。强盗们听到这一怪声,以为是魔鬼降临,于是落荒而逃。四个动物因祸得福,从此留在这里安享晚年。这个故事在德国可谓家喻户晓,因为故事中提了不来梅,这个城市也随之闻名于世。

不来梅位于德国北部,历史悠久,每年一度的"不来梅国际音乐节"是欧洲著名的国际音乐盛会。不来梅艺术学院是德国一所著名的音乐与艺术大学。此外,"四个音乐家"更是这座城市的代言人。在不来梅的火车站,随时可以看到真人扮演的驴、狗、猫、鸡四位音乐家在站台迎接客人。它们还摆成叠罗汉队形与游人合影。

行走在不来梅,你会发现四个音乐家和你如影随形。不来梅市政厅旁的四个音乐家铜质雕塑是当地最著名的景点之一。四个动物音乐家摆出它们的经典队形——从下到上依次是驴、狗、猫和鸡,这座铜像是当地著名艺术家格哈德·巴尔克斯1951年的作品,形象地显现了四位"音乐家"用"合唱"赶走强盗的"英姿"。当地人告诉采访者,两手触摸驴的前腿能够带来好运。每个来到不来梅的游客都被这四种可爱动物的智慧所折服,为它们追求理想的精神所打动,纷纷用手触摸雕像,希望能够获得力量,祈求好运到来。如今,驴的两条前腿已经被摸得闪闪发亮。很多学校也经常组织学生们来这里进行励志教育。

　　除了这座铜像，采访者在不来梅的街巷中还发现了四个音乐家的许多雕塑，其中一个是它们在看书的造型，四个动物以卡通形象示人，颜色鲜艳，十分可爱，据说，这是为了鼓励孩子们多多阅读而建的。冰箱贴、明信片、钥匙链等各种旅游纪念品上最常见的就是四个音乐家叠罗汉的造型，有的甚至另辟蹊径，让四个动物倒着叠罗汉，鸡在最下面，一脸无奈，上面依次是猫和狗，最大的驴在最上面偷笑，旁边还不无幽默地写着一句话"不来梅音乐家的真实故事……"。当地巧克力、葡萄酒等商品的商标上也印着它们的图案，书店的橱窗在最显眼的位置摆放着《不来梅的音乐家》，就连道路交通指示牌上也是四个叠罗汉的音乐家告诉你这里是步行道、骑车道、前方道路狭窄、前方有施工……采访者还在当地人家的地毯、茶壶等日常用品上发现了四个音乐家的身影。

　　不来梅人喜欢这四个"音乐家"，不仅因为它们让城市闻名世界，更重要的是它们带给人们无穷的正能量。不来梅旅游局局长彼得·西麦林表示，四个音乐家是不来梅的骄傲，也是不来梅的代表。包括不来梅旅游局在内的很多机构都把四个音乐家叠罗汉的造型作为标志，不仅仅是因为它们让不来梅闻名天下，更重要的是四个小动物在困难面前不畏艰险，它们能够在险境中保持冷静并且团结在一起发挥各自的聪明才智，向着美好的生活奋进，最终战胜困难过上了幸福的生活。不来梅的小学生都将这个故事作为专门的一课去学习。彼得·西麦林还说，除了积极向上的精神，这个故事还告诉人们，不要被命运左右，未来掌握在自己手中。

{相关链接}

墨西哥音乐"昆比亚"和"玛利亚奇"

　　2014年，墨西哥声音学院乐团在北京的演出，将墨西哥音乐的多元、包容与热情展现得淋漓尽致，"昆比亚"和"玛利亚奇"等音乐元素让人每个细胞都充满快感，让听众如痴如狂。

　　"昆比亚"是起源于哥伦比亚和巴拿马的一种流行乐，以哥伦比亚以及巴拿马加勒比沿岸土著音乐旋律为基础，融合了非洲黑人音乐节奏和西班牙音乐元素。20世纪40年代末，"昆比亚"传入墨西哥，正如拉美人的随性一样，墨西哥"昆比亚"曲风也绝无定式，而是随着地区和时代的不同而变化，采访者曾参加过几次墨西哥人组织的聚会，"昆比亚"永远都是深受大家青睐的曲目，周末的晚上，三五好友相聚，小酌一杯，听一曲"昆比亚"，随着音乐起舞，一周工作的辛劳都烟消云散，只剩下快乐在空气中弥漫。

提到墨西哥音乐就不能不提"玛利亚奇"，它被称为墨西哥的"国粹"，墨西哥的象征。上至国事庆祝活动，下至婚礼、生日等聚会都可以听到"玛利亚奇"，它2011年被联合国教科文组织列入"世界非物质文化遗产名录"。"玛利亚奇"一般最少由三人表演，表演者身着墨西哥传统民族服装"恰罗"，头戴宽边的墨西哥帽，在小提琴、小号以及吉他等乐器的配合下引吭高歌，歌唱的内容也包罗万象，包括爱情、死亡、政治等各种题材。在首都墨西哥城，有一个著名的玛利亚奇广场，每当夜幕降临，数十支玛利亚奇乐队便会聚于此，听众或沉醉其中，或随着主唱一起高歌，或者伴着音乐翩翩起舞，整个广场充斥着欢乐的气氛，成为墨西哥城一大景观。

墨西哥是历史悠久的文明古国，印第安文明的音乐传统也很有历史，音乐舞蹈是印第安宗教仪式的重要组成部分。在殖民时期，西班牙人将欧洲音乐和欧洲乐器带到了墨西哥，欧洲音乐的影响扩大。后来，随着黑人奴隶在美洲地区的大量输入，非洲黑人音乐元素开始融入墨西哥音乐中，得益于此，墨西哥音乐才一直以开放的心态兼容并蓄，并一直处于弹性的状态。

（万　波　编译）

德国音乐市场与中国歌手

2014年深秋,《中国好声音》第三季落幕后,亚军歌手帕尔哈提的"摇滚范"让歌迷印象深刻。这名2015年33岁的"维族大叔",最初是在德国遇见伯乐并推出专辑的。其实,从20世纪90年代初的崔健、唐朝,到后来的罗琦、龚琳娜,不少中国歌手都和德国有缘。柏林音乐评论员鲁迪格对采访者表示,推崇多元化的德国音乐市场,为中国优秀歌手提供了舞台。

"当时我非常兴奋!"2010年,德国音乐人米歇艾尔·德莱尔首次在中国新疆乌鲁木齐现场欣赏帕尔哈提的演出,他对"德国之声"说,帕尔哈提的民谣摇滚曲风非常特别,他眼前的小伙子是不可多得的杰出歌手,他的舞台"不应该仅限于酒吧"。

在米歇艾尔·德莱尔的邀请下,当年,帕尔哈提携"酸奶子"乐队首次在德国奥斯纳布吕克的"东方音乐节"登台表演,并与德国乐团合作演出。帕尔哈提曾对"德国之声"表示,首次在德国登台前"不知道自己行不行",但成功的首演让他成为该音乐节的固定表演嘉宾。2013年,帕尔哈提受邀与北德电台大乐团合作。同年,"酸奶子"乐队在德国发行了首张专辑,并被多家欧洲电台推荐。

2014年9月30日,帕尔哈提携"酸奶子"乐队和两名德国音乐家在"东方音乐节"做压轴专场演出。近500人的观众席中增加了一些华人面孔。到场的德国乐迷马库斯对采访者表示,在现场听中国元素摇滚乐,感觉新鲜,帕尔哈提的声音很原生态,很有个性。帕尔哈提曾对德国媒体表示,欧洲观众很重视音乐,也很投入,观看演出时特别认真。

20世纪90年代初,德国人就开始认识中国流行音乐。鲁迪格至今收藏着名为《中国摇滚在柏林》的DVD盘。他告诉采访者,这是1993年柏林中国现代艺术展时,崔健、唐朝、眼镜蛇等中国摇滚乐队专场演出的录像。这场6小时的演唱会后，崔健打开了一扇德国音乐大门，开始与"德国摇滚教父"乌多·林登贝格合作。

1998年至2004年旅居柏林的中国女歌手罗琦，则被《柏林晨邮报》称为"我们的女人"，并作为嘉宾参加过德国电视台的访谈节目。罗琦在接受德国《滚石》杂志采访时表示，她在德国的首演是在一家爵士酒吧，现场只有她一个亚洲人。在德国小有名气后，罗琦曾在多个音乐节演出，《柏林晨邮报》透露，已经回到中国多年的罗琦，还会"时不时逃回柏林康德大街的安静公寓"。

中国流行音乐人在德国最成功的例子是在中国国内名气不大的"美玉（JADE）"少女组合。该组合4名成员来自2004年和2005年中国的电视选秀节目"我型我秀"，被环球唱片公司相中后以国际化思路包装，并在德国走红，其单曲《Finally》曾进入德国流行歌曲排行榜前100位。德国《明镜》周刊称"美玉"体现了新一代中国流行音乐人的自信。

在梅迪亚电子卖场等柏林大型唱片店内，采访者看到，货架上除郎朗等人的唱片外，也能找到一些中国流行音乐人的作品，如已故的中国女歌手陈琳和德国摇滚巨星彼得·马法共同创作的《共勉》，以及被《南德意志报》称为"首位在西方出名的中国创作歌手"萨顶顶的作品。而在德国网络卖场上，王菲等中国歌手的唱片也有一定销量。

"中国流行音乐人在德国具有广阔前景。"鲁迪格对采访者表示，与英、美等国相比，德国及其他欧洲大陆国家的音乐市场更加多元，各种风格的音乐都有市场。中国是德国经济的重要合作伙伴，中德关系越来越紧密。与中国音乐市场相比，德国更加注重音乐本身。"中国流行音乐人应该更主动地来德国发展，而找一名靠谱的经纪人非常重要。"鲁迪格认为，"中德即将进入流行音乐合作时代。"

相关链接

日韩造星模式塑造中国乐坛"00后"歌手

2015年前后，中国继男生组合TFBOYS之后，由4名平均年龄不满12岁的男孩组成的"00后F4"再次掀起乐坛"00后现象"的热议。这些新时代的乐坛组合并非小虎队或F4简单的换代版，而是更像超越演唱组合的一种娱乐综合团体。日韩造星模式的借鉴虽然在他们身上留下明显的模仿印迹，但也算摸索出具有中国特色的00后乐坛发展之路。

　　平均年龄不满15岁的TFBOYS究竟有多火，只要看他们在百度上多达近8000万的搜索词条、微博上超过200万的粉丝量就可感知一二。相比传统组合，TFBOYS更接受于综合娱乐体，不仅录制MV，还拥有自己的综艺节目《青春修炼手册》，更参与了"关爱渐冻人"等大量公益活动。TFBOYS讲究线上传播加线下互动，并且更看重网络视频的影响力，碎片化的推广恰恰迎合了时代主流。作为初中生的组合成员还能在学业上保持稳定，也对粉丝形成一种正能量。

　　TFBOYS和00后F4这类组合的身上明显留有日韩音乐产业的影响。比如王俊凯的门面担当、王源的可爱担当、易烊千玺的舞台担当角色，其中的"担当"一词就明显是日韩舶来品，而造星包装模式也同样借鉴了日本杰尼斯事务所的传统。后者招收10岁至14岁的男孩儿，利用课余时间对他们进行多方面训练，挑选出其中的佼佼者配对成组。SMAP就是其中成功的例子。另一方面，TFBOYS这种边学习边从艺，近似于直播成长的包装模式又和AKB48有着相似之处。

　　TFBOYS的成功可以看成是中国音乐产业在多年借鉴日韩模式后的一次自主爆发，在预告00后即将成为娱乐业新的消费群的同时，也代表着一种全新综艺包装模式的形成。他们所创造的影响力会在未来吸引更多00后"小鲜肉"加入乐坛。

　　其实，近几年的日韩乐坛同样不乏00后组合，比如日本的"花朵舞步"、"冰雪男孩"，韩国的Girl Story、Prizmmy等都在00后这个受众市场领先一步。明星的低龄化在日本已经持续多年，社会舆论往往对此大开绿灯。不过，日本的"劳动法"对童星的工作时间有一定限制。孩子成名后妈妈经常陪伴左右，担当经纪人角色。相较而言，作为国际流行乐标杆的美国，受制于严苛的"未成年人保护条例"，还暂时没有出现可以替代贾斯汀·比伯的00后偶像。2014年7月，韩国正式发布《大众文化艺术产业发展法》，规定从事大众文化艺术工作未满15岁的青少年，禁止从晚10时至次日上午6时活动，并且一周的工作时间不得超过35小时。15岁以上的未成年人，只能在监护人的同意下才能在夜间工作。韩联社评论称，该法律的颁布为保障青少年人权创造了契机。

韩国李敏镐新专辑走俏日本

　　"李敏镐第二张专辑夺得日本公信榜冠军宝座！"因韩剧《继承者们》走红亚洲的韩国演员李敏镐"玩票"推出的个人唱片，受到日本粉丝追捧，登上日本公信榜冠军宝座。

韩联社援引李敏镐经纪公司消息称，2014年晚些时候，"长腿欧巴"在日本发售的第二张正规专辑《Song For You》共收录5首歌曲，风格为摇滚。不过，该报道只表示《Song For You》登上公信榜冠军宝座，并未透露具体销量。采访者在日本公信榜官网发现，李敏镐的新专辑登上预售榜榜首，卖出近6500张，销量是榜单第二名的一倍。

据悉，李敏镐2013年5月发售的首张专辑《My Everything》同样曾占据日本公信榜榜首位置。韩联社称，李敏镐不是专业歌手，专辑发行前也没有进行大规模宣传，能够再次称霸公信榜实属日本乐坛罕见事件，说明韩流明星在日本具有"无可比拟的影响力"。

"长腿欧巴"并不满足只占领日本市场，韩国《国民日报》称，李敏镐在中国北京个人演唱会上首次现场演唱新专辑歌曲。接下来，他又在中国其他城市、日本及韩国亮嗓。此外，李敏镐主演的影片《江南1970》也在韩国上映，该片以20世纪70年代的首尔为背景，讲述了江南地产界两个男人之间的恩怨情仇。

有韩国娱乐界人士认为，李敏镐通过影视作品、巡回演唱会、专辑等与全世界粉丝广泛互动，这样的宣传力度值得点赞。

（杨令军　编译）

《音乐之声》"唱了"50年依然好听

根据罗杰斯和哈默斯坦的音乐剧改编、1966年荣获奥斯卡最佳影片的电影《音乐之声》，2015年迎来50岁生日，该片主演朱丽·安德鲁斯感到难以置信。

将近80岁的她笑着说："这是一个值得庆祝的美妙时刻。"

这部电影在五十大寿之际以各种活动进行庆祝，包括发行DVD、图书、原声带以及举办放映会等。

《歌厅》、《西区故事》等由音乐剧改编的美国电影也颇受好评，但没有影片像《音乐之声》这样受到人们的喜爱。79岁的朱丽·安德鲁斯认为自己知道其中的原因。

朱丽·安德鲁斯说："这部影片永葆魅力，不仅是因为它制作精良、音乐动听，而且还有壮美的群山风景、可爱的孩子、冒险的故事和浪漫的爱情等许多亮眼的要素。"

为纪念《音乐之声》诞辰50周年，21世纪福克斯影业公司开始发行5碟装的蓝光DVD全集，并重新发行音乐原声带。这部影片于2015年3月底在好莱坞的特纳经典电影节上展映，4月份在全美500多家电影院重新放映。

四本关于这部电影的新书正在发行。2015年3月下旬的电视《20/20》节目播放了在故事发生地奥地利对朱丽·安德鲁斯的专访。公主邮轮公司也在游船上举办了放映会和歌咏会等纪念活动。

（王定熙　编译）

苏俄音乐未了金戈铁马情

2015年5月9日，俄罗斯的胜利日大阅兵给全世界留下深刻印象，伴随阅兵仪式的那些雄浑激荡的苏联卫国战争歌曲，更令俄罗斯人的民族自豪感飙升。除经典老歌外，在从1945年二战结束至2015年的70年间，苏联、俄罗斯音乐家还创作出700余首歌颂卫国战争的时代新作。对于今天的俄罗斯人而言，"英雄战歌"既承载了一代人的宝贵记忆，更体现着国家荣誉和民族豪情。

一、"不朽的主角"

俄罗斯一家名为TD的网站通过网络投票选出10首最受欢迎的卫国战争歌曲，其中包括《神圣的战争》、《该上路了》、《珍贵的石头》、《抽支烟吧》、《蓝手帕》、《银雀》、《喀秋莎》、《漆黑的夜》等。在这些"二战军歌"中，中国人最熟悉的当属《喀秋莎》和《神圣的战争》。事实上，除了这10首经典作品外，还有几十首著名的卫国战争歌曲在俄罗斯影响深远，例如卫国战争的"胜利之歌"《哥萨克在柏林》。

每年二战胜利纪念日前后，俄罗斯全国各地都会举办阅兵式、群众游行、露天演唱会等庆祝活动，二战军歌是其中"不朽的主角"。70年过去了，这些"英雄战歌"成为俄罗斯的国家名片，平日里买张票到剧院就能随时欣赏到。尽管今天的俄罗斯年轻人生长在流行歌曲占主流的娱乐时代，但他们从小耳濡目染，对这些"珍贵乡音"依然充满敬意，一首《喀秋莎》从花甲老人到幼童都会演唱。采访者在俄罗斯著名网站yandex上搜索关键词"中学生和战时爱国歌曲"，结果跳出300万条相关信息，相关表演视频的上传数量则达近4万个。俄罗斯大学生列娜对采访者说："珍爱二战军歌，就是珍爱对这些烈士的记忆。"在莫斯科一家网络公司任职的阿列克赛告诉采访者，俄罗斯男性公民在18岁至27岁间必须服1年兵役，所以，年轻人普遍有唱"战歌"的功底。在阿列克赛参军期间，演唱爱国主义歌曲是必修课。

二、数量超过7万首

采访者在俄罗斯知名音乐网站 pesni 上搜索发现，俄罗斯有关战争的歌曲超过7万首，数量居全球第一。不少歌曲由俄罗斯著名诗人的诗作改编成歌词，再由作曲家谱曲，例如《喀秋莎》就是苏联著名作曲家勃兰切尔在诗人伊萨科夫斯基的诗作基础上谱的曲子。虽说这些歌曲都是"仓促之作"，但经受战火洗礼的曲调凸显了著名诗篇的韵味。"好诗变好歌"多年间成为苏联音乐创作的经典模式。

俄罗斯总统普京十分重视爱国歌曲。2011年9月，他参观莫斯科国立民族剧院时，曾坐在钢琴前弹奏苏联老电影《盾与剑》的插曲《祖国从哪里开始》。在2015年的胜利日庆祝活动中，播放率最高的歌曲当属《神圣的战争》。《该上路了》等歌曲则经常在不同场合由演唱风格不同的歌手演绎。70年来，一些经典歌曲被不同程度地改编，但俄罗斯人还是更看重作品的原汁原味，正如每个俄罗斯钢琴家在演奏柴可夫斯基作品时，都会按自己的风格处理细节，但却没人敢擅动主旋律。

三、创作热情70年不减

战后至今的70年间，苏联和俄罗斯音乐家不断创作出歌颂卫国战争的新歌。按照俄罗斯搜索引擎网站的分类，1953年之后创作的战争歌曲都被归类为"新战争歌曲"。采访者在 yandex 网站上搜索到的此类新歌共有700多首，其中最受欢迎的是俄罗斯著名音乐人诺斯科夫2010年创作的歌曲《失踪》。这首歌在 yandex 网站上的浏览量达到95万次，唱词"我们没有死去，只是向天堂走去"感动了各年龄层的俄罗斯人。可以说，吉他伴奏、沙哑的摇滚唱腔、情深意切的歌词——所有这些元素促成了俄罗斯人对它的大爱。

新"战歌"来自哪里？据采访者了解，俄罗斯一些社会组织和团体对爱国主义歌曲的创作兴趣浓厚，传统的专业协会也愿意组织相关创作。此外，一些独立音乐人和刚入行的歌手也喜欢从事严肃题材创作，他们自发写歌编曲，表达自己对战争的认识和思考。

（宋正群　编译）

新"星"围绕中国"月亮"转

"星星还是那个星星,月亮还是那个月亮……"新加坡"国宝级歌手"陈洁仪成为《我是歌手》第三季的首位出局选手。尽管如此,她的"天籁嗓音"还是令中国观众印象深刻。与"国宝级歌手"的身份不相称的是,陈洁仪在中国大陆并没有多少名气。用新加坡网民的话说,她有勇气放下"国宝"包袱参赛,终于令中国人再度关注起那个"熟悉而陌生"的新加坡歌坛。

一、本土音乐市场太小委屈"国宝级歌手"

陈洁仪在新加坡属于上一辈实力派歌手,新加坡国庆庆典曾多次邀请她出场演唱。对于陈洁仪在《我是歌手3》中的表现,《联合早报》等新加坡主流媒体均给予正面评价。报道说,虽然陈洁仪成绩不佳,但能让中国人认识并喜欢上这位新加坡歌后,也是非常好的事情。对于陈洁仪的出局,新加坡网民大多打抱不平。有人表示:"陈洁仪温雅亮丽,展现了大将之风。有多少斤两、多少才艺,无需争议,大家心中有数。"有人称赞陈洁仪:"有勇气放下国宝的包袱,才让我们有福观赏到如此有水准的演出。"还有歌迷评价她歌声感人,"可惜这是一个人气赛。希望以后有更多陈洁仪代表新加坡出现"。

陈洁仪遗憾出局,折射出"新加坡有歌手没歌坛"的尴尬现状。据了解,新加坡虽有约七成人口为华裔,但老一辈华侨至今仍愿意听龙飘飘、韩宝仪时代的中文老歌。中年人则沉浸在齐秦、苏芮那一代台湾流行乐中。新加坡年轻一代只懂简单的中文,读写较为困难,中文歌曲因此缺少传唱的土壤。正因如此,新加坡歌坛近些年经营惨淡,几乎没有什么新人出现。人们熟知的歌星(如孙燕姿、蔡健雅等)基本都是在中国台湾或中国大陆成功后,再折回新加坡,影响力走的是"出口转内销"。在新加坡本土直接爆红的华裔歌手非常少。前些年人气很旺的许美静，影响力已大不如前，偶尔会参加商演。在新加坡南洋理工大学的庆祝活动中，采访者曾看到她的身影。

二、本土观众"迷星"不"追星"

新加坡最大的娱乐传媒机构是星传媒。由于是国有机构，旗下艺人的日常出勤类似于上班族，工资也是定期领取，机制缺乏活力。新加坡市场小，和热衷引进国外人才一样，星传媒也喜欢引入国外娱乐节目，这进一步压缩了自创节目的空间，导致本土艺人缺乏成名的平台。

新加坡人总体比较内敛，对追星并不狂热。在街头遇见明星大多悄悄议论一下，很少有人上前索要签名。据了解，小有名气的新加坡歌手会参加一些品牌或公司的宣传活动。比如新加坡的唐人街聚集了大量旅行社，为招揽本地客，他们经常邀请歌星伴团旅游，直白点儿说就是明星给你当导游。出于生计需要，有些歌手甚至会考取房产经纪证，自己当中介卖房子赚钱。

三、如今华语乐坛最火莫过于中国大陆

以巫启贤、黎沸挥为代表的新加坡音乐人，在20世纪八九十年代远赴中国台湾并取得成功，令新加坡流行乐从这样的市场转移中取得生存空间。此后的20年间，阿杜、许美静、蔡健雅、何耀珊、范文芳、孙燕姿、陈奂仁和林俊杰等一代代新加坡歌手在为台湾提供音乐人才储备的同时，也顺带保存下自己的文化血脉，其中像孙燕姿和林俊杰，更成为华语乐坛的当红歌手。

然而，由于过度依靠台湾音乐产业，也让新加坡歌手面临另一种尴尬——常被误认为是台湾歌手。实际上，新加坡最早一波创作风潮"新谣"，就来自台湾的现代民歌运动。再加上歌手自入行起就和台湾音乐产业合流，也让新加坡流行乐的创作思维和表达方式几乎被台湾化，很难体现新加坡人的存在感。

随着中国台湾流行乐市场的萎缩，华语歌坛的重心慢慢移向中国大陆。近些年，中国大陆已然成为新加坡华裔音乐人新的栖息地，而中国台湾的乐坛对于新加坡人来说，吸引力开始下降。比如说，被视为新加坡乐坛旗帜人物的巫启贤，不仅成为中国大陆多个选秀节目的常客，就连家也搬到北京。而作为新生代的佼佼者，铃凯近两年无论是参加"红牛新能量音乐计划"，还是《中国好歌曲》，也都与大陆的音乐项目有关。其他如蔡艾珈、谢凤仪等新秀，更是把参加大陆选秀

节目当成事业发展的重点。一方面,新加坡歌手可以从选秀等节目中获得丰厚报酬;另一方面,中国大陆很多娱乐节目也被新加坡买去播放,在中国的节目上露脸,也是在家乡父老面前露脸的一种方式。

(李弟刚　编译)

日本热销"高仓健CD"

从2014年晚些时候至今，高仓健去世的消息公布后，日本掀起"高仓健商品"热，很多录像带出租店开设了高仓健影视角，不仅吸引了中老年影迷，年轻人也纷纷光临。参观高仓健电影里的外景地，与影片有关纪念馆的游人也成倍增长，就连他沉寂多年的歌曲CD——"高仓健CD"也人气爆棚。

朝日电视台报道说，高仓健去世后，负责发行他的唱片公司表示，询问购买唱片的电话激增，令他们应接不暇。唱片公司已经决定追加生产。《产经体育》报道说，只要和高仓健有关的商品都处于缺货状态，东京的CD、DVD店铺的电话响个不停，来电话者几乎都是要买"高仓健CD"。

据《日刊体育》最新报道，高仓健还有两首录制好的歌曲没有推向市场。据透露，高仓健差不多在10年前就秘密录制了这两首歌曲，并嘱托身边人在他过世后发行。其中一首歌是由德久广司作曲、荒木风久作词的《对马酒歌》。这首歌的结尾唱道："若我死去，葬骨于樱花树下，看樱花。"歌词内容的确符合高仓健的生死观。另外一首歌曲则是翻唱他人的《流云》。歌词唱道："天上天下，可以依靠的只有自己。"简直就是高仓健孤高一生的写照。高仓健在世时共录制24首歌曲。2014年至2015年，朝日电视台反复播放了"高仓健CD"，歌如其人，重厚悠扬，非常阳刚。

由于高仓健生前谦虚自律，不仅没有丑闻，私生活也几乎不为人所知。在他死后，亲朋好友才开始说出很多他的故事。例如他前妻的友人透露，高仓健非常爱妻子江利智惠美，本来妻子的父亲不同意这门婚事，但他反复上门求婚，终于感动了岳父。后来，妻子的同母异父姐姐冒充二人名义欠下高达数亿日元的债务，江利智惠美为了不耽误高仓健的前程，才协议离婚。两人还商议日后复婚的打算。遗憾的是，妻子在45岁时意外去世。每年妻子的忌日，她的家属都会收到高仓健寄去的慰问品。

（王德胜 编译）

《江南 Style》视频点击量突破 20 亿

截至 2014 年 5 月末，韩国歌手朴载相（鸟叔）风靡全球的单曲《江南 Style》视频在 YouTube 网站上的点击量突破 20 亿次。

2012 年 7 月发行的《江南 Style》引发了"骑马舞"在全球范围的流行。从联合国秘书长潘基文到菲律宾的服刑犯人，"骑马舞"被模仿了无数次。

YouTube 网站历史上点击量第二的是加拿大 90 后歌手贾斯汀·比伯的《宝贝》(Bady)，仅为《江南 Style》的一半。

鸟叔随后推出的单曲《绅士》也在 YouTube 网站上取得了相当好的成绩，到目前为止点击量近 7 亿次。《绅士》的视频在一天之内被浏览了 3800 万次，成为纪录保持者。

YouTube 网站点击量前 15 名的视频中，鸟叔就占了 3 位。

鸟叔 2013 年大部分时间用在美国、欧洲、亚洲的巡演上。他此前曾经表示，难以重复《江南 Style》的成功。

鸟叔说："问题是，我的音乐视频比我受欢迎，所以，我首先必须战胜它们。"成名已经让他付出了代价。

鸟叔 2012 年获颁韩国最高文化荣誉奖"玉冠文化勋章"。

（赵品芳　编译）

朝鲜半岛最老最潮"咏叹调"

大约任何国家都有自己的民谣，而民谣往往是这个或那个国家风土人情的结晶。《阿里郎》是朝鲜半岛最具代表性的民谣，是朝鲜半岛文化的象征，具有重要的历史意义及艺术价值，2012年，韩国将《阿里郎》申遗，并获得成功。根据韩国政府的统计，朝鲜半岛共有60种、3600多首《阿里郎》流传至今，最著名的是旌善《阿里郎》、珍岛《阿里郎》、密阳《阿里郎》三大分支。旌善《阿里郎》是现在《阿里郎》最古老的一支，旌善则被称作《阿里郎》的故乡。2015年5月，采访者来到韩国江原道旌善郡，亲身感受了最古老《阿里郎》的魅力。

一、唱得日本殖民者都害怕

在旌善郡厅所在地可以欣赏到正宗的旌善《阿里郎》。采访者来到市民会馆，遇到免费演出的《阿里郎》。参加演出的全部是业余演员，很原生态。演员多数是老爷爷、老奶奶，虽然是纯粹的公益活动，但他们的表演一丝不苟。采访者从歌词和曲调中完全可以体会到旌善当地崇山峻岭和江水奔腾的气势，也能感觉到当地人乐观向上的生活态度。旌善《阿里郎》分为长阿里郎和快节奏阿里郎。采访者此次听到的就是快节奏的阿里郎，与西方的说唱（rap）形式类似，诙谐的歌词和强烈的节奏具有极强的艺术感染力，令观众也情不自禁地手舞足蹈与演员们一起唱。

很久以来，旌善人用"阿里郎"的咏叹和吟唱，抒发生活的喜怒哀乐。不管是在砍柴、插秧等劳动场合，还是亲朋好友聚会，旌善人都会通过这一旋律表达自己最直接的感情。日本殖民统治时期，朝鲜人以《阿里郎》为号发动起义，日本殖民者便下令谁唱《阿里郎》就杀谁的头。可是，无论日本兵杀多少唱《阿里郎》的朝鲜人，还是有朝鲜人高唱《阿里郎》。日本殖民者无奈，只好作罢。

1950年以后，人们又为旌善《阿里郎》加上表现民族分裂痛苦和企盼自由、和平与统一之情的歌词，这与只配一种歌词的其他地区的《阿里郎》有着很大不同。2003年，旌善郡出版的《旌善〈阿里郎〉歌词集》共收录1300多首《阿里郎》，而相关的收集工作仍在继续。

《阿里郎》歌谣有的旋律忧伤舒缓，有的欢快流畅，但因歌词里都包含"阿里郎"一词，统称为《阿里郎》。从曲调上，旌善《阿里郎》最具代表性，苦涩中带着平和；珍岛《阿里郎》充满委婉的幽默和积极的比喻；密阳《阿里郎》则融汇着平民生活的豪放和情趣。

二、源于朝鲜王朝中叶里郎与圣妇的故事

关于《阿里郎》的起源时间已经无从考证，目前得到较多认可的说法是源自朝鲜王朝中叶，而故事内容也有多个说法，韩国比较认可的版本是：名叫里郎的小伙子和名叫圣妇的姑娘参加了反抗地主的暴动，失败后躲进名叫水落山的深山里过上与世隔绝，但却浪漫幸福的生活。一天，里郎决定要为冤死的村民报仇雪恨，越过山岭走向战场，圣妇望着里郎远去的背影唱起了《阿里郎》。唯美的旋律，婉转的期盼之情，鲜明的民族特色，使这首歌成了朝鲜半岛历史最悠久的民谣，并传唱至今。

旌善《阿里郎》的历史大约可以追溯至600年前的高丽王朝灭亡后、朝鲜开国初期，当时原来侍奉高丽王朝的遗臣因为对高丽王朝的忠诚，先是躲进松都（现在的开城），后搬到旌善居住。他们为了表达对亲人的思念和对故土的眷恋，作诗，并通过口传民谣的方式在旌善一带传唱开来，演变成今天的旌善《阿里郎》。"下雨了，下雪了，梅雨季节要来了，万寿山上堆满了乌云。"这是旌善《阿里郎》流传最广的一句歌词。万寿山是高丽王朝时位于松都的一座山，乌云意指岌岌可危的高丽王朝危机四伏。

三、朝鲜半岛的文化符号

"阿里郎"作为韩国最具代表性的文化符号之一，艺术形式跨越文学、电影、戏剧、流行歌曲、舞蹈等多种门类，全面体现了朝鲜民族文化的特点。2012年，韩国将包括旌善《阿里郎》在内的所有《阿里郎》打包申遗，并最终获得通过。

由于历史悠久、特征明显，旌善《阿里郎》于1971年被指定为江原道非物

质遗产第一号，从1976年起，每年都会举办旌善"阿里郎"文化节，邀请来自韩国各个地区的《阿里郎》演出团体，给游客带来韩国《阿里郎》的视听盛宴。

旌善郡正在建立拥有612个座席的文化演出中心和国立"阿里郎"研究院，并计划将旌善《阿里郎》推成2018年平昌冬季奥运会开幕式、闭幕式的主题曲。

（万　波　编译）

马来西亚"乐动世界"

与唱片业的日益衰败相比,音乐节即音乐的现场表演却长盛不衰。

在一间精心布置的小会议室里,大概所有的人都和笔者一样,带着一颗极大的好奇心,兴奋地等待娜塔莎·贝丁菲尔德推开那扇门。这间摆放着高脚凳、舒适沙发以及软绵绵的沙包垫的小会议室,一如它所在的酒店所代表的风格——年轻、自由、充满创意的动感体验随时都能让人眼前一亮。在马来西亚吉隆坡中环广场雅乐轩酒店,笔者和屋内的其他20人一样,即将迎来我们的第一个SPG专属时刻,激动心情在所难免。在这一切开始前,先来谈谈喜达屋酒店与度假村国际集团推出的第三届"乐动世界"全球音乐盛典。

一、爵士乐、乡村乐、流行乐应有尽有

2014年6月,喜达屋酒店与度假村国际集团旗下屡获殊荣的忠诚计划SPG俱乐部,连同全球领先的娱乐演出和电子商务公司"现场国度"继续携手推出第三届独家音乐盛典——"乐动世界"。这项开创性的全球音乐活动能够让SPG俱乐部会员在喜达屋酒店与度假酒店近距离感受魅力四射的音乐表演,演出目的地包括慕尼黑、纽约、迪拜、布宜诺斯艾利斯等城市。"乐动世界"将依据每家酒店与其所在地精心打造现场表演,不仅多位知名歌手将登台开唱,曲目风格更是囊括了爵士乐、乡村乐、流行乐等,满足所有乐迷的品位。

在位于吉隆坡中环广场雅乐轩酒店的表演之前,加拿大安大略省的沃恩西南源宿酒店、美国纽约瑞吉酒店以及德国慕尼黑威斯汀大酒店分别打造了精彩的表演,其中德国站的演出请到了广受大众喜爱的杰森·玛耶兹,他可是第52届格莱美奖最佳流行男歌手得主!在笔者出发前,中国国内的音乐迷们也已经收到

"乐动世界"音乐盛典中国站的演出信息——2014年10月18日,田馥甄将在广州W酒店登台献唱。整个系列活动的最特别的地方在于,这些演出的门票并不需要花费现金购买,而是SPG俱乐部的会员积分,并且采用竞拍的形式,听起来十分有趣。并且,这真的不只是一场演唱会而已,起码不是歌手在高高的台上演唱,观众在台下聆听那种。

"只要听过一次,就绝对终身难忘。"喜达屋亚太区分销忠诚计划及合作关系总监艾琳·林这样形容她所体验过的SPG专属音乐时刻,她告诉笔者:"比起演唱会,我更愿意形容那是一次与艺术家亲密接触的机会,包括后台探秘、私人采访,甚至你还能来一堂音乐家私人音乐课程,所以,我们用'SPG专属时刻'来定义这样的活动。"

二、"亚洲魅力所在"

"马来西亚,亚洲魅力所在"是马来西亚沿用了多时的旅游宣传口号,这座位于太平洋西部的岛屿之国混合了亚洲多种民族与宗教文化。在机场你能看到从头到脚包裹着黑布的伊斯兰教女子,在轻轨上又能看到身着鲜艳僧袍的佛教徒在座位上立定禅思,在色彩缤纷的印度街上随处可见头顶独特发式的印度教修行者,咖哩餐厅和珍珠奶茶店毗邻而建,不远处传来清真寺召集礼拜的诵经祈祷声。

初到吉隆坡,笔者就被这份新鲜的"乱"所吸引。除了双子塔,这座城市很难罗列出一、二、三、四非去不可的景观景点,但只要你行走其中,随处都有可能跳出一抹让你大感惊喜的亮色。笔者想,这也许正是为何喜达屋会将其全球最大的雅乐轩设址吉隆坡中环广场的原因。"我们对于为吉隆坡新时代旅客带来雅乐轩的动感体验感到非常兴奋,"喜达屋酒店与度假村国际集团东南亚区域副总裁查克·艾伯特在酒店开业时曾经对媒体表示,"雅乐轩酒店标榜着吉隆坡新商业中心的核心概念,即新颖、时尚、高科技及现代化。雅乐轩酒店注入了许多趣味性的社交元素,因此是旅客在旅途中休闲畅聚的绝佳地点。"

为方便住客使用数码设备,酒店提供全方位的免费无线上网服务;每间客房也备有独特的即插即用端口,住客可将各种电子器材连接至42英寸的平板液晶电脑,瞬间即可将客房变成个性化的高科技办公室或娱乐中心。

酒店内部各处充满许多设计惊喜,营造出的公共空间充满振奋活力,让住客们随心交流、阅读书报、使用笔记本电脑、于桌球台上游戏或与好友相聚畅饮。白天于酒吧内充分享受慵懒时光,夜晚则透过动听乐曲身心。而位于酒店顶楼的

MAI 吧则弥漫着中太平洋群岛的异域风情，开放式看台让吉隆坡市的炫丽夜色尽入眼帘。除了屋顶泳池，吉隆坡中环广场的雅乐轩最大的特色还在于它齐备的宴会与会议设施，备有 8396 平方米宽大而华贵的大宴会厅，以及六间配备了先进视听器材的多功能会议厅。这一切都为 SPG 专属音乐时刻提供了硬件上的强大保障。

三、"乐坛的骄傲"引领全场

2014 年那个令人难忘的夜晚，在一片微微躁动的欢呼声中，娜塔莎·贝丁菲尔德终于来了！这位来自英国的人气女歌手被形容为"21 世纪英国流行乐坛的骄傲"，她独特的嗓音和灵动的演艺风格为她赢得了全美流行单曲榜冠军曲、英国金榜冠军曲、格莱美奖及全英音乐奖的提名，以及全球超过 600 万张的唱片销售。"抱歉让你们久等了！"娜塔莎甜甜一笑，瞬间把距离拉得很近。"刚才和乐队在排练，还是没能定下来唱哪几首歌，你们有最想听的歌吗？"她真诚地看着大家问道，这一切真的不像寻常的明星演出会，而是朋友间的音乐聚会。毫无明星架子的娜塔莎直接坐在了大家中间，端着一盘她最爱的巧克力曲奇，和大家聊起了她最近在音乐创作上的想法，甚至还和大家玩起了自拍。

在见到娜塔莎之前，笔者和来自韩国、日本、新加坡、泰国的媒体一道，在吉隆坡当地知名的"大盗贼"音乐工作室与新锐乐队"纸飞机"的成员来了一堂音乐创作课。大家弹弹唱唱，说说笑笑，每个人都贡献了代表各自国家的一段旋律和唱词，由极具天分的乐队主唱将其融合为一首完整的歌曲。大家将这首新鲜出炉的"单曲"用手机分享给娜塔莎，她听了之后立刻跟着旋律哼了起来，并开玩笑表示她会尽快学会这首歌，说不定下次的表演就会用到。音乐无国界，这个说法真是一点儿都没错，短短的 20 分钟时间里，音乐人和乐迷之间的互动充满了分享与乐趣。若不是马上就要登台演出，笔者想，娜塔莎会跟大家继续聊上一整晚。

此时，整座酒店会议室与宴会厅楼层已经变成了一个巨大的派对现场。粉色的棉花糖，巨大的彩虹巧克力豆，热场乐队的演出，打扮入时的宾客们大多是喜达屋 SPG 俱乐部的会员，他们用自己的俱乐部积分成功竞拍了演唱会门票，携带亲朋好友一同前来参加这次音乐盛典，每个人手里都拿着 SPG 特调鸡尾酒，喜形于色。宴会厅的大门终于打开，乐迷们鱼贯而入，白色与紫色相协调的布置有几分时尚秀场的感觉。娜塔莎来到小小的舞台中央，为大家介绍了她的乐队之后，便开始了演唱。没有过多的渲染和气氛制造，亲临现场的感觉却比任何一场大型演唱会都要好，因为娜塔莎说，"这是只属于我们的美好时刻。"律动的乐声中，大家都来到台前，随着音乐的节拍一起舞动，一唱一和。那一刻，在场所有人的心大概都是相通的，因为共同热爱的音乐与旋律。挥舞着手臂，笔者望着四周墙壁上不断变化的"SPGMoments"几个字母，想起它们常用的那句口号"专属时刻，此生珍藏"，真是没有半点儿出入。笔者想，在很长一段时间里，笔者将不断回味这一晚独一无二的难忘体验，并将它分享给身边所有的朋友。

（李爱蓉　编译）

国外音乐人看好中国音乐节市场

在中国，每年进入 5 月，各地都要掀起"音乐节热潮"。对于潮男潮女来说，音乐节似乎已经同中国的小长假、黄金周画上等号。与几年前的"自娱自乐"相比，2014 年五一劳动节以来，拉里·格拉汉姆、张曼玉、"恶魔陛下"等越来越多的海内外大牌明星亮相中国舞台。巨大的市场潜力以及"与世界同步"的歌迷，不仅帮助中国音乐节在华人世界占据中心地位，更使后者的触角伸入世界音乐节版图，推动中国及世界音像市场的更大发展。

一、大牌、巨星争先恐后

2014 年 5 月，陆续在北京、上海、深圳、西安等地开唱的草莓音乐节设有十余个舞台，请到芬兰"恶魔陛下"乐队、美国后摇滚天团"天空爆炸"等 16 组大牌国际乐队、14 名海外著名 DJ。除强大的国际阵容外，更有来自港台的黄耀明、卢广仲、魏如萱、八三夭等艺人。作为"中国音乐节鼻祖"的迷笛则特设"联合国舞台"，来自美国、德国、以色列、瑞士等国的众多知名乐队进一步拓展了迷笛的品牌影响力。两者的国际阵容不仅为历年少有，更将长江、乐谷等音乐节品牌逼至二线。

2014 年五一劳动节期间的最大看点，还属在上海草莓音乐节献上乐坛处女秀的张曼玉。虽然昔日御姐的声线过于粗糙，偶尔跑调儿，但从传奇影后到摇滚菜鸟的转型足够引起华语娱乐圈的重视。更何况，影后的跨界气场及非主流表演形式，恰恰体现了音乐节不同于正经演唱会的多元包容性。

如果说张曼玉是草莓请来的最大牌艺人，亮相迷笛的拉里·格拉汉姆则是当之无愧的音乐巨星。作为驰骋音乐圈近半个世纪的音乐人，格拉汉姆独创的贝斯击弦技巧令他成为灵魂乐界的一代宗师。此外，中国人民的老朋友——"山羊皮"乐队同样也是迷笛的"镇节之宝"。

二、"草莓"、"迷笛"引领市场

经过差不多十年的铺垫和发展，中国的音乐节已经不仅是独立的演出行为，更是年轻人身边的文化现象。据不完全统计，2009年，中国音乐节举办数量为44场，2010年为92场，2011年达到114场，2012年接近130场，2013年超过150场，2014年几乎是200场。对于海外音乐人而言，中国音乐市场的日趋开放，让他们不再用过去的眼光看待"神秘中国"。更多的艺人将受邀来华当作常态的商业演出。当然，中国迥异于欧美的文化氛围的确在一定程度上吸引了有关东方情绪的音乐人。2012年，以美国和英国为代表的海外经纪公司开始化被动为主动，替旗下艺人安排更多来华计划。音乐节市场正是其中的一部分。

外国音乐人的踊跃参与也表明中国运营商的商业运作日益成熟。中国歌迷的欣赏水准与世界同步，同样为音乐节提供更多操作空间。当然，唱片业的萎靡也使得"放短线钓大鱼"的音乐节市场被中国国内音乐公司看好，比如草莓音乐节的主办方摩登天空，就出身于独立唱片公司，迷笛音乐节的前身则是迷笛音乐学校学员的汇报演出。这两家业界龙头企业如今完全将重心向音乐节倾斜，其转型既令人看到希望，又多少透出无奈。

三、中国音乐节有望成为国际级品牌

一名多次参与草莓、迷笛等音乐节主办工作的业内人士告诉采访者，音乐节在海外艺人的选择上主要考虑影响力和档期两个因素。此外，海外经纪人会在推荐顶尖音乐人之外，"搭售"一些不是特别有名的乐队或歌手。这与音乐节倡导的平等、包容精神并不矛盾。一旦确定音乐节的举办时间和嘉宾人选，演出公司会提前两个月做好报批工作。在过去，中国的音乐演出市场一直被港台歌手主导，较封闭的市场环境使得明星的出场费用居高不下。当越来越多的海外经纪人及演出公司伸出橄榄枝后，中国内地主办方逐渐意识到，国际级音乐人的演出报价并非想象中那么昂贵，甚至低于一些港台一线明星。这令主办方在邀请国外艺人时，有条件地由以前的三顾茅庐转向精挑细选。

不可回避的是，与往年差不多，2014年音乐节期间依然出现歌迷退场混乱、乐队投诉表演时间过短等问题。瑕疵不断表明中国音乐节在现场组织、音响调试、舞台设计等方面，依然与国际音乐节前辈存在不小的差距。尽管如此，中国音乐节还是成为许多境外音乐人趋之若鹜的选择，特别是在华人世界已然占据中心地位，并有望在10年内打造出自己的国际级品牌。

（李文清　编译）

电影

美国总统的电影"福利"

电影院世界各国都有,但美国白宫的电影院却充满神秘感。美国前总统克林顿曾经开玩笑地说:"当总统最吸引我的,就是白宫电影院这项福利。"克林顿所指的电影院,是位于白宫东侧、专门为总统放映各国大片的"御用影院"。从罗斯福时代起,这座影院就是美国总统及其家人的"特殊福利",如今更承担起总统演讲排练场的角色。在没有放映安排的日子里,总统电影院定期对公众开放。经过事先申请,采访者得以走进这座"全美国最牛的影院"一睹为快。

一、白宫迄今最大的影迷是卡特总统

位于白宫东侧的这座白宫电影院并不显眼。在经过一排介绍白宫及其历任主人的照片墙后,便能看到电影院的入口。与采访者想象中的"高大上"风格不同,这个电影院面积仅有90平方米,观影座位大约40余个,与其说是"影院",不如说是"放映厅"更恰当。房间的内部装修主打红色,第一排座位尤为宽大,座位前还有脚凳。据介绍,这是"第一家庭"或重要客人的专座。后面的座位则与普通影院差不多,只是座位间距稍大而已。总体来看,这座总统电影院并不奢华,但细节相当考究,充分考虑了观者的身份。

白宫历来都有放映电影的传统,但直到1942年,在电影"发烧友"罗斯福总统的建议下,白宫才将一座衣帽间改建成如今的电影院。之后的历任美国总统虽然各有所好,但无一例外都喜欢看电影,这座"御用电影院"因此保留至今。

在白宫历任主人的维护下,电影院的放映设备也在与时俱进。例如,艾森豪威尔下令安装了沙发,里根则对放映设备进行了全方位提升,到了小布什的任期,"第一夫人"劳拉又将影院重新装修一番,主色调从典雅的米色变成现在的复古红。据说,艾森豪威尔执政时,一共在白宫影院看过 200 多部电影,这也难怪他会下令把冰冷的靠背椅换成沙发,以增加舒适度。不过,他的纪录片并没有保持很久。白宫迄今最大的影迷是卡特总统,他总共在这座电影院里看了 480 部电影。

二、西部片《正午》放映次数最多

白宫影院不向普通观众售票开放。与商业院线的公映排片不同,这里放映的影片根据总统个人口味而定,片单定期在白宫网站上公布。虽说总统是美国政界的核心,但白宫的放映片单并不局限于严肃的政治题材。历任总统都有不同喜好,影片类型也呈现多样化。

采访者在白宫影院官网上看到,军人出身的艾森豪威尔酷爱英雄主义和阳刚气息的西部片,肯尼迪则喜欢用《罗马假日》放松心情,尼克松的最爱是传奇的《巴顿将军》,演员出身的里根对《音乐之声》情有独钟,克林顿是《搏击俱乐部》的影迷,《贫民窟的百万富翁》和《林肯传》则是奥巴马一家的最爱。据统计,经典西部片《正午》在白宫影院放映的次数最多,堪称历任总统的最爱。

除观景条件十分舒适,总统还能享受到另一项特权——最新大片可以先睹为快。此类影片的拷贝大多由迪士尼、福克斯等好莱坞大片商提供。在许多大片商看来,能在第一时间得到总统首肯,无异于最有效的广告和公关。

2014 年 2 月,奥巴马的好友乔治·克鲁尼的新片《古迹卫士》在白宫影院先行上映。虽说总统钦点有制造话题的效果,但《古迹卫士》最终还是以惨淡的票房和糟糕的口碑收场。毕竟,对于美国观众而言,总统只是政治领袖,不是具有专业水准的电影达人,白宫的排片只能说明总统的个人品位。

三、白宫有电影院,戴维营也有电影院

在一些特殊时期,总统看片也得"避嫌"。比如为平衡和好莱坞明星的关系,不影响奥斯卡评委投票,奥巴马从 2013 年 11 月到奥斯卡颁奖之前,没有安排放映任何一部参与角逐奥斯卡奖的候选电影。

除了观影外,白宫电影院还有一个重要用途——美国总统在做重要讲话之前,往往会先到这里进行排练,之后再去面对电视镜头。

值得一提的是,美国总统度假胜地戴维营也有一座电影院。与白宫的这座相

比，戴维营影院充满家庭气息，装潢更加朴实，一般不用于其他社交活动。周末来到戴维营开会的议员和总统顾问，很可能会受到总统邀请一同观赏影片。

相关链接

中国电影集团公司投资好莱坞玄幻巨片

中国电影集团公司已不再满足于引进好莱坞影片，仅在放映上分利，而是通过巨额投资进军好莱坞。

据美国电影行业杂志《好莱坞报道者》报道，中国电影集团公司达成数千万美元的协议，投资两部玄幻巨片《魔兽》和《第七子》，这是中国电影集团公司首次大举投资好莱坞影片。

中国电影集团公司目前负责中国大部分影片的制作，而且是唯一获得授权进口外国电影的公司。中影集团与传奇东方公司合作两部影片。一部是由邓肯·琼斯执导、根据流行网络游戏《魔兽世界》改编的影片《魔兽》，将于2016年3月上映。而由本·巴恩斯和杰夫·布里奇斯主演的《第七子》则会领先一步，于2015年上半年上映。

据中国香港《南华早报》网站报道，2014年，中国电影集团公司对两部好莱坞大片进行了"八位数"的投资——这是中国娱乐业巨擘首次投资好莱坞影片。

中国电影集团公司董事长喇培康和位于香港的传奇东方公司首席执行官罗异在2014年北京国际电影节开幕前夕宣布了这一消息。

2014年走马上任中国电影集团公司董事长的喇培康表示："与传奇东方的合作是中影开拓全球市场的新尝试。相信《第七子》和《魔兽》的合作将成为双方整合资源、共同开拓市场的有效举措。"

近年来，中国作为全世界人口最多的国家已经引起了好莱坞的注意，据估计，中国将在2020年以前超过美国成为好莱坞最大的电影市场。迪士尼影片公司的子公司漫威影业公司与中国DMG娱乐传媒集团合作的超人系列影片《钢铁侠3》加入了中国角色和场景。中国目前每年只允许34部外国影片进入中国院线。

（李爱蓉　编译）

好莱坞电影收益颇丰

2015年好莱坞电影会怎么样？看一看2014年的情况也许就能找到答案。

考虑到美国国内票房下降了5.2%、家庭娱乐实体产品收入下降了11%的因素，几大电影制片厂2014年的业绩之好出乎意料。这主要得益于成本控制、视频点播的订阅和电视剧制作。《好莱坞报道者》通过对2014年度制片厂的经营利润情况进行分析发现，票房可能反映不了盈利状况。

迪士尼公司：由于2013年发行的《冰雪奇缘》在全球大获成功，迪士尼公司创利17亿美元，成为2014年六大制片厂中最赚钱的片商。这是《好莱坞报道者》2010年开始进行利润分析以来，华纳兄弟公司第一次没有占据榜首的年份。迪士尼公司CEO罗伯特·艾格说，制片公司将是"未来五年里公司净利润业绩的重要推动者"。

21世纪福克斯影业公司：该制片厂创利15亿美元，是五年来其最高的利润数字。福克斯还创下了它在全球票房方面的最高纪录，主要得益于《猩球崛起》、《消失的爱人》、《X战警：逆转未来》和《里约大冒险2》。首席运营官詹姆斯·默多克曾说："总的来说，我们的影片很多元化。"他说，接下来的几年，制片公司要继续拍摄多元化影片（如中等预算的《星运里的错》），而不是只拍主力大片。

华纳兄弟影片公司：尽管有公司重组的开销以及《超验骇客》、《单亲度假村》和《冬日奇缘》等片的失败，华纳兄弟2014年的表现还是不错的，创造了13亿美元的利润。首席执行官凯文·辻原说，华纳公司的"三大支柱"是DC漫画公司（电影排期一直到2020年）、乐高系列（至少有三个续集）和J.K.罗琳的电影《神奇动物在哪里》。但真正的增长将来自国际发行的电视剧，所以，华纳花2.73亿美元买下了荷兰的视觉工厂影视公司。

全国广播公司 – 环球公司：这家康卡斯特公司所有的制片公司经历了最赚钱的 2014 年，利润达到了 7.11 亿美元，即使电影娱乐收入下降了 8%。环球影业主席唐娜·兰利在 2015 年全年应该有相当丰厚的回报，有《五十度灰》、《速度与激情 7》、《小黄人》、《侏罗纪世界》、《完美音调 2》和《泰迪雄 2》。

索尼影像娱乐公司：之前，《采访》一片引发的黑客事件影响了索尼 2014 年的利润，并导致该公司推迟发布其 2014 年第四季度财报。但索尼全年的收益还是增长了 66%，为 5.22 亿美元。

派拉蒙影片公司：在《变形金刚 4：绝迹重生》和《忍者神龟：变种时代》的推动下，这家制片公司和福克斯是全球票房取得增长的仅有两个片商。首席执行官布拉德·格雷正在试图增强电影业务，同时让电视部门做出更大贡献。他已经取得了进展，按照 2014 年的计划，2015 年已售出六个项目。

（吴娣伊　编译）

英国影视剧纠结于"统一"或"独立"

2014年,苏格兰的独立公投,把曾经"日不落"的大不列颠及北爱尔兰联合王国逼到分裂边缘。关于苏格兰独立运动主题的电影,外界最熟悉的多半是《勇敢的心》,但这部好莱坞影片并非唯一讲述英格兰与苏格兰数百年旧怨的作品。英国的电影人一直都在琢磨,如何拍出既有民族精神又叫好叫座的影视剧,可惜,至今成为经典的作品并不多。

苏格兰地区的独立思潮比爱尔兰当年隐蔽得多,这使得拍摄苏格兰独立运动的影视作品并不多。除了梅尔·吉布森饰演的"自由斗士"华莱士,苏格兰女王玛丽一世算得上英国观众耳熟能详的银幕人物。她与英格兰女王伊丽莎白一世的"权力斗争戏"被赋予更民族化的解读。无论是凯瑟琳·赫本在20世纪30年代的好莱坞经典版,还是70年代的英国版,抑或2013年的最新版,都让英国人为这位悲情女王动容。

而真正被苏格兰人视为伟人的,是彻底击败英格兰人的苏格兰王"罗伯特一世"。在1996年的电影《布鲁斯》和1994年的电视剧集《罗伯特·布鲁斯的金网》中,其"蜘蛛结网"的坚韧精神早已家喻户晓,鼓舞了"007"肖恩·康纳利在内的无数苏格兰子民。此外,在好莱坞影片《赤胆豪情》中,北爱尔兰著名演员连姆·尼森主演"苏格兰罗宾汉"罗布·罗伊。影片透出的抗争精神广获好评,入围第68届奥斯卡金像奖提名。

与好莱坞相比,英国本土电影人在拍摄独立运动题材时更着重史实,而把商业效益放在其次。1996年的《破浪》、2002年的《甜蜜16岁》都以苏格兰现实生活为题材,讲述当地人如何应对生活挑战,进而折射其民族独立精神。这些在欧洲得到肯定甚至获奖的影片,却不能为英国电影产业带来多少商业利益。相反,这类电影还要依赖政府彩票收益,格拉斯哥电影基金以及苏格兰电影拍摄代理机构来筹钱拍摄。

和苏格兰相比，影响英国当代史的爱尔兰独立运动为英国电影提供了更丰富的素材。著名左翼导演肯·洛什的代表作《风吹麦浪》展现了一个爱尔兰家族的成员在"独立"与"统一"之间的摇摆，片中真挚的情感和尖锐的立场引发争议，并获得2006年的戛纳电影节金棕榈大奖。洛什2014年拍摄的新作《吉米的舞厅》同样是爱尔兰独立运动的延续。该片根据爱尔兰共和军领袖詹姆斯·格拉尔顿的生平改编，向观众讲述爱尔兰内战后普通人的生活状态，不乏人文色彩。

此外，也有英国影视作品用非常激进的方式表现英国内部的独立运动。英国非裔导演史蒂芬·麦奎因2008年的处女作《饥饿》，真实记录了北爱共和军领袖鲍比·桑兹在监狱中绝食争取政治权利的过程。该片冷静、客观地反映出英国政府对抗议事件的冰冷立场和爱尔兰共和党人的坚持，并对宗教信仰、基本人权、自由主义等进行了深入探讨。事实说明，导演麦奎因找到了英国政治话题的国际卖点。时隔数年后，让他在奥斯卡颁奖礼上赢得掌声的就是那部叫好又叫座的《女王》。

对于爱尔兰独立运动的背景和人物，英国电影人多报以同情，这种微妙情感在作品中转化为悲壮的戏剧性和人道主义。而英国政府和警察往往被置于对立面。值得一提的是，作为文化和传媒领头人的英国广播公司近年来为淡化独立运动制作了一些精品节目，改善了人们对爱尔兰、苏格兰文化差异的看法。2011年，英国广播公司制作出名为《爱尔兰的故事》的五部剧集，用翔实的史料讲述爱尔兰的形成，与英格兰的战争恩怨。这部剧集连同讲述苏格兰的同类纪录片《凯尔特人是如何拯救英国的》，在一定程度上消解了独立派的宣传，维护了英国的统一。

（李文清　编译）

一片两名：俄罗斯与乌克兰争抢票房头筹

当今，以狙击手为主角的影视剧风靡全世界，且经久不衰。2014年圣诞节前后，最火爆的狙击手电影莫过于好莱坞大片《美国狙击手》，男主角因此还获得当年奥斯卡奖提名。俄罗斯和乌克兰自然不甘落后。2015年，一部以绰号"死亡之女"的苏联传奇狙击手为主人公的俄罗斯–乌克兰合拍的电影，力争在两国影院掀起观影热潮。

该电影在俄罗斯的片名叫作《塞瓦斯托波尔战役》，在乌克兰的片名叫作《坚不可摧》，主人公是一名据称击毙300多名纳粹官兵的女狙击手。这部合拍片是在两国关系突然恶化之前拍摄的。2015年，这部耗资500万美元的影片在俄罗斯的莫斯科和乌克兰的基辅均举行了盛大的首映礼。

出生于乌克兰但在俄罗斯生活的导演谢尔盖·莫克里茨基说："不管怎样，乌克兰新当局和俄罗斯当局都接受了这部电影。"此前，这位导演特别担心这部新片通不过两国高层的"审查"。

这部俄罗斯语影片的主人公是出生于乌克兰、绰号"死亡之女"的狙击手柳德米拉·帕夫利琴科。该片公映的大背景是，2015年5月迎来了第二次世界大战欧洲战场胜利70周年。

基辅的政府电影机构发言人对法新社驻莫斯科的记者说："我们认为《坚不可摧》是一部乌克兰电影。"这名发言人介绍说，该片79%的资金来自乌克兰政府和私人投资者。

与此同时，俄罗斯文化部长弗拉基米尔·梅金斯基的表态出人意料地具有和解意味。他说："这是一部乌克兰–俄罗斯合拍的电影，这一点在今天非常重要。这是一部关于我们共同历史的电影。"

（宋家德　编译）

印度有了第一家电影博物馆

美国有好莱坞，印度有宝莱坞。在印度著名的电影产业诞生100多年以后，历时7年、耗资近2000万美元建造的印度第一家电影博物馆，现在宝莱坞的所在地孟买开放。

印度政府建造的印度国家电影博物馆坐落于孟买南部一栋建于19世纪的建筑中。博物馆展示印度电影业的历史，从黑白无声电影到现代音乐大片。

馆长阿姆里特·甘加尔对法新社记者说："印度该拥有自己的电影博物馆了。我们有电影档案馆，但没有电影博物馆。而如今，通过新技术的应用，博物馆将可以变得充满活力。"

这个占地面积6000平方英尺（约合557平方米）的双层博物馆的展品有文物、纪念物、唱片和制片设备。参观者可以看到一幅1957年上映的史诗影片《印度之母》的原版彩色海报，还能聆听到被认为是印地语电影史上第一位超级巨星K·L·赛加尔的歌声。

在印度这样一个电影年产量近1500部的国家，该博物馆要纪念的不仅是宝莱坞出品的印地语电影，而且包括那些用印度各地区语言拍摄的电影。

印度政府电影部门负责人阿尼尔·库马尔说："印度所有的制片中心都占有一席之地。"

负责这项工程的博物馆馆长甘加尔曾发现，印度丰富的电影遗产中存在巨大空白：例如，许多印度早期电影没有保存下来。

印度第一部"有声电影"、1931年上映的《阿拉姆·阿拉》最后仅存的胶片在2003年的一场大火中付之一炬。

甘加尔说："许多珍贵的东西都丢失了。早期的无声电影现只剩下1%。因此，这不是一个藏品博物馆，而是一个通过感官体验的信息、交互和教育式博物馆。"

与洛杉矶的地名"好莱坞"不同,"宝莱坞"一词是对主要集中在孟买的印地语电影产业的别称。

如今,印度大部分影片是在孟买北部的一个"电影城"综合基础或优美的国外外景拍摄地取景,而曾经的热门拍摄地,如风靡一时的孟买有声电影制片厂,近几十年来已变得日益破败。

(古隆中　编译)

日本美食电影概览

日本每年都会拍摄数部以美食为题材的电影。这些银幕作品没有大起大落的情节，只有平实简练的家长里短和波澜不惊的生活琐事。日本人常说："脱离了故事的美食，生命力不会长久。"正是心灵鸡汤般的气质，滋润了日本的美食电影。

一、美食与心灵疗伤相结合

日本人之所以热衷于拍美食电影，动力之一是欲将美食与心灵疗伤相结合，缓解都市人群的压力，满足治愈心灵伤痛的需求。作为电影主题的"吃"，并未停留在口腹之欲的层面，而是和人情冷暖、生活百态紧紧连在一起。近年来，耳熟能详的日本美食电影有《南极料理人》《乌冬面》《幸福的面包》等。这些影片从不同侧面呈现日式美食的精致和梦幻感，加上清新自然的风格和积极美好的价值观，令人在体会饕餮的同时领悟人生百味。

由累计销量突破 500 万册的超级畅销书改编的美食电影《谷田的员工食堂》，2013 年上映后引发日本人的观影热潮。日本《读卖新闻》报道说，片中介绍了 30 余种控制卡路里的套餐食谱，所有套餐的热量设定在 500 千卡左右。据称，有人靠该食谱成功瘦身 21 公斤。东京都千代田区还趁热推出名为"谷田食堂"的餐馆，主推片中健康食谱，每日顾客盈门。

2012 年，《幸福的面包》则是充满温情的银幕作品。故事描写一对东京夫妻到北海道经营小小面包房的经历。顾客中有打算自杀的老年夫妇、为父母离婚而苦恼的女孩儿等各类人物。他们在面包房制作的纯朴食物和老板夫妇的温暖关照下，最终找回生活的勇气。影片上映后，日本观众纷纷在网上写下感想。影片中的食物甚至拍摄地点都成为热议的话题。鉴于反响强烈，剧组又在2014年年末推出新片《葡萄的泪》，以葡萄酒和小麦为载体，述说人生奋斗的曲折。

二、料理电影带动料理图书的销售

作为深受中华文化影响的邻邦，日本电影自然绕不开中国美食的影响。2008年的《幸福的馨香》就以中华美食作为挑战味蕾的元素，影片以日本某海港小城中的"上海饭店"为舞台，通过一道道中式草根佳肴诉说被人遗忘的"平淡是真"的道理。日本媒体称，《幸福的馨香》是一部色香味俱佳的影片，引领着日本人寻找自己的幸福。此外，由著名影星柴崎幸主演的《蜗牛食堂》也是一部讲述"吃"与"爱"的电影，主人公母女以厨房为背景演绎出感人故事，引发人们对于何谓母性的思考。与电影同时亮相的《蜗牛食堂食谱》料理书，也受到日本人的热捧。

提起日本美食电影的奠基人，不得不说到电影大师小津安二郎。他早年的佳作《秋刀鱼之味》讲述丧偶的中年男子与女儿相依为命的故事。片中提到日本烹饪秋刀鱼的方法只有一种，边在火上烤边撒细盐，吃起来清苦中略带回甘，这正是小津对人生滋味的比喻。日本的美食电影继承了小津作品中心灵鸡汤的气质。实际上，人生的本质就是一场苦中带甜的旅程。

三、"世界无形文化遗产"

从20世纪中叶至今，日本每年都有至少两部美食电影出现，从《海鸥食堂》、《夏威夷男孩》，到《月代头布丁》、《寿司之神》，均获得国际口碑和票房。在电视剧方面，更有不少量身定制的美食作品，例如《孤独的美食家》、《深夜食堂》、《料理仙姬》等都具有极强的国民基础，是日本人睡前必看之作。近年来，日本此类作品更被翻译成英语、韩语等多种外国语，客观上助推了日本料理的国际化。

2013年，日本美食文化开始申请"世界无形文化遗产"，而将日本料理繁衍到国际，一直是日本电影业的使命和理想，上户彩主演的古装美食电影《武士的菜谱》2013年参展圣塞瓦斯蒂安国际电影节。2013年上映的喜剧片《死亡寿司》则连获加拿大、美国电影节多个奖项。美国纪录片导演贾柏曾耗时三年拍摄一部日本大厨小野二郎的纪录片，其创作动力正来自日本大厨的"职人精神"。有日本网民感叹说，借助美食影片的推广，日本寿司的国际影响力终于深入人心。

（吴娣伊　编译）

2014年韩国电影引领"抗日文化潮"

韩国在2014年8月15日"光复节"（纪念1945年从日本殖民统治下光复）前后，掀起了一轮"抗日文化潮"——讲述16世纪末抵抗日本人入侵的民族英雄李舜臣的电影《鸣梁》热映，创造了韩国最高票房纪录；提前出版的"穿越"小说《安重根向安倍开枪》，因让抗日英雄再度"举枪"也引发韩国人的热议……某种程度上，在韩日关系相对平静时，韩国文艺界考虑到韩流文化在日本的发展，很少有集中的文艺"抗日热潮"。但近几年，日本政治右倾现象严重，政治人物否定和美化侵略历史的言行令韩国民间对日不满情绪上升，以李舜臣、安重根等历史人物为题材的抗日文艺作品也不断涌现。上至总统，下至百姓，2014年，韩国朝野都在重温一段段抗击日本入侵的历史。

一、《鸣梁》挑起"抗日"大梁

截至2014年8月底，"《鸣梁》成为韩国有史以来票房最高的电影，观影人数高达1600万，远超过好莱坞大片《阿凡达》几年前在韩上映时所创1362万观影人数的最高纪录。"韩国《朝鲜日报》等主流媒体不仅关注一部电影的热映，也在探讨2014年出现在整个社会的"抗日文化潮"。《鸣梁》讲述的是"最伟大海战"鸣梁大捷——16世纪末朝鲜王朝水军将领李舜臣在鸣梁海峡用十几艘船抵抗日本倭寇300多艘船的故事。该片7月30日上映，很快创造韩国电影史上诸多第一"神话"，如上映第一天创下最多观影人数（68万人）、一天内最多观影人数（125万人）。截至2014年8月末的1600万观影人数，相当于人口约5000万的韩国有三分之一的国民选择"重温"抗击日本入侵的历史。

电影《鸣梁》中李舜臣讲的"忠为将帅之本"、"忠是要对百姓忠"等几句话现在常挂在韩国民众嘴边。不仅老百姓对李舜臣抗击倭寇的影片异常认可，韩国政界也刮起"李舜臣旋风"。包括朴槿惠总统、韩国执政党和在野党党首、国防部高官、大企业总裁等在内的政商界名流都观看了大片。

《鸣梁》一片选在日本投降的"8·15"之前上映，本身就具有某种象征意义。韩国海军士官学校博物馆企划研究室李尚勋认为："陷入僵局的韩日关系、动荡的政局、停滞不前的经济等，这就是当今韩国社会的危机，韩国人期待类似李舜臣这样的乱世英雄。"在《鸣梁》的试映会上，有人问道："在韩日关系持续冷淡的情况下，该片上映是否会掀起反日情绪？"对此，导演金韩民表示，"无需过度解读，只是还原当年历史"。金韩民认为，当今韩国非常需要李舜臣的精神，如果李舜臣将军还在，一定会成为将所有人团结到一起的主心骨儿。李舜臣的扮演者也表示："通过该片可以看出一个国家的领导人错误决策将会给本国国民和邻国带来多么大的灾难，历史就是历史，希望该片也能在日本上映，是非曲直由日本国民进行判断。"

不光李舜臣再度成为韩国人怀念的英雄，1909年10月26日刺杀日本前首相、侵朝元凶伊藤博文的民族英雄安重根也被赋予新的历史使命。韩国小说家金正铉的"穿越"小说《安重根向安倍开枪》假想安重根义士重现当代，并枪击日本现任首相安倍晋三。小说中写道：安重根要刺杀安倍晋三，是因为安倍有一连串歪曲历史和右倾化的言行。书中罗列安倍"该杀"的15个理由，包括对独岛主张日本拥有主权、歪曲历史教科书、动摇"河野谈话"等，而当年安重根刺杀伊藤博文也曾列出15条理由。2014年，金正铉在该书的出版会上表示，自己写这部小说就是对日本发出必须要反省历史的信息。据了解，该书原计划在10月26日前后出版，但最后提前到8月15日"光复节"前出版。这部将韩国民族英雄再度复活并"举枪"攻击日本现任首相的小说在韩国非常罕见，多数韩国媒体认为，韩国文化界兴起的"抗日民族英雄热"，可以看作韩国文艺界对日本右倾化持续加深做出的反击。

二、李舜臣是"抗倭"的永恒精神领袖

韩国《朝鲜日报》的报道认为，从抗日象征到国家英雄，从苦恼的人到善解人意的导师……李舜臣将军在不同时代登场，分别带有不同含义。韩国大众正在通过话剧、电影、小说、电视剧等各种形式塑造心目中的"李舜臣"，并为之疯狂。在日本殖民统治朝鲜半岛（1910年至1945年）期间，李舜臣就被看成是与恶势力日本对抗的象征。当时，民众迫于日本帝国主义的淫威，甚至不敢说出忠

武公李舜臣的名字。

在韩国经济起飞的 20 世纪六七十年代，李舜臣成为韩国文艺作品中"将不可能变为可能"的英雄。韩国著名演员金振奎曾自掏腰包，甚至抵押房产和自家餐厅制作电影《圣雄李舜臣》。金振奎的夫人、演员金宝爱表示："他（金振奎）小时候曾前往日本，遭受了各种凌辱，一提到日本就气得发抖。他将打垮倭寇的李舜臣视为民族保护神。"2001 年，一部名为《刀之歌》的小说深入刻画了李舜臣的内心世界，将其塑造为既悲壮又坚强的"真正的男子汉"的形象。该小说销售量超过 100 万册。2005 年播出的电视剧《不灭的李舜臣》创下 33% 的最高收视率，同时，本来不出名的演员金明敏一夜之间成为名角。

其实，每当韩日关系紧张时，韩国就会出现相关题材的热门文艺作品，其中就有"穿越"的手法。2006 年，韩国上映过一部穿越反日电影《韩半岛》，观影人数超过 400 万。电影虚构韩朝关系改善后，韩国人终于盼来京义铁路（指连通首尔至新义州的铁路）开通的历史时刻，但日本政府却拿出 1907 年日本与朝鲜王朝签署的协议，要求该铁路的所有权限都归日本。面对日本的嚣张跋扈，韩国总统准备宣布对日开战。该电影热映的背后同样有韩日关系紧张的大背景，导演康佑硕在接受采访时就表示，电影中出现的某些场景与韩日独岛纠纷加剧部分吻合。时任日本首相小泉纯一郎的资料画面也出现在电影中，这让整部电影更加真实。这部电影在韩国受到热捧。

在韩国拍摄的电视剧中，有一些以朝鲜王朝末期日本逐渐吞并朝鲜半岛为题材。其中最有名的是全剧 124 集的《明成皇后》。该电视剧由韩国 KBS 电视台制作，2002 年播出。明成皇后是韩国近代史上最杰出的政治女强人，却被日本派人暗杀。由于明成皇后死状甚为凄惨，这成为韩国民众挥之不去的阴影，至今不少韩国人说起明成皇后之死还义愤填膺。该剧当年播出后引发轰动，平均收视率高达 31.6%，最高时超过 50%，是韩国历史上收视率最高的电视剧之一。直到 2014 年，在韩国电视荧屏中，还不时能看到该剧重播。

近年来，韩国电视荧屏上还播放过一些描写日本殖民统治时期的电视剧。2012 年，KBS 电视台推出电视剧《新娘面具》，该剧改编自同名漫画，以日本殖民统治时期的 1930 年为背景，擅长武术的主人公与日本人的斗争，给半岛人民带来安慰和希望的故事。2014 年，KBS 电视台又推出《感激时代：斗神的诞生》，该剧以 20 世纪 30 年代的上海为舞台，讲述爱国志士为光复朝鲜半岛而在异国他乡与日寇战斗的故事。

据采访者观察，韩国电视剧中很少出现匪夷所思的场景。在韩国电视剧中，出现的日本人形象往往是配角。

三、中韩合拍抗日片

根据韩国最大连锁书店"教保文库"的最新统计数字，现在书店中有关李舜臣的书籍达到150多种。描写鸣梁海战的小说《鸣梁》和李舜臣遭暗杀的《战争的沼泽》出了新版本。此外，揭露日本殖民统治时期日本残暴统治和"韩奸"卑鄙面孔的小说《朝鲜总督府》，也在时隔21年后的2014年再版发行。

在韩国开始升温的抗日作品潮背后，最大的推动力来自普通民众。据采访者观察，韩日关系比较顺畅，特别是韩日文艺界交流频繁时，抗日文艺作品并不显眼，"向前看"或者"不惹麻烦"是韩国文艺界人士的共识。即使安倍再度上台后日本国内的韩流文化有所降温，但日本仍然是韩国文化出口的最大海外市场。

日本右翼势力现在频频动摇和平宪法，否定侵略历史，甚至还要走军事大国化道路，这些举动引发中韩等国的强烈不安。中韩两国文化界为此也增加合作，共同制作反映日本对外扩张给亚洲人民带来深刻灾难的作品。如中韩计划合拍抗倭历史剧《万历朝鲜战争》和《气候的反击》，2015年底在两国同步播放。2014年3月，韩国就传出中国导演张艺谋准备监制安重根的传记电影。中韩合拍的这部电影初步定名《击毙击毙》，重点刻画日本帝国主义殖民统治的残暴和安重根为此进行的抗争和思想演变过程，其中安重根在哈尔滨火车站击毙伊藤博文的场景将重点再现。韩国媒体认为，这是因为韩中两国都进行过抗日战争，感同身受，而且安重根的义举和就义场所都在中国，给人亲近感。

〖相关链接〗

韩国"影视追月"成为时尚

中秋节在韩国被视为"韩民族最大的节日"，电影、电视圈的"追月热情"更让韩国大小银幕掀起"眼球争夺战"。无论是打造"南北共话圆月"的综艺节目、追溯中秋文化源头的"吃货特辑"，还是争抢眼球的"特选电影"，都让韩国的"中秋档"好戏连台。

每逢中秋节，韩国三大电视台都会以应景素材烘托"团圆"主题。一向创意新颖的MBC电视台2014年推出《南北和睦专题》之《一锅饭》和《一层被》。节目组请来韩国演艺圈家族和熟悉朝鲜的人士一起体验"北方特色生活"，讲述南北不同文化和思维方式,在帮助观众了解朝鲜的同时,营造"南北共话圆月、共聊感情"的氛围。

作为韩国三大台之一的KBS电视台2014年为中秋准备了"感动韩国"特别专题片《百年偕老,感谢你》。该片用镜头讲述携手相伴一生的老夫妻平凡而幸福的晚年生活,十分契合"中秋团圆"的背景。据采访者了解,韩国有不少自古传唱下来的关于"月亮"和"中秋丰收"的民谣,如《八月歌》、《把酒歌》、《丰收歌》等。偏重娱乐的SBS电视台2014年推出名嘴姜虎东主持的专题节目《热唱俱乐部Some—sing》,重温韩国经典歌曲。中秋节当天,韩国国乐院还举行"苍穹圆月阿里朗"演出,由民谣歌唱家带来富有民族特色的歌谣和舞蹈。

作为中秋习俗发源地,中国的饮食文化也成为韩国综艺新看点。在SBS电视台新开播的《握紧拳头厨师长》中,名嘴金秉万带领韩国人领略"舌尖上的中国"及其厨房规矩。事实上,韩国各大电视台都爱将中秋节假期作为新节目的"试水区"。对这些试播品而言,"中秋档"成为决定生死的大考。例如,MBC电视台推出综艺节目《你好,异方人》和《同属相的小辅导老师》。前者介绍外国人适应韩国生活的有趣故事,后者则请来4对儿同属相的艺人组成师生关系学习技艺。KBS电视台还推出励志节目《结壁对决1厘米》,鼓励人们突破那"最后的1厘米极限"成为能人。大部分新节目都选择在关注度最高的中秋当晚开播。在这场眼球争夺战中,一些平庸之作自然沦为炮灰,播出几期可能就被叫停。

"特选电影"是韩国电视台在中秋节招徕人气的重头戏,各台都为选什么片单绞尽脑汁。作为受益者的韩国观众则自发制作了各台"观影指南",在网络上的转载率相当高。20世纪八九十年代中国香港电影鼎盛时期,港片在韩国拥有很大市场。那时的中秋"特选电影"里,最常见的面孔就是成龙、周润发、刘德华、周星驰等香港演员。时过境迁,如今的特选电影少了霸气港片,在题材来源上更显得多元化。据采访者了解,2014年MBC电视台紧跟时事,播出《流感》、《间谍》等韩国影片。SBS电视台砸重金推出《观相》、《神汉流氓》、《我的小小英雄》、《夺宝联盟》等近几年来创下票房佳绩的本土电影。KBS电视台则准备了《为奴十二年》、动画电影《抢劫坚果店》、《铜雀台》等海外大片。

长达5天甚至7天的中秋假期也让韩国院线瞅见"钱景"。往年的中秋档,韩国影院总是青睐喜剧片或古装片:2011年的《家族荣誉4》以滑稽搞笑的故事赚得盆满钵满;古装片《双面君王》在2012年创下韩国票房史上第五高的观影佳绩;2013年则有《观相》取得不俗票房。2014年中秋档上映的是吕克贝松执导的科幻动作片《超体》和主题略显沉重的故事片《我的忐忑人生》等。

韩国文化评论家金宪植认为,对于重视传统的韩国人来说,中秋节更适合全家观看轻松的故事片，而2014年的影片似乎与佳节氛围相悖。这也是更多的韩国人选择宅在家中的原因。

另据采访者了解，中秋节在日本的氛围虽然不及韩国浓厚，但一些地方每年照例会组织特色演出。2014年就在东京塔举办了"赏月现场音乐会"。长崎等华人聚集的城市挂起象征月亮的千盏灯笼。日本的电视节目还请到专家介绍中秋节的来历及其风俗的本土化。《长崎新闻》报道说，中秋在日本既是民俗，更是一种来自中国的文化。

（万 波 编译）

少了韩国味的《雪国列车》却有国际范儿

由"韩国的斯皮尔伯格"奉俊昊执导,"美国队长"克里斯·埃文斯、韩国影帝宋康昊等东西方一线明星主演的科幻大片《雪国列车》,在韩国及世界许多国家上映以来,赞扬之声不断。这部全片英语对白、"几乎嗅不到韩国味儿"的韩国大片,在本国获得青龙奖"最佳导演"和大钟奖"最佳剪辑"等殊荣。韩国媒体预测说,随着时间的推移,这部演绎未来的科幻片很可能大振韩国电影的海外声誉。

一、改编自法国漫画

虽然奉俊昊的电影一直都是他本人参与创作剧本,但这次《雪国列车》的故事却是源自"法国血统"的未来预言,部分外景在捷克实地取景。原著同名漫画曾获1986年法国昂古莱姆漫画节大奖,讲述2031年的地球因气候剧变而冰天雪地,幸存的人类只能挤在一列靠永动机行驶的500米长火车上。这个微缩社会同样充满等级分化、阶级仇恨,诱发着革命的种子。暗黑系的末世题材在西方文化中并不罕见,而挖掘封闭空间里的各色人物关系、给出反思式解读,则需要导演极高的驾驭能力。奉俊昊之前的作品《汉江怪物》就曾流露出同样的野心:通过一个普通家庭的变故考问整个社会价值的扭曲。

在《雪国列车》中,韩国演技派巨星宋康昊饰演影响革命走向的"安保设计师"。凭借《美国队长》挤入好莱坞一线红星的克里斯·埃文斯,饰演领导贫民打破列车上不公待遇的领袖。英国演技派女星蒂尔达·斯文顿则饰演头等舱的代言人,她对列车体制的掌控为该片提供了更为政治化的深度。此外,影片的布景、配乐、特效等幕后团队也集结了欧美亚的专业精英。"影片把诗意、艺术追求和政治暗喻做到微妙的平衡"，法国《首映》杂志对该片不吝赞誉；强调专业性的《电影手册》也肯定影片"把生命力展现得如此犀利"；美国媒体《综艺》同样称赞影片是一部"野心勃勃的未来史诗"。据统计，投资4000万美元的《雪国列车》目前已在全球收获1.5亿美元票房。

二、科幻影片中的杰作

关于"阶级矛盾"的科幻影片，近年来成为世界影坛新的话题点。近几年走红的《极乐空间》、《逆世界》、《饥饿游戏》等美国影片都是在后现代的等级世界中，探讨贫富两极分化引发的民族、信仰纠纷。韩国《朝鲜日报》援引电影评论家姜裕贞的话说，各国编剧需要找到让99%的人产生共鸣的题材，"冷战时期，外部威胁的故事最受欢迎。但现在，阶级斗争等内部矛盾取而代之"。揭露移民、医疗制度弊端的《极乐空间》导演布隆坎普表示，在经历2008年全球金融危机后，各国都开始重视经济两极化和金融资本主义带来的社会问题，这对电影创作也产生了影响。

韩国中央大学社会系教授申光英表示："阶级矛盾比过去更为严重，人们焦躁和不安的心理逐渐扩散。不仅在韩国，全世界都有这种现象。如果大众没有认识到这一现实，也不会出现《雪国列车》这样的电影。"

三、抱团精神促进韩流汹涌

从规模上看，《雪国列车》是韩国电影近20年迅猛发展的成果。奥斯卡级的海外明星团队之所以主动加盟，背后是对剧本的信任以及看好韩国人的专业水准。《雪国列车》筹拍时还得到朴赞郁、李秉宪等活跃于好莱坞的韩国影人的力挺。这种进军海外时的抱团精神值得同行学习。联想到2013年韩国导演金知云力邀施瓦辛格拍摄《背水一战》，如今韩国电影圈组团出击，其能量和国际影响力已然超越曾为亚洲前辈的日本。尽管《雪国列车》的特效仍有瑕疵，但却不足以遮盖创作者的想象力和艺术追求。

韩联社报道称，五分之一的韩国人进影院观看了《雪车列车》，在"故事发源地"法国则吸引了60多万人观影。该片在北美的上映将有可能帮助韩国电影翻开崭新的一页。《雪车列车》的漫画创作者接受《首尔经济》采访时称，与众多好莱坞大腕的成功合作说明韩国导演正向好莱坞式的跨国合作模式靠拢，这对韩国电影界无疑是个好兆头。

不过，韩国影评界也有不同声音。《韩民族报》称，《雪国列车》从题材到表现方法几乎嗅不到韩国味儿，片中唯一说韩语的宋康昊也不像韩国人。一些文化评论家则认为，这种全新尝试值得肯定，只是"无产阶级奋起抗争，有产阶级道德缺失"的主题略显老套，片中也缺少扣人心弦的紧张感。

（王德胜　编译）

朝鲜也上映 4D 电影

自从 2013 年平壤建成首家放映 4D 影片的绫罗电影院后，朝鲜已悄然拉开 4D 电影时代的大幕。据朝中社报道，2014 年以来，前往绫罗 4D 影院的观众达到上万人次。在最高领导人金正恩的推动下，朝鲜每年自主拍摄的本土 4D 影片达到十余部。《解放》、《守卫蓝天》、《不要等我们》等爱国主题影片在丰富休闲生活的同时，也令观众"身临其境"地感受到朝鲜人民军保卫祖国的壮志雄心。

朝鲜将 4D 电影称为"立体律动影片"，这种电影是在 3D 立体电影的基础上，配合震动、喷水、气味等环境特效模拟组成的影视产品。2013 年 9 月，平壤市绫罗人民游乐园建成"绫罗立体律动电影院"，填补了朝鲜国内 4D 影院的空白。2014 年 5 月，位于江原道元山的松涛园又建成第二座"立体律动电影院"，这也是朝鲜地方上首个能播放 4D 影片的场所。

在平壤，一张 4D 电影票定价约为 4000 元朝币（约合 4 元人民币），这样的价格与游泳、KTV、洗浴健身等其他消费项目相比，着实便宜。"绫罗立体律动电影院"的建成开放在平壤掀起一股观看 4D 电影的热潮。前往绫罗人民游乐园游玩的市民大多会在影院观看一场 4D 电影。据朝中社报道，该电影院仅 2013 年开业数日便有近千名顾客光顾，2014 年接待的观众更多达上万人次。

采访者了解到，"绫罗立体律动电影院"是一座天蓝色四方形建筑，内部采用白色、褐色、淡粉等色调装修，给人以干净、明亮的感觉。影院共分 5 个放映厅、操控室及编辑室。每个厅设有十来个观众座位，红黑相间的座椅柔软舒适，前方配有黑色手扶栏杆。观看 4D 电影需要佩戴特殊眼镜，当座椅配合剧情震动摇晃时，前方栏杆能起到缓冲和保护作用。

该影院负责人金成林（音）在接受朝中社采访时表示，4D 电影是新鲜的影视产品，除了青少年主力观众外，中年和老年观众也不少。随着影院的建成，朝鲜国内对 4D 电影片源的市场需求迅速增加。朝鲜目前放映的 4D 电影均由牡丹音像社制作完成。该音像社成立于 1992 年，以制作收录影视剧和文艺表演的 DVD 等产品闻名朝鲜。4D 电影不仅幕后制作过程复杂，剧情创作也很考验功力。在金正恩的指示下，相关技术人员利用尖端技术完成多部"立体律动电影"的制作。据了解，朝鲜自主创作的 4D 电影已从 2013 年的三四部增加到十余部，内容涉及革命教育、自然科普和旅游冒险等类型。这些电影均以短片形式上映，每部时长不等，多为十分钟以内。

在已上映的电影中，《解放》（第 1、2 部）和《守卫蓝天》讲述朝鲜人民保卫祖国的故事。《不要等我们》让观众"坐上轰炸机飞越桥梁和山洞，尽情对敌人施以打击"。在朝鲜中央电视台播出的画面中，可以看到这些朝鲜自主创作的 4D 电影动态特效逼真，观影者沉浸在剧情当中，不时发出惊叹。一名朝鲜观众对朝中社表示，在观看《不要等我们》时，他不由自主地把座椅上的安全带锁扣当作射击按钮，"手都按疼了"。

此外，《世界旅行》是时间最长的一部作品，内容涉及非洲和欧美名胜古迹，让朝鲜观众在小小影院便知世界春秋。《幻想的南极海洋》、《激流之中》、《穿越波涛》和《一亿五千万年前》等影片呈现出紧张刺激的探险之旅。《优胜者们》则对未来轿车展开奇妙想象。

据朝鲜媒体报道，金正恩提出在朝鲜各地继续兴建 4D 影院。朝鲜《劳动新闻》不久前报道说，平安北道新义州正在打造一座新影院，工程包括 1500 多立方米的基础挖掘和 700 多立方米的混凝土施工作业，规模应不小于平壤的绫罗影院。

（王定熙　编译）

外国电影走进平壤国际电影节

"在平壤,我们目睹了朝鲜的现实,朝鲜民众在英明领导人金正恩的带领下正在将美丽梦想和理想变为现实。"这是2014年平壤国际电影节闭幕式上,一位外国与会者在朗诵献给朝鲜最高领导人金正恩的一封信。

伴随着悠扬的音乐,这位身着西服的与会者在舞台上动情地用英文诵读,穿着艳丽朝服的朝鲜女孩儿在一旁将其翻译成朝鲜语,声音铿锵有力。整个会场的气氛瞬间庄严了许多。随后,朗诵者将信郑重交给坐在主席台上的朝鲜官员,全场立即响起雷鸣般掌声,将闭幕式推向高潮。

闭幕式上,德国影片《美丽的祖国》获得最高奖项"火炬奖"。中国唯一入围参赛单元的影片《我的渡口》囊括长篇故事片导演奖、最佳男主角奖、音乐奖三大奖项,成为摘取奖项最多的影片。

一、欧洲国家的电影多起来

第14届平壤国际电影节2014年9月17日至24日在朝鲜首都平壤举行。电影节开幕前几天,朝鲜街头就随处可见迎接开幕的热烈气氛:许多重要十字路口旁的彩旗架下插满了醒目的蓝色电影节旗帜;公交汽车、有轨电车的车窗上以及地铁站口都贴上了宣传海报,上面写着电影节主题"自主、和平、友好"。海报中央是黑、白、黄不同肤色的手紧握在一起,象征世界人民大团结。

朝鲜从1987年开始举办电影节,每两年举办一次。最初名为"不结盟国家和其他发展中国家电影节"。鉴于这一名称对参加国家的限制,从2006年起更名为"平壤国际电影节",参加的国家也更为广泛。本次电影节上来自朝鲜、中国、德国、英国、俄罗斯、印度等国的十余部影片角逐最高奖"火炬奖",但并没有美国电影的身影。

电影节开幕式和闭幕式均在烽火艺术剧场举行。开幕式当天,中国、俄罗斯、巴西等国大使受邀到场。剧场内大约有1000余个席位,开、闭幕式均座无虚席。和上届电影节一男一女共两位主持人相比,本次朝方启用两女一男三位主持人,两名女士分别穿着朝鲜民族服装和礼服裙,落落大方,男主持人则身着黑色西服,颇有明星气质。现场使用朝鲜语、英语两种语言,当朝方官员致辞时,两侧的电子屏上会打出英语译文。

朝鲜文化相朴春男在开幕式上致辞说:"电影节可以加深对各国社会发展的了解、增进国际友谊。"

开、闭幕式结束后,朝方均安排全体人员观赏电影。开幕式当天距仁川亚运会开幕只有两天。主办方播放反映朝鲜社会发展的视频时,插入了一些朝鲜近年来体育设施建设成就和朝鲜运动员在国际赛事上夺取金牌的画面。开幕式后则放映描写运动员成长经历的英国电影《女飞人》,许多与会者感觉这部电影很贴切临近亚运会的气氛,从侧面体现出朝鲜对发展体育事业的重视。

二、电影主题多是"战争与和平"

开、闭幕式当天,采访者跟随朝方车辆穿过平壤闹市,来到烽火剧场。剧场位于朝鲜一处重要国家机关院内,门口有持枪警卫站岗拦下带领采访者的朝方车辆,简短询问后放行。大门一旁的传达室前,站着一排朝鲜民众,需要出示邀请函才能入场。

和大门外的戒备森严相比,会场内的气氛相对轻松。会场布置特别突出了"和平"主题。舞台左侧上方是一只和平鸽在电影胶片铺成的彩虹道路尽头展翅高飞。

闭幕式上,一位女艺术家现场制作沙画——最初是一个婴儿在欢笑,后来突现纷飞战火,儿童哭泣不止,怀抱婴儿的母亲眉头紧皱,一脸气愤。过了一阵儿,乌云散去,出现一只和平鸽飞上天空。这组沙画好像在诉说朝鲜经历战争苦难的历史以及对和平的渴望。

本次电影节入围竞赛单元的作品以及最终的评选结果也尽显和平主题。多部入围电影描写战争与和平,获得"火炬奖"的德国电影《美丽的祖国》,描写了科索沃战争给人民造成的苦痛。

"电影节的主题是战争与和平,这也是人类电影史上永恒的主题。在当前的国内外大背景下,朝鲜主办这场电影节,在选片方面有其独特的标准,即选择那些体现战争给人类带来伤害的影片。与其他电影节比较，这是平壤电影节比较突出的一点。"平壤国际电影节国际评委、中国导演尹力说。

三、电影节也是赢利的一种方式

电影节期间，参展的所有影片在平壤多家电影院轮流上映。电影票价实施双轨制，外国人7欧元，朝鲜人1万朝币（约合8.5元人民币）。而两年前，票价分别是5美元和5000朝币。

电影院门口不售票，外国人需要到指定的羊角岛饭店售票柜台购买。采访者来到柜台购票时，正巧碰到一位替外国团体购票的朝鲜人。采访者问他："为什么票价涨了这么多？"他笑而不答。

采访者在各大电影院前看到，电影放映前1小时就已经聚集了许多等待入场的观众。影院门口出现了许多临时摊位，销售各种零食、冷饮、主食等，不少观众簇拥到摊位前，服务员忙得不亦乐乎。而这一幕同样出现在开、闭幕式现场。主办方为外国宾客准备了免费的朝鲜汽水，朝鲜民众则围在一旁的小卖部前，争相购买各种小吃和冷饮。也就是说，平壤国际电影节不仅好看，而且也开始追求经济效益了。

连续参加过五届平壤国际电影节的中国制片人李水合告诉采访者，这次朝方为各国代表团的日程安排较往年有所变化。以往以参观革命主题景点为主，这次则安排参观包括医院在内的许多反映民生民情的场所，"这与金正恩提出的改善民生的政策相吻合"。李水合还发现，主办方首次组织与会者就电影业发展等主题举行座谈会，"这展示了朝鲜愿意交流、更加开放的姿态"。

（李朝霞　编译）

新加坡拍摄"建国之父"电影花絮

也许,在新加坡人看来,李光耀就是新加坡,新加坡就是李光耀。所以,演伟人难,演"建国之父"更难。2015年,随着李光耀的逝世,涉及他治国生平和新加坡"国庆电影"《1965》和《我们的故事》受到外界关注。在此之前,新加坡影视剧中几乎没有直接塑造李光耀形象的先例。出于谨慎考虑,《1965》先后几易李光耀的扮演者,无论新加坡国民对最终人选、有"资深演技派"之称的华人演员林继堂是否满意,这部电影已然未映先红。

以政治为主题的电影在新加坡相当少见。新加坡《联合早报》报道说,《1965》和《我们的故事》是为该国50周年国庆量身打造的"大格局"电影。《1965》以20世纪60年代为背景,把新加坡人经历的社会动荡、种族分歧以及独立建国等大事件搬上银幕。影片制作人云晖翔在接受采访时表示,"1965年是新加坡历史性的一刻,来自亚洲四面八方的移民突然发觉他们身处的这个小岛,可以被称为'家'"。新加坡社会的多元化也体现在该片不同国籍和民族的演员阵容中。早前片方甚至计划邀请中国香港影星梁朝伟、张曼玉参演。《我们的故事》则将时间线拉得更长,从新加坡人安居马来村落的"甘榜精神",一直拍到新世纪居住组屋的时代。2015年3月,《1965》完成拍摄,并在新加坡50周年国庆期间上映,首映礼在该国地标性建筑国宾戏院举行。《我们的故事》则于2015年5月前后开拍。

《1965》从五年前筹拍开始就受到新加坡舆论关注,"谁演李光耀"更成为焦点话题。经过数次选角,李光耀的扮演者最终锁定新加坡资深演员林继堂。从公映的电影来看,李光耀在《1965》中的出场主要用以表现当时的社会政治环境,相关戏份占整部电影的10%左右。即便如此,该片依然开创了新加坡电影塑造"国父"形象的先例。制片人云晖翔表示,拍摄这部电影的部分资金来自新加坡政府，但"李光耀办公室并没有要求看剧本"。影片保留了商业元素，而非纯粹的政治片。

李光耀在新加坡的影响力涉及几代人，可以说"人人心中都有一个李光耀"。此前，有关他的作品多以文献纪录片和书籍的形式出现。这是因为李光耀在新加坡社会的威严形象令拍摄者较为谨慎。尽管《1965》的剧情获得新加坡官方认可，但对于饰演李光耀的演员来讲，仍然需要有"敢为天下先"的勇气。

林继堂在新加坡属于"资深实力派"，与人物原型也较为贴近。即便如此，仍有不少新加坡民众说，60多岁的林继堂饰演当年40来岁的李光耀，形象上难当重任。还有人表示，林继堂虽然在新加坡演艺界资历较老，但毕竟没有到巨星级别，"为什么不让更有名气的郑各评或李铭顺等华人演员来演？"

作为回应，《1965》制作方公布了林继堂在片中的表演片段，从民众反应来看，大多数人持肯定态度。有新加坡网民说，林继堂成功再现了李光耀说英语时的口音和神态，"国父"的"洋派"一面被演绎得很传神，但也有人认为林继堂过于温吞，缺少李光耀的强大气场。

新加坡《联合早报》以《建国电影都到外国造"狮城"》为题报道说，《1965》和《我们的故事》都跑到国外打造"旧时新加坡"（前者赴印尼拍摄，后者到大马取景），"是否是新加坡影人的悲哀？"对此，《1965》导演回应称，作为一部大格局电影，280万新元（1新加坡元约为4.5元人民币）的制作经费显然不够。影片主要演员为"参与如此意义重大的制作"已主动降低片酬。为节省搭建旧景的费用，剧组到别国取景也在情理之中。

《我们的故事》导演则透露该片成本共600万新元。"在当下的新加坡很难找到马来村落的影子。追溯历史痕迹，马来西亚的确更符合拍摄要求。"这位导演介绍说，《我们的故事》上集于2015年圣诞节前后上映，下集将在2016年春节前后推出。

（杨令军　编译）

《狼图腾》"走出去"到蒙古国

2015年上半年，中国和法国合拍的电影《狼图腾》"走出去"到了蒙古国。以狼为主题、以蒙古女演员做主角，让《狼图腾》成为蒙古国最热的电影之一。不过，和在中国叫好又叫座不同，《狼图腾》在蒙古国上映的票房不敌以驯鹿人为主角的《索都拉》。有蒙古网民认为，《狼图腾》在一些细节上，与蒙古人真实的生活情况有些差距。

一、蒙古国媒体认为有实力冲击奥斯卡

在蒙古国上映的《狼图腾》以中英文字幕及蒙古语配音播出。上映前夕，乌兰巴托几家电影院内外都挂有该片海报并通过大屏幕播放片花。当地媒体在宣传《狼图腾》的时候，把重点放在片中女一号、蒙古国演员昂柯妮玛身上。

作为影视歌三栖明星，35岁的昂柯妮玛在蒙古国本就有一定的知名度，她曾参演过30余部影视作品，还主演过英国广播公司制作的电影《成吉思汗》。和以往在中国国内荧屏上的"都市白领"扮相不同，作为《狼图腾》中唯一的女性角色，昂柯妮玛在片中自由、充满野性的扮相被蒙古国媒体视为"突破"，《日报》、《今日报》等当地媒体都在《狼图腾》上映期间推出昂柯妮玛的整版报道。

主演一部"有实力冲击奥斯卡奖项"的电影，让昂柯妮玛得到蒙古国政府的关注。蒙古国教文科部部长冈图木尔和外交部副部长奥云达日都接见了昂柯妮玛，称赞她为蒙古国妇女争光。

昂柯妮玛目前是中国北京一家演艺公司旗下艺人，并开设了个人微博。许多蒙古国媒体认为，这名"蒙古国赵薇"是本国进军国际影坛的代表人物。

二、引起蒙古国之图腾的争论

"狼是蒙古人的图腾吗?"《狼图腾》不仅引起中国人对这一话题进行讨论,而且蒙古人在看过电影以后也对此议论纷纷。

据《蒙古秘史》记载,狼和鹿结合后产下蒙古人的祖先,蒙古人也对狼有着特殊的感情。但据采访了解,狼并非蒙古人的唯一图腾,马、鹰等都是蒙古人崇拜和信仰的动物。此前以狼为主题的影视作品在蒙古国并不多见,狼出现在银幕或荧屏上时,多为花絮或情节点缀,这让蒙古人对《狼图腾》中"狼马大战"场面感到震撼,整部影片制作精良。但也有蒙古人在看完《狼图腾》后表示,影片在细节上"没有真实地反映蒙古人的生活习惯",如片中搭建蒙古包的方法并不正确。

《狼图腾》在2015年2月末首映以后,在蒙古国上映了一个月,虽然最初经历了首映日一票难求的火爆,但此后票房被以驯鹿人家孩子为主角的蒙古国国产片《索都拉》超越。

事实上,讲动物故事是蒙古国电影的一大特色。1998年,蒙古国与比利时等欧洲国家就合拍了《狗的国度》。

三、蒙古国喜欢中剧韩剧好莱坞大片

《狼图腾》在蒙古国成为话题,但它的火爆程度远比不上2000年巴森主演的《成吉思汗》和《还珠格格》等中国古装电视剧。

蒙古人曾开玩笑说,《成吉思汗》播出期间,时任蒙古国总统的巴嘎班迪曾因追剧而提前结束外事会见;"小燕子"的魅力更是不限于乌兰巴托,采访者在蒙古国特区采访时,看到牧民的蒙古包内还挂着《还珠格格》的海报。据悉,中国内蒙古卫视蒙古语节目在乌兰巴托落地后,最受欢迎的就是文艺节目。

除中国影视作品以外,如今蒙古国观众也能第一时间看到好莱坞商业大片。据了解,蒙古国放映的好莱坞大片都是英文原版,观众以年轻人为主。此外,近几年"韩流"也吹到蒙古草原,韩剧占据了蒙古国各大频道。韩餐、韩语和韩国商品随之充斥着乌兰巴托的大街小巷,让蒙古年轻人的生活方式也有韩化趋势。

(赵品芳 编译)

国外配音市场点滴

卡通片动画片的一大特点就是拟人化，而拟人化就必须有真人的配音。"萌系暖男"陈学冬献声《帕丁顿熊》，小童星杨阳洋亮嗓《喜羊羊与灰太狼7》，黄磊、何云伟配音《兔侠之青黎传说》，陆毅及其女儿被《蜡笔总动员》看中……明星"承包"动画电影的配音成了2015年以来的热门话题。明星亮嗓难言专业，制片方乐此不疲，看中的是名人效应带来的票房推力。中国的动画配音逐渐步入"快餐时代"，那么在动画电影业更加发达的日本、美国、法国，动画好声音又是怎样的产物呢？

一、"配音演技研究所"是标志

在日本，被称为"声优"的专业配音演员地位很高，受人尊敬，要想成为配音界的名家必须经过多年严格的训练，而找明星配音的标准则要宽松得多，这就造成声优和明星在配音界"势力各半"的局面。

动画大片在中国的配音时常采取明星"包圆"所有角色的做法，但在日本，一部影片配置两三位明星就够了。这种安排既有费用上的考虑，也有保证专业性的考量。2015年3月，在日本公映的《哆啦A梦》35周年电影版起用了著名女星观月亚里莎为女海贼配音，这一宣传点为影片吸引到不少"眼球"。此外，在中国国内热映的迪士尼动画片《超能陆战队》在日本电影市场也表现不俗。负责给该片日本版配音的是女星菅野美穗与男星小泉孝太郎，二人此前全无配音经验。

在日本演艺界，子承父业的"星二代"很多，但从事专业配音的几乎没有。日本本土每年也会出品不少动漫作品，市场上对声优的需求很大，但竞争也同样激烈。"配音演技研究所"这类专门培养声优的学校在日本主要城市都能找到。有志于配音的爱好者可以免费听课。正式学员需要交纳入学金10万日元，年费20万日元。日本声优成名后可以客串主持人，参与综艺节目，还能为自己主办"独演秀"，发展的空间很大。

二、"配音比演电影轻松"

在美国，给动画大片配音是明星捞金的又一渠道，同时，还能积累人气。为《怪物史莱克2》配音的卡梅隆·迪亚兹，一小时的"献声"费高达3.5万美元。完成录音后，她曾感叹"配音比演电影轻松多了"。相比之下，中国明星的配音报酬略显"寒酸"，一部影片从2万元到10余万元人民币不等，工资的高低往往与影片投资额成正比。此外，采访者还了解到，中国国内专职的配音演员给海外大片的主角配音，待遇大约是每部1000元到2000元。

对于美国的80后来说，《变形金刚》里彼得·库伦奉献的擎天柱的声音和《忍者神龟》中坎姆·克拉克塑造的达芬奇的声音都属经典回忆。而动画片邀大腕儿配音是近20年才流行起来的。迈入大制作时代，动画影片从单纯为孩子服务变为全家同乐的产品。自从迪士尼1992年邀请喜剧明星罗宾·威廉姆斯给《阿拉丁神灯》中的灯怪配音并大获好评后，明星配音一发而不可收。有些影片甚至把明星的五官通过技术移植到动画角色的脸上。梦工厂《鲨鱼帮》里的每个动画形象都是按照明星的性格和神态来设计的，就连罗伯特·德尼罗的痦子也被点在鲨鱼脸上。与其说这些明星是在配音，不如说他们是在表现自己。

按照好莱坞的行规，明星配音前必须接受专业训练，即便如此，他们在感染力和表现力上，依然难与专业人士相提并论。例如皮克斯工作室在《玩具总动员》等片中起用了豪华的声线阵容，但票房和口碑并不理想。有鉴于此，近年来也偶尔有制片方摒弃明星配音，如口碑上佳的《机器人总动员》和《飞屋环游记》等。

尽管如此，好莱坞采用明星配音的做法在相当长时间内依然会是市场主流。美国戏剧艺术学院、纽约电影学院和美国电视学院等院校，每年都会培养为数不少的专业配音演员，但他们的出路多是面向电视动画片及其他配音市场。

三、"法语好"才是硬道理

法国动漫产业在欧洲处于领先地位。法国的动画片大多在艺术院线上映，配音多由专业人士完成，如曾提名奥斯卡奖的《魔术师》、《凯尔经的秘密》，就以画面表现力为中心，并不强调配音者的身份。著名的《高卢英雄传》系列更是由资深配音师罗杰·卡勒操刀完成，十几年未变，让观众有一种亲切感。

  在法国上映的好莱坞动画电影通常既有原声字幕版，也有本土配音版。后者主要是为照顾儿童观众，而孩子们并不在意声音是否出自明星。换言之，声音好才是硬道理。总体来说，法国没有日本那样专业而稳定的动画"声优"团队，配音演员既为动画片工作，也在其他译制片中出场，只有某些大制作的商业动画片才力邀明星加盟。

（王德胜　编译）

电视

美日电视职业剧"很专业"

2014年8月,由影视明星姚晨、吴秀波主演的电视剧《离婚律师》开始在各省卫视热播,这部"中国几乎史无前例的大手笔律政剧"在收获高收视率的同时,也被网民和专业律师质疑"情节不真实"。尽管《离婚律师》导演杨文军回应称,电视剧拍摄过程中咨询了众多法律界人士,并有专业团队把关,但该剧还是从一个侧面折射出国内职业剧"不够专业"的现状。而在职业剧被视为重头戏的美国、日本等国家和地区,对这一类剧集的拍摄明显更为成熟。

和中国观众品位类似,美国观众最喜闻乐见的职业剧主角也是医生、律师和警察。美国著名编剧、作家帕梅拉·道格拉斯在《如何成功写好电视剧本》一书中说,要写好一部犯罪剧集的剧本,编剧起码要跑几趟警察局,找类似情节的罪案记录进行详细分析和解读。正是由于信奉这种探究细节的工作态度,美国编剧写出来的职业剧才足够专业。如《豪斯医生》中的疑难杂症,都是来自美国疾病控制中心的真实病例。2014年2月,德国一名医生甚至在该剧启发下成功治愈了一名疑难症患者。

制作团队的精良配置也让美剧更专业。描写白宫政治斗争的《纸牌屋》,在撰写剧本时就请来曾为希拉里·克林顿等多名政客担任助理的鲍尔·威利蒙做顾问。而拥有一名毕业于法学院,并做过律师的制片人,让经典律政剧《波士顿法律》涉及了丰富的法律知识和案例,该剧甚至被许多法学院当成影视教材。此外,近年仍在热播的律政剧《傲骨贤妻》在片中讨论了"比特币"等时髦主题,在情节上与时俱进已成为美国职业剧的新特点。

不过,美国国内也有人担忧职业剧的过于真实会产生负面影响。《时代》周刊就担心,脾气暴躁古怪、喜欢讽刺挖苦病人的"豪斯医生",可能让患者对医生产生负面看法。也有媒体认为,《CSI犯罪现场调查》等警察剧中的案例过于注重真实性,可能会"启发"想犯罪的人。

职业剧一直是日剧中最具特色的剧种之一,从律政、医疗、刑侦、教师乃至色情行业,日本编剧的创作题材极为广泛。2014年夏天,由木村拓哉主演的《律政英雄2》开播便创下26.5%的收视佳绩。13年前该剧第一季播出时,曾让不少日本年轻人把律师当作梦想职业。

和美剧一样,日剧在拍摄以某一职业为主题的剧集前也会做大量功课。由《东京爱情故事》编剧坂元裕二执笔的深夜剧《马赛克日本》,便是他根据亲身深入日本AV制作公司现场得来的第一手资料撰写而成。

除剧集够真实专业以外,主角"反常"的性格也是日本职业剧的一大卖点。富士电视台2012年推出的人气律政剧《胜者就是正义》中,堺雅人饰演的"贱格且毒舌"的精英律师古美门就在日本社会掀起了一场"毒舌吐槽风";日本著名编剧游川和彦编写的《家政妇三田》,更是打破常规,将"家政妇"的角色炮制得冷艳哀婉,以巧妙的切入点赢得关注,播出时一度创下40%的高收视率;而20世纪末的经典日剧《麻辣教师》,更是让"痞子教师鬼冢英吉"成为一代日本人的偶像。

在中国,曾参与《诡爱》、《格子间女人》等影视作品剧本撰写工作的编剧张玲玲对采访者表示,职业剧20世纪80年代末就已经在中国电视剧创作中出现,当时的《空中小姐》、《中国模特》等都属于这一类型。但目前中国"职业剧"大部分只是"表现某个行业中的人",对行业本身的描写则比较有限。

"观众和网友吐槽职业剧是好事,这说明公众在关注职业剧,这些后期意见也可以激发编剧的创作灵感。"张玲玲认为,目前,无论导演还是编剧,都在拍摄职业剧时求新求变,"相信一部优秀的国产职业剧不久后就能问世"。

(王 艳 编译)

美日韩动物电视节目讲究分寸

从大的方面讲，在人与动物之间，人是保护者，动物是被保护者——在人与动物的相处中，这是一条中外都必须遵循的原则。不少人对"动物综艺"的存在产生质疑，其实，在美日韩等国，也有不少动物电视综艺节目，处理得不好，就是"人虐待动物"；处理得好，就是"人与动物和谐相处"。

一、"蛇吞活人"人挨批

由于有完善的"动物保护法"和众多动物保护组织监督，欧美综艺节目很少触碰动物这一敏感区域。欧美荧屏上动物为主角的情况，往往出现在纪录片中。如果在电视综艺节目中出现，就要倍加小心，否则就会被扣上"虐待动物"的帽子。

2014年3月，《动物星球》节目在拍摄过程中将一只受伤的土狼在笼子里关了三天。这一没有播出的细节被揭发以后，该节目迅速遭到美国观众抵制。更极端的例子是2014年年底探索频道的"蛇吞活人"事件，虽然探险家索里只是被南美绿森蚺缠了一会儿就叫停，但仍有不少美国观众投诉该节目"折磨了那条绿森蚺"。

美国《赫芬顿邮报》曾表示，观众都爱看以动物为主角的电视节目，但对这类节目的制作人来说，控制好尺度十分重要。

二、猩猩伤人，人道歉

相对而言，日本动物为主角、明星动物互动为卖点的综艺节目要多一些。其中最知名的要数已播出 10 年的《志村动物园》，演播室与外拍相结合，由日本艺人担任主持人介绍并与动物互动。《志村动物园》最新一期收视率超过 15%，堪比热播偶像剧。

《志村动物园》中有一个"猩猩与狗"的单元，由这两种动物共同完成各种任务。节目热播后，猩猩"Pan"在日本成为"大明星"。不过 2012 年，正值繁殖期的"Pan"发生伤人事件，让节目制作方不得不公开道歉。

和主打黑猩猩的《志村动物园》相比，东京电视台的《宠物当家》就安全得多。正如节目名称，这档节目邀请各式嘉宾（包括艺人）讲述自己的宠物奇缘，其中最有人气的是"宠物旅行"单元，目前，这部分由日本著名艺人松本秀树带着第三代旅行犬"雅春"在日本各地旅行，介绍各地的风土人情以及途中遇到的宠物。

在日本各式综艺节目中，时不时就有动物客串出场，因此引发的争议也不少。2013 年，日本富士电视台王牌综艺节目《矛与盾》中，曾出现摄制组将钓鱼线缠绕在猴子颈部的镜头，引来动物保护组织痛批。有日本业内人士表示，在收视率的压力下，节目组为达到理想的拍摄效果，背着出演明星对动物施加暴力的例子不在少数。

三、动物为主角，人物为配角

每到周末晚上，韩国 SBS 电视台的《TV 动物农场》都会吸引不少韩国家庭全家观看。这档以"关爱动物，人与动物和谐共处"为主题的动物综艺节目播出 14 年后，平均收视率仍能超过 10%。在总结这档节目的成功秘诀时，韩国媒体都会提到"让动物成为绝对主角"。

2005 年至 2008 年，《TV 动物农场》长期播出"找出伴侣犬日常问题"的节目，以"狗的视角"发现各种伴侣犬在生活中的问题。在节目中，狗是绝对主角，它们的主人只是作为"一起改正问题"的帮手。《TV 动物农场》在 2005 年首播就在韩国社会引起强烈反响，很多观众发出"原来自己的宠物是这么观察世界"之类的感叹，不少韩国人此后放弃"宠物狗"的称呼，改为使用节目中的"伴侣犬"。

此外，《TV 动物农场》还善用"动物拟人化"手法，2013 年推出的"伴侣犬学校"，就把接受矫正的伴侣犬当作"问题学生"，配上幽默的人声解说，让该节目趣味十足。《TV 动物农场》的另一大特色是经常曝光虐待动物的现象，唤起人们对动物的保护意识。2011 年，《TV 动物农场》以《毛皮的真相》为题曝光商家为制作毛皮服装虐杀动物的现象，让韩国社会掀起一场抵制皮衣运动。

不过，在综艺节目极度多元化的韩国，成功的动物类综艺节目也仅有《TV动物农场》。《哇噻，动物天下》、《ZooZoo俱乐部》都已停播多年。MBC电视台2015年1月推出"人与鸵鸟、山羊等动物共同在农场生活"的《Animals》，不过，截至2015年上半年，这档节目播出很多期后收视率仅为3.7%，制片方已表示要砍掉该节目。

（李爱蓉　编译）

挪威流行"慢电视"

"和紧张到让人窒息的电视剧说再见。"法新社报道称,连续数小时乃至数日播放织毛衣、钓鱼或地方风景画面的"慢电视"正在挪威流行。

报道称,"慢电视"理念始于2009年。为了纪念奥斯陆到卑尔根铁路建成百年,挪威国家电视台(NRK)全程播放7小时16分钟的火车行程风光,只在火车通过漫长的黑暗隧道时插播一些其他画面。该节目在黄金档播出时引发轰动,吸引挪威四分之一的人口观看。此后,NRK电视台又播放了历时5天半的"海岸快线号"邮轮穿越挪威峡湾节目,这档节目如法炮制,利用邮轮上的11架摄像机拍摄旅程全过程,有沿途秀美的山光水色,也有游客在甲板散步等无聊镜头。没想到,共有320万电视观众被迷住。2014年,NRK电视台播出了一期时长12小时的织毛衣节目,完整展现羊毛变成毛衣的整个过程。

没有快速的剪接镜头,没有精美后期制作,很多人认为类似节目会让观众"昏昏欲睡",但挪威观众却看得津津有味,它已成为挪威的独特文化景观。该节目制作人称:"电视的真谛就是实时展示未被剪辑的生活。"

对于"慢电视"在挪威受欢迎的原因,挪威科技大学社会学家希尔赛特说,在社会生活节奏飞快的今天,"慢电视"给了人们坐下来放松、休息和思考的机会。不过,在挪威以外,"慢电视"的推广似乎并不顺利。"海岸快线号"邮轮之旅电视节目被引进到美国,却被缩为1小时左右的风光片,跟"慢电视"理念已相去甚远了。

> 相关链接

日本电视节目"走出去"

　　日本民营电视台及商社在2015年春天之前，陆续在菲律宾、越南等6个东南亚国家开播了10档日本的电视节目。这些节目并不是原封不动地播出，而是在当地进行了改编。作为节目相关产品的玩具销售以及主题旅行也在推进中，商业活动的拓展令人期待。

　　2014年9月，马来西亚、新加坡、泰国的电视台有关人员在位于东京赤坂的东京广播公司（TBS）总部曾召开综艺节目"Find the WASABI"制作会。

　　该节目邀请三国的男艺人来东京生活，体验"和"文化。节目在日本及上述三国播放，而节目的拍摄是从2014年11月开始的。

　　东京广播公司的国际联合制作人和田典子表示："三国都对日本充满兴趣，推出能有两亿人观看的电视节目对我们来说也是宝贵的经验。"

　　作为海外节目的先行者，2013年在印尼放映的特技电视影片《BIMA SATRIA GARUDA》就是由《假面骑士》的制作方石森PRO及伊藤忠商事、印尼当地媒体公司联手打造的。

　　为了增强观众的亲近感，电影《BIMA SATRIA GARUDA》用当地配音演员配上印尼语。从2013年6月开始每周日播出1集，总共26集。据说无论是收视率，还是特技制作、剧本、服装都受到了好评。

　　除了节目本身外，制作方还开发了如玩偶、面具等相关产品。从2014年开始播放的续集已经与日本企业合作生产食品、杂货、文具等相关产品。预计三年内这些产品的销售额将达到50亿日元（约合4800万美元）。

　　日本政府对于电视节目出口海外也起到了助推作用。2014年，预定播放的这10档电视节目被总务省选为本年度提供补贴的样板工程。2015年晚些时候，富士电视台与住友商事还将在菲律宾推出一档介绍日本的节目。

　　日本政府提出的目标是到2018财年实现电视节目海外销售额增长两倍，而韩国无疑是日本面临的最强劲对手。

　　据总务省统计，虽然韩国电视市场的规模只有日本的十分之一，但出口额却是日本的近三倍。据说，在东南亚地区韩剧也拥有超高的人气。

（吴娣伊　编译）

新西兰欢迎中国影视戏剧

近些年来，华人移民的数量在新西兰迅速增长，同时，中国也成为新西兰主要的留学生和游客来源地。两国民众的互动使得以通俗文化为代表的"华流"成为新西兰社会"请进来"的重要客人。无论是代表"雅文化"的舞剧、戏曲，还是象征"俗文化"的电视、电影、演唱会，都已经开始超越华人群体的界限，深入到新西兰主流人群的生活中去。

采访者曾经认为话剧这种以语言为主要载体的艺术形式很难跨越国界障碍，但是当采访者在新西兰奥克兰大学剧院观看完中国国内原版的话剧《恋爱中的犀牛》以后，彻底改变了这一想法。原汁原味的中文表达配上英文字幕，这种尽量保留"中国味儿"的演出方式令现场观众充分入戏，随着剧情时而发笑、时而叹息。更令人意外的是，到现场看戏的观众七成以上并非华人，而是新西兰白人、毛利人等当地各族裔。能够让外国人欣赏到中国话剧的魅力，一方面得益于剧目跌宕起伏的戏剧冲突，另一方面更是中新双方人员在字幕、宣传、编排等方面反复磨合产生的默契。

除了中国经典的话剧，舞剧也登上新西兰舞台，邓紫棋、唐朝乐队、蔡琴等乐坛新老明星也成为新西兰演艺市场上的"东方亮点"。如今的新西兰年轻人，已经不再热衷于讨论 Bruce Li（李小龙）、Jackie Chan（成龙）这些老一辈的中国"功夫之王"。不止一个新西兰人在和采访者谈论中国电影时，脱口而出 IP Man（叶问）和 Whin Chun（咏春拳）。这种对中国功夫"与时俱进"的了解，得益于中国电影走进新西兰的主流电影院，逐步打入非华人市场。

据了解，近几年来在新西兰上映的中国电影不仅在数量上有大幅提升，而且常常能做到和中国同步上映。《西游·降魔篇》、《叶问》、《一代宗师》、《毒战》等华语电影相继在新西兰上映。日益成熟的拍摄手段和好莱坞式的影片特效，让新西兰影迷见识了中国电影制作水平的提高。越来越多华人以外的新西兰本土人，愿意为看中国影片而自掏腰包。

不仅中国电影进入新西兰，中国的影视制作人也越来越看好新西兰这块风水宝地，纷纷选择到当地拍摄娱乐节目。湖南卫视的亲子节目《爸爸去哪儿2》收官之作便选择在新西兰拍摄。据新西兰万国旅行社统计，在2014年的"十一"黄金周，中国赴新西兰游览"爸爸们"走过景点的游客人数成倍增长。曾在国际影坛创造华人电影奇迹的《卧虎藏龙》的续集，在2015年前后也来到新西兰拍摄外景。采访者还前往现场进行了探班。这些中国摄制组的到来促使新西兰人改变了"中国电影只是闭门造车"的印象。

值得一提的是，新西兰当地的华人艺术工作者也在"努力突围"。2014年7月，第一部完全由新西兰华人拍摄的电影《缘分天空》在新西兰上映。这部90分钟的都市电影由新西兰华人电影公司OK DESIGN出品，从筹划、拍摄到上映，皆由当地华人担纲。影片讲述生活在新西兰第一大城市奥克兰的年轻华人的爱情故事。一名奥克兰影迷看后告诉采访者："这样时尚的中国电影让我们有机会了解身边华人的情感世界，看后很想和中国年轻人成为朋友。"

（王　艳　编译）

韩剧吸引美国人

"影视剧热"（Drama Fever）网站是一个在线视频流服务网站，主要提供亚洲的电视剧和电影。2009年成立以来，它已成为美国最主要的国际内容发行商之一。

"影视剧热"网站成立时只有4名员工，共同创始人朴硕和白胜当时没有预料到网站会发展得如此之快。朴硕对采访者表示："我们在五年前创业时，认为我们的观众会是韩裔美国人，但我们大错特错了。"

朴硕说，事实上，"影视剧热"网站70%的观众是非亚裔，其中45%是白种人，25%是拉美人。朴硕对采访者说："所有种族的人都在寻找海外内容，因为海外节目比传统电视节目更吸引他们。"

"影视剧热"网站提供各种不同的内容，但最主要的是韩剧。当然，韩剧的情节和背景各不相同，但它们的共同之处是每部韩剧都是独立的——这意味着只有一季，并且讲述一个完整的故事——此外，韩剧的主要情节通常都是纯洁的浪漫故事。每部韩剧往往有16到20集，事实上，初吻的镜头常常出现在第7集或第8集。朴硕说："在韩剧中，重点是感情关系。真正相爱的人如何努力让浪漫变为现实。"

以"影视剧热"网站的新剧《钢铁人》为例，该剧讲述了一家电子游戏公司的高管和一名游戏设计者之间的爱情故事。这听起来很像是传统邂逅的场景，直到你意识到韩国明星李栋旭饰演的有钱高管患有一种病，会将内心的愤怒表现为真正的刀显露在身体上。此外，还有《来自星星的你》，讲述的是一位知名的女演员爱上一个400岁的外星人的故事。2014年至2015年，美国广播公司正在翻拍这部电视剧。

朴硕承认，"影视剧热"网站所提供的内容不同于西方观众所习惯的内容。

不过，这或许就是他们网站如此成功的原因。据朴硕介绍，构成"影视剧热"网站最大观众群体的"千禧一代"认为，探索不同于自身的文化叙事方式十分重要。朴硕认为，电视是打开和探索新叙事方式的一种途径。他说："娱乐是文化的门户。"

朴硕对采访者说，他们网站的内容"深深植根于传统的儒家价值观"，如责任和尊重。她说，"影视剧热"网站的大多数影视剧探讨的是爱某个人与"剧中人物对家庭、事业和其他类型关系的责任"之间的矛盾。

美国对韩国各种事物的着迷可以追溯到20世纪90年代，当时"韩流"一路从东亚袭来，突然之间席卷了全世界的大部分地区，点亮了韩国独特的流行文化。

（吴娣伊　编译）

韩国电视台拍摄《超级中国》电视纪录片

1972年,意大利导演安东尼奥在中国政府的邀请下,用22天时间走访了北京、上海、南京、苏州等地,拍摄了纪录片《中国》。40多年过后,韩国KBS电视台在2015年1月推出新年特别企划纪录片《超级中国》。如果说安东尼奥的《中国》展现了中国"灰头土脸"的过去,那么KBS电视台的《超级中国》则描绘了中国光鲜亮丽的今天。

韩国几大电视台都曾拍摄过有关中国的纪录片,而《超级中国》与以往纪录片最大的不同在于第一次全面展现了当代中国的风貌,该片从人口、经济、军事外交、文化软实力等角度对中国做了全方位介绍。该片的热播,从多层面反映了中国崛起在邻国产生的影响力,值得深入解读。

一、收视率创下历史纪录

"华丽的中国时代正在展开,经济:外汇储备世界第一;13亿人口创造出的强大力量;军事外交向世界展示中国的影响力;土地蕴含的潜力与能量;软实力:飞速迈向文化大国;共产党:中国式领导的强力指导……"正如其开篇词所述,《超级中国》对中国的展示是全景式的。

第一集主题为"13亿的力量",主要分析中国如何利用人口红利从"世界工厂"发展为"世界市场";第二集主题为"钱的力量",从经济角度介绍中国的海外投资、收购等情况;第三集主题为"中国治世",指出中国军费变化背后与美国的博弈,分析了"中国时代"到来的可能性;第四集讲述了"大陆的力量",讲述中国丰富多样的资源如何推动中国发展;第五集是"软实力",讲述中国通过建立孔子学院、推动电影业进军好莱坞等强化文化战略;第六集为"中国共产党的领导力"；第七集是"中国之路"，综合介绍了中华民族伟大复兴的"中国梦"。由于前三集播出后反响强烈，制作团队又增加了第八集，邀请多位中国问题专家对中韩关系的未来和韩国如何应对等做了探讨。

这部纪录片最大的亮点在于做到了"全球化语境下"对中国的深度解读。在《超级中国》的制作过程中，每位制片人带队负责两集左右内容的拍摄。制作团队于2014年3月开始策划，在年底完成拍摄及后期制作，走访了美国、阿根廷、斯里兰卡、肯尼亚等五大洲的20多个国家，提供从海外看中国的不同视角。

首部开篇从阿根廷的农场讲起，让观众以为是不是错开其他视频。摄制组还远赴希腊拍摄欧债危机，深入赞比亚矿区……片子选用的专家库也颇为国际化，涉及海外多国及中国的专家。除此之外，摄制组还在各国做大量的街头采访，提供了政府官员、商人、民众的多样视角，再辅以大量的数据、图表和动态图示，让人感觉整个团队是以一种写论文般的严谨在制作片子。如果不是因为片中的韩国配音和字幕，很难看出这是一部由韩国制作团队完成的纪录片。这种模糊了国别的制作手段也让纪录片更容易走向国际市场。

八集体量的纪录片在KBS的制作历史上尚属首次，该片播出之后收视率也创下历史纪录，最高收视率一度超过了10%，而一般纪录片在韩国的收视率仅为5%左右。

二、引导韩国人客观公正看待中国

一部介绍中国的纪录片能在韩国引起如此大的反响，反映了韩国民众对了解中国的渴望。有韩国观众认为，这么大规模介绍中国现实的纪录片颇为难得，是了解中国的"百科辞典"；还有人认为随着中国国力越来越强，中韩经济关系日益紧密，这部片子可以帮助韩国人更好地思考该如何把握机会；也有不少韩国民众表示，看完这部片子有了"危机感"。当然，也不乏批评者称该片在为中国唱赞歌。

韩国KBS企划制作局制片人，也是《超级中国》三位制片之一的朴晋范说，现在韩国人对中国的看法呈两极化：一类是认为中国国力强，将来是超级大国，会给韩国带来威胁；还有一类韩国人看不起中国，觉得中国是贫穷的共产主义国家。节目组希望改变这些片面看法，引导韩国人客观公正地看待中国的崛起。

他说："现在韩国社会对中国越来越关心，收视率高就证明了韩国民众对中国的关注度。推出这部片子可以说比较适时。"

他表示，团队的创作初衷是提供一个"深度了解中国的框架"，"以前介绍中国的书和节目也很多,但并不全面。所以,我们希望做一个综合性的纪录片,帮助韩国民众更好地理解中国的历史和现在"。

三、这是"中国通"的功劳

统观全片,无论是专家库还是拍摄地和案例的选择,制作团队围绕每一个主题去做的采访都可谓抓到了点子上。这也从一个侧面反映出韩国"知华派"对中国的深入了解。这种了解并非一蹴而就,而是经过了长期的积累。

对于这一点,从该片制作团队的身份背景就可以略知一二。制片人朴晋范在清华大学新闻学院获得硕士学位。他此前担任 KBS 驻北京记者多年,去过除西藏以外的所有中国省、自治区及直辖市。

韩国有很多这样的"知华派"、"中国通",他们大多有多年在中国学习或工作的经历,能说一口流利的汉语,每天早上都要阅读中国的书籍,甚至还会用中文在中国的杂志上发表论文。他们也定期组织一些公众活动,向大众普及有关中国的知识。如成均馆大学成均中国研究所每月都会在首尔市中心举办中国政治、外交、经济的讲座,面向普通民众开放;韩国《中央日报》也经常邀请中国专家举办论坛。

另一方面,也应该看到,除了笔者提到的知识阶层的"知华派",韩国民众对中国的了解非常有限。韩国大众媒体不乏对中国的各种批评,真正去过中国的韩国人也是少数,学校教育也有失偏颇。尽管韩国民众想了解中国的愿望很强烈,但韩国一些华语电视频道播放的电视剧,多是重播多年的古装戏。与中国观众收看的多是反映韩国最新流行趋势和社会现状的现代韩剧不同,韩国电视台缺乏对现代中国的展示。

四、韩国三大电视台"纪录"中国

当然,由于和中国在地理、文化上的接受,韩国有解读中国的天然优势和热忱。"中国"一直是韩国三大电视台 KBS、MBC 和 SBS 纪录片主题的热门选择,以人文时事类纪录片为主打的 KBS 表现尤为突出。据 KBS 制片人朴晋范介绍,在 2000 年左右,KBS 纪录片比较关心改革开放给中国带来的变化。2001 年,KBS 拍摄了两集纪录片《中国,13 亿人的飞奔》。2002 年,在中韩建交十周年之际,KBS 拍摄了五集纪录片《新中国大长征》,解读新中国一路走来的历程。

进入 2007 年,中国古代传统文化和边境少数民族文化又成为 KBS 纪录片关注的焦点。2007年，KBS拍摄了四集纪录片《儒教，2500年的旅行》，以"仁"、"义"、"礼"、"智"四个篇章讲述了儒学的起源及发展。同年，KBS与日本NHK电视台合作拍摄的六集高清纪录片《茶马古道》，则是一部从历史文化角度全面展示茶马古道古今面貌的史诗巨作。

朴晋范说，自2008年起，KBS开始和中方加强对中国共产党的了解。在此大背景下，2008年KBS推出两集纪录片《激动中国》。2009年又制作了《新中国60年》两集纪录片。2012年KBS与中国中央电视台联合制作了三集纪录片《13亿的飞奔》。

由此不难发现，能够拍出规模庞大的《超级中国》，对KBS来说并非偶然，而是近20年来密切跟踪中国社会变化的结果。

对中国现实的关注也在其他韩国电视台的纪录片中有所反应。MBC电视台近年来集中拍摄过《悬于中越国境之间：滇越铁路》、《向四川大地震现场进发：五日奇迹》、《中国历史学巨匠：陈寅恪》等纪录片。

而SBS电视台则对中国经济领域的新动向极为关注。2012年，SBS推出四集纪录片《最后的帝国》。

2014年12月，SBS又推出了三集纪录片《中国富的秘密》，以人物为中心讲述了中国人对财富的追求。第一集《富人的梦想》以阿里巴巴上市、马云成为中国首富为开篇，介绍了中国成功企业家的投资理念及思想；第二集《山寨的力量》介绍尽管中国有很多看似"山寨"的产品，其实内部有很多创新，是一种独特的经济增长模式；第三集《大陆的生存记》分别采访了在中国发展的韩国演员秋瓷炫、化妆品企业家、流通业企业家等，介绍他们在中国奋斗的故事。

（王定熙　编译）

《超级中国》在韩国收视率创纪录

有韩国专家认为,电视纪录片《超级中国》在韩国似乎形成了"汉流",就其政治意义和经济意义而言,远远大于偏重于娱乐性的"韩流"。

一、《超级中国》平均收视率高达 8.7%

2015 年,韩国公营放送 KBS 电视台播出了一套超大型纪录片《Super China》(《超级中国》)。以往,韩国大型纪录片一般最多只有三至四集,而《超级中国》则一共七集。近年来,韩国制作过不少有关中国的纪录片,但韩国观众反应如此强烈还是前所未有。《超级中国》启播后,七集平均收视率高达 8.7%,获得韩国纪录片史上罕见的成果。

韩国除有线电视台以外,还有三家主要电视台播放了该纪录片,即 KBS、MBC、SBS,对中国观众来说,更加熟悉的是这三家电视台的电视剧和综艺节目。这三家电视台在韩国各有分工。KBS 是韩国最大的公营电视台,甚至电视台台长也由政府指定。这样一来,那些有关国家政策和国民意识的重要节目都要由 KBS 来制作,《超级中国》也不例外。

《超级中国》跟其他体现中国国情的纪录片的最大不同之处在于看中国的视角。鉴于政治上的敏感,韩国在纪录片中对中国的描述主要侧重于中国传统文化,比如由 KBS 制作并在各种国际电视节上获得纪录片大奖的《面条之路》、《茶马古道》等都是这样。

对中国政府、社会和经济学发展的描述,以往的纪录片可以说依然没有摆脱西方媒体的套路,强调中国作为大国对周边国家的危机论等等。而《超级中国》则以一种全新的视角审视了一个生机勃勃的中国,让人感觉耳目一新。

二、《超级中国》的主题就是"力量"

《超级中国》采用了一个主题，那就是"力量"，一个曾被世人遗忘的巨龙所持有的惊人能量。可以说，它把中国人引以为豪的一面淋漓尽致地反映了出来。

在谈到纪录片的视角的时候，《超级中国》的制作人、KBS纪录片导演朴晋范说："我们既不是韩国视角，也不是中国视角，而是站在全世界的视角看中国。"他还说："长久以来，我们对中国的了解就像'盲人摸象'，一直没有一个全面的审视。"

《超级中国》这部七集纪录片全面介绍了中国崛起的六大因素（第七集为总结）：人口、资本、军事、国土、文化、共产党，它们既成就了中国，也在改变着世界。

人口曾经是中国沉重的负担，现在则是经济增长的动力。KBS走访了浙江义乌的小商品工厂和上海的高档商场，告诉观众，中国庞大的人口提供了充足的劳动力及广阔的消费市场。它还指出，现在中国的专业人才越来越多，"中国制造"已经转型成"中国创造"。

中国迅速崛起积累的资本也在全球东征西战，在全球经济疲软的形势下，中国资本一枝独秀。纪录片还指出，中国资本不仅在赢得利润，还在通过收购引进人才与技术，使自己富有且强大。

伴随着经济的发展，中国在军事与外交政策上愈发进取。洲际导弹、新一代战机等高精尖方向积极发展。

积极对外开放的中国，本身也有广阔的腹地，辽阔的国土富含大量矿产资源、生物资源，这些稀缺资源也是外交的重要筹码。广阔的国土也意味着广大的国内市场，迅速发展的乡村公路加快了城镇化进程，中国腹地的转型与升级为下一轮发展提供了动力。

中国的崛起不仅在于经济，还有文化。在介绍中国的软实力时，KBS的镜头聚焦到北京奥运会宏大的开幕式、遍地开花的孔子学院、获得柏林电影节金熊奖的《白日焰火》等一系列优秀中国电影。

纪录片最后一个部分也是全片的重头戏，介绍的是中国崛起的幕后领导——中国共产党。它记录了长江下游永联村的致富故事。村支部书记带着村民办企业共同致富，成了远近闻名的富裕村。

纪录片最后指出，中国崛起是个不容否认的事实，韩国应该认清趋势，利用自己的优势和中国一起发展。

三、中国观众感叹《超级中国》拍得好

对于一些"《超级中国》是不是美化中国了"的质疑，朴晋范回答："我只是以我的亲身经历和调查的结果去制作，尽可能客观展示中国。"

但朴晋范也承认："纪录片和其他艺术作品一样，最终展示的还是受到导演和制作者价值观的影响。在制作过程中，难免会沉醉于自己的理解，不能代表所有人的观点。"

朴晋范曾在中国生活过四年并获得了清华大学的硕士学位。用他自己的话来说："这四年的时间里，我所走的地方可能比一般的中国人还要多。"

然而，让韩国人没有预想到的是，《超级中国》在中国也受到了热捧。中国中央电视台作为 KBS 的合作电视台，在春节期间播放了《超级中国》。很多中国观众感叹说："一家外国电视台竟然能把中国描述得如此令人激奋。"

《超级中国》在中国播出后，多家中国媒体纷纷来采访节目制作者和导演。对于来自中国的热捧，朴晋范分析说："我认为中国观众和媒体的这种反应主要来自长久以来西方媒体给他们的创伤。中国改革开放已经三十多年，然而至今西方媒体还是把眼光聚焦在中国的负面形象上。而我们的片子打破了这个常规，不仅给外国人而且也给中国人提供了一个全新而阳光的视角。"

《超级中国》也反映了近年来留学、工作、移民中国的很多韩国人的视角。这些人长期生活在中国，拥有众多中国朋友，被韩国人称为"中国通"。他们的命运也和中国的命运息息相关，他们不希望人们对中国心怀偏见，纠正人们对中国的片面认识。《超级中国》导演朴晋范可以说就是其中的一位。

（李文清　编译）

韩国电视"过度消费孩子"对吗?

在中国,湖南卫视的《爸爸去哪儿》第一季早已播完,不过,这位"萌娃"依然在家长陪同下通过各种渠道保持高曝光率,此举引发"过度消费孩子"的舆论批评。作为该节目的原版播出地,韩国《爸爸去哪儿》第一季的五位小明星,出名后又过着怎样的生活?

据了解,参加韩版《爸爸去哪儿》第一季录制的尹侯、金珉国、成俊、李俊秀、宋智雅这五个孩子快速成为家喻户晓的小明星。节目结束后,依然能看到他们频频亮相荧屏。《韩国日报》总结称,综观2013年度韩国广告代言市场,最大的赢家非《爸爸去哪儿》剧组莫属。该节目播完后,"吃相可爱"的尹侯成为广告"吸金王",由他代言的拉面广告销量猛增30%,尹侯因此获得高达1亿韩元(约合57万元人民币)的报酬。此外,尹侯还和他的父亲成为某水上乐园代言人。另外三个萌娃宋智雅、金珉国和成俊也成为户外露营品牌、移动通讯产品以及家用电器等多家公司的代言人。其中,在节目里展现出阅读兴趣的"知性男孩"金珉国还接下网络书店的广告。

对于这些不到10岁的孩子频繁曝光在聚光灯下,韩国社会普遍表示忧虑,担心他们能否承受住成名带来的负压。韩联社在题为《〈爸爸去哪儿〉带来的明与暗》的文章称,过度的媒体聚焦可能引发孩子们的抑郁症。其实,除了综艺节目外,韩国流行文化中童星亮相的机会越来越多,甚至出现专门以儿童为主角的韩剧。报道称,目前韩国很多童星都在承受不同程度的精神折磨,包括网上各类诽谤文章和恶意跟帖,令人"无隐私可言"。韩国媒体称,成名后的孩子接到很多工作邀约,请他们参加节目录制和广告拍摄,久而久之,这些孩子也被烙上"艺人"标签儿,过早失去童真。最典型的事例是曾在热门情景剧《顺风妇产科》中因扮演"美达"而成名的童星金成恩。当外界对她的关注度渐渐淡去后,金成恩无法适应巨大落差而患上抑郁症。对此,首尔相关调查机构呼吁,"大人们有必要好好反思一下,当孩子从台上回到台下,这种落差会给他们带去什么样的影响"。

韩国娱乐网站 ohmystar 的文章认为,大众的过度关心正是源自孩子们的过度曝光。而同意在节目之外露面的自然是那些家长,商业主义至上的企业也有"功劳",正是他们让天真可爱的童心染上商业化的铜臭味儿。MBC 电视台制作人姜弓表示,爸爸们与其努力不让孩子看到电视上的自己,不如严禁他们在节目之外接广告。2013 年 7 月,MBC 电视台的 CNI 制作中心将《爸爸去哪儿》制成漫画书,正待销售之际,遭到节目参演者的一致反对。最后,这批图书被全部回收,不再销售。

(宋家德　编译)

国外电视养生节目没有万能药和伪大师

针对中国国内电视养生节目的乱象，国家新闻出版广电总局发布通知，规定从2015年起，养生类节目严禁乱发广告，节目只能由电视台策划制作，不具备制作条件的电视台不得盲目跟风等。据采访者了解，养生节目不仅在中国很火，在国外同样拥有很高的人气。由于制作模式成熟、监管制度严格，一些海外养生节目已经培养出好几代忠实观众。

一、养生产品要"自揭其短"

健康养生节目在英国很受欢迎，许多观众按照节目中提示的保健知识调整饮食和就医习惯。值得一提的是，英国养生节目非常商业化，多数都有保健品的商业赞助，但广告商始终不能左右节目内容。例如英国电视四台的知名节目《杰米的舒适饮食》，向来有橄榄油、保健品厂商轮替投放广告，但在节目中，名厨使用的橄榄油商标一定要撕掉。推荐观众吃保健品时，必须强调不代表电视台立场。

英国养生节目之所以不敢明确推荐产品，是因为英国零售业监管部门有规定，除非厂商能确保绝大多数病例在药效时间内被治愈，否则不可以在公共场合宣传药效。此外，各种保健品、养生食物的广告还必须"自揭其短"，说明哪些人群吃了没用，或是会产生副作用。

如果无法履行上述承诺，监管部门会要求媒体登致歉声明，这对媒体来说杀伤力很大。此外，监管机构会依据情节轻重，将企业和媒体诉诸公堂，并要求企业召回产品。在这种严格监管下，很少有厂商和媒体铤而走险。

二、养生节目主持人至少要获得医学类硕士学位

由于管得严，德国养生节目的口碑一直较好。76岁的柏林老人贝阿特对采访者说，健康节目如同他的家庭医生。调查也显示，德国九成观众信任养生节目。据采访者了解，在德国140多家电视台中，养生节目的确算是"重中之重"，做得好的更成为电视台的王牌栏目。德国养生节目主要有五类：专业医学类，主要报道世界最新研究成果和流行病的最新应对措施，如德国电视一台的《健康顾问》；生活类，主要关注老百姓身边的健康，如北德电视台《聚焦健康杂志》；服务类，转播各科权威专家看病的全过程，通过热线解答问题，如勃兰登堡州电视台的《诊所》；娱乐性健康节目突出故事性，如德国RTL电视台的《我们的婴儿》直播怀孕和分娩过程；综合类节目，如中德电视台的《健康为本》，聚焦新闻热点，并针对一种疾病进行深度报道。

中国养生节目的主持人不一定懂医，但德国的养生节目主持人至少要获得医学类硕士学位。每期健康节目的嘉宾，一般是德国联邦和州级研究机构的专家、各医学院教授、知名医院主任医师等。像《健康为本》主持人弗兰齐斯卡·鲁宾博士，就是科隆大学神经学博士。

德国对养生节目的管理非常严。资深媒体人诺尔告诉采访者，对于常规节目，电视台都是从制作公司手里购买，但养生节目是电视台亲自制作并全程监管。节目必须有详细审批。公立电视台由台内的决策机构——电视委员会审查，如德国电视二台设有10名政府官员及专业人士组成的管委会。私立电视台的审查由媒体许可和监管委员会负责。成员是14个州的媒体监督机构主席，制定的决策具有法律效力。德国联邦药监局、反不正当竞争保护中心等机构，也会监督养生节目内容，并设立投诉电话。

违规节目必须担负法律责任，不仅面临停播，还得接受重金罚款。节目负责人甚至会坐牢。此前，德国一家私营电视台的养生节目就因为给一家药厂植入广告，夸大一款治疗癌症的药品而被处以停播的惩罚。

三、养生节目不允许植入广告

重视养生的日本人也很爱看健康类节目，日本同类节目更显客观和科学性。比如朝日电视台每次节目都派主持人亲自走访权威专家。15分钟一期的节目短小精悍，没有任何广告宣传，上班族和银发族看了很长知识。对于有争议的健康话题，日本节目会使用权威数据，让大众了解多方观点。可贵的是，节目绝不允

许植入广告，主持人也不能口吐鼓动消费者的词汇，如"百分百"、"安全可靠"、"无副作用"、"包治"等。

根据日本颁布的《放送法》，要求节目必须严谨真实，播放的广告务必用字样注明"身份"，不能打擦边球。关于医院广告，日本厚生劳动省也通过《医疗法》加以明确管理。此外，电视行业内部还附加了更多规定，如《新闻伦理纲领》、《国内番组（节目）基准》、《日本民间放送联盟基准》等，都在为真实性保驾护航。

（古隆中　编译）

国外电视"以险取胜"综艺节目走向衰落

2015年3月上旬，法国极限生存真人秀《丢弃游戏》在录制节目时发生空难，导致包括法国奥运游泳冠军在内的10名相关人员不幸遇难。这场灾难不仅让法国人悲痛，也把极限真人秀存在的争议推上前台。法新社认为，经历了21世纪初期的辉煌以后，随着真人秀节目种类不断丰富，欧美对"以险取胜"的极限真人秀已有些审美疲劳。

一、三分之一影视节目人员伤亡来自真人秀

《丢弃游戏》有现实版《饥饿游戏》之称，在节目中，8名参加者分两组被送进不毛之地，依靠仅有的水和导航信息寻找食物和栖息地，克服各种苦难后找到预设的地点。晚到终点的一组需要淘汰一名参加者后才能进入下一轮游戏。从节目形式看，《丢弃游戏》是一档典型的极限生存真人秀。法新社说，《丢弃游戏》2014年登陆法国电视一台，第一季收视率达到30点，人气接近当年巴西世界杯开幕式。

空难意外发生后，《丢弃游戏》立即中断，法国电视一台和节目制作公司也并未宣布是否会继续录制。虽然事故原因并未查明，但欧美媒体已开始对《丢弃游戏》及其类似极限生存节目的安全性产生质疑。《费加罗报》说，《丢弃游戏》可以追求刺激、极限，但必须有十足的安全把握，以生命为代价追求刺激十分愚蠢。美国《娱乐周刊》称，人们在看极限生存节目时总会感叹："哇塞，好险！"但当险情变成灾难时，就要思考这类节目是否有存在必要。

美国《洛杉矶时报》在统计后发现，过去五年，三分之一的影视节目人员伤亡来自真人秀。风险管理咨询师安吉拉·普拉斯查说："不少靠惊险、刺激吸引观众的真人秀在评估风险时，会要求我们'指出风险，但别插手'。"

二、《远征军罗宾汉》在美国由盛到衰

"观众永远渴望看现代角斗士式的对抗。"法国媒体学者伊莎贝拉·特松加这样解释生存类真人秀的存在原因。1997年,瑞典电视台推出一档名为《远征军罗宾汉》的真人秀,该节目中的"生存"、"荒野"、"末位淘汰"等概念,日后成为极限生存类真人秀的标签。美国哥伦比亚广播公司2000年买下《远征军罗宾汉》的版权,推出该节目的美国版——《生存者》,播出后立即在美国获得高收视率并成为话题,被美国《时代》周刊评为当年"最佳电视节目"。

《生存者》在美国连续四年成为收视率冠军,让各国纷纷效仿,一时间,各种版本的极限生存真人秀层出不穷。如探索频道的《荒野求生》,就抛弃团队作战,靠贝尔的个人魅力火遍全球。而荷兰电视台的《乌托邦》,则靠"社会实验性"的特色独树一帜。

不过,法新社说,随着《好声音》等选秀节目的崛起,极限生存真人秀的人气正在下降。法国版《生存者》2014年收视率较2013年下降30%。在美国,《生存者》2014年的收视人数为600万,而该节目2000年开播时,这一数字为5300万。

三、这类节目在亚洲方兴未艾

除综艺节目种类更加多样化的外因,节目形式缺少变化也让极限生存真人秀衰落。法新社说,从"建立社会"为目标的《乌托邦》,到安排美国共和党、民主党议员对抗的美国节目《竞争生存》,制作者对节目的改变只能是皮毛,真正的形式创新对极限生存真人秀来说越来越难。法国社会学家娜塔丽认为,没有创新,很多节目也只能在刺激上下功夫,这就造成安全隐患。

极限生存类真人秀在欧美面临困境,在亚洲则依然红火。在综艺节目发达的韩国,SBS电视台的《金炳万丛林法则》已连续四年成为同时段(周五晚间)收视冠军。在这档节目中,参加者足迹遍布亚马孙丛林、肯尼亚热带草原等,仅以基础工具寻找食物生存。韩国媒体称,《金炳万丛林法则》参加者多为明星,观众看到他们吃苦耐劳,会格外感到亲切。此外,火遍中韩的《跑男》,也有极限生存类节目的核心要素,这种弱化"极限",以明星选手魅力为卖点,算是一种成功转变。

(王 艳 编译)

韩日中电视剧"走出去"到美国

韩国、日本和中国的电视剧除了在国内播放以外,也都致力于向国外推广,比如向美国推广。

一、韩剧翻拍成美剧很有人气

韩剧进军美国市场的途径主要分两种:一是在美国收费视频网站播出;二是被美国主流电视台收购故事版权、翻拍成美剧播出。目前,第一种方式更为普遍,并且具有较强的发展势头。不少美国的"韩剧迷"通过收费视频网站追看韩剧,而"剧情浪漫、充满爱意"被认为是韩剧最大的竞争力。

Drama Fever 网站是播放韩剧最多、影响力最大的美国视频网站。前一晚在韩国播出的电视剧,第二天就能在美国看到带英文字幕的视频,而且,这些韩剧都被保留了原有时长,并没有遭大幅删减。在 Netflix 网站,韩国电视剧《异乡人》等 2014 年的作品赫然在列。据 Drama Fever 网站负责人介绍,在该网站 1800 万会员中,45% 为白人,25% 为南美洲裔,亚洲裔和非洲裔各为 15%,可见,美国的"韩剧迷"多数为西方观众。十多岁的美国女孩儿更堪称主力军。目前,Drama Fever 网站每月更新的影视作品有 40 多部,韩剧是其中当之无愧的"人气品牌"。

美国加州在 2000 年就出现专门推销韩剧的公司。2006 年,美联社曾以"韩剧热潮到达美国"为题,对最先流行观看韩剧的夏威夷地区进行报道。"干净"、"抓住人心"、"很耐看"是韩剧最常被美国观众提及的特点。

一向高高在上的美国电视台,近年来频频向韩国作家和影视公司抛出橄榄枝,希望翻拍他们旗下的韩剧。目前,已有四部韩剧获邀拍成美剧,分别为 2013 年至 2014 年相继播出的时空穿越剧《神的礼物》、《Nine》,医学剧《好医生》,浪漫爱情剧《来自星星的你》。其中,《好医生》已确定于 2015 年 8 月由美国 CBS 播出,这是第一部登上美国电视荧屏的韩剧翻拍作品。

二、日剧在美国"水土不服"

日本动画片和电影被美国引进播出的数量很多,但日本的电视剧却很少被美国电视台相中,就连《半泽直树》《东京爱情故事》、《白色巨塔》等创造了收视神话的"大作"也一样被冷落。

日本电视剧不好看吗?据采访者了解,很多优秀的日剧往往根植于日本本土,重视日本文化和日本人的审美,就连叙事方式也是日式的。而美国电视台选片时,首先考虑的是美国观众的接受程度,只有符合美国人的道德标准和审美眼光的内容,才容易获得回应。这与日本寿司进入美国后个头儿变大,甚至衍生出"芝士寿司"、"炸鸡寿司"是一个道理。

正因为如此,日剧出口美国时往往要依据对方要求进行大幅改动,要么缩短长度,要么将日本人非常熟悉,但美国人不理解的内容删除,再或者,要将人物对白制作成美式腔调和用词,总之,就是要"全面换脸变装"。

日本动画片也面临同样的处境,例如《机器猫》里的顽皮男生和同学打架的情景,被视为暴力镜头而被删除。"小静"受到男生欺负的情节,被认为是故意设定女性柔弱形象,不利于儿童培养正确的性别观。《蜡笔小新》则被美国禁播,原因之一是"动不动就露出屁股"。

有意思的是,很多日本电视台担心美国化了的日剧一旦回流到本国,会引起民众的不满,甚至抗议。一些电视剧出品方甚至因此忍痛放弃出口美国的计划。

三、中剧《甄嬛传》开进军美国之先河

2015 年 3 月 15 日,中国国产电视剧《甄嬛传》在美国著名的流媒体播放网站 Netflix 开始播出。据采访者登录该网站后看到,《甄嬛传》被列为 TV-14 级,这意味着在美国评级员眼里,该剧更适合 14 岁以上观众观看。网站同时显示,当月的综合评分为 3.7 星(满分为 5 星)。

一名 Netflix 网站工作人员告诉采访者,6 集"电视电影"《甄嬛传》每集 90 分钟,一周更新一集。用户通过支付月费可以观看该剧,月费的最低价格为每月 8 美元。如果想看高清模式,或许多个平台用不同客户端看节目,则需要支付 12 美元的月费。

作为美剧《纸牌屋》的制作方和播出方，Netflix 公司的付费用户数，2014年已超过美国老牌的付费电视频道 HBO。《甄嬛传》落户这家网站，可以获得更多喜爱亚洲电视剧的美国观众群。目前，在 Netflix 网站挂出的亚洲电视剧中，韩剧多达近 80 部，而《甄嬛传》是唯一一部中国制作的电视剧。当然，中剧的"待遇"比日剧还强些：虽然 Netflix 网站上有很多日本电影可以点播，但风靡多个国家的日剧却一部也没有。

2014 年曾有消息称，《甄嬛传》有意与 HBO 电视频道合作播出。采访者后来就此向 HBO 求证时，并没有获得对方的确切答复。据采访者了解，HBO 是传统的美国电视公司，而起家于出租录像带和 DVD 的 Netflix 网站则代表网络新势力，两者都拥有独家的影视制作权和播放权。《甄嬛传》落户 Netflix 网站，为中国电视剧进入美国主流影视播放系统开创了先河，对于中美文化交流来说，也具有积极意义。

从首播大红大绿到出口一波三折，《甄嬛传》对美国观众来说可谓"姗姗来迟"。据了解，境内外网络上的盗版播出问题，以及美国日益增加的中文电视台，都对中国电视剧进入美国主流市场造成影响。以《甄嬛传》为例，包括普通话版、粤语版以及带有英文字幕的《甄嬛传》全集，早在 2013 年就在某国外视频网站上出现。美国一些中文电视台在引进《甄嬛传》等中文热播剧方面也很积极。面对还未开播就已流失的观众群，美国主流电视机构购买中剧的热情自然受挫。

此外，中国电视剧进入美国要面临版权和分级制的限制，更要解决文化差异和台词翻译等"软硬件"问题，与"欧美系"的外来剧相比，这些都是天然劣势。早在 2013 年《甄嬛传》要在美国播放的消息四起时，美国电视评论家就曾对引进该剧怀有疑虑。美国知名娱乐网站 Deadline 在 2015 年的一则报道中说，不少美国观众表示，将《甄嬛传》缩编成 9 小时，实在是"屠夫般"的工作，必定影响剧情流畅性。

目前，在 Netflix 网站播出的电视剧中，美国本土作品仍然占据绝对主力。事实上，美国的主流电视机构大都拥有自制影视剧的权利和能力。正因为如此，正规影视平台在引进外国作品时，更会反复权衡，以保证外来剧的质量过硬。

据 Deadline 网站报道，Netflix 公司已与中国视频网站乐视结成联盟。乐视将进军包括美国在内的国际市场，而 Netflix 公司对进入巨大的中国市场同样怀有兴趣。中美视频网站各具雄心对两国观众来说并非坏事，但能否跨越文化与语言障碍，以较高的艺术品质和特色走进美国，仍是中国电视剧走向国际要过的一道坎儿。

（李爱蓉　编译）

韩剧"走出去"在新加坡"6"六大顺

位于赤道附近的新加坡,虽然常年天气炎热,但"韩流"却在近些年来疾风劲吹。据新加坡《联合早报》报道,截至2015年,狮城已有6个主打韩国电视节目的频道,这一现象除了反映出很多新加坡观众口味儿"韩国化"以外,也进一步在东南亚地区推动了韩剧热潮。

《联合早报》的报道称,最新登陆新加坡的"韩流频道"是2014年10月开播的"Oh!K",该频道主打最新韩剧和综艺节目,部分内容可做到韩国国内播出后24小时内在新加坡落地。当地26岁的韩剧迷周欣对《联合早报》说,以前由于缺乏信息,很难追到最新韩剧,"现在只要订购几个付费频道,就能立即观赏最新出炉的韩剧,非常便利"。

新加坡绝大多数电视频道都由三大电视台掌握,其中最大、收视率最高的是免费电视台"新传媒",而"星和视界"、"mioTV"分别提供部分免费和付费频道,两者的市场占有率不相上下。一般来说,外国的节目及电视剧要进入新加坡本地市场,都需要通过这三个电视台引进。目前,星和视界除了旗下6个韩流频道外,还在其他两个下属频道播出韩剧。据采访者了解,不论是韩国最老牌的综艺节目《无限挑战》,还是版权也卖到中国的《爸爸去哪儿》、《跑男》,甚至是最新的韩剧《傲慢与偏见》、《匹诺曹》,新加坡电视观众均能在第一时间看到。

新加坡电视台热衷于引进韩国节目,收视率是决定因素。自2011年开播以来,主打韩国SBS电视节目的ONE频道连续三年成为星和视界收视率最高的三大频道之一。《联合早报》说,无论综艺节目、长篇剧、现代或古装戏,只要是"韩流",就都受到当地观众青睐。

影视剧和综艺节目的热播也在新加坡培养出一批忠实韩星粉丝。2015年上半年,韩国综艺节目《跑男》的五名成员到狮城举办粉丝见面会,尽管门票价格最高达到 348 新元（约合 1740 元人民币），但仍有大批粉丝将举办场地挤爆。

除了韩剧以外，美剧、日剧和中国国产剧在新加坡均有一定市场份额。"新传媒"目前正在播出新版《天龙八部》。红透半边天的《甄嬛传》也在新加坡享有不错的口碑。此外，《非诚勿扰》等中国综艺节目近年也在新加坡落地。采访者发现，《中国好声音》在新加坡播出时，受到不少民众称赞。

（吴娣伊　编译）

中国电视剧走进非洲

对于外国电视剧来说，非洲是一片有待开发且有着巨大潜力的处女地。自从《媳妇的美好时代》2011年在坦桑尼亚国家电视台热播以后，中国电视剧成为非洲多国电视台争相播放的热门节目。在东部非洲国家打开市场后，如今中国电视剧在非洲可谓全面开花。从尼日利亚到埃及，再到突尼斯等国，《金太狼的幸福生活》、《北京爱情故事》等电视剧都有不少观众。

一、突尼斯万人空巷

2014年3月，中国电视剧首次亮相北非国家突尼斯，该国国家电视台在每晚19时的黄金档播放阿拉伯语配音版的《金太狼的幸福生活》，这部讲述婚姻与家庭的轻喜剧在当地赢得广泛赞誉。

当地居民拉海克对采访者说，由于中国影响力的日益增强，《金太狼的幸福生活》播出前就已成为当地媒体和民众谈论的焦点。他们一家五口人，每天都准时观看这部中国都市情感剧。拉海克说，《金太狼的幸福生活》改变了他的家庭生活，他的儿子受剧中男主人公影响，变得更加沉稳和理性；他的女儿则表示，要向女主角"小米"学习，"做有爱心、孝心，懂得忍让、包容的女儿、妻子和媳妇"。

突尼斯社会、家庭心理专家鲁迪菲对采访者表示，《金太狼的幸福生活》让突尼斯观众在幽默、矛盾、包容中观察到中国婚姻、家庭和社会生活的方方面面。"《金太狼的幸福生活》表达的青年人在婚姻、家庭、社会观念上与长辈的冲突，不仅发生在中国，也是世界性问题。"鲁迪菲说，中国电视剧中用善良、友爱化解这种矛盾的情节，对观众有积极作用。

突尼斯文化部负责国际文化交流的一名官员对采访者说，突尼斯没有专门拍摄电视剧的机构，且电影的拍摄量也很少，国内电视文化娱乐生活不十分丰富，多数突尼斯电视观众通过卫星收看欧美娱乐节目。这名官员称，《金太狼的幸福生活》成功后，突尼斯正在落实引进第二部中国电视剧。他说："中国电视剧能让突尼斯电视台的节目更加丰富多彩。这不仅增加了两国的文化交流，还能刺激突尼斯电视事业的发展。"

二、在北非和西非取得突破

2013年年底，《金太狼的幸福生活》就已在黄金档登陆另一个北非国家埃及国家电视台。为了更加本土化，这部《金太狼的幸福生活》的阿拉伯语配译工作全部由埃及专业人士负责。

埃及广电联盟收视调查机构的报告显示，《金太狼的幸福生活》的播出让埃及国家电视台第二频道黄金时段收视率从1.39提高到3.1，约217万人收看了该电视剧。此外，在谷歌中以阿拉伯语"中国电视剧金太狼"搜索，可以获得约4160页相关信息，约为英文搜索的两倍。有埃及网民称，通过《金太狼的幸福生活》了解到两国社会有很多相似之处，期待下一部中国电视剧早日到来。

除北非以外，中国电视剧也首次叩开了西非国家尼日利亚的大门。2013年9月，豪萨语版电视剧《北京爱情故事》在尼日利亚国家电视台播出。

当地媒体称，《北京爱情故事》播出后，立刻受到尼日利亚当地民众追捧，不少当地人甚至成为该剧忠实粉丝。尼日利亚之声电台国际频道副主编易卜拉欣对采访者表示，作为首部被引进西部非洲的中国电视剧，《北京爱情故事》向尼日利亚民众展示了当代中国青年的生活，很受当地年轻人欢迎。他说："随着尼中经贸关系近年来迅速发展，越来越多的尼日利亚年轻人希望了解中国，对遥远的中国充满向往。《北京爱情故事》的播出恰逢其时，成为人们了解当代中国的窗口。"

易卜拉欣认为，尼日利亚不仅是非洲第一人口大国和第一大经济体，也是非洲首个诺贝尔文学奖获得者的故乡。中国电视剧从这里走进非洲是明智选择，希望今后能看到更多介绍中国经济和文化的影视作品及广播剧。

三、"1052协议"

在非洲最发达的南非，公共电视台播放的美剧数量较多，如《绝望主妇》、

《老友记》《生活大爆炸》等，而该国的本土电视剧也有不少受众。中国驻南非大使馆文化参赞尹亚利告诉采访者，南非电视台没有播过中国电视剧，但公共电视台和付费频道经常播出的中国电影很受欢迎。

中国电视剧走进非洲，除市场原因外，政府的推动也十分重要。据尹亚利介绍，在南非每年举办的非洲电视节上，中国国家新闻出版广电总局已连续两年率领多家知名电视机构参展，中国电视剧引起多方兴趣，相信不久中国电视剧就会登上南非荧屏。

贝宁中国文化中心主任白光明对采访者说，该中心在中国国家新闻出版广电总局授权下，协助四达时代集团同贝宁国家电视台签署了"1052协议"。按照该协议，将在贝宁播放10部中国电视剧和52部中国电影。从2014年晚些时候起，该协议开始生效。

相关链接

英国电视节目走进中国

英国电视节目的海外销售业绩2013年增长了5%，达到12.8亿英镑（1英镑约合9.85元人民币——编译者注），《X音素》和《英国家庭烘焙大赛》等节目、《唐顿山庄》和《神探夏洛克》等剧集在全球范围内热映。

由独立影视制作商组成的机构——英国电影和电视制作公司联盟，2014年晚些时候发布的年度出口报告显示，中国已连续第二年成为英国影视节目需求增长最快的市场。

中国观众钟爱《唐顿山庄》等剧集和《梦立方》等游戏节目，促使英国电视节目2013年在中国的销售额同比增长40%，达到1700万英镑。

"对英国的制作人来说，中国也许是增长最快、潜力最大的市场，无疑也是最诱人的。"《梦立方》的制作商、目标制片公司的总经理保罗·桑德勒说，"他们仍然渴望着西方的影视节目及其技术，而这在未来几年内都将是我们巨大的机会。"

英国电视产业最大的客户美国仍然在销量榜上遥遥领先，同比增长10%，达到5.23亿英镑。

英国广播公司表示，其制作的影视剧《火枪手》和《亚特兰蒂斯》在全球热播，都是2013年名列前茅的热门剧集。

"该调查及时提醒我们，上海和西雅图的观众谈论起《神探夏洛克》和《路德》等英国优秀影视作品，就像我们这里的影评人谈起最新的美国热播电视节目一样。"英国广播公司环球公司的全球市场总监保罗·登普西说。

英国独立电视公司的《塞尔福里奇先生》《大侦探波罗》《马普尔小姐探案》和《刘易斯探案》等剧集行销全世界150多个国家和地区，而《与我共进大餐》和《地狱厨房》等节目则销售至十多个国家和地区并进行了本土化制作。

"这个报告表明，人们对英国节目非常感兴趣，从高端剧集《塞尔福里奇先生》《刘易斯探案》到《我是名人，让我离开这儿》等等。"独立电视公司制片公司的总经理玛丽亚·基里亚库说，"世界各地新兴市场和平台的出现是非常好的机会。"

（杨令军　编译）

电 台

美国之音浅吟低唱"夕阳无限好"

2015年4月中旬,当戴维·恩索尔宣布他辞去美国之音台长职务时,批评者认为,这是美国之音——这个负责向世界展示美国观点的政府机构——陷于动荡的最新迹象。

在恩索尔辞职数周前,美国之音的上级监管机构广播事业管理委员会的第一任首席执行官安德鲁·拉克离开了这个他只干了42天的岗位,转而效力于全国广播公司环球集团。

议员、外交政策专家和前员工说,时值美国需要对抗国外的先进宣传机器之际,美国之音却陷入了困境。

华盛顿智库詹姆斯敦基金会会长格伦·霍华德说:"我们正在被别人痛扁。俄罗斯这样的国家(这方面)比我们干得出色多了,我们的国际广播简直是一团糟。"

作为记者,恩索尔曾效力于全国公共广播电台、美国广播公司新闻部和有线电视新闻网(CNN)。2011年,他加入美国之音,受命改变美国之音还停留在冷战时期的运作方式并打造一流的新闻编辑部,一些人设想它会成为有政府撑腰的另一个CNN。

然而,对现任和前任官员的采访以及政府的大量审查报告显示,预算削减、对该机构使命的质疑以及广播事业管理委员会的疏于监管,这一切令恩索尔对彻底整顿美国之音有心无力。此外,美国之音的大部分节目被政府其他广播公司所复制,如自由欧洲电台——自由电台,从而浪费了美国之音本可以使用的资金。

批评者说,缺乏资金的结果是美国之音在报道突发性重大新闻方面时效很差,而对俄罗斯等国家的宣传攻势做出反应的速度甚至更加迟钝。也是在2015年4月,美国众议院外交委员会就俄罗斯宣传攻势和美国政府有效应对的难度举行了听证会。

一些国家政策的专家和美国之音的管理者说,最重要的问题是,国会和白宫对于该机构在美国公共外交中的作用没有清晰的定位。

前广播事业管理委员会成员恩德斯说:"在制定关于国家利益与外交政策的战略时,美国政府的上上下下都没有把国际广播考虑在内。他们对国际广播口惠而实不至,认为是可有可无的东西。"

美国之音成立于1942年,是战时情报局的一部分,主要目的是反击纳粹德国和日本的宣传攻势。人们普遍认为,美国之音对结束冷战功不可没,其主要作用是向苏联和苏联盟国境内的持不同政见者提供未经过滤的新闻以及反共产主义宣传。但是该机构从那时起就一直在走下坡路,在提供可信新闻与支持美国政策之间摇摆不定。2013年,时任国务卿的希拉里·克林顿说,广播事业管理委员会"就其向全球宣扬信息的能力而言已经名存实亡"。在脸书和推特的时代,甚至有人对一年预算约2亿美元的美国之音存在的意义何在提出了质疑。

奥巴马政府的官员说,美国之音及其姊妹机构对美国的外交努力至关重要。

尽管如此,很多议员对此并不信服。众议院预算委员会建议减少对广播事业管理委员会及其下属机构的拨款,除非它做出"重大改革"。

众议院议员还打算重新引入一条立法,修改美国之音的宗旨,明确指出它在支持美国"外交政策"和反击其他国家宣传攻势方面的职责。

(赵品芳　编译)

乌干达电影业与中国武术

在乌干达首都坎帕拉的郊外和贫民窟，中国功夫越来越受欢迎，习武者不仅可以锻炼身体和培养意志，还有可能打入有着"瓦卡莱坞"之称的越来越火爆的乌干达动作片。对那些练武术的孩子们来说，成为著名功夫片明星是他们的终极目标。

在坎帕拉郊外，基扎·塞吉姆巴在辛苦地带着徒弟，教授一组10岁的孩子如何出拳。每个星期，长年练习功夫的塞吉姆巴都要开班授徒，还要参加三次练功活动。即便如此，他仍然有时间出入电影圈，参演和制作乌干达动作片。

塞吉姆巴这样做已经好多年了，扮演的角色从检察官到歹徒，应有尽有。这些影片经常带有摩托车追逐场景，还有精心设计的武术镜头，一些影片还涉及乌干达社会中更严肃的话题，一部叫作《疯狂世界》的电影涉及了为祭祀而杀害儿童的问题，他的很多功夫小学员在这部影片中亮相。

塞吉姆巴解释了他是怎么进入电影圈的。

他说："我17岁的时候，加入了一个叫作'国之翼'的中国武术学校，师父是布鲁斯·白，人称'鲁师父'。他把我们的功夫底子培养得很好。所以，现在我什么都能做了，我可以教功夫。事实上，有一天，我头一次看李连杰的电影，当时就产生了兴趣，有了想法：我为什么不能进入电影圈？于是，我就去了拉蒙电影制作公司，跟这些电影人见了面。我们联手开始拍电影。到目前我们已经在8部动作片中扮演了角色。"

他的同事欧内斯特·塞伦尼亚自从"瓦卡莱坞"诞生之日起就投身其中，他在乌干达当地电影圈已经是名人了。善结人缘的塞伦尼亚如今拍电影已经不靠他人，完全可以独立运作。他的道具都是自制的，比如用木头做枪，用旧水瓶做望远镜。他的激情是通过电影来改善人们的生活，他希望有朝一日能在坎帕拉开一家表演学校。

塞伦尼亚说:"我想开办一所学校,我来教表演、化妆、导演、剪辑和摄影。这是我的梦想。我的基金叫'东非电影街儿童基金会'。我正在制作的电影叫《精确》,参加的都是些小男孩儿,都是街头儿童。"

这些电影把土生土长的功夫演员和乌干达独特的电影拍摄艺术热热闹闹地结合在一起,非常受人欢迎。人们经常在街头拦住演员,为这些电影向他们表示感谢。

(王　艳　编译)

英国广播公司将"以互联网为中心"

以电台起家的英国广播公司（BBC），在电视兴起以后，电台的"主力位置"让给了电视；如今互联网兴起以后，电视的"主力位置"又要让给了互联网。

据英国广播公司负责技术改造的高管称，英国广播公司将转型为"以互联网为中心"的广播公司，因为网络成为数以百万计英国人收听收看英国广播公司节目的主要途径。

马修·波斯特盖特2014年7月当上英国广播公司技术总监以来，首次接受了采访。他说，年轻受众都用移动设备上网看电视、听广播，英国广播公司正在努力顺应这一潮流。他表示，这要求公司改变制作和播放内容的方式，以便与奈飞及亚马逊之类企业竞争，这些互联网公司正在吞食老牌广播公司的地盘。

"我今后五年的工作就是为'互联网优先'打下制作基础。"他表示。他还说，媒体集团"要想与数字时代诞生的机构竞争，就必须吸取经验教训"。

2013年，英国广播公司废止了耗资1亿英镑、为期五年的"数字媒体计划"，该计划旨在让节目制作人自由访问和下载其存档内容。总裁托尼·霍尔表示："最好就此打住，进一步实施下去会浪费更多金钱。"该计划受到一个议会委员会的尖锐批评。

波斯特盖特说，英国广播公司吸取了经验教训，不再希望"开展包罗万象、历时多年的特别庞大的项目，我们现在把技术当作一个比较灵活的反复过程"。

波斯特盖特的年薪为22.5万英镑。上任才几个月，他就已经进行了若干变革，包括成立了一个"业务变化"小组帮助各部门向数字程序转变，并把他的部门更名为"英国广播公司工程部"，取代了原来的"英国广播公司技术部"。

"工程是拿来做的东西，技术则是拿来买卖的东西。"他解释道。

波斯特盖特承认"数字媒体计划"是个失败，但仍坚定不移地想把英国广播公司的大量存档内容放到网上，使公司告别音像磁带。

英国广播公司已经悄无声息并在尽可能节省资金的情况下，实现了"数字媒体计划"意欲实现的一些变革。例如，从2015年开始，节目用数字文件制作而不是录制在磁带上。他说："我们没有推出一个大型计划，而是在一部分一部分地进行。"

转型的一部分是将让更多节目上线。2014年，公司曾表示要砍掉英国广播公司电视三台，这是一个面向年轻人的频道，播放《加文与斯泰西》等喜剧片和《素面美人》等真人秀节目。今后，英国广播公司电视三台将只在线播放，节目预算将从5500万英镑锐减至3000万英镑。

波斯特盖特说，这不仅仅是为了削减成本，而是体现了英国广播公司对受众偏好做出的反应。他强调，英国广播公司会继续尝试节目播放方式，某些频道和节目从网上观看会更好。

他说："我觉得英国广播公司的前进方向是，我们要确保自己的节目组合在互联网时代仍有分量，英国广播公司电视三台这个品牌可以相对轻松地从一个平台搬到另一个平台。其他品牌，比如广播一台已经在其他平台跟在调频一样受欢迎，而英国广播公司电视一台归根结底堪称全国性讨论的大本营，它也许适合采用更多广播技术。"

这些趋势将增添英国宽带网所承受的压力，因为视频流量要占更大带宽。在美国，奈飞公司在高峰时段占互联网流量的35%，该视频流服务企业与康卡斯特公司和韦里孙公司签下数百万美元的合同，花钱确保其电影和电视节目在宽带网上顺畅播放，但波斯特盖特排除了与英国最大宽带企业，如英国电信公司和弗吉亚媒体公司签订类似合同的可能性。

他将着重于打造提供新服务所需要的基础设施。波斯特盖特表示，公司到2016年可能会播放4K节目，其分辨率是当前高清电视的四倍。

（王朝玲　编译）

英国广播公司提前"再见"彭定康

2014年上半年,英国广播公司(BBC)宣布,69岁的彭定康由于健康原因提前辞去英国广播公司信托会主席职务。下半年,一些媒体分析,彭定康的辞职未必是健康原因,他所执掌英国最大规模的公共传媒机构,近年来因为前明星主持人性侵案、不实新闻报道以及高管辞职获天价离职费等风波,一直饱受外界诟病,而彭定康也一度遭遇"逼宫"危机。

英国广播公司称,上半年,做完心脏手术的彭定康在一份声明中表示,鉴于已不能继续百分之百投入这项工作,他不得不抱着极大遗憾辞职。彭定康家人也希望彭定康的个人隐私受到尊重,以便他能尽快康复。辞职当日生效,信托会副主席科尔临时接替职务,直到正式委任彭定康的继任者。英国文化大臣贾维德和反对党影子文化大臣哈曼都给予彭定康积极评价,认为他在最困难时刻帮助英国广播公司渡过难关,使之"仍不失为世界上最好的公共传播机构之一"。

彭定康担任英国广播公司信托会主席之前,曾担任过英国保守党主席、欧盟外交专员、牛津大学名誉校长,他还当过英国统治香港的最后一任港督。彭定康表示,现在的他需要更多时间写书,但"新书不会是他的回忆录,而且绝对不写他在英国广播公司任职期间的事情"。

但英国媒体穷追不舍,普遍认为,让彭定康提前辞职的主要原因,恰恰就是这段不愿意多说的工作经历。路透社称,过去三年间,英国广播公司充满动荡和争议,20世纪七八十年代,英国广播公司明星主持人萨维尔性侵案的曝光令这家老牌公共传媒机构名誉受损,并导致英国广播公司总裁恩特威斯尔上台两个月后就辞职。之后不久,外界发现上任不到两个月的恩特威斯尔是拿着45万英镑离职费走的,舆论对英国广播公司的"高薪文化"再度"炮火攻击"。英国《卫报》称,彭定康2013年7月在英国议会接受质询时不得不承认,英国广播公司高层管理人员离职补偿金范围之广、数额之高,"令人震惊"。

英国《卫报》称,彭定康曾被寄托厚望,希望其比前任更加严格,可以保持英国广播公司独立商业媒体形象,并约束英国广播公司高管们,但他上任伊始就任命了只有54天任期的恩特威斯尔,让人们对他的期望值大为降低。保守党议员罗布·威尔逊认为,彭定康不成功的任期再次表明,英国广播公司目前的信托管理模式未能确保有效管理,对经费使用的公信力和民主合法性也考虑不周。按惯例,英国文化大臣将推荐一至两名继任人选,最终决定权掌握在首相手中——尽管理论上由女王任命。英国保守党议员约翰·怀汀达尔认为,继任者可能是个过渡性人物,因为未来两年将关乎英国广播公司的前途和命运。路透社称,彭定康此前也表示,英国广播公司如果不做出根本改变,将注定失败。

相关链接

英国广播公司总部伤别"问号"

从表面上看,不是政治原因而是经济原因,英国广播公司从"主阵地"上撤退了。

50多年来,英国广播公司电视中心一直向世界表明,这里是一些最卖座电视节目的出产地。但是2014年秋天,英国广播公司小心翼翼地把巨大的字母从墙上摘下,切断了电视中心的广播信号,正式将其位于伦敦西部的总部——这座几代电视观众们所熟知的建筑物——移交给开发商。它标志着一个时代的结束。

该建筑是由建筑师格雷厄姆·道巴恩设计的,呈一个问号的形状,1960年由女王正式揭幕。2012年,英国广播公司决定以两亿英镑的价格将电视中心出售给开发商斯坦诺普公司,并将工作人员调至位于伦敦市中心的广播大厦和位于索尔福德的媒体城。这是为了节省开支和让公司不再那么以伦敦为中心。

斯坦诺普公司将在英国广播公司总部旧址修建950间新公寓,此外,还有会员俱乐部、办公楼、餐馆、咖啡馆和商店。

虽然英国广播公司不再拥有电视中心,但部分部门还将保留,因为它得到了约五分之一场地15年至20年的租约,其中包括三间演播室、更衣室和英国广播公司环球公司的办公室。

英国广播公司商业计划负责人克里斯·凯恩说:"这是一次换岗。电视中心正在步入一个新的篇章，快要进入中场休息。这为英国广播公司带来大量资金。重新回来的英国广播公司是一个新的英国广播公司。"

  该公司2013年停止制作节目并将制作人员从电视中心撤走，不过，保留了广播信号作为后备。

  凯恩说，在这里运作50年后将所有英国广播公司的东西从大楼搬走是一件"大工程"。他说："如果你卖房子，你只需要打开门，搬出去，转交。这里不是这样。"

  除了书桌和办公设备外，5000多个电路被切断，超过4000件广播设备（价值400万英镑）被重新分配。

（杨令军　编译）

得到老总批准，英国广播公司才能开玩笑

据英国《每日邮报》报道，英国广播公司（BBC）负责喜剧的执行编辑克里斯·萨斯曼透露，我们的节目需要开玩笑，但并不是"口无遮拦"。比如，喜剧演员们在电台和电视节目中表演某些笑话之前必须经过层层审批，有些甚至还要经过公司总裁批准。

报道称，英国广播公司负责喜剧的执行编辑克里斯·萨斯曼说："如果我们对一些笑话不好把握，便在剧本阶段先行通过，然后再进行审批。"克里斯·萨斯曼透露，一些特定的笑话必须首先咨询政策和法律顾问，获得总裁霍尔爵士的审批。

英国广播公司此前娱乐节目中屡屡"捅娄子"。在克里斯·萨斯曼加入之前，英国广播公司主持人罗素·布朗德和乔纳森·罗斯在节目中曾经给英国的老牌喜剧演员、现年78岁的萨克斯电话留言，以萨克斯23岁的孙女乔治娜为话题，开下流玩笑。节目播出之后，随即引发英国公众强烈不满，罗素·布朗德不得已，只好引咎辞职。

（李朝霞　编译）

挪威或成为首个取消调频广播的国家

从互联网诞生以来,一直就有专家指出,互联网在"蚕食"传统广播电台,而现在,互联网"吞食"传统广播电台也将变成现实。

据美国有线电视新闻网、美国"临界点"网站报道,地处北欧的挪威,将在2017年年底前取消本国的调频广播(FM)。挪威文化部在2015年确定了将广播技术升级换代的最终日期,使该国成为第一个准备彻底抛弃调频广播的国家。挪威计划转而使用数字音频广播(DAB),将其作为全国性标准。

挪威文化部发布的声明证实,早在2011年,挪威政府就曾对广播技术升级换代的日期提出过建议。挪威政府认为,挪威已经具备了平稳过渡到数字广播时代需要的所有条件。

文化大臣托希尔德·维德韦在一项声明中说:"听众将可以收听到更加多元化的广播内容,而且享受更好的音质和新功能。数字化还将大大改进应急预案体系,加强竞争性,并为创新和发展提供新的机遇。"

目前,挪威有22家全国性电台使用数字音频广播,相比之下,使用调频广播的电台只有5家。挪威文化部说,调频发射技术成本是数字音频广播传输成本的8倍。

在1995年,挪威就有了数字音频广播,2007年出现了这种技术的升级版(DAB+)。挪威文化部说,选择DAB技术还是选择DAB+技术由各家广播电台自行决定。不过,到2017年,挪威大部分广播电台很可能都会使用DAB+技术。文化大臣托希尔德·维德韦认为"DAB是大势所趋",他表示,DAB不仅收听效果好,而且成本低,系统升级将为挪威节省约2500万美元。从2015开始,挪威政府着手准备回收和升级方案,届时将有约790万部调频收音机被淘汰。

欧洲和东南亚的其他一些国家也在考虑把数字音频广播作为全国性标准，不过，还没有其他哪个国家确认已经制定了这样的时间表。

让人感叹不已的是，调频广播是从1941年投入商业运营的，到2015年不过74年的历史。

（宋正群　编译）

澳大利亚广播公司在华获全覆盖权

据澳大利亚《时代报》网站报道，澳大利亚广播公司成为覆盖全中国的第一家西方广播公司。

澳大利亚广播公司已获得中国政府许可，其澳大利亚国际频道节目可以覆盖整个中国地区——这是西方广播公司在中国获得的最大覆盖权限。

澳大利亚国际频道在美国东部时间2014年4月宣布了这一里程碑式的协议，协议的正式签署于2014年5月在上海完成。

根据协议，该频道的节目通过一个门户网站播放，并可由中国的电视台重播。协议是澳大利亚总理托尼·阿博特访华后敲定的。

资深媒体业投资人哈罗德·米切尔说，这一协议显示了"中国对澳大利亚难以置信的接受程度"，此前，默多克的新闻集团和美国谷歌公司等大公司进军中国市场的努力都以失败告终。

"这是两国之间在媒体交流方面最重要的突破之一，还没有其他国家能做到这一点。"米切尔说。

在西方媒体中，英国广播公司国际频道等在中国的权限仅限于特定的国际酒店和外交机构，也就是说，权限非常有限。

澳大利亚国际频道是通过上海东方传媒集团获得覆盖权的，它可以通过中国人都可以使用的门户网站播出澳大利亚的节目。

通过该协议，中国的媒体公司也可以向澳大利亚广播公司等出售节目。澳大利亚广播公司还获准在上海设立代表处，并可在中国出售媒体内容。

（李弟刚　编译）

电子

《电子学》月刊让摩尔定律流芳"半"世

2015年4月19日,《今日美国报》网站推出一篇报道,题目是《计算机如何走到现在这般神奇的地步:50岁的摩尔定律》:

1965年,美国加利福尼亚州一名科学家指出,集成电路上能够塞入的晶体管数量大约每年翻一番。

50年过去了,如今,摩尔定律揭示了数码相机为什么可以媲美胶片、智能手机为什么这么神奇、自动驾驶汽车为什么很快就会问世。

如今已是芯片制造商英特尔公司荣誉科学家的戈登·摩尔描述了一种趋势,并最终将整个产业推至前所未有的高度。

2015年,86岁的摩尔说,摩尔定律的产生缘于美国《电子学》月刊请他对晶体管产业的未来进行预测。当时,摩尔效力于加利福尼亚州芒廷维尤的费尔柴尔德半导体公司。

他查看了他们当时已经制造出的芯片,上面有8个晶体管——但是新生产的芯片上大约有16个晶体管。在费尔柴尔德半导体公司的实验室中,科研人员正在研制有30个晶体管,甚至60个晶体管的芯片。

摩尔在接受采访时说,当时他拿出一张坐标纸,把这些数字在图上标出来。这个做法虽然简单,但是芯片容量每年增加一倍的趋势跃然纸上。

1968年,摩尔与罗伯特·诺伊斯联手创建了英特尔公司。

摩尔说:"我做出了一个疯狂的推断,说我们每年都会翻一番,元件数量将在10年内由当时的60个左右增加至6万个。"

现在,最先进的芯片上面有13亿个晶体管。

他的这篇文章在1965年4月19日发表。他的预言变成了众所周知的"摩尔定律"。1975年,他对这一定律进行了修改,预测芯片容量将以每两年增加一倍的速度扩充。

此后，这个速度基本没有变化。大约每过一个十年，就有人站出来说，扩容的物理极限即将到来，但是工程师每每都能找到办法，让芯片越做越小、越做越快、越做性能越强大。

摩尔澄清说，他描述的不是诸如万有引力定律那样的物理恒定法则，只是对晶体管产业发展的观察。

由于无处不在的计算机用户，他的推断具备了法则的分量。

科技公司开始快马加鞭，仿佛保持处理能力翻番的速度是必须的，否则就会被视为落伍。最终，摩尔不仅是这个速度的描述者，也成了这个速度的设定者。

以后，当大家拿起手机干一些就连50年前眼光最超前的计算机科学家都难以设想的事情时，不妨腾出片刻时间感谢戈登·摩尔与他的简单图表吧。

正如英特尔公司指出的，如果用1971年时的芯片制造2015年的安卓手机，大概会有一个停车位那么大。

（万　波　编译）

美国流行"梦幻体育"游戏

2015年以来,"梦幻体育"游戏在美国非常火爆,玩家们在"梦幻体育"游戏中可以把自己变成"篮球巨星乔丹"、"拳王阿里"……为什么投资者要在梦幻体育领域大举投资呢?

传媒巨擘迪士尼公司、有线电视巨头康卡斯特公司、私人股权投资公司科尔伯格-克拉维斯-罗伯茨公司和美国全国篮球协会(NBA)之间有什么共同之处?确实不多,除了对欣欣向荣的美国梦幻体育行业进行投资的意愿。

梦幻体育已经存在了一些年头,过去主要是朋友和同事扮演虚拟球队的老板或总经理相互展开竞争。这些虚拟球队的队员是从事某项体育运动的真实球员。

以最常见的梦幻体育项目——梦幻橄榄球为例(不过,梦幻棒球和梦幻篮球同样受欢迎)。你或许会挑选新英格兰爱国者队的汤姆·布雷迪担任你的四分卫,然后由纽约巨人队的奥德尔·贝克姆担任外接员。你在梦幻联赛中的成绩取决于这些球员在某个赛季真实比赛中的表现,以及你的朋友所挑选的球员的表现。这种游戏通常会在赛季之初将数量相对较少的资金汇集起来,然后分给拥有获胜球队的人。

不管看样,现在完全可以将梦幻体育称为美国的主流活动。据梦幻体育贸易协会说,2014年参与梦幻运动联赛的美国人约4150万,涉及的各项费用累计高达110亿美元。

梦幻体育行业目前面临着诸多风险,但是从前面提到的那些高调的投资者的角度来讲,支持赢家带来的潜在回报或许超过了风险。

(吴娣伊 编译)

硅谷融合新旧媒体或有大手笔

2015年前后，似乎一直与高科技不搭界的《名利场》杂志，居然到硅谷充当新旧媒体融合的"中间人"，从而使硅谷再度成为全美乃至全球关注的焦点。

20年前，当投资家马克·安德烈森试图激发人们对首款大众网页浏览器"网景"的兴趣时，他将电脑与高速网络连接，然后向人们展示，用户不仅可以使用网景浏览器上网，还可以看电视。他说："我们将展示如何收看电视剧《飞越情海》。"

在马克·安德烈森看来，即便在当时，已有充分的证据可以证明，互联网不仅会让科技界天翻地覆，还将扰乱整个传媒产业。

这也是美国商界最严重的一大分歧的开端：整个硅谷的工程师都认为，将个人电脑变成电视的技术很酷；纽约和好莱坞的媒体高管惊恐万分。如果科技业将媒体的内容都数字化，令窃取内容变得更加容易，那么媒体要如何靠出售内容赚钱？媒体高管试图达成协议，以抵制这一威胁。问题是，媒体达成的大部分此类协议，尤其是美国在线收购时代华纳的协议，最终都带来了灾难性的后果。与此同时，硅谷一直在不断推出更好、更快、更时髦的小发明，令数百万人都想要使用。

截至20世纪90年代末，围绕文件分享网站"纳普斯特"，高管们已经发展到公开向对方叫嚷的程度。硅谷指责纽约和好莱坞反对创新，反对消费者。媒体高管则将高科技行业高管称为窃取他们财产的帮凶。

马克·安德烈森的逻辑很简单：智能手机和平板电脑的爆炸式发展正在使电视便于携带，甚至比过去更加无处不在。因此，电视、智能手机、笔记本电脑和平板电脑之间的区别正在变得毫无意义。它们都不过是连接互联网的屏幕而已。电视节目制作和计算机编程过去是完全不相干的两件事，现在，它们则越来越趋于一体。

如马克·安德烈森所见，软件就像20世纪的钢铁和塑料一样，已经成为所有发展的原材料。

毫不夸张地说，高科技和媒体目前刚刚开始它们的蜜月期。视频网站的红人正在得到好莱坞著名经纪人的青睐。推特网高管杰克·多尔西加入了迪士尼这样的知名媒体企业的董事会。

索尼公司世界娱乐业务负责人迈克尔·林顿等媒体大亨则加入了Snapchat这样的新兴企业的董事会。Netflix等科技企业正在制作自己的电视剧，并令HBO等老牌媒体企业与之争夺用户。亚马逊已经组建一个工作室，负责制作自己的内容。

就连迪士尼公司首席执行官罗伯特·伊格这样的老牌媒体高管也表示，消费者像点菜一样购买视频娱乐内容的日子指日可待。有线电视套餐的消亡是不可避免的。罗伯特·伊格说："我预计在未来，将由消费者，而不是发行商来决定购买什么内容。"

这种互相示好在旧金山展现得淋漓尽致。以报道名流盛会、为电视明星写些奉承文章和主办奥斯卡庆功会闻名的《名利场》杂志首次举办科技大会。在两天的时间里，主要来自纽约和好莱坞的近800名与会者被分成诸多讨论小组，主要讨论两个行业都面临的巨大变化。这次大会的会场是耶尔巴布埃纳艺术中心，已故的史蒂夫·乔布斯当年正是在这里发布第一款平板电脑和其他苹果产品的。

讨论小组的人员搭配很有意思，Snapchat的创始人、24岁的埃文·施皮格尔与迈克尔·布隆伯格（彭博新闻社创始人、前纽约市市长——编译者注）和凯蒂·库里克（美国著名电视主持人，现已加盟雅虎网站——编译者注）同台。布隆伯格身穿西服套装，库里克身穿合体的黑裤子，脚蹬三英寸高的高跟鞋，而施皮格尔一身刚刚从学校宿舍出来的打扮，身穿运动衫、牛仔裤和白色运动鞋。

这场大会同样具有深远意义。随着《名利场》杂志携这场大会来到旧金山，硅谷已经崛起为世界的新媒体之都，对商业和文化都构成重大影响。在20世纪八九十年代帮助创立并经营MTV电视台的汤姆·弗雷斯顿说："现在的音乐比过去更多，但音乐不再是推动文化发展的主力，科技取而代之。我们过去等着披头士乐队出专辑，我们现在等着新的苹果手机面世。"

（古隆中　编译）

苹果手表等于手腕计算机

可能闻所未闻，苹果公司不从事发明新事物的业务，至少不是其主要业务。它从事更厉害的业务：让过气的电子产品重新流行。

这次，苹果公司发掘了一个可怕的标本。那里曾埋葬了许多"尸体"。这次行动是典型的苹果公司式、经典的"死而复生"式策略。自其传奇的合创者之一、天才掌舵者乔布斯逝世后，这是苹果公司首次尝试这种策略，但令人高兴的是，它创造的产品是令人信服的乔布斯式作品：一款外形惊人漂亮、功能完备的名为"苹果手表"的设备。

一、老产品重获新生

苹果手表必须好，因为苹果公司不仅让老一类产品重获新生，而且消除了分界线。它尝试将科技带到之前从未特别受欢迎的地方：在我们的身体上。当首席执行官蒂姆·库克及其同事谈及苹果手表时，他们反复用到的单词是"个人"和"亲密"，就其字面的意思，这是事实：他们在让你允许将一台计算机绑在你的手臂上，就像死缠烂打的约会，苹果手表希望与我们变得亲密，以一种我们完全不习惯，也许也没有准备好的方式。这不仅是一款新产品，这是技术试图将我们的身体变为殖民地。

技术进步一般是渐进式的，但这是个分水岭，是"煮熟青蛙"的一刻。曾经，互联网要拨号上网，接着在20世纪90年代末它被宽带替代。苹果手表标志着永远在线的互联网的到来，一个不能被搁在一边的互联网。我们已习惯了在互联网上只拨动我们的手指，但苹果手表不裹足于此。它跟踪记录你的动作，它倾听你的心跳，它让你的全身上网。

如果苹果手表获得成功，那么它将是站在许多，许多次失败的经验之上取得成功的。腕表最初在20世纪20年代变得流行起来。它让人们知道时间，却没有其他功能，我们喜欢我们的手表看起来沉默寡言。2004年，微软公司生产了"SPOT手表"，这款价格为300美元的设备可以发送短信、更新数据以及广播天气预报。几年后，它不为人知地消亡了。

但梦想没有毁灭。多家科技公司拒绝放弃这一想法，即我们要在手腕上戴着计算机。它们坚持了这一想法。过去几年，在苹果公司的对手中，几乎每一家公司都发布了智能手表，很可能至少部分是受到了这家iPhone手机制造商对智能手表毫不掩饰的兴趣的激励。三星、索尼、LG和摩托罗拉都出售智能手表。之后，谷歌公司发布了安卓可穿戴设备，这是专门为手表定制的其移动操作系统的一个版本。

二、可穿戴设备

智能手表自身只是规模更大的、同样不成功的、同样顽强的技术类别中的一个部分，这个类别被叫作"可穿戴设备"。谷歌眼镜很可能是其中最雄心勃勃的例子，但可穿戴设备还包括健康追踪器，如Fitbit智能设备、Jawbone公司推出的UP智能腕带和耐克公司推出的Fuelband智能健身腕带。医生喜欢这些产品——医院系统一直在试图将Fitbit智能设备加入到其医疗保健疗程中，且取得了一些成功。分析人士一般将可穿戴类别当作一个可能在任何时候苏醒的强大的沉睡巨人。比如说，瑞士信贷银行预测，在三至五年内，人们每年将在可穿戴设备上支出300亿至500亿美元。

人们迄今尚未采用可穿戴设备，在很大程度上可以归咎于一个因素：人们不想穿戴它们。问题部分在于审美原因——可穿戴设备一般较丑，但除此之外，问题更多地涉及个人隐私。你可以使用一个设备，但仍可以将其塞到视线以外的地方，从而将自己与其拉开距离。但穿戴一个设备，会透露一些关于你是谁的内容，而这常常并不一定是你想说的。有人为那些佩戴谷歌眼镜的人们专门造了一个特殊词语：戴眼镜的讨厌鬼。

三、苹果手表的优与劣

迄今为止，苹果手表引起了轰动，博得了满堂喝彩，这暗示它将成为首款克服人们抗拒情绪的可穿戴设备。这款手表外观优雅，功能令人意外的丰富。它可以像手机那样打电话，可以处理短信和电子邮件，因为屏幕小导致阅读比书写容易许多。使用者可以相互发送心跳，也许无用但无论如何很有趣。它已经支持数十款应用程序，常常是 iPhone 手机及 iPad 的应用程序的缩小版。

苹果公司还特别注重健身功能，这有意义，因为这是可穿戴设备具有吸引力的一个领域。苹果手表跟踪你走了多少步，以及你是否进行了足够的锻炼，或者坐的时间是否过长。背面的一套传感器可以读取你的心跳频率。你可以容易地想象出，这个设备为你的医生提供了一份有用的日常活动报告。

手腕上戴着这个功能强大的手表令人陶醉，也有点儿令人不安。可穿戴设备进入了你的个人内室，想要成为个人自我的一部分。这就是技术，在一再遭到拒绝后，最终建立了新的据点。

这是新的且略令人不安的体验。像苹果手表等可穿戴设备的矛盾之处在于，它既让你获得控制权，同时，又剥夺了你的控制权。

（李文清　编译）

谷歌等或与苹果争夺智能手表市场

在苹果公司刚刚推出智能手表之际，谷歌公司、英特尔公司和瑞士制表商豪雅公司宣布结成联盟，共同制造智能手表，进军奢侈品市场。

就在 2014 年的这个时候，谷歌公司发布了为智能手表打造的 Android Wear 系统，为开发智能可穿戴设备奠定了基础。到目前为止，市面上大部分智能手表的售价集中在 200 至 450 欧元之间。然而，苹果公司却将苹果手表的价格确定在 400 至 1 万欧元之间，这使各家生产商改变了主意。

在苹果手表横空出世之前，豪华手表市场主要由瑞士制表商主导。这次是硅谷和奢侈品牌首次结成联盟。在硅谷这边，英特尔公司是老牌芯片生产商，而谷歌公司则是软件开发领军者。在奢侈品牌这边，豪雅公司与迪奥、路易威登和酩悦等奢侈品牌同属法国路威酩轩集团（LMVH）旗下。豪雅公司宣布，三方已在瑞士巴塞尔钟表珠宝展上签署了相关协议。

作为计算机芯片制造企业的领头羊，英特尔公司决定试水移动设备领域的时间相对较晚。然而，它正在迎头赶上：首先基于"夸克"技术推出了针对可穿戴设备等电子产品的"爱迪生"芯片，紧接着又发布了最先进的纽扣大小的智能模块的"居里"。

谷歌公司研发的软件已经征服全世界无数的电脑，如今该公司正在尝试着跳出常规的电子产品市场，开创全新的未来。与此同时，在谷歌身后，还有 LG 公司、索尼公司和摩托罗拉公司等 Android 系统支持者。其中最为成功的就是摩托罗拉公司推出的可穿戴设备 Moro 360 智能手表，该设备搭载的正是谷歌的 Android Wear 操作系统。

花旗银行分析师估计，到 2018 年，智能手表市场的规模有望达到 100 亿美元。面对这个巨大的市场，各路英雄正在摩拳擦掌。

（宋家德　编译）

瑞士制表商不甘心只当苹果智能手表的看客

据德新社报道,瑞士制表商将在可穿戴技术上与苹果公司展开竞争。

经过短暂的拖延之后,瑞士制表业正在对智能腕表时代的来临做出响应。豪华手表制造商泰格豪雅在 2015 年的巴塞尔世界钟表珠宝博览会上宣布,该公司已与英特尔和谷歌合作,将生产其第一款计算机手表。泰格豪雅已经设计并将投产这款手表。此表将采用谷歌的安卓智能手表操作系统,英特尔将为其提供微芯片。泰格豪雅公司首席执行官让－克洛德·比韦表示,这是他从业 40 年以来最重要的宣布。

苹果智能手表已于 2015 年 4 月 24 日上市,推出黄金和不锈钢外壳两种版本。苹果正在就手表设计发出一种深思熟虑的宣言。传统的手表制造商被迫对苹果公司予以关注。甚至就在 2014 年,让－克洛德·比韦还曾表示,他不认为苹果公司会对手表行业造成重大影响。同样是在 2014 年,苹果公司挖走了让－克洛德·比韦手下的一位市场营销经理。

谷歌的安卓智能手表操作系统已经被用在了多款不同的智能手表上,例如摩托罗拉、LG 和华为公司的产品。英特尔公司有意扩大自己在物联网领域的布局,并通过收购智能手表公司 Basis 来获得立足点。

2014 年,全世界销售了大约 680 万只智能手表。到目前为止,三星公司以 23% 的份额主宰这一市场。摩托罗拉大约占到智能手表总销量的 10%,而索尼、佩布尔、LG 和佳明等公司则瓜分其余的份额。据德国消费市场调查机构捷孚凯市场咨询公司称,世界智能手表市场可能会实现 600% 的增长。

在巴塞尔世界钟表珠宝博览会举行前夕,手表厂商斯沃琪向世界发布了其与苹果手表竞争的产品。斯沃琪 Touch Zero One 虽然无法当电话用,但它拥有许多健康跟踪功能。斯沃琪还计划推出此款手表的增强版，包括具有无线支付功能，甚至可以用来打开电动门的版本。

（吴娣伊　编译）

日本电子企业兴旺缘于中国手机

大概谁也不会想到，正在助推中国智能手机热潮的，竟然是一个不太可能的因素：日本零部件生产商。

凭借高性能的低成本手机，中国的小米、联想和华为等异军突起的手机制造商，正日益侵蚀苹果和三星等巨头的市场份额。这些手机相当比重的部件都是由村田制造所和TDK公司等日本企业所造——甚至占到一些手机价值的50%，包括显示屏、WiFi模块等诸多部件。村田的负责人说："对此类部件的需求份额正与日俱增。"

在日本当下黯淡的电子行业中，手机部件销售是罕见亮点之一，而世界最大且正以每年19%的速度增长的中国智能手机市场，是一个重大因素。

激烈竞争正拉动中国市场的手机销量，部分手机售价不到100美元。更低价格意味着零部件预算较少，但专家称，日本供应商对中国品牌提供的零部件份额通常要比对苹果或三星的更大——仅占最新版苹果手机的三分之一材料成本，在三星手机中占比更低。

据初步统计，2014年，中国品牌手机的销量占中国国内市场的四分之三，而2010年仅为三分之一。

在进军海外市场的过程中，随着升级产品，中国企业也在增加日本部件的采购量。中兴手机负责人表示，该公司正为其高端机采购夏普显示屏、索尼相机模块等。

拥有罗姆半导体、日本电产和京瓷等部件制造商的日本京都地区，是中国智能手机产业繁荣的最大受益者之一。总部位于东京的TDK表示，2014年4月至6月，其对中国手机制造商的销售额已增长50%。2014年9月，日本机器人生产商法努克已分别将其财年销售额和利润预期上调29%和26%。日本显示器公司预测，本财年对中国手机制造商的销售额有望增长近两倍。

（李爱蓉　编译）

索尼微软想让中国玩家转向电视游戏机

对于索尼和微软的电子游戏业务而言，中国是这两个巨头的新战场，或者说是游戏机战场上开辟的一条新战线。

中国电子游戏市场正在迎来一次大洗牌。微软公司前脚在中国发布了"Xbox One"游戏机，索尼公司后脚就宣布，该公司的两款热门游戏机"PlayStation（PS）4"和"PlayStation Vita"在中国发售。

为什么过了这么长时间，中国游戏玩家才等来 PS4 和 Xbox One？15 年来，中国一直禁止销售电子游戏机，因为它担心暴力游戏可能导致道德风气败坏。这项禁令直到 2014 年 1 月才解除，为索尼和微软等游戏机企业打开了大门。

如果能让中国玩家转向电视游戏机，索尼和微软可能会"大发横财"。美国国际数据公司的游戏部门研究主管刘易斯·沃德说，中国目前的游戏机市场渗透率仍停留在"个位数"的水平，但鉴于中国拥有 13 亿人口，即便如此低的渗透率也可能意味着数以百万计的潜在消费者。

美国高德纳咨询公司驻上海消费电子产品研究主管罗杰·盛（音）说："个人电脑上有'星际争霸'、'魔兽争霸'、DOTA 等网络游戏。那么，索尼和微软该怎样吸引这些玩家？"

答案显然不在于硬件而在于软件。分析人士认为，游戏的可选性是中国玩家决定购买 PS4 和 Xbox One 或其他电视游戏机的最主要原因。

（王 艳 编译）

电子书阅读效果不如纸介质书

据英国媒体报道，一项新研究发现，用 Kindle 看书的人在回忆悬疑小说情节的发生时间时，"明显"不如纸介质书读者。研究人员正在全欧洲范围开展一项大规模调查，以评判数字化对阅读体验产生的影响，上述研究即为这项大规模调查的一部分。

研究人员把伊丽莎白·乔治写的一篇短篇小说拿给50名读者。小说共28页，一半的读者在 Kindle 上看，另一半的读者看纸介质书。然后，研究人员就故事的方方面面对这些读者进行测试。

这项研究的负责人之一、挪威斯塔万格学院的安妮·曼根认为，读者的"专注度和情感反应有所不同"。她的预测基于此前一项研究，那项研究比较的是通过纸介质书和 iPad 阅读一篇令人不安的短篇小说的效果有何不同。曼根说："在这项研究中，我们发现，纸介质书读者在移情、专注和叙述连续性等方面确实都强于 iPad 读者。"

这一次，两组受试者的表现基本相似，唯一的例外是有关故事情节的发生时间。研究人员称："Kindle 读者表现明显较差的方面是情节重构，也就是把14个情节按正确顺序排列。"

研究人员认为，Kindle 的触觉反馈不像纸介质书那样为大脑重建故事提供同样的支持。

曼根说："看纸介质书时，你可以通过手指感觉到，左侧的书页不断增加，右侧的书页不断减少。你有那种前进的触感……这可能以某种方式帮助读者，为读者的开卷之感及文本的推进提供更强的固定性和可靠性。"

曼根还提到2013年发表的一篇论文。那项研究让挪威72名10年级学生阅读一些文本，有些为纸介质版，有些为电脑屏幕上的 PDF 版，然后测试他们的阅读理解情况。她和同事发现，看纸介质文本的学生在阅读理解测试中得分明显高于看数字文本的学生。

她正在主持一个新成立的欧洲研究网络，对文本阅读数字化产生的影响展开实验研究。该网络称："研究显示，人们用来阅读长篇文本的时间呈下降趋势；因为数字化，阅读变得越来越不连贯，越来越碎片化。"

（王朝玲　编译）

取代电子战的数字战离我们并不遥远

在现代社会，战争的形式在演变：从钢铁战到电子战，从电子战到数字战——金·策特推出了她的新书《零时倒计时："震网"与世界首个数字武器的诞生》。

当你读完金·策特介绍破坏了伊朗核计划的蠕虫病毒的新书后，如果你感觉自己将开始考虑改行，那么请不要感到意外。单单是笔者考虑不当记者，改做电脑怪客的这一点，就应该让人领教作者金·策特把复杂和技术性的网络故事描写成引人入胜的惊险读物的本领。

金·策特是美国《连线》杂志的资深撰稿人，通过她的生花妙笔，《零时倒计时》一书的读者将发现自己会力挺那些让每个人都爱恨交加的家伙。

例子之一：39岁的埃里克·钱原本是加州大学洛杉矶分校的生物学与遗传学专业学生，但却成了金·策特书中的国际网络侦探之一。据他讲述，他是偶然踏入这个行业的。20世纪90年代，他决定与几个朋友一道去初创的赛门铁克电脑安全公司工作，该公司当时处在反电脑病毒技术前沿。

20世纪90年代的时候，病毒分析师就像是家电修理员一样，只是静静等待故障的发生。恶意软件、病毒或蠕虫病毒（一种可以自我复制并在电脑之间迅速传播的病毒）还很罕见。

10年时间发生巨大的变化：到了2009年，埃里克·钱和赛门铁克公司的技术小组为破解恶意软件已经忙得不可开交。该公司目前在世界各地拥有24小时值班的安全研究人员。

起初，使"震网"显得与其他恶意软件不同的是，它使用了类似于计算机上的后门的"零日漏洞"。

埃里克·钱和世界各地的其他分析员最终发现，"震网"病毒不止是在一个地方，而是在好几个地方利用了"零日漏洞"。这反而激起他们更大的兴趣。他们不知道到底是什么人出于什么原因编写了这种病毒，但他们决定弄个水落石出。这便是《零时倒计时》一书的核心故事：从白俄罗斯到加州的分析员是如何联手查出什么人制作和投放了世界上第一种数字武器。

在"震网"病毒之前，美国军方和情报部门的网络行动大多集中在数据的窃取或扰乱上。美国官员设想把"震网"作为常规武器的替代。例如，利用电脑病毒或蠕虫病毒从内部进行某种破坏以代替通过空中打击摧毁核设施。"震网"病毒似乎做到了这一点。金·策特写道："'震网'是已知唯一对某个计算机系统造成过物理破坏的网络攻击。"

金·策特认为，"震网"病毒的总设计师是詹姆斯·卡特赖特上将，他当时是美国战略司令部司令。据金·策特称，是国家安全局的程序员开发了病毒代码，他们后来还与以色列国防军8300部队的同行展开了合作。代码在编写完成后便交给了中央情报局予以投放。

金·策特写道，小布什政府中的官员对于实施该计划曾经举棋不定，但是这种谨慎与其说与他们希望给伊朗造成的破坏有关，倒不如说与国家安全局的网络攻击能力可能会首次遭到曝光有关。这便导致了此书最让人意外的一点：还没有发生过更多像"震网"一样的网络攻击。金·策特认为，这种蠕虫病毒如此成功，以至于出现类似的网络攻击只是时间问题。

奥巴马曾下令国家安全和情报部门高级官员编制一份外国目标清单——包括系统、程序和基础设施——以供今后可能开展的网络攻击之用。数字战的时代或许早已开始。

（赵品芳　编译）

瑞士"小布拉特"体育传媒大权卖给中国万达

2015年,中国房地产开发商大连万达集团宣布,万达战胜11家来自全球的竞争对手,牵头并购总部位于瑞士的盈方体育传媒集团(简称盈方)。

万达表示,万达牵头三家知名机构及盈方管理层,斥资10.5亿欧元完成本次并购。万达工作人员对中国媒体表示,万达出资5亿欧元,控股68.2%,但拒绝透露另外三家合作方。

瑞士的盈方是全球第二大体育市场营销公司,也是全球最大的体育媒体制作及转播公司之一,多年保持良好业绩并稳定增长,2014年收入超过8亿欧元,并已合同锁定未来几年的相当部分业绩。英国《金融时报》称,盈方负责分销过去两届世界杯足球赛在亚洲的媒体权利,并有权销售2015年至2022年期间亚洲26个国家及地区足球赛事的转播权。报道分析称,控股盈方将让万达获得多项体育赛事的媒体权利,包括意甲、铁人耐力赛和柏林马拉松等。盈方总裁是国际足联主席塞普·布拉特的侄子菲利普·布拉特。完成交易后,人称"小布拉特"的菲利普·布拉特继续担任盈方的总裁和首席执行官。

万达为何并购盈方?万达集团董事长王健林在签约仪式上表示,非常看好盈方未来收入预期,"对盈方来说,和中国体育结合,盈利空间和想象空间都非常大"。根据万达提供的数据,美国体育产业约占GDP的3%,达到4500亿美元;而中国体育产业仅占GDP的0.6%,只有480亿美元,其中大部分是体育服装、体育器械等相关产业,因此,中国体育产业发展潜力很大。此外,王健林认为本次并购能帮助中国足球、冬季运动等落后项目提高水平,也有利于万达做大文化产业。万达文化产业集团的目标是2020年收入达到1000亿元人民币,2015年预计突破450亿元,"1000亿大概意味着有可能成为世界文化企业的前五强或者前六强"。王健林透露,万达2015年年内至少还有三个文化产业项目的并购,有一批项目正在谈判当中。

  中国大连的万达集团，自 2015 年以来，已经宣布多项海外大型投资计划。比如，万达收购了西班牙足球俱乐部马德里竞技队 20% 的股份。此外，万达还拥有美国院线 AMC Theatres 和英国豪华游艇制造商圣汐。路透社评论称，万达集团正在以一连串收购的方式，积极扩展海外业务，从房地产向多样化经营转型。

（杨令军　编译）

网　络

脸书要拉《纽约时报》等纸媒入伙

财大才能气粗。脸书的活动能量越来越大，脸书可能登载新闻网站的内容。

没有什么能像脸书那样吸引着美国的新闻机构，也没有什么能像脸书那样使美国的新闻机构更紧张。

拥有14亿用户的脸书社交网站已经成为试图到达越来越分散、越来越离不开智能手机的受众的媒体机构的一个重要流量来源。2015年以来，脸书一直私下里与至少6家媒体公司进行谈判，讨论在脸书内登载新闻内容的可能性，而不是让用户点击链接，进入外交网站。

据了解讨论内容的两个人称，脸书打算在未来几个月内开始测试新的版式。最初的合作伙伴预计包括《纽约时报》、BuzzFeed网站和《国家地理》杂志，但由于谈判还在继续，所以，可能还会增加其他媒体。其中一人说，《纽约时报》和脸书已经快要达成协议。

为了让这个方案对媒体机构的吸引力更高，脸书已经探讨了让媒体机构通过广告来赚钱的方式。

脸书曾公开表示，希望使在网上消费新闻内容的体验变得更加完美。目前，脸书上的新闻文章是链接到媒体机构自己的网站的，需要打开一个新网页浏览器，通常需要约8秒的时间进行加载。脸书认为时间太长了，尤其是在移动设备上。为了捕捉读者的眼球，一分一毫都至关重要。除了直接在脸书上登载新闻内容，该公司还在与媒体机构讨论其他有助于加快文章到达读者的速度的技术方式。

分析和营销公司辛普尔里奇公司的首席执行官爱德华·金说，网站速度哪怕只增加一点点儿，也会带给用户满意度和流量的大量增加。所以，脸书的计划可能侧重于这些小的改进，而不是从与媒体公司的协议中挣钱。

视频对于脸书用户和广告商来说已经越来越受欢迎。脸书有望引进扩展工具，把视频广告植入非脸书的应用程序中。

和脸书一样，媒体公司也希望改进用户体验。尽管如此，它们的步子仍很小心。比如《纽约时报》采用的是订阅模式，这是该报社收入越来越重要的一部分。公司必须权衡到达脸书用户所带来的好处与弊端。

相关链接

脸书试飞发射互联网信号无人机

据马克·扎克伯格透露，脸书公司已经开始试飞其旨在令全世界都能接入互联网的巨型无人机。

他在自己的脸书网页上发布信息称："作为我们连接世界努力的一部分，我们已经设计出能够从天空中向人们发射互联网信号的无人机。"

"今天，我很激动地与大家分享如下信息，我们已在英国成功完成了这类飞机的首次试飞。""最终设计方案的翼展将比波音737飞机还宽，但是其重量却不及一辆汽车。""这种无人机机翼上的太阳能电池板将为其提供能源，飞机每次能在超过6万英尺（约合1.83万米）的高度上停留数月。""这些飞机将能够把全世界连接起来，因为它们能够以合理的价格为生活在偏僻地区、没有互联网设施的、占全世界10%的人口提供服务。"

在旧金山举行的脸书公司F8开发者大会上，该公司首席技术官迈克·施罗普弗说，脸书公司认为无人机是将全世界连接起来的关键，也就是说，"这意味着需要上天"。

他展示了这款名为Aquila的无人机，这是一种连接到互联网的无人机，翼展堪比波音737飞机，"重量却不及一辆小汽车"。

在一系列试飞之后，仅需要三至五年时间，这些超大型的太阳能无人机就将盘旋在全世界偏僻地区的上空，提供互联网接入服务。

脸书公司"互联实验室"的工程总监亚伊尔·巴圭尔在2014年9月于纽约举行的社会公益峰会上说，这些飞机"接近"一架波音客机的大小，但是比波音客机要轻得多。

脸书公司之前表示，这些无人机将"相对便宜"——但并没有明确指出价格——而且对于没有电缆或基础设施传输互联网和电话信号的郊区来说更加有效。

这个加州技术巨头与诺基亚、高通、三星和其他技术企业发起了一项名为Internet.org 的行动，合作开发这些无人机。

现在，约有 27 亿人能够使用互联网，这个数字约占全球人口的三分之一。

参与这项行动的成员在一份报告中说，将全世界连接起来是"我们这个时代的根本性挑战之一"，它们计划利用包括无人机在内的多种技术手段来实现这一目标。

（李朝霞　编译）

美国《艾伦秀》通过网络进入中国

2014年，在美国第一夫人米歇尔访华期间，总统奥巴马高调亮相名牌脱口秀节目《艾伦秀》，与不久前主持完奥斯卡颁奖礼的艾伦大谈自己留守空房的孤单感受。这期节目使得本已人气爆棚的《艾伦秀》更是首个通过网络平台输送到中国的美国电视脱口秀节目。美国娱乐界普遍认为，艾伦与中国观众的"跨洋传情"，是美国电视文化渗透到中国正规网络市场的又一重要标志。

对于《艾伦秀》这样获得过几十次"日间电视节目艾美奖"提名、粉丝数至少400万的脱口秀节目来说，请到总统并非难事。因为美国政要们的专业公关团队会安排头面人物参加高收视率的脱口秀，以此拉近和选民的距离，还能争取到表达政治诉求的机会。所以，当《艾伦秀》的主持人艾伦和奥巴马聊完爱追的美剧后，后者立刻将话题转向医改方案，并滔滔不绝地呼吁民众支持他的改革。

事实上，美国脱口秀的政治倾向性是这类节目的一大看点。主持人会在节目中为自己支持的政党或领导人擂鼓助威。比如大卫·莱特曼这名老当益壮的脱口秀主持人，其亲民主党、批共和党的政治倾向就相当直白和浓烈。在美国总统大选时，他曾向现场的共和党候选人麦凯恩提出不少尖刻问题，而像杰·雷诺这样的前《今夜秀》主持人虽属横跨两党的温和派，但一旦挖苦起人来也是毫不留情的。

除了热衷邀请名人政要外，华人明星也是《艾伦秀》的座上宾。在马年春晚上表演近景魔术的旅法华人魔术师Yif、功夫明星成龙、美国钢琴神童王瑞安等都在《艾伦秀》中展示过华人在不同领域的艺术才华。另外，美国著名的华人谐星、毕业于莱斯大学的生物化学博士黄西等人还在《艾伦秀》中留下脍炙人口的"名段儿"。在《艾伦秀》亮相中国的首期节目中，主持人更是连秀六次中文"你好"向中国观众卖萌示好。

虽然美国总统上脱口秀并非头一遭，但对于中国观众而言，《艾伦秀》不需要通过网络下载就能在中国的视频网站上直接点击播放，这的确是观看西方娱乐节目的升级之举。2014年1月，《艾伦秀》的发行方华纳电视与搜狐视频达成协议，正式成为首个进军中国的美国脱口秀。这档脱口秀的分销商、华纳兄弟电视集团全球分销公司总裁杰弗里·施莱辛格表示："把《艾伦秀》独特的轻娱乐品牌带入中国是我们长期以来的目标之一。"

据外媒报道，引进美国的电视节目产品占搜狐视频点击量的20%，而《艾伦秀》生动活泼，且有大量名人亮相的特征正符合网站的购买风格。2014年1月至3月，搜狐视频的收入增加两倍。但由于购买数十档像《艾伦秀》这样的电视节目花费巨大，美国晨星公司（Morningstar）分析师预计，搜狐的视频业务2015年前不会转亏为盈。

另据艾瑞咨询公司（IResearch）估计，随着美国综艺娱乐节目的进入，2014年，中国网络视频行业的在线广告应该会带来约29.5亿美元的营收。至于这类节目因文化背景不同造成的观看门槛，中国引进方认为，字幕的完善应该能够化解这一"烦恼"。

美国影视界对于《艾伦秀》进入中国甚为激动，《好莱坞报道者》称，"有着6亿网民的中国市场，向来是好莱坞看重的大蛋糕"，而"《艾伦秀》这种不偏不倚、相对温和的脱口秀，比起其他政治倾向明显的脱口秀来说更适合"。《财富》杂志评论说："中国的在线视频技术日臻完善，越来越多的中国人渴望享受到美国的电视文化大餐。"美国《时代》周刊则对主持人艾伦这样的女同性恋者能否被中国网民接受表示乐观，并认为"《艾伦秀》登陆中国的意义超出简单的电视节目范畴"。

尽管如此，《艾伦秀》毕竟还是立足美国的娱乐节目，与中国观众的欣赏角度存在距离，价值观上也难以苟同。相比以剧情取胜的美剧，美式脱口秀与社会热点和历史文化有着更紧密的联系，能否被中国观众真正消化依然存疑，这就像美国人无法理解赵本山的小品和郭德纲的相声一样。温和幽默的《艾伦秀》落地中国只能说是一次试水，能否长期存活，既要看节目品质，更要看中国观众的口味儿。

（王定熙　编译）

4G 还不普及的欧盟已开始钟情 5G

一个大洲与一个小国携手攻关高技术，前所未闻。2014 年 6 月，欧盟与韩国政府签署协议，双方将联手相关企业共同开发 5G 网络。声明称："在全球研发 5G 网络的竞赛中，这是一个新的里程碑。"目前，多国正在全力研发 5G，争夺该技术的制高点。有评论称，5G 是一片新大陆，谁要是第一个占领，谁就拥有未来网络通讯的准入权。

该协议显示，双方将成立联合项目组，共同开发 5G 网络、制定 5G 技术标准。欧盟主管数字化进程的副主席尼莉·克罗斯表示，这是首次在政府间并联手相关企业达成如此规模的科技合作计划。

根据该计划，欧洲爱立信、诺基亚西门子和阿尔卡特朗讯等移动设备制造商以及韩国三星电子都将参与 5G 研发。欧盟方面表示，将与企业合作方分别拿出 7 亿和 30 多亿欧元，展开 5G 研发，欧盟委员会将在年底筛选出第一批项目进行投资。而韩国政府也于 2014 年 1 月公布了 5G 无线通讯技术的发展路线图，目标要在 2021 年前成为首个将 5G 网络商业化的国家，韩国政府预计未来 7 年将总共投入 1.6 万亿韩元（约合 15.7 亿美元）。韩联社称，韩国未来创造科学部和欧盟将在 2015 年年底前完成 5G 大概性的技术定义和主要性能、研发目标等设定，并在 2016 年开始正式推进共同研发 5G 相关技术。韩国《每日经济》称，韩国和欧盟将成为全球迎来 5G 时代的先头地区，并领先美国、中国、日本主导制定全球 5G 技术标准。

目前，还没有任何电信公司或标准制定组织的官方文件中提到 5G，就连欧盟数字议程连接部门副主管伯纳德·巴拉尼 2013 年 12 月还公开称，他也不知道 5G "长什么样"，只是能大体罗列一些"想象出的本领"，如能实现无所不在的接入、无缝兼容、是智能、大容量的移动网络，并包含强劲虚拟网络功能。

欧盟2013年12月启动5G专项研究计划，投资5000万欧元研发，计划2020年推出5G。对于这一时间表，业界多数企业持相同看法。中国华为公司在2013年11月宣布，将在未来5年投入6亿美元用于5G研发，预计首个5G商用网络将于2020年面世，届时移动宽带用户峰值速率将是当前4G网络速度的100倍。

韩国未来创造科学部部长崔文基在双方签署协议后表示，韩国力争在2015年开发出5G核心技术，并在2018年平昌冬奥会时对世界展示。

中国有关专家告诉采访者，目前没有5G标准，也还谈不上5G。世界上一些相关企业刚开始进行5G的愿景规划，中国也出台5G白皮书，比如说，基本的设想是每秒达到1G的下载速度，频谱利用率也要比4G时大大提高。华为、中兴和中国移动等正在研发。他认为，没有5G的标准，就还谈不上5G技术，因此，也不能说韩国的就最好。

英国《金融时报》2014年曾报道称，中国的4G网络服务虽然刚刚起步，但拥有的基站已超过欧洲国家总和。《华尔街日报》称，2013年年底，美国19%的移动网络已经是4G，而欧盟只有2%，而且美国的速度比欧盟快平均75%。目前，欧洲4G最发达的两个国家德国和英国，4G用户加起来不到100万。

（宋正群　编译）

5G 移动互联网或登堂入室

英国萨里大学正在成立一个 5G 实验室。该实验室展示了英国在打造下一代移动互联网技术方面的雄心。

在许多移动电话用户刚刚开始升级到更快的 4G 网络之际，电信设备提供商已将目光投向下一代移动互联网技术了。

沃达丰和英国电讯等公司不仅购买了使用这种技术的机会，还购买了分享萨里大学该中心将来所产生收益的股权。

竞相开发 5G 移动互联网技术的公司并非只有这几家。华为、爱立信、诺基亚和三星开办的实验室正全力以赴地生产宝贵的全球性专利，这些专利将支撑起移动设备连通性的未来。

大部分公司希望在 2018 年前对某种形式的 5G 移动互联网技术进行测试。据萨里大学 5G 研究项目负责人拉希姆·塔法佐利教授介绍，前几代移动互联网技术旨在提高互联网速度，而 5G 将向前再走一步。他说，预计 5G 将使互联网速度快得足以使一系列新应用成为可能，包括从可联网车辆到一切可接入互联网的设备。

爱立信认为，到 2022 年，全球将有多达 500 亿部连接设备，届时这项技术有望开始投入商用，这将产生深远影响。

网络技术往往每 10 年进化一次。从 2010 年起，4G 为运营商更有效地利用频谱资源创造了条件。这意味着获取移动数据的速度约为 3G 的 10 倍。

下一代移动互联网技术将不仅仅涉及移动电话，它还将涉及通过电波向需要与互联网相连接的数以十亿计的设备提供连通性——从无人驾驶汽车到智能城市无所不包。

这种最新转变在一定程度上解释了诺基亚以 156 亿欧元收购阿尔卡特朗讯的

理由。

在2015年的巴塞罗那世界移动通信大会上，德国电信、爱立信和华为就5G如何展开运营提出了自己的构想。

欧洲和亚洲地区政府也向当地有关公司提供支持，以建立基于可供出口的国内技术的全球性标准。

他们支持的项目之一是5G公私伙伴关系（5G-PPP）。5G-PPP是欧洲电信业、欧盟委员会和中国华为公司联合开展的一项价值14亿欧元的项目。

目前存在的一个问题是，究竟何为5G还没有标准定义，到头来各公司可能使用不同的服务。

专家通常试图以每秒多少千兆比特（GB）的速度来描述5G，而科学家谈论的是每秒10GB的"峰值"数据速率。

但塔法佐利教授表示，延迟时间可能是关键所在。这是指数据通过系统到达一个设备所需的时间。要使无人机驾驶汽车之类的实时应用成为可能，5G服务需要在1毫秒内做出反应，约比4G快50倍。

相关链接

英国互联网8年内达"崩溃极限"

互联网在崩溃边缘？科学家警告，网络可能在8年内达到极限，而且在2035年耗尽英国所有用电量。

科学家们警告，由于无法跟上我们对更快网速的要求，互联网正在达到"容量崩溃极限"。

2015年5月，资深的工程师、物理学家和大型电信公司主管被召集到伦敦的皇家学会开会，商讨采取何种措施避免网络危机。

网络电视、流媒体服务和前所未有的强大电脑的繁荣，加剧了我们通信基础设施所承受的压力。

如果按这样的使用率继续使用下去，仅仅20年后，英国的电力供应将全部被互联网消耗掉。

专家们警告，给我们的笔记本、智能手机和平板电脑传输信息的电缆和光纤在8年内会达到极限。迄今为止，工程师们一直想方设法跑在市场需求的前面，网速在过去10年提高了50倍。2005年，英国宽带网速最多为每秒2Mb。如今在英国很多地方的下载速度都达到每秒100 Mb。但专家们警告，科学已经达到极限：光纤只能传输这么多数据，不能更多。

作为2015年5月皇家学会会议的组织者，伯明翰阿斯顿大学教授安德鲁·埃利斯说，结果将是上网费用增加或限制网络使用。

埃利斯对英国《每日邮报》的记者说："我们到了这个实验室阶段：我们无法让一根光纤传输更多数据。从实验室研究到投入市场还需要6至8年时间，所以，8年内将保持目前这个样子。"

埃利斯教授说："需求正逐渐追赶上来，要领先市场需求也越来越难。"互联网公司一直在铺设新电缆，但这意味着花更多的钱，"如果你铺了第二根电缆，意味着成本增加一倍"。

埃利斯教授还警告说，传输这些数据需要巨大的耗电量，"互联网的耗能量和航空业一样多——大约是一个发达国家所有能耗的2%，但这还只是用于数据传输"。

（李弟刚　编译）

英德法追捧网络流行语

在某种程度上，网络流行语给日常语言注入生机和活力，给人们带来轻松和愉快，这已成为不争的事实。作为欧洲文化大国，德国、英国和法国的网络新词、热词比比皆是，对此，欧洲语言学界的主流态度是创新与引导并举，"且用且珍惜"，"越用越出新"。

一、英国认为是文化创新

现在，如果你要和英国人在网上聊天，仅仅看懂对方打出的"THX"（意为"谢谢"）远远不够。面对"TMI"、"WTF"这些网络热词，如果不解其意，就说明你已经跟不上英国语言文化的变化。英国人熟悉的网络热词，很多类似于中国网络上流行的"蛮拼的"、"你懂的"等，它们或是缩语，或是来源于某个热门话题。例如"TMI"的意思是"信息量太大啦"，"WTF"表示"你或许希望瞧瞧自己的模样吧"。键盘上几个字母一敲，就可以把想法和态度亮明，再经过网上人际传播的发酵，往往迅速演变成为字典里查不着、民众间津津乐道的词汇。

网络热词不仅出现在英国人的智能手机和电脑屏幕上，在电视台的脱口秀节目以及酒吧、超市等生活场所里也能随时感受到。威尔士班戈大学语言学教授戴维·克里斯托尔认为，随着人际交往越来越依赖手机、电脑等途径，互联网流行语会越来越火。克里斯托尔表示，语言学的变化原本是一个漫长过程，但互联网这个时代加速器却令这一过程变短。人们对屏幕上的新鲜词汇感到好奇，很快成为新词汇的二传手。"这就像是在自己的胸前贴上一个能力标签儿，"克里斯托尔解释说，"你能说出的热门新词越多，说明你的生活状态越积极。"

过去数年里，牛津词典已经收录数量不少的网络热词，如"Tweet"（推文）、

"dad dancing"（老爸舞姿）和"geekery"（极客范儿）等。这些新词对语言学的发展究竟是利是弊，英国学者的看法各不相同。反对者认为，这些词语没有历史文化背景，是文化速食时代毫无营养的产物。有些词在拼写上甚至将错就错，有的干脆是跟着一部影视剧火起来，因此，应被归为"文化垃圾"。支持者则认为，人类语言学本就是一步步进化而来，"200年前如果你口中蹦出'谷歌一下'，谁明白？但现在在大学图书馆、科研院所，这句话和'喝杯茶去'一样，几乎随时可以听到。"此外，针对"网络热词不符合语法规范"的声音，一些英国语言学者认为这种现象也可视为文化创新，应以积极开放的心态去面对。

英国政府文化部门目前尚未对网络流行语的使用出台相关规定。牛津词典编纂委员会的资深编辑菲奥纳·麦克费森认为，其实，类似现象在20世纪50年代英国掀起无线电热时就曾出现。当时的无线电爱好者曾发明不少新词用于交流。后来，手机短信又继承了这一"创新"习惯。麦克费森同时表示，"相信优胜劣汰的自然法则同样适用于语言文化领域"。

二、德国注重优胜劣汰

众所周知，德国人向来以严谨著称，德语也以严密的逻辑闻名。不过，随着脸谱、推特等社交媒体的兴起，德国人创造的网络热词越来越多。原创性的网络词汇丰富了词语库，但许多争议性新词也引发各界思考。

在近些年由德国语言协会等机构评选的年度词汇中，网络热词往往成为主角。例如2015年由朗氏出版社评出的"年度青少年词语"榜单上，网络热词"Lauft Bei Dir"名列榜首。不过，许多中老年人却不知道它的意思是"你真行"（也可理解为"酷"或"赞一个"）。评选委员会给出的入选理由是，"这个流行语完美诠释了德国青少年的语言表达特点"。

许多德国网络热词也反映出当下的社会热点。如2014年夏天德国国家足球队赢得巴西世界杯后，"Gotzseidank"（感谢格策）成为网络热词，用以赞扬格策在决赛中踢进关键一球。实际上，该词只是将"Gottseidank"（感谢上帝）一词稍加变动。而"Bahusinnig"（疯狂铁路）则是对德国铁路频频罢工和误点的讽刺。此类网络热词还有"Generation Kopfunten"（低头一族）、"Sexting"（性短信）、"Social Freezing"（社会冷冻，意为女性冷冻卵子的行为）等。

德国人爱在网上谈论政治，从最新出现的带有政治观点的网络热词上可见一斑。如"Terror-Tourismus"（恐怖旅游）指以旅游名义进入动荡地区，参加极端主义活动。生活在德国的200万土耳其人也为网络新词贡献了力量。不少土耳其语成为网络热词，如"Hayvan"在土耳其语中表示"野兽"，如今却成为"肌肉男"的代名词。

值得一提的是，许多网络热词因带有色情意味或种族歧视倾向，引起德国学术界、教育界的担忧。像动词"fappieren"意为手淫，该词虽然曾登上月度网络热词的榜首，但最终因为"不具重要性"和"误导青少年"而被各年度词汇榜单摒弃。

同样，获得德国"年度英语化德文单词"头名的"Blackfacing"也引起争议。该词指白人把自己的脸涂黑，扮成黑人。语言学家斯法诺维奇表示，这种有种族歧视意味的词应该受到警示。

德国洪堡大学语言学学者布鲁恩斯对采访者表示，从语言学角度讲，网络热词现象是一种补充和扩展，不少词语已经进入正规词典。不过，网络词语质量参差不齐，许多不符合语法规范，容易对青少年造成误导。还有一些学者表示，大多数网络词语来得快，去得也快，但这些词语透露出草根人群的观点，应该得到社会重视。

为了引导网络词语朝着健康的方向发展，德国语言协会每年举行的"年度词汇大会"都会着力去除一些虽然热门却没有正面意义的词语，并对落选的例子进行点评。同时，德国语言协会还举行各种活动，引导网民抵制不健康词语。一些德国城市干脆举办"年度恶词"的评比，起到了警示作用。截至2015年2月末，最新选出的头名恶词"Lügenpresse"（骗子媒体），是德国反移民组织支持者在网上骂德国媒体时使用的。除了民间机构和非政府组织的自发规范行为，德国政府部门还规定媒体不能使用具有种族、性别歧视以及带有脏话、色情意味的网络热词。

三、法国心态比较谨慎

法语号称贵族语言，最大的优点是精确，最大的缺点是"啰嗦"，因此，法国网民热衷于使用很"骨感"的网络用语来表达复杂的意思，这与别国网民频频造出新词或新的表达方式的情况确有差异。如法语里的"过一会儿"在网上变为"@tt"，"我是"简化为"chu"，"相信"缩写成大写字母"X"等。这样的简化不在语言学的传统规则之内，乍一看简直就是"火星语"。

法国一贯注重语言的纯洁性，一些"法语主义者"认为网络用法"污染了民族语言"。法兰西学术院会定期发表"法语规范报告"，整顿范畴包括外来语、将错就错的网络用法等。20世纪80年代，这种"纠偏"一度很严厉，但互联网普及以来渐渐收效甚微，例如2011年法国文化部"去外来语行政命令"曾试图"规范"掉"Email"这个源自英语的网络用语，并提出对应的法语"标准用法"，但网民并不买账。

一些法国学者表示，网络新词的盛行主要是语言的简化要求与词义转换、隐蔽带来的现象，并没有违反法语的根本原则。随着网络大力推动法国俚语的发展，法国词典也做出相应改进，如2012年版的法国的《拉鲁斯词典》与《罗伯特词典》均收入了不少新词，并对一些老词加入新的解释。

此外，法国政府没有限制电视节目中使用流行语，事实上也的确没有必要，一是因为网络用语多是书写上的简化，发音和原来相同；二是俚语、俗语往往被视为草根阶层的用语，很多人不愿在正式场合使用。

（王德胜　编译）

美媒称互联网或重塑中国电影业

2014年,好莱坞科幻巨制《变形金刚4》成为上海国际电影节的闭幕影片,但如果人们想看看中国电影业的未来,在这一届电影节上放映的一部低调又不落俗套的喜剧片《老男孩之猛龙过江》会有所帮助。

《老男孩之猛龙过江》讲述的是由两名业余音乐人组成的"筷子兄弟"想在纽约成名的故事。影片没有明星阵容,投资也只有约500万美元,但却大有来头。这部影片的前身是一部仅有42分钟、让人笑中带泪的"微电影",2010年在中国视频网站优酷网首播后,迅速热播,已吸引超过8000万粉丝观看。

基于这次成功,优酷网决定筹集资金,将这部微电影翻拍成电影。《老男孩》也因此成为中国第一部走上大银幕的微电影。

在某种意义上,优酷网是YouTube、HuIu、Netflixt和Fandango等外国视频网站的综合体。该公司介绍,2014年对原创影视剧(包括戏剧电影和在线独播影视剧)投资约5000万美元。

中国互联网娱乐业与传统娱乐业的界限越来越模糊,这个趋势在2014年的上海国际电影节上有所显现。例如,在电影节的小组讨论中,来自电子商务巨头阿里巴巴等互联网企业的高管与上海电影集团等电影制片厂的高管同席而坐。

在Netflixt、亚马逊和类似的互联网企业进入美国主流娱乐业后院的同时,中国的互联网娱乐业企业,例如优酷、腾讯、百度和阿里巴巴等,正在强势进军影视业。

中国的重量级科技企业已经吸引数以亿计的用户每天使用电脑、平板电脑和手机收看影视剧。现在,这些企业又开始创作甚至投资影视剧。

2014年3月,阿里巴巴斥资8亿美元控股影视制作公司"文化中国传播集团",该集团2013年投资了华语大片《西游·降魔篇》。阿里巴巴还入股了优酷网和华数传媒等。

此外，阿里巴巴还于2014年春天推出娱乐宝——一个能让普通人直接投资影视剧和在线游戏的投资基金。任何人只要出资至少约16美元，就能成为"制片人"。娱乐宝推出三天时间，就有超过20万人购买，第一期上线四部电影，第二期上线五部电影。

这种趋势让一些人兴奋不已，也让一些人忧心忡忡。2014年6月，在上海国际电影节的一个小组讨论上，在听完阿里巴巴数字娱乐事业群总裁刘春宁对娱乐宝的介绍后，上海电影集团董事长任仲伦说，电影业正处于"改朝换代"的时期，必须适应这些新的趋势。"我们在电影业干了10年、20年、30年，但我们却在被不太懂电影制作的业余人士取代。"互联网太可怕了。

但也有一些人在这种趋势中看到了巨大的机遇。《老男孩之猛龙过江》的投资方、乐视影业首席执行官张昭说："电影业正在经历一场真正的变革。"

（李爱蓉　编译）

2014年是中国手机游戏"走出去"元年

2014年,在第九届全球移动游戏渠道大会上,有中国专家表示,从这一年起,中国手机游戏要"走出去"了。

近年来,随着中国国内智能终端普及率和移动网络网速的提高,国内手机游戏市场迎来了爆发式增长。数据显示,2013年,中国手机游戏市场规模达到112.4亿元人民币,同比增长246.9%;手机游戏用户达到3.1亿人,同比增加248.4%。有业内人士预计,2014年,中国国内手机游戏市场规模将达到230亿元人民币。市场规模的急剧扩大吸引了一大批传统端游及页游企业涌入手机游戏市场。

然而,这一数据在2013年全球122亿美元的手机游戏市场规模面前显得相形见绌。统计显示,与中国市场相比,欧美市场由于成熟度较高,玩家更愿意付费和分享,相比之下,中国手机游戏的产值实际只占全球手机游戏产值的14.7%,国外游戏市场对中国国内厂商充满诱惑。

知名游戏公司中国手机游戏首席执行官肖健表示,2014年就是中国手机游戏"出海"元年,手机游戏企业"走出去"有很多好处,首先,海外手机游戏市场是一个高速增长的市场,很多国内企业都比较看好海外市场的增速。另外,"走出去"有利于开拓中国国内企业的视野,更好地利用全球的手机游戏相关资源,例如当地优秀的文化资源、素材资源、引擎资源等等,这有利于提高中国国内游戏的品质,让中国国内手机游戏的全球化再上一个层次。

但是,由于对市场了解不充分、文化差异等原因,不少手机游戏"出海"面临"触礁"的危险。上方网首席执行官王紫表示,企业在"出海"的同时,大变化、大突破、大挑战也接踵而至,企业"走出去"后是自己发行还是找人发行,需要胆量。

目前，由于在国内市场领先的第三方渠道模式在国外市场的份额有限，而激励性流量受到国内App Store（苹果应用商店）和Google Play（谷歌应用商店）的打压而被弱化，这使得优质的营销平台在手机游戏海外推广中占据了重要的市场份额。

日本移动广告公司Interspace首席执行官河端伸一郎以日本市场为例提醒道，日本手机游戏市场非常庞大和独特，中国企业进入日本市场，首先应该找一个能够给予它们量身定制的合作伙伴，让游戏本身适合日本市场，能够满足日本玩家。其次，外国厂商需要对游戏进行本土化改造。

国际游戏推广商Native X亚太区和拉丁美洲高级副总裁刘宇光认为，移动营销可以帮助App（应用软件）开发者实现深度收入，企业在开拓海外市场时，应该注重推广的力量，就游戏而言，营销也是其中的一部分。

除了注重推广，找一位优质的合作伙伴可让"出海"企业迅速了解当地市场。游戏开发商InMobi中国区总经理杨娟表示，由于各地用户的使用习惯、年龄层次存在较大差异，找一位本土合作伙伴，有利于企业迅速融入当地市场。

以中、美、韩三国为例，美国手机游戏市场相对来说女性居多，而且年龄主要集中在比较年轻的，也包括中老年的年龄段。他们更喜欢智力性游戏，在家里边看电视边玩游戏的用户较多。中国手机游戏市场主要以男性使用者为主，且多为青壮年，他们对游戏忠诚度比较低，比较喜欢冒险类或具有挑战性的游戏。韩国也以男性居多，但是年龄段分布比较平均，都喜欢玩冒险游戏。

常年在日本从事游戏研发工作的Adways副总裁朱洪也表示，中国国内企业要想"走出去"一帆风顺，找"小伙伴"很重要。好的伙伴可以更好地帮助企业对产品进行本土化修改。

相关链接

《糖果粉碎传奇》开发商上市

2014年上半年，广受欢迎的视频游戏《糖果粉碎传奇》的制作商金数字娱乐公司，在美国华尔街上市。

金数字娱乐公司的首次公开募股筹集了5亿美元，发股规模为2220万股。这家英国公司开发的《糖果粉碎传奇》游戏在全球拥有约9700万名玩家。

金数字娱乐公司的股票在纽约证交所的开盘价低于每股 22.50 美元的发行价，收盘价则为 19.00 美元，较发行价下跌了 15.56%。

这一跌幅使得金数字娱乐公司的市值为 59.8 亿美元，低于 76 亿美元的乐观估计。

全球证券研究公司的分析师特里普·乔杜里说："这并不出人意料。"他说，金数字娱乐公司正在致力于趁该游戏受欢迎的时机大捞一把。

乔杜里说："那些今天或昨天退场的投资者正是在《糖果粉碎传奇》处于顶峰时买进股票的投资者。这是高峰位置，他们在这里能走的唯一道路是往下走。"

金数字娱乐公司从玩家购买帮助他们通关的提示及其他帮助中盈利。

但一些分析人士质疑金数字娱乐公司依靠一款流行度随时间流逝可能消退的游戏能维持多久，因为用户最终会对该游戏感到厌倦。

（吴娣伊　编译）

网站创造新的新闻获取方式

在过去，读者主要从报纸、电台、电视台等渠道获取新闻。在今天，以上方式正在被淡化——据皮尤研究中心的一项研究称，美国大约有30%的成年人在脸书网站上看新闻。总之，一个新闻网站命运的起落取决于它在脸书网站"新闻推送"栏目中的表现。

虽然像推特和谷歌新闻之类的服务也拥有巨大的影响力，但脸书网站在改变人们消费新闻的方式方面走在前沿。大多数读者现在不是通过报纸和杂志的印刷版或这些媒体的网站，而是通过使用算法的社交媒体和搜索引擎来了解新闻，这种数学方式可预测用户想阅读的内容。

这是一个碎片化的世界，通过代码过滤并按需提供。《华盛顿邮报》数字新闻高级编辑科里·海克说，对于新闻机构来说，这种变化意味着新闻行业的"大分类"。正如音乐行业基本上从卖专辑转变为在线出售歌曲，出版商们也日益通过单篇文章而不是完整版的报纸或杂志来获得读者。网络工具创业企业SimpleReach的联合创始人爱德华·金称，出版物的主页作为其品牌广告的重要性不久将超越作为读者目标的重要性。

海克说："人们不会再输入washingtonpost.com，这是搜索和社交的世界。"

这个变化引发了有关电脑组织新闻能力的质疑，而这项工作传统上是由编辑完成的。这对于人们消费信息和如何看待世界也造成了更大影响。

在脸书网站总部接受采访时，网站工程师格雷格·马拉表示，他没有就自己对新闻业的影响力想太多。

他说："我们肯定不会把自己看作编辑。我们不想对给你们推送的内容进行编辑性判断。你们交你们的朋友，你们看你们想看的页面，你们决定你们关心的事物。"

他和他大约16人的团队几乎每周都会调整一次复杂的计算机代码，确定用户首次登录脸书网站时看到的内容。格雷格·马拉说，这个代码基于"成千上万"的衡量标准，包括用户的设备类型、文章的评论和点赞数量以及读者的阅读时间。

如果一个出版商获得了脸书网站算法的青睐，那么以流量方式计算的回报将是巨大的。如果格雷格·马拉和他的团队确定用户不喜欢某些特定内容，如欺骗读者点击的标题，那就可能意味着毁灭。2014年2月，当脸书网站修改算法以强调高质量内容后，一些所谓的病毒网站流量大幅减少。

脸书网站高管将公司与出版商的关系确定为互惠关系：当出版商在脸书网站上推广他们的内容时，其用户就有更吸引人的内容阅读，而出版商的网站流量也会上升。2015年以来，包括《纽约时报》在内的很多出版商与脸书网站高管会面，讨论如何提高推荐流量。

流量提高可能意味着出版商可提高广告价格，或将部分新读者变成订户。

研究技术与行为相互关系的华盛顿大学助理教授肖恩·芒森说，像脸书、推特这样的社交媒体希望它们的用户在它们的服务上花费更多时间，做更多事情。

脸书网站官员称，用户花费的时间越多，就越有可能在线分享不同观点和想法。其他人担心，用户将建立自己的支持圈，过滤他们不赞成的报道。肖恩·芒森说："这是阴谋论。"

（吴娣伊　编译）

互联网让人们远离纸介质出版物

如今一些人认为信息过载是件好事。在此之前约 2000 年，罗马哲学家塞内卡曾对信息过载表示担心。他想知道："拥有无数图书和图书馆的主人在一生中却连这些书的书名都几乎从来没有通读过，那么要这些图书和图书馆又有什么意义呢？"

今天，装在兜里的智能手机让你能够轻而易举地接触到大量信息，相当于塞内卡所处时期的地球上所有图书馆储存信息的数十亿倍。人们只需轻轻点击，就可以实时了解时事动态，找到自己的中学好友，或是查到大豆期货的价格。人们可以获知抵达某地的最佳方式，或是烘焙汉堡肉饼的最佳温度。

我们生活在充满答案的黄金时代，这真是令人叹为观止！

一、纸介质书、报刊"遭到狂轰滥炸"

当然，信息并非知识或智慧，数据也会产生误导作用。互联网缺乏信息过滤以及鉴定审查装置。它在释放信息的同时，也有助于出生地阴谋论者、反对接种疫苗的人和否认气候变化的人扩大他们的队伍。拯救了我的小狗的那些在线医疗建议也会让头痛的症状听起来像是长了脑瘤。

个人隐私在数字世界同样会构成问题。在这个世界里，你在线点击的、给予好评的、发布的以及表示喜爱的内容都有可能被加以利用，向你出售物品，对你做出评价，让你感到困窘或受到压迫。你的数字足迹往往会永久留存下来。此外，你的朋友们并不是唯一知道你刚刚登录过"脸谱"网某个网页的人。目前，你的 iPhone 手机、E-ZPass 公路卡，甚至你的数字温度调节装置都同样能够向其他人提供你或许更希望保密的信息。

变革总是会带来附带信息。维基百科网站取代了百科全书，手机应用程序扼杀了纸介质地图。既然人们可以从克雷格分类广告网站上搜索到免费信息，那么就没人会购买印刷报纸上刊登的分类广告了。信息的民主化对经纪人和信息传递者尤其具有威胁性。当买家和卖家可以直接在网上取得联系后，房地产代理人和股票经纪人又能继续存在多久呢？

在信息海洋中畅游也会让我们失去一些东西。我们不再费力地记住自己能够轻易查到的东西。全球定位系统扼杀了我们在一座新的城市中摸索着前进的乐趣。我们会花过多的时间在"脸谱"网上与在夏令营里仅有过几面之交的那个孩子重新取得联系，但却没有足够的时间与现实生活中的朋友进行交往。环保主义活动人士比尔·麦吉本1992年撰写了一本名为《信息丢失的时代》的图书，并在其中哀叹电视节目带来的刺激对我们的"狂轰滥炸"压过了"野性的呼唤"。他说："屏幕里的世界会比屏幕外的世界变得更为真实。我们的生活受到干涉的程度前所未有。"

二、纸介质书、报刊的实体空间日益缩小

尽管如此，破坏者、弹出式广告、互联网骗局等给人们造成不便的事物，都是为即时获取无限信息而付出的小小代价。由于我们的手机发挥着多种功能，我们不再需要携带地图、指南针、日历、地址簿、计算器或是手表了，这真是带来了根本性的便利。相册、音乐专辑和视频库，以及报纸、杂志和图书也都不需要占据任何实体空间了。

现在，我们所做的一切事情——在线购物、利用网络开药方、取药，以及发布推文等，都在为名为"大数据"的数据海啸推波助澜。这听上去并不像是好消息，但"大数据"正在产生有关我们的经济、健康及其他一切事物的更多且更好的信息。因为我们拥有了可以用于分割数据，并通过连续敲击键盘搜索、过滤和整理信息的更加便利的工具。全世界的计算能力正以每10年10000%的速度提高着。使用相关运算法则能够先于医生根据电子药房的数据得出结论。如果电影《毕业生》在2014年拍摄，那么其中给出职业建议的人，可能将会推荐数据管理而非整形外科的工作。未来属于与答案相关的行业。

在这个问题上，我们已经尝试运用可以自由使用的新工具和数据组提出并回答显得重要的问题——国会何时将实现性别平等，以及有意思的问题——确切而言，我应该坐在哪里才能接到一个界外球？我们最终解答了一些过去没有想过的问题——我们为何不会罹患心脏癌症？此外，我们还利用数据研究那些定义我们的时代以及与自我认知相关的问题。

三、互联网主宰一切

然而，我们所处的答案时代最令人兴奋的一点是，它具备改变我们生活质量的潜能。一款帮助你了解下一趟公共汽车何时到站的交通运输应用程序，不仅会为你提供方便，也是一种能够让驾车通勤者转为经常搭乘公交运输工具出行的城市规划工具。这是因为它消除了乘坐公交车出行的不确定性，以及相关人员产生的"我是否应执行 B 计划"的焦虑感。Fitbit 记录器等数字活动跟踪记录设备带来的益处是，它们不仅会让你清楚自己消耗了多少热量，还有助于鼓励你改变自己的行为方式，燃烧掉更多热量。你喜爱的售卖墨西哥煎玉米卷的餐车所发布的"推特"简讯，也利用了相同的机制。这令各种新的移动业务成为可能。

我们新创建的"维基世界"网站效率非常高。我们可以利用互联网上传播的知识找出任何事物的最低价格，提高市场的效能。分享服务供应商优步公司和空中住宿网站让平时利用不足的车辆和公寓变得更加有用。这种方法并不比乘坐出租车绕着街区寻找餐厅或无人居住的公寓低效。我们正生活在伟大的最优化世界里。在这里，我们可以为家用电器编制程序，从而充分有效地利用能源。在这里，亚马逊网站和网络影视光盘租赁公司能够挖掘出我们，以及与我们类似的消费者的购物历史记录，向我们推荐我们或许喜爱的其他书籍和电影。在这里，"吃货"公司和位智公司等众包服务商利用蜂群思维的力量，帮助我们避免把金钱浪费在糟糕的餐厅上，或是把时间浪费在拥挤的交通上。有更多的医生把收集的临床数据输入数字平板电脑，而不是写在拥有类似功能的带夹写字板上。这将提高医疗服务的质量，因为更多的数据会得出更好的答案。

至少，它通常都会发挥作用。一个朋友最近向我展示了互联网优化约会应用程序是如何妥善安排他的社交生活的。该程序每天都发给他许多约会候选人，他只要进行点击就可以接受或者拒绝。我禁不住对这款应用程序显示出的高效表现感到惊奇。这比与陌生人在酒吧里和令人尴尬的聚会中短暂交谈要好得多。直到我认识到没有任何约会应用程序能够把我和我的妻子配成一对之前都持上述想法。我们就是在一个令人尴尬的聚会上相识的。我从未与像她一样的人约会过，她也从未与像我一样的人约会过。没有任何运算法则能够预测出我们是最优组合。

如果说答案时代会让人付出代价，那可能就是我们已经失去了意外发现珍奇事物的本领吧。我们定制的每日新闻提要为我们提供着自己本已感兴趣的信息，所以，我们不太可能偶然发现插页上的新奇故事。我们被互联网上与自己观点相似的人群所吸引。他们不会向我们提出的设想和假说表示异议，但最优化的结果并不总是最理想的。

不过，在大多数情况下，知道答案都是件好事。你只需要提出正确的问题。

相关链接

日本主妇靠网络投稿赚外快

随着网络的发展，许多人通过网络来赚钱，而且方式也多种多样。2014年以来，日本就出现了一种新奇的网络赚钱方式，而主角是普通家庭主妇。

据日本新闻网站报道，如今，日本的家庭主妇热衷于通过网络写作来赚外快。她们按照某个主题写出500字短文发送至网站，网站就会给她们寄稿费。比如，她们登录一个名为"Repo"、拥有8万名会员的网站，按网站征集的与旅游或二手车等相关话题的文章要求，写出自己的经历和感受，在网站发布后即可获得稿酬。

据运营该网站的"bltoa"公司称，这类短文的稿酬为每篇60至150日元（1元人民币约合17日元），投稿最多的会员获得的稿酬超过了300万日元。一名每月可以赚得约3万日元稿酬的家庭主妇Silk说："上午尽快处理好家务，中午前后花2小时集中精力写作。征文主题非常广泛，有美容护肤的，还有健康饮食的，连宠物都可以写。自己可以在其中随意选择，行文方式也很简单，以日记或口述的形式都可以。这样的投稿让人得心应手，写起来很轻松。"

"bltoa"公司会对大量投稿进行整理，然后发布至网站或博客上，通过这种方式来吸引网民的关注。

马新两国流行网上追中剧

中国大陆电视剧近年来成为马来西亚观众的主流观看选择。过去数十年，马来西亚人（尤其是华人）接触的电视剧多以中国香港无线台（TVB）的粤语古装剧或时装剧为主，但如今中国香港电视剧称霸已成历史，取而代之的是中国大陆电视剧和韩剧。相比之下，中国大陆电视剧更占优势，这也和剧集中的语言、文化背景有关。

大马收费卫星电视公司 ASTRO 和免费电视公司首要媒体集团（Media Prima）属下的两家电视台（NTV 7 和 8 TV），几年前开始播放来自中国大陆的电视剧，题材涉及古装剧、民国戏以及当代家庭伦理剧。其中，ASTRO 电视公司旗下播出的包括《三国演义》《雍正王朝》《宰相刘罗锅》《汉武大帝》《荆轲传奇》《我的兄弟姐妹》《像雾像雨又像风》及《中国式离婚》等，均受到马来西亚华人热捧，收视率一度超过马来西亚本土剧集。而免费电视台则选择引进了《水浒传》《西游记》和《忽必烈传奇》（马来西亚演员吴天瑜出演了这部喜剧）等剧集。2013 年到 2014 年，由江若琳、陈思成、袁弘等人主演的古装电视剧《巾帼大将军》更是在马来西亚实现与中国地方卫视同步播出。

马来西亚拥有 650 万华人，其中约有 80% 的人听得懂中文，这是中剧在当地人气旺的重要原因。不过，在免费电视台播放的中剧也配有马来文字幕，这令更多非华人观众也能一样观赏剧情。

除了看电视，网上追中剧是马来西亚观众的新潮流。有当地人告诉采访者，网上的电视剧更新更快，随时都能观赏，更受马来西亚年轻人的欢迎。此外，对比以前的港台剧，中国大陆电视剧的优势更多体现在历史剧上，因为这些根据文学名著改编的作品文化底蕴深厚，拍摄场地丰富，不像港台剧集那样大多局限在摄影棚里。

新加坡也是中国电视剧在东南亚的重要市场，很多新加坡人会上网观剧。中国的视频网站（如 PPTV 等）有很多新加坡用户。年轻观众在《步步惊心》热播时天天在网上追剧，也有不少人追新版的金庸武侠剧。

除了上网，中国本土热播的剧集很多会被代表新传媒的新加坡"8 频道"引进。一般的华语剧都会配上英文字幕。2014 年，在该电视台每周一至周五晚间热播的是《古今大战秦俑情》，而 2013 年播放的《甄嬛传》在新加坡反响不错，很多人茶余饭后讨论剧情，甚至开玩笑地将剧中角色与身边人对号入座。

（赵品芳　编译）

互联网未来是什么样子？

皮尤研究中心公布了一份有关互联网的报告，报告对2500多名技术人员进行调查，让他们对网络的未来做出各种预测。与20世纪中期的预测不同，今天的预测更为谨慎。实际上，你不需要充分发挥想象力就能看到他们的这些想法来自哪里。有时，我们已经身处这种变化之中。以下是一些预测：

无缝接轨生活 南加州大学信息科学学院院长乔·陶奇认为，网络"将与我们的日常生活无缝接轨。我们不会去'上网'或'网络搜索'，我们随时都在网上，随时浏览"。

对许多美国人来说，网络已经是其生活的一部分。当我们最喜欢的咖啡馆或餐厅在附近时，推送信息会提醒我们。Google Now应用根据你的在线日历来记录你的约会。我们最重要的文件储存在云端。很快，我们打电话给老妈所用的网络也会变成数据形式。我们不再上网，我们已经身处其中。

"好人"不会消失 互联网工程特派部队参与人蒂姆·布雷说："我认为谎言、无知和阴谋论的毒气将退散到人类文明进程中的黑暗角落，而'好人'不会消失。"

互联网向来是一种多层空间，即使像Reddit这个自称是互联网门户的网站也有其阴暗面。2012年，Gawker网站透露，该网站编辑使用Violentacrez的名字在Reddit发布未成年少女的照片。还有在线论坛4chan，《纽约时报》将这个论坛比作"中学澡堂"。你从没听说过这些网络吗？那很可能你是蒂姆·布雷口中的"好人"。

国家影响力下降 互联网先锋戴维·休斯指出，如果地球上每个人都能与其他任何人建立双向交流通道，单一民族国家试图将国民控制在其地理边界内的能力将开始下降。

每个国家对数字货币比特币的不同反应说明各国官员对这一技术的理解有困难，它逃出了公司或政府监管范围。政府逐渐失去了对人民的控制，这种趋势似乎在加快。

互联网走向分裂　互联网权利倡议人士伊恩·彼得预测说："互联网会解体。全球的连通性仍将存在，但通过一系列不同的渠道，由不同的协议控制。"

互联网正在分裂。出于对监控的担心，巴西开始考虑脱离美国的服务器。与此同时，美国将建成互联网快车道。

加剧两极分化　安嫩伯格传媒学院退休教授奥斯卡·甘迪预言："网络交易造福于越来越小的群体，造成并加剧了不平等现象，我们必须严肃思考不平等所引发的冲突。"很难想象这不是针对硅谷说的话，硅谷把重点放在为有钱白人开发精彩的手机应用，却忽略了其他人的需求。

一位管理咨询人员说："集体决策、集体发声和从众心理将越来越严重……越来越多的无知群众将影响他人，对人们的生活水平以及政府的有效管理都不利。"

正如媒体观察员指出的，互联网让人们更容易看到他们想知道的新闻和信息，并证实自己的价值观。这进一步加剧了政治两极分化。如果每个人都有自己的传声筒，谁还会有时间聆听？

隐私问题凸显　一个受访者说："隐私问题也将凸显：到2025年，只有相对较富有（受到良好教育）的人才懂得如何保护隐私。"

美国国家安全局文件泄露者斯诺登教会人们如何提高数据防范意识，但许多美国人仍使用像"123456"这样的普通密码，所以，还有很大提升空间。

也许最准确的预言正如德国洛伊法纳大学客座教授尼尚特·沙阿所说的："我们已在见证互联网最大的影响力，而这种影响将加速。"

（王　艳　编译）

当心网络假新闻把主流媒体往沟里带

互联网方便人,互联网也作弄人。在 2014 年 12 月,叛乱分子试图推翻冈比亚专制领导人之际,报道非洲问题的记者拼命给冈比亚政府打电话要求评论,他们未能如愿。然而有一个地方能够提供他们需要的信息——总统叶海亚·贾梅的脸谱网主页。它宣称:"请大家相信,人民的敌人已经被打败。"

对援引这个网页的众多主流媒体来说,很不幸,这是一个虚假的贾梅账户,其中发表的帖子全部来自两名 30 多岁的加拿大人。

身为记者的杰伊·巴哈杜尔,在其于肯尼亚内罗毕的居所杜撰了这篇受到众多主流媒体援引的帖子。他说,他的一名高中时期的玩伴儿创建了这个主页,他们两人为了娱乐而在这个账户上发帖,以此嘲讽冈比亚的独裁者。

很多记者却乐不起来。彭博新闻社、半岛电视台和英国广播公司(BBC)等新闻媒体都引用过这些虚假新闻。

报道非洲新闻从来都不容易。在这个互联网时代,记者们需要从远在千万里之外的政权那里迅速收集信息,而这些政权往往不愿与西方媒体合作。这些非洲国家政府大部分都不使用网络,也很少对外发表意见,通常也没有多少人想要了解这些国家的消息。但是诸如卢旺达总统保罗·卡加梅等非洲国家领导人,已经开始增加对网络的利用,并涉足今天礼尚往来的公共话语系统。

记者们面临的挑战是,判断究竟谁在操作这些账户。

2014 年 3 月,在卡加梅账户上发帖的某人同一些记者与分析家在推特上发生了一场口水战。一些记者怀疑,卢旺达政府的某个人在代表卡加梅发帖。但是卢旺达政府一名女发言人拒绝透露谁在推特上发表相关评论。她提到一名政府雇员因为使用一个独立的推特账户发表攻击性言论而遭到斥责,但是她拒绝澄清这两件事情是否有关联。

在非洲，多哥总统福雷·纳辛贝多年来一直在推特上发表声明——至少某个自称是福雷·纳辛贝的人一直在这么做。2013年，一名公民抱怨机场缺少厕纸时，该账户发帖回应说："认为总统同这事有关，你肯定是疯了。"帖子上充满语法错误。另一条推文继续说："仅仅因为一时缺少厕纸，你就能断定机场缺乏管理，你真是人才！"

从那以后，这个账户就被取消了。福雷·纳辛贝的一名发言人说，总统的确曾有一个推特账户，已经取消，但他没有解释取消的原因。他没有回复随后询问有关厕纸事件的电话。

制造那起虚假新闻的记者杰伊·巴哈杜尔振振有词地辩解道，他从来没有试图掩盖他戏弄冈比亚总统贾梅的事。他说，只要稍作努力就很快会发现他的主页是假的。他又说，没有人通过该主页同他联系来确认主页的真实性。

冈比亚政变失败的第二天，贾梅在一个全国电视讲话中谴责叛乱分子和这个虚假的脸谱网主页。他说："我吃惊地了解到，有人说我拥有脸谱网账户，实际上我不上互联网。"

贾梅说，制造这个虚假主页的人已经被逮捕。而几乎在同一时间里，杰伊·巴哈杜尔则说，冈比亚政府没有同他联系，并且同该主页有关的人也没有遭到监禁。

贾梅的言论还让外界对他本人网页的诚实度产生怀疑，因为该网站上列出他的嗜好包括"浏览互联网"。

（李文清　编译）

互联网或让"假作真时真亦假"变成现实

一直以来,愚人节是西方人释放压力、减轻痛苦、寻求快乐的日子,但是现如今,愚人节有点儿变味儿了。

4月2日的道歉几乎像4月1日的傻瓜一样常见。道歉的有大学教授,有警察,有谷歌高管,还有其他高管。整个恶作剧的周期一如"黑色星期五"的踩踏和"超级碗"的男性至上主义广告一样老套和无趣。

对一个本应充斥着异想天开念头的日子而言,这样的状态令人遗憾。

理论上,愚人节是很棒的:它基本上和万圣节前夕差不多,就是少点儿南瓜。今天,不只是美国人,世界各地的人都在4月的第一天开各种玩笑来庆祝。

愚人节的麻烦之处在于,与其有关的每件微不足道的事情,事实上都有可能是荒谬的谎言。你听过塔可钟快餐连锁店购买某著名国家地标雕塑,从而更名为"塔可自由钟"的事么?汉堡王推出汉堡味儿香水的事呢?谷歌新推出"魔术手"手机操作装置的事呢?

你当然是从互联网上听说这些事情的。好也罢,坏也罢——通常是坏的——互联网往往不会区分故事和事实,认真和讽刺,真实和虚拟。

如此看来,互联网剥夺了过去赋予愚人节玩笑魅力的东西——低风险的好玩感觉。

过去,愚人节玩笑很明显是愚人节玩笑。它不会难以捉摸,不会讽刺,也不会嘲弄。它就是个恶作剧。恶作剧的好处之一是它们往往可以很享受地宣称:"骗到你了!""最聪明的你也有上当的时候!""愚人节!"等。

但到了今天,在能够看到《赫芬顿邮报》用整整一竖栏报道"离奇新闻",BuzzFeed网站列出"没有意识到洋葱网并非真实新闻来源的25个人"的文化环境中,愚人节玩笑不像过去那么好玩儿了。这恰恰是因为现在的玩笑没有那么明显了。麦当劳的运动装、亚马逊的一键下单按钮、碧昂丝创办素食配送服务——这些都是看起来像愚人节玩笑的真事。

这意味着，每年这个时候，我们被训练得去质疑在理想状态下我们本应信任的人和机构——新闻机构、企业、同伴儿。每件事都处于一种可信度待定的状态：等等，那件事是真的，还是愚人节玩笑？我们怎么能确定呢？确定意味着什么？真相到底是什么？等等。

这种从认知角度看很糟糕的现象却源自某种积极的东西，即这个世界奇异而古怪，且程度似乎与日俱增。变化如此之快以至于差不多任何事都似乎是可信的——至少是有可能的。

安格斯牛肉堡的香味儿？没问题。西南航空公司推出火星之旅？我们是说，有可能。阿瑟·C·克拉克说："任何足够先进的技术都难以和魔法区分开来。"由此而来的推论是，很难区分与技术有关的谎言和事实。

愚人节最糟糕的部分不只是它的滑稽故事具有欺骗性、让人沮丧或不好玩儿，还在于它们往往太多了。

（王　艳　编译）

打印

美国发明新一代 3D 打印机

把虚构的东西变成现实的东西。受电影《终结者 2》中能够在熔化后重新成形,令人闻风丧胆的液态金属机器人杀手的启发,美国发明了新一代 3D 打印机。

化学家约瑟夫·德西蒙在加拿大温哥华举行的"科技、娱乐和设计大会"上展示了一台使用液态金属打造各类物品的 3D 打印机,这让人联想到电影《终结者 2》中由自由意识控制、液态金属构成、全身可以随意变形的战斗机器人"T-1000"。

德西蒙坦言:"这项技术的灵感正是来自 T-1000。"德西蒙和他的团队开发一种被他们称为"连续液面制造"(CLIP)的技术,利用光和氧来固化所打印的东西。德西蒙表示,这种 3D 打印机打印一个零部件的时间与传统制造商相当,因而必将带来颠覆性的变化。

传统的 3D 打印机都是逐层来构建对象的,一个物品往往需要数小时才能打印完成。极慢的打印速度使得这种技术无法使用某些种类的树脂,因为这些树脂很可能在打印尚未完成时就已改变化学性质。

硅谷新企业、德西蒙的碳 3D 公司研发的 3D 打印技术,能利用液体介质打印物体,而不是像过去 25 年里那样一层一层地打印。这一技术代表着 3D 打印的一种全新方式。它打印出产品的速度是传统 3D 打印的 25 至 100 倍。它还能打印出过去无法实现的几何形式,这将为医疗、汽车与航空等工业领域的创新提供机会。

据德西蒙介绍,目前已有一家汽车生产商、一家体育服装生产商、一家好莱坞设计室和一个研究所正在对 CLIP 技术进行测试。

这项被称为 CLIP 的技术操纵光和氧以在液体介质中熔合物体。这一技术首次在3D打印过程中应用可调谐的光化学,而不是过去几十年里3D打印普遍使用的逐层打印方式。这项技术将光束通过了一个可透氧的窗口投射到液态树脂上。光和氧共同控制树脂的凝固,从而打印出能够在市场上销售的物品。这些物品的规格可以小到不到20微米,也就是不到一张纸厚度的四分之一。

碳3D公司与美国北卡罗来纳大学查珀尔希尔分校签订了资助研究协议,目前,该团队正在改进这一技术,并寻找能与该技术相容的新材料。CLIP使得很多材料能用于打印具有新特性的3D部件,包括人选橡胶、有机硅树脂、尼龙类材料、陶瓷和生物可降解材料。

德西蒙和他的团队目前已在硅谷开设一家商店,而且也准备在未来一年内加大产量,但他们还没有给这种新型3D打印机定价。

(李爱蓉 编译)

3D 打印为美军打造未来"战袍"

曾获得过奥斯卡奖提名的好莱坞加西特效公司成功塑造了多个令人印象深刻的银幕战士形象：终结者、机械战警、美国队长和钢铁侠。

目前，这家特效公司正在试图完成一项看似不可能完成的任务：打造一款钢铁侠风格的"战袍"，用可以携带数百磅重物体的灵活外骨骼盔甲，来保护士兵的安全并提高他们的战斗力。

曾经为钢铁侠的红金相间的"战袍"制造配件的3D打印机，现在正在帮助五角大楼制造未来士兵作战服的原型。美国军方官员已经对三个设计方案进行了审查评估，这是美国特种作战司令部今后几年制造新一代保护性盔甲计划的第一步。

"战术攻击轻便作战服"（TALOS，又称"塔罗斯"）项目的军方负责人迈克·富得森说："凭借3D打印，我们希望推出革命性的装备。"

这套单兵作战服或许将改变美军的作战方式。多年来，在阿富汗和伊拉克战争中，美军一直都在试图卸下士兵们身上的重担——在某些任务中，士兵需要携带超过125磅（约合57公斤）的装备，这其中包括武器、电子设备和防弹衣。

钢铁侠"战袍"的设计师称，这些装备可能会重达400磅（约合181公斤），这就需要强大的外骨骼，让全副武装的士兵在负重的同时能够兼具速度和灵活性。问题是，现存的外骨骼无力胜任这样的重任。

"好莱坞制造的钢铁侠外衣超乎想象的轻、薄、灵活、节能，"主要设计医用外骨骼的埃克索仿生学科技公司的创始人之一拉斯·安戈尔德说，"我们在努力尝试去解决问题，并试问，如果钢铁侠的盔甲是真实的，那应该是什么样子的？"

动力是设计这款"战袍"所遇到的最大难题。钢铁侠电影中的军火商托尼·斯塔克研发出胸前迷你"电弧反应堆"为"战袍"提供能源，而现实中并不存在这样的超级能源。

安戈尔德说："钢铁侠说得对，这全是电弧反应堆的功劳。如果有人能够真正研发出这样的反应堆就太棒了。"

安戈尔德和他的研发团队在一间由福特汽车厂房改造的车间中工作。他们与洛克希德－马丁公司共同设计研发的巨大外骨骼被挂在显著位置，旁边的纸箱子中则堆着废弃的护膝、头盔、护肩、战靴和铰链等来自早期钢铁侠"战袍"设计灵感的部件。

美国国防部研究人员估计，他们需要重达365磅（约合166公斤）的电池才能为构想中的"战袍"提供足够的动力支持。研究人员试图用专为无人机设计的、较小的发动机作为替代。

面对这一棘手的能源问题，美国军方向加拿大研究人员求助，以研发一款无动力驱动的外骨骼战衣替代品。为解决这一难题，加拿大团队正在研究体重高达600磅（约合272公斤）的日本相扑选手能够活动自如的原因。

如果研发人员真的能够制造出一款功能性战衣，那么这将"极大地改变作战方式"，美国特种作战司令部参与相关计划的一名官员说。

（李文清　编译）

美国用 3D 打印技术建气象站

众所周知，天气当然不要钱，但天气预报和未雨绸缪则需要技术设备和传感器。多亏有了 3D 打印和廉价的商用电子设备，美国国际开发署认为，该机构能将每套只有 200 美元的气象站带到发展中国家。

3D 打印气象站是美国国家海洋和大气管理局与美国国际开发署的合作成果。大部分零件由 3D 打印机制作，因此，某样东西损坏时可以轻松地在当地制造零件进行替换。这些气象站里的雨量测量器及风速、湿度和气压传感器，还有防止阳光损伤设备的防辐射装置，传感器会把记录下来的信息传到由英国拉斯伯里－皮基金会开发的低成本计算机上。计算机会进行一些数据分析，也可以接到平板电脑上显示信息供气象站的操作员查看。信息还可以传到气象站外，供其他地方的气象学家分析。

美国国际开发署在讨论这个项目的一篇博客文章中指出，商用气象站可能价值数万美元。Weatherhawk 气象站的零售价接近 7000 美元，哥伦比亚气象站的 Pulsar 系统起价 7020 美元，家用气象站数百到数千美元不等，只有把目光投向玩具气象站，我们才能看到比美国国际开发署 200 美元的 3D 打印装置更便宜的价格。

2014 年夏天，研究人员开始在科罗拉多博尔德测试这种气象站，他们从那时开始一直在博客上介绍他们对该项目所做的改进。美国国际开发署打算在一两个国家展开试点研究，然后再在更大范围内铺开。

价格低廉，再加上修理方便，记录数据方式简单，意味着这些气象站能大幅提高预报和应对自然灾害的能力。

（宋家德　编译）

芬兰造纸业期待浴火重生

美国苹果公司大举"进犯"欧洲，芬兰也未能幸免。芬兰总理亚历山大·斯图布发表言论称，苹果公司的产品如 iPhone 和 iPad "打了芬兰公司一个措手不及"。芬兰有两大支柱产业，一个是 IT 业，另一个就是造纸业。事实上，这两大产业都受到严重冲击。在严峻的现实面前，和 IT 业一样，造纸业正在逆境中谋求新生。

造纸术与印刷术曾是人类先进生产力的代表，但随着电子技术和互联网的诞生，人们对纸张的需求开始降低。市场饱和首先出现在发达的欧美国家，高度依赖欧洲市场的芬兰造纸业不得不向第三世界转移过剩产能。

以欧芬汇川集团公司（UPM）为例，这家拥有近 150 年历史的企业从 19 世纪中期开始从事造纸、锯木和纸浆生产。随着欧洲需求萎缩，欧芬汇川集团公司像其他造纸企业一样，将市场开拓重点转向包括中国在内的新兴国家。

当然，精明的芬兰人知道，转移过剩产能终究不是长久之计。欧芬汇川集团公司也在研究产业转型升级的路径。

芬兰的森林覆盖率位居世界第二位，森林工业和造纸、纸浆行业一直是芬兰经济的重中之重。一边是广袤的森林资源，一边是萎缩的市场需求，欧芬汇川集团公司的基本思考方向就是——尽可能充分挖掘木材资源的经济价值，使之在环保节能领域提升附加值，使绿色森林变成经济财富。

欧芬汇川集团公司的一个王牌研究项目是从木材中提炼生物柴油。实验表明，这种取名为"Bio Verno"的生物柴油如果用于汽车动力，将比普通石化燃料减少 80% 的温室气体排放。围绕这一新产品，欧芬汇川集团公司已经开发了一系列配套专利技术，即将投入大规模生产。

另一个研究领域是新材料。2012 年，欧芬汇川集团公司推出一款取名为

"Formi"的木质纤维加固塑料。这种新的木塑复合材料清洁、无味、无食用毒性，而且能够大大增加聚丙烯的强度，还能反复染色。

这类新产品仅是欧芬汇川集团公司新业务中的一小部分。如今，欧芬汇川集团公司的主要业务已扩展到生物燃料、新材料等多个新兴领域。该公司甚至给这些拓展业务起了一个新名字——"BioFore"，也就是英文单词"生物"（Biology）和"森林"（Forest）合成的新词。从中不难看出未来企业的发展重心。

然而，任何新的发明要想转化为实际产能，都不是一蹴而就的事情。比如，"Bio Verno"的研发工作早在2006年就已起步，可直到2014年才步入生产阶段。到了2015年，是否大规模生产，成了欧芬汇川集团公司管理层头疼的问题。研发需要想象力，投资则需要慎之又慎。在传统业务面临危机，新业务刚刚起步之时，究竟哪项新产品能够成为拉动公司收益的新引擎？

（李文清　编译）

西班牙公司推出 3D 食物打印机

2014 年与 2015 年之交，位于西班牙巴塞罗那的自然机器公司向市场推出首款 3D 食物打印机。目前，已收到 400 多份订单，不久将在其他国家投入生产。

这款名为 Foodini 的机器使用 3D 技术，像是将食物打印出来一样，制作出甜品、汉堡、面包、巧克力或意大利面。

自然机器公司创始人亚历克斯·莫雷乌、罗莎·阿韦利亚内达、琳内特·库奇马和埃米利奥·塞普尔韦达用一年半的时间潜心研究这一技术，至今已经投入了 40 多万欧元。

经过数月的试验、调整和市场调研，Foodini 食物打印机将很快出现在餐厅、面包糕点店以及家家户户的厨房里。可以预见的是，这款机器即将在美国销售，而接下来的时候，世界各地都可以网上购买。

不过，买家在网上订货以后，要过半年以后才能收到这款产品。埃米利奥·塞普尔韦达向采访者透露，虽然研发工作是在巴塞罗那完成的，但最终还是要在中国生产。

2014 年年满 46 岁的塞普尔韦达补充道："由于成本、可靠性以及一系列的原因，我们选择在中国投入生产。"

自然机器公司对于 Foodini 食物打印机的销售前景十分乐观。据介绍，每台 Foodini 食物打印机售价约 1000 欧元（约合 8600 元人民币），属于高端家用电器产品。

塞普尔韦达透露，公司已经收到 400 多份订单，主要来自美国、中国、巴西、俄罗斯及北欧国家。因为这些地区的人们都十分喜爱美食、烹饪，另外，人们对于健康饮食的需求也成为了当前的一大趋势。

位于巴塞罗那的自然机器公司计划夏季再投入超过 300 万欧元的资金扩大生

产，许多美国投资者已表达了对这一项目的兴趣。

如果大量来自美国的资金注入，自然机器公司不排除迁址美国或至少将部分团队迁至美国的可能性。现在整个团队由12人组成，包括工程师、软件开发师、市场营销专家和食品营养学家。

Foodini食物打印机通过互联网操作并配有触摸屏，从而使人们可以自由选择或自制食谱。

和传统打印机一样，这款机器操作简单，而代替墨盒的是五个配料槽，只要不是非常大的固体或液体配料都可以通过层层打印来制作所选择的美食。

（吴娣伊　编译）

太空 3D 打印机完成首次打印

2014 年 8 月，运到国际空间站的 3D 打印机，在 2014 年 11 月打印出了一个样品零件，它是用来制作打印头外壳的面板。

国际空间站站长布奇·威尔莫尔从打印机上取下这块小型塑料面板，最终要把它送回地球。美国航天局（NASA）说，接下来计划打印约 20 件样品，然后把它们送回地球进行分析。美国航天局希望有朝一日能够利用 3D 打印技术制造出太空破损设备的零件。

这台 3D 打印机是由美国太空制造公司（Made in Space）提供的。该公司说，这是一个"变革性时刻"。这块打印出来的矩形面板上赫然印有"Made in Space"的字样以及 NASA 的名字。

该公司首席执行官阿龙·凯默发表声明说："当人类首次将石块打造成一个工具时，无法想象有一天我们能够把这一基本理念复制到太空。"

为了进行比较，该公司将在办公室内复制出类似的 3D 零件。

公司在 2015 年将用一台更大的商用打印机替代这台太空样机。另外，欧洲航天局也计划 2015 年把自己的 3D 打印机送上太空。

（赵品芳　编译）

汽车从 3D 打印机里"开"出来

3D 打印技术似乎无所不能，3D 打印似乎正在酝酿"第三次工业革命"——人们是否在脑海中想象过这样的场景：成千上万的汽车零部件能像"印刷"报纸一样嗖嗖地从打印机里飞出，工人们不用再汗流浃背地劳作，而只需轻松地坐在办公室里边喝茶边按几下按钮；汽车的外观并不再是千篇一律的样子，每个有想法、有胆量的人都能重新定义汽车设计，并在家中的车库里就能"造"出一台自己专属的汽车；马路上行驶的汽车并不再贵得难以承受，人们可以自由选择材质，让物美价廉的汽车也飞入寻常百姓家……这些情形听上去似乎令人啼笑皆非。但是，千万别低估了人类的想象力。它们中的一些，正在或即将在不久的未来变成现实。理想离现实没有一步之遥那么远了。

一、首款车 2013 年问世

其实，在美国，3D 打印汽车已经降临到人世间。2013 年 3 月，号称世界首款量产版 3D 打印汽车 Urdee 2 面世。Urdee 2 是一款三轮的混合动力汽车，它拥有三个轮子、双座位、扁长圆的外形显得小巧可爱。其纯电力驱动模式下可行驶 64 公里，当电力不足时则切换到内燃机来驱动发电机给电池供电。一辆标准设计的汽车要由成百上千个零部件组装而成，而 Urdee 2 的零部件只有 50 个左右。除了发动机和底盘仍是由金属经传统工艺制造外，它的其余所有零部件都用塑料材质经 3D 打印得到。Urdee 2 由美国的设计公司 KOREcologic、3D 打印制造商 Stratsys 旗下的数字制造商 RedEye 合作完成，整个打印过程持续了 2500 小时（约 104 天）。其实，它的前身 Urdee 早在 2010 年就推出了，只不过当时由于各种问题只停留在了概念阶段。

无独有偶，2014年9月，美国一家名为Local Motors的公司在于芝加哥举办的2014年国际制造技术展览会上，亮相了其利用3D打印技术制造的汽车作品Strati。它耗时44小时，采用了碳纤维增强型塑料，全身只有47个零件。相比于Urdee 2，Strati连底盘等部件也是由3D打印机完成的，整体的应用率更高。但是，其动力总成、悬挂，以及转向部件依然来自雷诺的Twizy。该车计划于2015年年内面世，预售价约11万元人民币起售。"不像传统车企那样在某地有固定的工厂，我们的微型人作坊遍布世界各地。它能让顾客加入到汽车设计生产环节中，个性化定制其真正所需要的汽车。"Local Motors的创始人兼首席执行官约翰·罗杰斯说。约翰·罗杰斯是一位"开源"精神的忠实拥护者，他的公司没有研发中心、大的组装车间和营销团队。他鼓励人们在网络社区发表自己的设计作品，网友们一起修改、完善后，再在线下制造组装完成。

二、福特处在实际应用之"浪尖"

在中国，3D打印技术近来才逐渐进入公众视野，还颇为新鲜。其实，它早在20世纪80年代末就诞生了，又称"快速成型技术"或"增材制造技术"。它以数字模型文件为基础，将计算机设计出来的图形数据导入3D打印设备，打印机内装有粉末状金属或塑料等可黏合材料。与电脑连接后，通过电脑控制把打印材料一层层叠加起来，最终把计算机上的蓝图变成实物，类似于"搭积木"。3D打印技术适用于多品牌、小批量、结构复杂、原材料昂贵的结构制造，因此，在航空、汽车和电子制造领域有很广泛的应用。

作为美国三大汽车制造商之一的福特汽车公司，就深刻体会到了这项技术在汽车研发设计环节的重要作用。据福特中国向采访者说，早在1988年，福特公司就购买引进了世界上第一台3D打印机。在之后的26年时间里，福特一直处于探索3D打印技术在汽车领域实际应用的"浪尖"。其多款车型产品中诸如发动机缸盖儿、进气歧管、排气管、阻尼器外壳、制动片等部件均由3D打印制造。如今，福特的3D打印技术涵盖了选择性激光烧结、熔融沉积建模和有限元3D打印等应用。目前还与供应商合作，将这些技术推广至市场，其中还包括3D砂土打印。更为重要的是，3D打印技术在福特原型车生产环节可以帮助设计师节省很多的时间和成本。比如，按照传统工艺，工程师在建立了一个进气歧管模型以后，需要等待近4个月时间、花费50万美元才能制作出原型车模具，而使用3D打印技术后，只需要4天3万美元便可实现。

其实，除福特外，宝马、捷豹、路虎、丰田、通用等国外汽车巨头都对3D

打印技术有不同程度的应用。而对于兰博基尼、保时捷等产量小、定制度高的豪华汽车品牌，3D 打印技术的独特优势更是得到了充分发挥。在中国，目前奇瑞汽车、长安福特、东风汽车公司、广西玉柴机器有限公司、神龙汽车等汽车企业及其零部件配套生产企业在研发和制作缸体、缸盖儿、变速器齿轮等产品过程中也已经开始使用 3D 打印技术。

三、3D 打印与传统制造可以互补

"现在，3D 打印在大规模的量产制造环节并不比传统工艺快多少。"福特增材制造技术专员哈罗德·西尔斯说，"但是它对于需要不断调整和修改的测试用原型车部件则是最完美的解决方案。"

3D 打印目前在材料上还存在局限，只支持塑料、金属和蜡等。小规模试验性生产可以降低成本，但大规模生产将极大增加成本，故其大规模在量产车型中的运用仍很难在短期内实现。只有在多品种、小批量的应用领域当中，3D 打印的优势才能凸显。

采访者从全球领先的 3D 打印企业 Stratasys 公司了解到，Stratasys 公司当前 10% 的解决方案面向生产制造阶段，而另外 90% 的解决方案则是面向产品设计阶段。这一比例也直观地说明，3D 打印技术在当下多个工业环节的不同应用情况。

"目前，我们的 3D 打印产品已经在某些豪华车型上得到了小批量的生产应用，这些豪华车型可能年产能仅有几千台甚至几百台。对这些需求量不是特别高的豪华车企而言，Stratasys 的 3D 打印产品可以弥补传统生产方式的短板，更好地满足车企的需求。"Stratasys 公司亚太及日本地区总经理 Jonathan Jaglom 说，"但对于那些需要大批量生产的产品，目前传统的模具制造工艺还是很有优势的。对于 3D 打印和传统制造方式之间的关系，我们认为二者各有优势，相辅相成。"

（李文清　编译）

3D 打印人造眼球或成为现实

人类的眼睛是如此精细复杂的器官，它们的存在似乎有点儿令人难以置信——就连达尔文都说过，人类眼睛的进化是"荒谬的"。但是，这并不意味着它们是完美的。眼睛有时无法正确对焦，随着年龄增长视力还会逐渐减弱，一旦发生感染、受到刺激或暴露在强光下，眼睛可能会疼痛难忍。意大利生物技术初创公司 MHOX 正在启动一项雄心勃勃的计划：用人造眼球来改善人眼的功能。

该项目首席设计师菲利波·纳塞蒂对英国"德津"网络杂志的记者说："生物打印和生物黑客取得的最新进展让我们猜想，在不久的将来，或许可以轻而易举地打印出能够正常发挥作用的人体器官，让人类可以替换出现问题的身体部位，或者使其拥有优于一般的表现。"

这个构想被称为"增强眼"，将由 3D 生物打印机制作，使用特殊的打印针，以便让不同类型的细胞形成适当的排列组合与结构。生物打印机已经可以制作像耳朵、血管和肾脏这样的人体器官，不过，眼睛由于结构非常复杂，目前仍无法通过打印完成。

按照菲利波·纳塞蒂的设想，用户可以在三种不同类型的"增强眼"中做出选择：痊愈型、增强型和高级型。痊愈型的功能基本上和正常的眼球相同，可供因疾病或外伤致盲的人使用。增强型旨在提高视觉灵敏度，并提供类似于拍照应用软件上的过滤器这样的功能来增强人眼的先天机能。使用者可以通过服用药片的方式启动或调整过滤器。高级型能够记录看到的东西，还可以连上 WiFi 来分享这些图像。

要想使用"增强眼"，需要先通过外科手术将先天的眼球移除，并植入一种人造视网膜与脑部连通，从而可以让用户随心所欲地更换不同的眼球。

设计者预计"增强眼"将于 2027 年上市。

（王朝玲　编译）

全球印刷版纸介质广告出现反弹迹象

2012年至2014年,全球印刷版纸介质广告即平面广告出现反弹。美国新闻集团的全球总裁罗伯特·汤姆森指出,平面广告具有价值,在"数字漫游时代",价值甚至在逐渐增加。

罗伯特·汤姆森说,越来越多的迹象表明,广告客户对数字广告的效果越来越感到怀疑,平面广告的价格走高。"在数字漫游时代,印刷媒体的相对价值,必须是优质印刷品,对部分客户来说越来越大。"

这番话是有背景的,按照收益计算,世界上最大的广告集团WPP集团预测,报纸的广告收入流失速度将逐渐降至2011年以来的最低降速。这表明那些大的广告客户正在重新评估平面广告的力量。

在号称印刷媒体行将就木的当下,报纸和杂志仍然盈利,绝大部分利润仍来自平面广告,而不是数字广告。

实际上,罗伯特·汤姆森透露,《华尔街日报》吸引到科技行业的大量平面广告需求。

罗伯特·汤姆森对BuzzFeed等网站推广流行的"清单体"进行抨击,"清单体"采用诱骗点击的策略,用条例式文章吸引大批读者。

显而易见,这些新来者采用的数字出版模式存在着明显局限,广告价格仍然很低并在持续下滑。这使数字出版商陷入毁灭性的眼球争夺战,收益递减。

根据报刊发行量统计所2014年10月发行量数据,英国《泰晤士报》的纸介质销量增长1%,达到39.3万份,数字订户数量同比增长8%,达到15.2万个。

在澳大利亚,《澳大利亚人报》在2014年7月至12月,工作日纸介质读者人数增长1.0%,达到52.6万人。

(赵品芳 编译)

4D 打印革命即将到来

技术创新的步伐越来越快，先进技术被更先进技术替代的周期也越来越短。

就在世界开始领会 3D 打印革命的意义之时，研究人员提出发展比 3D 打印更先进的技术。他们的研究表明，数字化制造的真正前途在于第四度空间——打印根据编程随时间而变化的物体。3D 物体是静态的，需要人工控制，而 4D 物体能够自动对环境做出反应，自行组装、修补或变形。该领域的进步将更多地依赖材料本身，而非打印技术。在美国麻省理工学院（MIT），建筑师斯凯拉·蒂比茨将一种新颖的材料组合用于 3D 打印机，制造出了一种线状物体，该物体被放入水中时，能改变形状组成字母"MIT"。这是通过将吸水聚合材料与碱性塑料相结合来实现这一效果的。

4D 打印的可能应用是无穷的。设想一下，长期受容量固定和维护成本高昂因素困扰的地下管道系统，利用可编程的材料，每条管道都能适应变化的环境，通过扩大或缩小来调整容量和流量。管道甚至还能在受损时自行维修或在报废时分解。

再设想一下，4D 打印技术应用于国防工业的可能性。美国陆军已经开始利用 4D 打印技术，研发新装备。4D 打印技术可以让军方制造出具有能适应各种地形的外壳的车辆，或能发现有毒气体的制服。

当然，4D 打印不会没有危险和负面影响。许多围绕 3D 打印的担忧还会继续存在，该技术也有被犯罪分子利用的可能性（已有人通过 3D 打印机制造出手枪和手铐钥匙）。制造商将有更多途径来定制产品，从而进一步缩短供应链，这可能危及技术工种。有关产品问责的问题和知识产权问题也会越来越复杂。

和其他众多新技术一样，4D 打印结合了各种技术、方法和学科，而最令人担忧的风险最可能出现在生物领域。研究人员借助 4D 打印的原理，利用

DNA链造出了对抗癌症的纳米机器人。在这方面，双重用途同样带来切实的担忧。由于能够轻易获得必要的工具，一些人可以利用此类技术来制造新的生物武器。

（吴娣伊　编译）

手写永远不可替代

一直以来,用手写字,很容易,很方便,但在当今,是不是已经过时了?

据许多教育工作者说,不是非常重要。美国大多数州已经采纳的《共同核心标准》,要求教会学生字迹清晰地书写,但只是在幼儿园和一年级,自此之后,重点迅速转向熟练地使用键盘。

但是心理学家和神经学家说,宣布手写已经过时还为时太早。新的证据表明,手写和更广泛的教育开发有着深刻的联系。

孩子们先学习手写时,不仅学会阅读的速度更快,而且还更能提出想法和获取信息。换句话说,重要的不仅是我们写什么,怎么写同样重要。

印第安纳大学心理学家卡琳·詹姆斯2012年领衔进行的一项研究,为这种观点提供了支持。他们给还没有学会读写的孩子一张索引卡片,上面有一个字母或者一个图形,要求他们用三种方式中的任何一种重现它们:在一张有虚线轮廓的纸上勾画出这个图形;在一张空白纸上描画它;或者在电脑上打出它。随后研究人员将他们置于大脑扫描仪下,并向他们再度出示这个图形。

研究人员发现,最初的复制过程非常重要。当孩子们徒手描画出一个字母时,他们大脑中的三个区域的活动增强,而成人在阅读和书写过程中会激活这三个区域——左梭状回、额下回、后顶叶皮层。

与之相比,打字或者勾画出这个字母或者图像的轮廓的孩子就没有显示出这种效果,这三个领域的激活程度要弱得多。

詹姆斯博士把这种不同归因于自由形态的手写过程中固有的杂乱状态:我们不仅必须首先规划并执行行动——在存在有迹可循的轮廓时就不需要这样,而且我们还很可能获得一个千变万化的结果。

这种多变本身可能就是一种学习工具。詹姆斯博士说:"孩子写出一个毫无章法的字母可能会帮助他学会这个字母。"

我们的大脑必须理解，每个可能的复制结果——比如说"a"吧——都是同一个字母，不管我们看到它写出来是什么样子。能够辨认每个不规则的"a"，比一再看到同一个结果可能更能帮助我们确认最终的表述。

詹姆斯博士说："这是大脑由于这种做法而被改变的首批例证之一。"

在另外一项研究中，詹姆斯博士正在对比亲手写出字母的孩子和那些仅仅看着别人写的孩子之间的差异。她的观察表明，只有实际的努力才涉及大脑中的运动途径，并获得手写给学习带来的好处。

效果远远不止在于认识字母。在一项跟踪二年级直至五年级孩子的研究中，华盛顿大学心理学家弗吉尼亚·贝尔宁格证明，打印、信笔写来和在键盘上打字都与不同的、独立的大脑模式有关，而且每种方式都带来一种截然不同的最终产物。当孩子用手写文章时，他们不仅可以比在键盘上更快地不断写出更多的词语，而且还能表达出更多的想法。此外，对年龄最大的研究对象进行的脑像表明，书写和产生想法之间的联系远不止如此。当让这些孩子构思一篇文章时，那些书写较好的孩子，在一些和工作记忆有关的区域显示了更大程度的神经激活程度，而且读写网络的整体激活程度也得到提高。

只要是用手书写，不管是不是随手写来，其好处都不仅仅局限于童年时期。对于成年人来说，相对于手写，打字可能是一种迅速高效的方式，但是这种效率可能会让我们加工新信息的能力消失。当我们通过手写记住文字时，我们不仅学得更好，而且总的记忆和学习可能都会获益。

（杨令军　编译）

发 行

美国亚马逊实现机器人配货

美国亚马逊公司（网站）的无人机送书虽然还是设想（有待政府的批准），但机器人配货却正在成为现实。

在 2014 年的圣诞购物季里，亚马逊公司的小帮手是一个重 320 磅（约合 145 公斤）的橙色机器人。它的名字叫"基瓦"（Kiva）。

全公司已配备了超过 1.5 万个"基瓦"，这是亚马逊公司为加快配送速度采取的高技术手段之一。"基瓦"能够抬起货架，然后迅速送到相应的人工操作台，这就大大缩短了工作人员搜寻货架、装箱发货的时间。

在 2014 年"网络星期一"前夜，位于美国加利福尼亚州特雷西的亚马逊库房内呈现出一派忙碌景象，这个刚刚运行一年的库房正在为 2014 年圣诞购物季——一年中最重要的购物季之一做着准备。

2012 年，亚马逊公司斥资 7.75 亿美元收购美国基瓦机器人制造公司。从此，越来越多机器人技术出现在这家电商的超大型配货中心内。"基瓦"的外形类似于"放大版"的扫地机器人，它能够抬起重达 750 磅的货架，然后沿着一排排传感器在库房内四处滑行。

2014 年 11 月 30 日，亚马逊公司首次对外公开展示特雷西库房的设施，其亮点是使用了亚马逊公司最新的"第八代"配货中心技术，其中就包括 3000 台"基瓦"。总共有 10 个亚马逊库房迈入第八代行列，而亚马逊在全球的配货中心总数为 109 个。

亚马逊公司负责全球运营和客户服务的高级副总裁戴夫·克拉克表示，由于配备了"基瓦"的库房不必为人类行走预留较宽的过道，所以，第八代配货中心的仓储量比普通库房多出 50%。克拉克告诉采访者，提高仓储能力意味着可以扩大商品的选择面，降低脱销缺货的可能性，提高当天送达的几率。

克拉克一边带着采访者参观一边说："这是一种良性循环。"不仅如此,"基瓦"还将订单处理时间从一个多小时减少到13分钟。

特雷西库房的面积超过100万平方英尺（约合9.3万平方米）,有1500名全职员工为之服务,其最大能量还没有发挥出来。这里目前存放着2150万件商品,在2015年有望增加到2700万件。在高峰时期,比如"网络星期一",特雷西库房的发货量能够达到每天70万件。

这里的工作人员表示,他们很享受"基瓦"将货品直接送到面前的这种便利,但也有人坦言自己怀念以前在迷宫般的货架间寻找商品的时光。

克拉克拒绝透露机器人的价格,也不愿意谈论特雷西库房的造价,但他强调说："我们对经济效益非常满意。"

克拉克表示,自动化水平的提高没有导致新建库房的员工人数下降,这是因为公司仍然处在迅速发展时期。

他说："这种发展正在拉动招聘量。我们还在招人,没有任何员工因为'基瓦'的到来遭受负面冲击。"

相关链接

苹果产品好卖的秘诀在哪里？

苹果手表还没有上市就已经拥有一个粉丝群。为什么？苹果不是第一家生产智能手机的公司。与智能手机不同,这一次其他人快了一步,例如索尼、LG、华为、佩布尔和三星都已经推出智能手表,但是让全球像触电般兴奋起来的只有苹果。

其他公司只能惊叹于这家加利福尼亚公司的成功：苹果卖给我们的一直是我们之前不知道自己想要的产品。

iPod是如此,iPhone是如此,现在苹果手表可能也会如此。是什么令这家公司与众不同？没错,它有优秀的研发人员,但其他公司也有。更重要的是,苹果了解消费者的想法和行为,知道如何悄悄告诉他们,一种产品是多么棒,以至于离了它就不行。苹果的成功史是一部企业如何在我们无意识的情况下对我们施加影响的教科书——一家将店铺变成圣殿、将消费者变成粉丝的企业。

苹果产品针对的是经济学家罗杰·迈尔森在20世纪80年代称之为人的"社

会可见性"的东西——对社会地位象征的追求。这不仅仅是通过产品，主要也是通过与其有关的一切来实现的。

苹果的店铺选在最佳位置，它令人想到画廊，而并非电子产品市场。它使用大量的玻璃、浅色木材，外观闪闪发亮，而非塞满了货架的狭窄过道儿。而且，摆在外面的只有少数产品而不是许多。这暗示着它的紧俏性——就算库房是满的。

再加上看起来乏善可陈，但实际上很有效果的创意，比方说耳机的颜色是白色的。苹果 2001 年推出 iPod 时，这还是个新事物，但这个想法是很聪明的：iPod 和 iPhone 放在外套口袋里就看不见了，但是耳朵上戴着白色耳机，人们立刻就知道他用的是苹果。

利用这样的小技巧，消费者在不经意间就被影响了。苹果采用的理念被专家称为神经营销：苹果将大脑研究的成果用于实践。它借助细节（比方说白色和时髦的店铺）瞄准消费者的潜意识。它唤起情感、感觉——而且是决定性的。

这是因为，如果我们以为自己是理性作出购买决定的，那就大错特错了。哈佛大学教授杰拉尔德·扎尔特曼发现，90% 的情况下我们选择或者放弃购买一件产品是无意识的。对消费者行为进行了多年研究的心理学家汉斯-格奥尔格·内德尔证实，我们最多是在购买手纸这样的日用品时，会按照价格和数量这样的理性标准来挑选，但购买苹果产品却是件感性的事。

每当苹果产品发售前总有消费者因为担心第一天买不到而不惜露宿排队。内德尔说，报酬系统在这些人的大脑内尤其突出。这个消费者群体总是在寻找新的刺激。有的是不断疯狂购买最新款式的衣服，而另外一些人则是永远都要买到最新款的 iPhone。

研究人员还发现，像苹果这样受欢迎的品牌刺激人脑的区域。这听起来有点儿夸张，但绝对是合理的，"它关系到想成为一个群体的一部分"，为企业提供神经营销咨询的达扬·黑格曼说。苹果的粉丝们觉得在某种程度上是联系在一起的。

当然，如今也有很多 70 多岁的人拥有 iPhone，内德尔说，他们的购买决定也是感性的，但他们不是因为苹果品牌很酷，而是被操作简单的承诺所吸引。

正是这点成就了苹果的成功，它做到了在几乎所在年龄段和社会阶层唤起对其产品的欲望。苹果产品的销售是一波接一波的。先是喜欢酷的年轻人，对他们来说这些产品是地位的象征，然后是跟风的大众。第一时间购买的消费者尤其注重设计，而当该产品不仅时髦而且经得起实践考验时，大众就会跟风而上。

法国使用新缩略词

法国出现了一个新词："GAFA"。这是个首字母缩略词，已成为代表全球几家极具影响力公司的缩略语——它们都是美国公司，都是技术巨头。"GAFA"代表的是谷歌（Google）、苹果（Apple）、脸书（Facebook）和亚马逊（Amazon）。

报纸、博客和电视访谈都在用这个词。法国《世界报》经济编辑亚历克西·德尔康布尔告诉采访者，2012年12月，"GAFA"最先出现在他的报纸上。他说："'GAFA'用的不是非常频繁，但一旦用了，几乎总是涉及重要话题，包括纳税或个人数据。"

在美国，谷歌、苹果、脸书和亚马逊通常被当作创新的典范而受到赞扬。在法国新闻界以及欧洲其余的大部分地区，人们通常是从一个不那么积极的角度来看待它们的创新——这些丑陋的美国人带着创新手段来侵犯个人隐私或逃避本应缴纳的税款。以谷歌为例，它在法国的纳税情况受到质疑，而在不久前它刚被迫建立"被遗忘权"机制且面临业务被拆分的威胁。

但除了税务等问题之外，"GAFA"这个词的传播或许同样与文化憎恶情绪密切相关。法国某关注初创企业的网站的创始人利亚姆·博加尔告诉本网站："我认为相较逃税，这更多是因为关乎网络世界的权力分配。"毕竟，法国有着抵制美国文化霸权的悠久历史。

在美国政府的大规模监视活动被披露后，美国企业也失去了公众的同情。一家科技业公共政策研究机构的创始人热雷米·齐默尔曼告诉采访者，他不喜欢"GAFA"这个词，更愿意把这些美国大公司称作"棱镜"公司（得名于斯诺登所揭露的美国国家安全局项目）或"奔牛"公司（国安局的另一个项目），他用这两个词来指"几乎所有的总部设在美国、失去公众信任的公司"。他援引的例子包括英特尔、摩托罗拉和思科。

（宋家德　编译）

美国批准亚马逊无人机试飞送书上门

2015年3月中旬，美国政府宣布，电商巨头亚马逊获准在美国进行无人机飞行试验，这一试验据说首先"向订购读者送书上门"开始，这最终可能让亚马逊实现无人机送货服务。

美国联邦航空局发表公报称，向亚马逊发放了"试验性"适航许可证，允许其用于"研发"和"员工培训"。

2013年底，亚马逊第一次提出利用无人机"在半小时内"送货上门的计划。2014年中，亚马逊向联邦航空局申请进行无人机飞行试验的许可证。

联邦航空局指出，许可证的颁发是有条件的。亚马逊使用的无人机只能在日间飞行，飞行高度不能超过112米，要在操作人员的"视线范围之内"，而且操作人员必须持有执照。

联邦航空局称，亚马逊需要每月向其提供关于无人机飞行次数与时长的数据，并报告可能发生的意外情况。

2015年1月中旬，美国有线电视新闻网（CNN）也获得了类似的无人机试验许可证，用于新闻报道。

向亚马逊颁发无人机试飞许可证，可能标志着美国商用无人机进入一个新的阶段。2015年2月中旬，联邦航空局首次颁布无人机使用规定。联邦航空局预测，在未来五年内，美国将有大约7500架民用无人机。

无人机最初主要用于军事用途，现在私人无人机行业蓬勃发展，引发了美国民众对于安全以及可能侵犯隐私的担忧。

（李爱蓉　编译）

从波士顿的图书馆看"美国的雅典"

刚来美国波士顿的时候,一位老教授骄傲地对我说:"加州不是真正的美国,波士顿才是美国之魂,你来对了!"当时,我对他的过分溢美不以为然,直到我看到满街的车牌上都刻着一行字:"The Spirit of America"(美国精神之州),才知道老先生并没有自卖自夸。

波士顿是美国历史的见证者,城内短短4公里的"自由之路"上,每一座红砖建筑都印刻着美国从殖民地一步步走向独立的故事。它是美国最古老的城市,是美国独立精神的发源地,拥有着世界最顶尖的高校,被称为"美国的雅典"。如果说波士顿郊外的莱克星顿第一枪,使美国人开始拥有政治和经济上的独立,那么波士顿的科学精神和人文底蕴,才真正带领着美国人走上了思想和心灵的"自由之路"。

一、平民化的波士顿公立图书馆

进入波士顿公立图书馆的主入口,大门之上刻着一行简短有力的话:"FREE TO ALL"(向公众免费),这看似寻常的句子却来之不易。

500多年前,当印刷术在欧洲出现,书籍不再是名士贵胄的清高之物,当平民出身的狄德罗开始编纂百科全书并大量销售的时候,被名家嘲笑为"法国的衰退"。在美国也同样,几乎所有的书籍都由私人收藏,阅读这件雅事甚至成为名流间社交的手段。

倡议建立公共图书馆的马萨诸塞州商人R·金尼捐出了自己的藏书,不幸的是,这些书在一场火灾中付之一炬,但他的遗愿最终得以实现:波士顿建立了美国第一个对公众免费开放的图书馆,从此,美国其他的图书馆都是以它为样本建立的。"FREE TO ALL"不仅仅意味着免费的知识，更意味着人人都能通过学习获得心灵上的独立自由。

有朋友到访波士顿，听说我要带他们去图书馆，都露出怀疑的神色：图书馆有什么好看的？但当他们踏进图书馆的大门时，都被这座图书馆的壮观所折服。

意大利文艺复兴风格的立面上镶嵌了四个气势恢宏的黑铸铁烛台，推开历史久远的青铜大门，满眼都是有历史故事的雕塑。整个图书馆的墙壁、楼梯、廊柱都是用黄色花纹大理石建成的，穹顶和墙壁上的宗教壁画来自以写实主义著称于世的美国肖像画家萨金特，图书馆的装饰也十分精美：精美的雕花、教堂风格的窗棂和华丽的水晶吊灯，中央还有一座带雕塑喷泉的罗马式露天庭院。

在这里可以做的事情太多了，暖阳里捧一杯咖啡在鲜花盛开的庭院中阅读，学术报告厅中听一场思维跨界的报告，在贝茨音乐厅里欣赏伯克利音乐学院的音乐会，新移民免费学习口语和工作培训。赶上周末，副楼地下一层还有个有趣的活动：付1美元买一个购物纸袋，只要你能装得下，就可以带着自己喜欢的旧书满载而归。

在这里，衣着考究的学者和头发蓬乱的乞丐面对面在一张书桌上静静阅读，天真的孩子在儿童专属图书馆里接受知识的浸染，波士顿图书馆一直践行着"FREE TO ALL"的信念，无论长幼贫富，在知识面前人人机会均等，用脉脉书香滋养着整座城市的灵魂。

二、名气最大的怀德纳图书馆

秋天正是哈佛最美的季节，在艳丽如血的满树红叶掩映下，12根纯白的罗马柱支撑着方正端庄的建筑，一列高高的台阶颇有一种求知的朝圣感。

怀德纳图书馆不对公众开放，需要刷哈佛大学的ID卡，但学生可以带亲友进去参观，在法学院毕业生林宁的带领下，笔者有缘进入了哈佛大学最著名的图书馆。

进入图书馆的大厅，有一个纪念室专门为捐赠者设立。哈利·爱尔金·怀德纳，一位27岁的哈佛毕业生，在泰坦尼克号豪华游轮沉没之际，带着他心爱的《培根散文集》长眠海底。完成爱子未尽的心愿，成了怀德纳的母亲余生的支柱，她花费200多万美元建造了这座图书馆，并斥巨资收藏稀世善本和手稿，连同儿子生前最爱的3000册孤本一并捐献给儿子的母校。如今在中厅一角还能看到那位母亲为纪念儿子而购买的《培根散文集》，如同图书馆的碑文所写：这是爱的纪念。

三、哈佛大学共有 70 多座图书馆

哈佛大学的 70 多座图书馆,犹如霍格沃茨魔法学校,高大古典的书架、气势庄严的半圆穹顶,使人产生一种迷幻感。有的图书馆结构复杂,共有 10 层,每层分东、西两部分,有些门是学生卡没有权限的,如同一个巨型迷宫。林宁笑着告诉笔者,她有一次在怀德纳图书馆看到管理员的一张告示:"在这里,没有罗盘、三明治和口哨,是无法生存的。"

但只有那些游客看不到的部分,才是哈佛大学图书馆不可复制的精髓。

哈佛大学的学生,可以在图书馆申请一个两面遮挡的私密座位,把借来的书籍放在书架上,整个学期都可以在这里做研究。至于传言的凌晨 4 点哈佛图书馆还开放,也并不是夸张,有一座拉蒙特图书馆 24 小时对学生开放。图书馆设有一些著名退休老教授的办公室,他们大部分都已是耄耋之年,有的甚至百岁,依然每周义务地和学生讨论学术。

令人惊讶的是,每个系统的图书管理员都身怀绝技,他们不仅拥有图书管理和相关专业的双学位,有的甚至还会多国语言,是某些专业的行家,给学生至关重要的帮助。他们的任务是帮学生寻找全世界的权威资料,如果哈佛图书馆里没有馆藏的话,给管理员发邮件求助,几天后,你就能收到这本书的电子版。林宁说,有一次,她需要一些稀有的法律资料,管理员甚至直接帮助她建立了一个资料网站。

在霍顿图书馆,培根、拜伦、塞万提斯、乔叟、但丁、狄更斯、莎士比亚等如雷贯耳的名家文献特藏其中,只要你进行预约,指定需要查阅的书籍,那些具有文物价值的传世珍品和手稿也可以供学生阅览。当 376 年前,约翰·哈佛捐出半数遗产和 400 册图书时,他并不知道这里将诞生 33 位诺贝尔奖获得者和 8 位美国总统,哈佛的 70 多座图书馆如同汪洋中满载智慧的方舟,将一代又一代哈佛学子渡往真理的彼岸,并影响了整个人类的文明史。

(吴娣伊　编译)

彼得兔及其系列童话探源

"山不在高,有仙则灵。水不在深,有龙则灵。"英国著名湖区温德米尔湖畔的波尼斯小镇,除了风光宜人的湖光山色外,最负盛名的就是彼得兔及其原创者碧翠丝·波特了。彼得兔,这只从英国乡间走出来的顽皮小兔子,竖着两只尖尖的耳朵,穿着蓝色夹克和棕色鞋子,手里握着胡萝卜,萌萌哒!人们竞相来波尼小镇,探访彼得兔的奇妙世界,表达对作者碧翠丝·波特的崇敬之情。

一、彼得兔源自一只宠物兔

碧翠丝·波特博物馆位于波尼斯小镇的黄金地段,别具匠心地再现了碧翠丝·波特创作的彼得兔系列故事的23个场景,童趣十足。走进博物馆,采访者仿佛踏入彼得兔的田园童话世界,随着彼得兔和其他小动物们一起,一会儿来到麦克格莱高先生的花园,一会儿来到杰米玛小鸭子的林间空地。彼得兔和妈妈、三个姐姐,还有堂兄本杰明一家生活在田园中。发生在它身上的一系列童话小故事温馨甜美,妙趣横生,充满浓郁的英伦风情。可以毫不夸张地说,许多英国孩子都是读彼得兔的故事长大的。

博物馆的工作人员罗丝告诉采访者,彼得兔的原型其实是碧翠丝·波特儿时的一只宠物兔,叫彼得·派波。碧翠丝·波特原本生活在伦敦,1882年,去英国湖区度假,一下子喜欢上了湖区湛蓝深邃的湖水和峰峦叠嶂的群山,她在那天的日记中写道:"这是一个能让时间慢下来的地方,令人心醉。"在随后的几年里,碧翠丝·波特总是带着心爱的彼得兔来这里度假,后来,她索性把家整个搬到了湖区。1893年,在这里度假期间,碧翠丝·波特坐在湖光山色之间的椅子上,以彼得兔为主角,自己绘画、编故事,并附慰问信一封,送给了她的家庭教师安妮正在生病的儿子，祝他早日康复。这便是碧翠丝·波特第一本绘本童话故事。

二、彼得兔故事系列销售突破1亿册

博物馆的材料上介绍说，碧翠丝·波特的书一开始并没受到出版社的重视，她甚至不得不在1901年自费出版了250本。后来，一家出版社看到这本书，以将黑白改为彩色作为条件，翌年帮她重新出版，这样，后来畅销全球的一系列彼得兔故事，就这样诞生了。之后，碧翠丝·波特又陆续出版五本和彼得兔有关的童话书。后来，这些书不断再版，截至2008年，彼得兔故事系列销售突破1亿零500万册，有35种语言的版本。为纪念《彼得兔的故事》出版110周年，弗里德里克·华纳出版公司请爱玛·汤普森撰写《彼得兔附加故事》，故事中彼得兔在苏格兰意外地搭上了麦克格莱高夫妇的马车。

碧翠丝·波特不仅想象力丰富，语言优美，在第一本彼得兔故事书出版后，她还制作了彼得兔玩偶和彼得兔棋盘游戏。1903年，彼得兔玩具申请了专利，彼得兔成为年龄最大的专利角色。之后，彼得兔的形象出现在许许多多的商品中，如瓷盘、瓷像等。彼得兔还是美国幼儿奶粉品牌美赞臣的封面角色。

三、"彼得兔的野餐篮子"

紧挨着博物馆，是碧翠丝·波特茶室。茶室飘散着好闻的咖啡味，供应的小食物都是用彼得兔故事中出现的角色来命名的，十分有趣。最受欢迎的是"彼得兔的野餐篮子"，别致的双层盘子用一根不锈钢扦子串在一起，拎着扦上的圆环，好像提着篮子去野餐一样。盘子上有一个兔耳朵形状的纸杯蛋糕，还有一些三明治和巧克力甜点，颜色花花绿绿的，诱人食欲。茶室的墙上挂着许多彼得兔故事中的插画，一边喝下午茶，一边欣赏图画，就连茶也感觉格外有味道。

博物馆内还有一个纪念品商店，出售关于彼得兔的衍生产品，如故事书、文具、毛绒玩具、马克杯、钥匙链等，造型稚拙可爱，不但孩子们爱不释手，大人们也忍不住童心大发，选购一堆小纪念品。

（王 艳 编译）

巴黎塞纳河畔淘书其乐无穷

谁人剪一段旧时年华，封存在书本里，多年以后，纸页泛黄，人面不再，而旧书依然。今日，笔者在巴黎的塞纳河畔的二手书店里重拾被遗忘的年华，透过优美严谨而意味隽永的法文，在字里行间，感受几个世纪前的秀美时光，让一幅幅陈年画卷，为我描绘一个古典高贵的旧时巴黎。

一、河流有多长，书摊儿就有多长

巴黎的旧书摊儿闻名于世，迎着塞纳河畔的微风，在熙熙攘攘的旧书摊儿闲逛，淘宝的惊喜心情，讨价还价的惬意，这一切让热衷收藏的游客梦寐以求。如今，塞纳河边的旧书摊儿俨然已成了城市的一道特别的风景。

一大早起来，沿着塞纳河逛二手书市，是笔者在巴黎旅居最爱的事情。清晨的巴黎，游人还未至，旧书摊儿主正开始打开他们营业的专用小书摊儿——其实是一只只架在桥墩上的绿色铁皮箱子，他们有统一的尺寸和颜色。巴黎的旧书摊儿已经有很久的历史。书摊儿起初是一些无固定摊位的市井书贩子发起的，他们沿着塞纳河的矮墙游走贩卖旧书。逐渐地，河堤成了人们散步之所，书贩子们便开始在这里摆设固定摊位，于是，巴黎政府给予了他们统一的经营执照，旧书摊儿的位置和数量也从此基本固定不变。如今，这200多个绿色书箱从奥美苏利桥（Pont de Sully）绵延4公里到卢浮宫，犹如驳船队似的停泊在塞纳河旁，在游人心中，这可以称得上是世界上最长的民间图书馆了。

二、几乎什么书籍都可以淘到

浪漫的人们在塞纳河边的旧书摊儿中搜寻二手书籍是为其怀旧的情怀，许多的巴黎年轻人也同样热衷于二手书籍为其求学之心。

巴黎是世界各地学者学习的天堂，世界文化的熔炉，这里年轻的学者们对书籍的需求量巨大。笔者在法国求学的日子里，学校老师们总会要求笔者和其他同学去购买一些专业书籍，面对价格高昂动辄上百欧元（等于上千元人民币）的书籍，两全的办法就是买二手书。在巴黎，学生们口口相传最有名的就是"Gibert Jeune"二手书店。"Jeune"在法文中的意思是年轻人，这是一家针对年轻人的连锁二手书店，分店主要集中在圣米歇尔喷泉周围，这里是古时文人最钟爱的拉丁区，也是如今巴黎著名的大学城的心腹地带。

每到开学前，笔者就会在这些二手书店淘一些必需的课业书籍。学生学者们在此几乎可以找到所有想要的书籍：上至天文，下至地理，涵括艺术、管理、文学、科学等各学科，而且价格相比新书便宜很多。不知是顾客偏爱，还是店主执着，这些二手书店常保持着古典陈旧的装饰风格，古色古香。

此外，在这样的二手书店，不仅可以购进二手书籍，也可以卖出二手书籍，只要是内容尚新、无太多使用痕迹的，书店都可以回收，再稍稍修整重新打上塑封后作为二手书籍出售。

三、每到周末都有"二手节"

巴黎的二手书店出售的不仅仅是书籍，也是一种不慌不忙的生活态度。在塞纳河畔的书摊儿闲逛，有时也是一种奇妙的际遇和邂逅。河边的旧书摊儿，每个摊位都有自己的特点：或是主营艺术书籍、或是主营科学文件、或是主营古旧海报和月刊杂志……花一个上午漫步在河边，清风微抚发尖，在一个个旧书摊儿里，除了二手书店，还可以淘到旧信纸、手稿，以及复古风格的工艺品。在浪漫的文艺世界里，复古情怀是恒久不变的时尚。

法国人喜欢在陈旧的事物里发扬亮点。在法国，每年几乎每座城市都会组织居民在周末把家里的旧物旧书拿到街上出售，我们俗称其为"二手节"。在法国，节约是一种无上的美德，读书人更不会以买二手书籍为耻，而是把它视为一种良好的文化消费习惯。我想，作为读者，一本书的价值并不在于它外观的新旧，而主要在于其内容与内涵。

当然，在旧书摊儿里"淘宝"需要一双慧眼和独特的品位。其实，这些二手书籍里不乏名家的旧作手稿，时不时会有惊喜。发黄的旧文书，在不见阳光、压箱底几百年后被搜罗出来，在塞纳河边二手书店的某个角落里又会遇到它的知音。

  记得有一次在巴黎闲逛，笔者在一家小小的二手书店里寻宝，于一堆旧海报里随手翻着。古旧的书架和家具，堆得密密麻麻的书籍让笔者沉浸其中。看笔者是个外国人，书摊儿主向笔者友好地问候，并好奇地发问笔者从哪里来，喜欢什么风格的旧书籍。几句闲聊后，他热情地开始给笔者展示他最得意的一些存货——竟是一些不知源自何处的老照片。笔者无意中找到一张十分特别的照片：一名宫廷装扮的法国女子，她迷人的眼神和卷发深深地让笔者动容。虽素未相识，笔者竟被这岁月里沉淀的美吸引了。笔者忍不住问询价格，摊主也并不叫价，他摊一摊手说道："我们如此投缘，3欧元，还送你一张巴黎旧地铁图。"成交！笔者开心地买到心仪的照片，这是笔者在二手书店里寻到的别样的"宝"，也是巴黎小资情调给笔者留下的最独特的纪念品。

（杨令军 编译）

德国法兰克福首发《习近平谈治国理政》

为回应国际社会对中国及其领导人的诸多关切,《习近平谈治国理政》一书应运而生。2014年10月8日,这本在德国法兰克福国际书展上亮相的多语种书籍一经发布就受到各界广泛关注。这本书或许能够帮助一些人找到他们一直追寻的答案。

一、9个语种同时首发

《习近平谈治国理政》由中国国务院新闻办公室会同中共中央文献研究室、中国外文局编辑,外文出版社以中、英、法、俄、阿、西、葡、德、日等多语种向全球出版发行。书中收入了习近平总书记在2012年11月15日至2014年6月13日期间的讲话、谈话、演讲、答问、批示、贺信等79篇,分为18个专题。书中还收入习近平各个时期照片45幅,帮助读者了解他的工作和生活。

中国国务院新闻办公室主任蔡名照介绍,《习近平谈治国理政》是全面、系统地向国际社会介绍习总书记执政理念和治国方略的重要著作。这本书在编辑过程中,针对国际社会对中国问题的主要关注点,细分为18个专题,涵盖了习总书记治党治国治军、内政外交国防等各个方面的重要论述。通过这本书,各国读者可以更好地了解中国的发展道路和走向,可以更好地了解中国的改革发展进程,可以更好地了解中国的对外政策和主张,可以更好地感受中国领导人的风格和魅力。

为方便国外读者了解和理解中国的政治社会制度和历史文化,这本书作了300余条注释,约3.2万字。如"中央政治局集体学习"、"全国两会"等涉及中国政治制度的名词,老子、孔子、孟子等中国古代思想家,以及鲁迅、蔡元培、钱学森等现当代人物,《论语》、《孟子》、《红楼梦》和《西游记》等中国古典著作等。

二、"中国领导人的权威声音"

《习近平谈治国理政》在法兰克福国际书展举行首发式，吸引了德国政界、外国驻法兰克福领团代表以及来自世界各国的图书出版商、发行商、专家学者等400余人参加，现场座无虚席，掌声不断。

德国黑森州经济部官员诺贝特·诺伊瑟对采访者说："我相信这本书会有很多读者，因为中国的改革进程在德国引起广泛关注。能听到来自中国领导人的权威声音，对理解中国的改革进程很有意义。我相信，通过读这本书，人们能对中国政策有深入了解。"

曾任中国国家足球队主教练的施拉普纳说，习近平总书记新书在法兰克福书展上首发对德国人了解中国非常有意义。"我们与中国联系十分紧密。习近平总书记这本书生动介绍了其执政理念，我们可借此向其他人传播他的理念，"他说，"我祝愿中国民众从这些执政理念中很快受益，也祝愿这些执政理念推动中国取得更大发展。"

美国约翰·威利国际出版公司市场总监克莱·斯托博说，他很期待阅读《习近平谈治国理政》这本书，首发式展板和宣传册上的一些照片和引语给人们留下了深刻印象。"最打动我的照片就是习近平总书记任县委书记时，临时在街上摆桌子听取老百姓意见。这是真正的领导力！'老虎、苍蝇一起打'的说法也让人印象很深。"

实际上，《习近平谈治国理政》出版发行消息一出，就引起国际社会特别是出版界的广泛关注。外文出版社社长徐步说，书讯发出后，就有韩国出版社表示希望合作出版该书韩文版，还有法国发行商主动联系，商讨合作发行事宜。中国驻法兰克福总领事梁建全告诉采访者，巴西、塞舌尔等国驻法兰克福总领事也向他索要《习近平谈治国理政》，叮嘱一定要将书籍邮寄过去。

三、德国前总理给予高度评价

首发式开始前，已有部分读者提前阅读了《习近平谈治国理政》电子版，并对该书予以高度评价。

德国前总理格哈德·施罗德说，《习近平谈治国理政》的出版发行意义重大，因为它阐述了中国未来十年该如何发展及按照何种原则治理。

施罗德对采访者表示，新书中有三点论述非常突出。首先，中国经济必须转型，必须实现可持续发展并在发展过程中综合考虑环境保护。其次，书中强调解决社会问题，明确指出在发展东部大城市的同时，坚定推进中国政府的西部大开发战略。再者，这本书释放出一个明确信号，中国将越来越多地承担国际责任，并在解决世界冲突方面发挥稳定作用。

德国汉学家南因果认为，《习近平谈治国理政》一书的发行正当其时，许多外国人希望知道中国领导人如何治理偌大一个国家。

"近30年来，我在西方媒体总是听到和读到有关中国的悲观预言，但是这些悲观论调一个也没有成为现实。"南因果说，"《习近平谈治国理政》一书形象地表明，中国对待问题和困难采取的是另一个态度，是一种乐观的态度……是一种具有坚实理论基础和战略眼光的政策使中国在解决日常问题时如此成功。"

他还说，西方的确有人将中国视为威胁。"特别是这些人应该看看这本书。我相信，他们中很多人读后会认识到，中国不是威胁，而是机遇。"

美国中国问题专家库恩评价《习近平谈治国理政》一书具有"里程碑"意义，这本书"表达和丰富了习近平总书记对实现中华民族伟大复兴中国梦的著名论述"。

库恩说，目前，人们非常需要真正了解中国，了解中国的国内发展和外交政策。他说，"《习近平谈治国理政》这本书写的就是他的所思所想，既坦诚又全面，反映一位爱国者的自豪。"

> 相关链接

世界第一大书展雄风依然

2014年10月8日至12日，被称为世界"图书奥运会"的德国法兰克福国际书展再次举办。来自100多个国家和地区的7200家展商和众多作家、名人、读者云集书展，令美因河畔的这座城市变为"全球思想之都"。

（一）"全球思想之都"抓人眼球

"芬兰，酷！"这是本届书展主宾国芬兰展馆的口号。采访者在现场看到，芬兰展馆的设计呈现美轮美奂的芬兰冬日景观，给人的第一印象就是"酷"和"平静"。但主宾国的"节目"却毫不冷酷：50位芬兰作家来到法兰克福朗读自己的文学作品。同时，著名导演阿基·考里斯马基的回顾展、"时代记事"展等也在法兰克福各艺术机构展出。

对芬兰而言，法兰克福书展是进军国际图书市场的跳板。采访者了解到，人口只有540万的芬兰竟拥有5800多家出版社。2013年，芬兰共发行5000种图书（不包括教科书），年图书销售额达到2.5亿欧元。2014年有130本芬兰图书被译成德语出版，而平常年份只有30本左右。

"全球思想之都"是本届法兰克福书展的口号。书展主席尤根·博斯表示，人们不仅能在书展上开展商贸合作，还能分享观点，让思维"动"起来，为此，书展举办了4000多场专题报告、舞台表演、"阅读帐篷"等与读者互动的活动。书展主办方告诉采访者，这次来助阵的各国作家多达1000余名，其中包括德国诺贝尔文学奖得主赫塔·米勒、巴西著名作家保罗·科埃略、英国畅销书作家肯·福莱特及《海上钢琴师》作者亚历山德罗·巴里科等文坛大腕。书展上的百场讨论会并不限于交流写作，还讨论了美国监听风暴、跨大西洋贸易与投资协定的影响、传统出版业与网络书店巨头间的争议等热门议题。

（二）《习近平谈治国理政》成为最大亮点

本届书展适逢新中国成立65周年。中国国家新闻出版广电总局组织了160多名出版商及作家参展，参展图书达数千种，同时，还安排了版贸洽谈、专题研讨、作家交流等活动。这是继2009年中国担任书展主宾国后，中国出版界参展规模最大的一次。采访者看到，中国出版社的展位设计越来越大气，在富有东方韵味的书籍展品中，《习近平谈治国理政》一书的宣传画特别引人瞩目。许多西方读者在展位上对这本书表现出极大兴趣。大学生托马斯对采访者表示："希望通过这本书了解'中国梦'及中国的未来。"

（三）"多媒体书籍"势不可挡

采访者在现场看到，电子书成为2014年法兰克福国际书展各大出版社展位上的"拳头产品"。德国慕尼黑翰思出版社现场推出配以视频、图片和访谈资料的纯数字小说。不少儿童和青少年书籍则采用3D技术，看起来更像玩具。来自中国的数字版《红楼梦》也在现场亮相。该书通过二维码、手机APP等科技形式，用轻松活泼的语言对《红楼梦》进行注解，还插入音乐、游戏等多媒体元素及中国古典文化的知识链接，缩小了国外读者与中国古典小说之间的距离。

德国《图片报》将这些印刷图书的升级版称为"多媒体书籍"。据德国书业协会的最新报告显示，电子书市场正在德国等发达国家迅速增长。2013年，德国共售出2150万册电子书。2014年，电子书的营业额预计占到总额的12%。此外，81%的书店拥有网上销售平台，65%的出版商提供电子书，同期增长12%。一些大型网上书店正在学习电信服务商的做法，用包月等手段推出9.99欧元的包月费，用户每月可下载多本书籍。为促进电子书发展，2014年的法兰克福书展首次颁发"最美德语电子书奖"，其中包括"最佳增值电子书"和"最佳应用电子书"两个类别。电子书籍受追捧也引来不少"科技客"，韩国三星等著名企业成为2014年书展的大参展商，被业界视为"将统治全球图书和出版业务"的谷歌和亚马逊也派出人员洽谈业务。历时五天的法兰克福书展总共有28万参观者。

德国国宝级漫画150岁

德国人认为，威廉·布什的《马克思和莫里茨》是德国乃至全世界现代连环漫画的先驱。

马克思和莫里茨，这一对顽童在德国家喻户晓、老幼皆知，早已成为德国的文化国宝。这部图文并茂的漫画故事在国际上也广泛流传，被翻译成200多种语言和方言（中国出版的两种中文译本分别名为《顽童捣蛋记》或《两个捣蛋鬼》——编译者注）。

如此骄人业绩是其作者威廉·布什当年恐怕做梦都想不到的。这部书1864年完稿后，布什联系的第一位出版商拒绝出版，理由是担心卖不出去。第二年，布什才找到愿意出版全书的出版商卡斯帕尔·布劳恩。该书一经出版，当即走红，威廉·布什在世时就已经畅销全球。

"这部书如此成功，威廉·布什自己都感到非常不可思议。"曾撰写了一部威廉·布什传记的爱娃·魏斯魏勒说道。

有一点是如今得到人们普遍公认的，那就是《马克思和莫里茨》是19世纪末美国出现的现代连环漫画的先驱。

美国连环漫画始于报纸和杂志。1897年12月，《纽约时报》周日副刊首次刊登了德国画家鲁多夫·迪尔克的连环漫画。迪尔克借鉴威廉·布什的马克思和莫里茨，想出了汉斯和弗里茨这对儿调皮捣蛋的双胞胎。

所有这些事，威廉·布什本人都经历了，他1908年才去世。威廉·布什传记作者爱娃·魏斯魏勒说："他既感到迷惑，也感到美滋滋的。迷惑，是因为这显然是在抄袭；美滋滋，是因为他的乡村小故事得到了如此大的国际反响。"

（赵品芳　编译）

德国可在大路边淘好书

在欧洲,德国被称为"图书馆王国",拥有1.4万多座图书馆,平均每6000人就拥有一座图书馆。近年来,德国人又创造出一种开放式的街头图书馆,不仅盘活了大量旧书,更成为德国社区文化的一道风景线。

一、老式电话亭改装成新式图书馆

嫩黄色的铁壳、透明的玻璃门窗,这曾是德国街头随处可见的老式电话亭。由于手机的盛行,这种老式电话亭在德国几乎销声匿迹,但如今,它们又出现在德国许多社区内。这是怎么回事?

在柏林夏洛特堡区的一个小广场上,也有一个老式电话亭。采访者在里面发现很多"机密"。亭子玻璃门上贴着这样的说明——"请带来一本书,取走一本书,阅读一本书"。亭里还立起书架,从最新的侦探小说到经典名著、专业书籍,大概有200多册。亭子顶部装有太阳能板,可为亭内LED电灯提供24小时电力。亭外则设有一圈木制长条凳。

原来,这是一个"开放模式"的街头图书馆。德国街头图书馆组织负责人安德列对采访者说,自2008年以来,德国已拆掉1.5万处老式电话亭。这些电话亭变身街头图书馆是最好的选择。两者的结合,不仅是旧物再利用,更唤醒广大居民的公民教育意识。当然,街头图书馆的形式还有不少:有的用旧车改装而成,有的则是民众自己DIY制成,还有的巧用老式电缆箱、小木屋等废弃设备。每座街头图书馆的造价从数十欧元到数千欧元不等。

最新奇的街头图书馆位于柏林普伦茨劳贝格大街的"书籍森林"。它由几个高度参差不齐的粗大树干固定到一起,中间被掏空,用来摆放书籍。书架口用塑料挡板进行覆盖，用来保护书籍。如今，街头图书馆已经遍及德国城乡。据不完全统计，德国各地至少有上千座已经建好或正在规划的此类设施。

二、"拿走一本，留下一本"

"来这里借书，不需要登记，没有时间限制，也没有册数限制。"安德列对采访者说，街头图书馆对所有居民开放，任何喜爱阅读的人都可以来这里。每个街头图书馆都只关门不上锁。在这里借书有一个约定俗成的规矩："拿走一本，留下一本。"如果哪位居民家里有藏书想拿出来分享，可以随时放到书架上。谁真的看上某一本书，也可以把它带回家"占为己有"。柏林居民马库斯带来《小王子》等三本阅读过的书籍。他告诉采访者，这些书放在家里没用了，干脆捐给书亭。他也在书亭挑了一本《他回来了》。

据采访者了解，德国街头图书馆没有政府投入资金，纯粹是民间自发的活动：一是靠各种基金会赞助设立；二是发动居民自发建立，这种形式的图书馆数量最多；三是教会、出版社等机构赞助设立。图书馆的日常维护由志愿者完成，每天有专人去擦拭书架、摆放书籍，保护图书免受雨淋。每个月他们还要召开会议，讨论图书馆的运作。

三、瑞士、法国、丹麦也模仿

德国柏林社会文化学者维德曼向采访者介绍说，街头图书馆在德国已有上百年历史，最初由教会建立，主要用于传教。二战后，里面的书籍由政府提供。之后，德国还出现过投币借书的图书馆。现在的"开放模式"则是街头图书馆的4.0时代。

"共享模式的图书馆也考验民众的公德心。"维德曼说，"开始时许多书亭被破坏，书籍被人拿空，引发了德国社会的大讨论。"凭借社区的宣传活动和严密管理，街头图书馆多年后终于走上正轨，这种模式还传到瑞士、法国、丹麦等国家。许多图书馆有了自己的官网，邻里关系也得以发展。

在德国，一本书的价格介于10欧元到30欧元之间。街头图书馆为居民减少了阅读支出。各地政府乐意支持这一项目，并尽量为其提供便利条件。德国联邦文化部官员鲁德哈特对采访者表示，这一项目与德国的文化导向一致。目前，八成德国人热爱读书，街头图书馆已成为社区文化的一部分。

（王　艳　编译）

瑞士试验无人机送书到家

从 2015 年夏天起，瑞士最大的物流公司之一开始试验无人机送货，试验时间至少要持续到年底。特别在圣诞季期间，孩子们期待的"圣诞老人的礼物"，不仅仅是"藏在圣诞树下"，而且更是"从天而降"或将变成现实。

瑞士马特尼特无人机公司与瑞士邮政及其母公司瑞士世界货运公司合作，实施一项无人机送货的试验计划，作为附属于瑞士邮政庞大投递网络的"最后一英里"送货服务。据说是借鉴美国亚马逊公司的试飞经验，试验无人机送货从送书上门、送书到家做起。

这是马特尼特公司的无人机技术首次在商业环境下的大规模试验，同时，对该公司来说也是一个至关重要的里程碑。该公司在公告中写道："本次试验计划的主要目的是提供一种概念证实，以便澄清法律框架、考虑当地情况及探索无人机的技术和商业能力。"如果该系统表现出色，该公司将争取利用此次成功设法说服瑞士邮政及类似企业尝试大规模启用这一系统。

该计划试用马特尼特公司的多款 ONE 无人机，该公司称，这些无人机在单次充电后可携带重约 20 千克的货物。按照设计，这些无人机可沿预设路线飞行以避免碰撞，而在现场送货过程中出现的后续物流难题，可望在试验过程中得到解决。该公司首席执行官安德烈亚斯·拉普托普洛斯说："我们对能够在瑞士使用马特尼特 ONE 无人机感到极其兴奋，瑞士是世界上技术最先进的国家之一。"

在马特尼特公司期待在瑞士证明其技术之际，类似的试验已经在中国和美国进行。2015 年 2 月，阿里巴巴在北京、上海和广东进行了其无人机送货系统的试验，递送重量最高约为 340 克的包裹。3 月，亚马逊公司从美国联邦航空局获得了在美国境内试验其无人机送货系统的许可。

目前，尚不清楚这样的系统何时能为消费者服务，以及消费者会对无人机启用后的单次航行距离和载重上限有怎样的期待。不过，考虑到目前开展试验的节奏，看来人们可能不久就会知道答案。

（李文清　编译）

在意大利博洛尼亚童书展看中国童书

2015年3月30日至4月2日,最新一届博洛尼亚国际童书展在意大利博洛尼亚会展中心举行。改革开放以来,中国少儿出版界多次迈出国门,在这个世界少儿图书专业性最强、参与性最广的平台上亮相。"走出去"已经成为中国少儿出版的"新常态"。

博洛尼亚国际童书展是世界少儿图书最重要的展会之一,自1963年首次举办以来,每年都会吸引近百个国家和地区的出版商、作家、儿童插图画家和印刷商等参展。据博洛尼亚国际童书展组委会提供的数据,2015年,参展的专业观众超过三万人,来自95个国家和地区。采访者在现场看到,主打"中国红"的320平方米的中国展台摆满各种童书。原创少儿图书的版权输出是2015年中国参展的最大亮点。在总计3418种参展图书中,中国本土图书占到70%以上。

以2015年推荐的重点图书为例,既有《兔儿爷丢了耳朵》、《龙的故乡》这样的图画故事书,也有反映中国历史文化的《古诗词图画故事》、《中国名家弟子规》,还有文学类的《丁丁当当》等。

意大利媒体2015年报道童书展的热情特别高。童书展期间,不少当地主流媒体都推出了专版介绍。采访者到达书展现场时,正好赶上意大利电视台第28频道在中国展台前拍摄画面。据了解,自童书展开幕以来,已有斯洛文尼亚、克罗地亚、俄罗斯、法国、捷克、日本、韩国、印度、印度尼西亚等国出版商与中国展商洽谈版权引进合作事项。中国展团负责人表示,少儿图书版权的引进和输出关系到民族文化的世界影响力。"中国孩子可以通过《安徒生童话》了解丹麦,通过《爱丽丝漫游仙境》认识英国,我们能为外国孩子提供什么?这是中国少儿出版业面临的问题。"

让版权贸易成为中国出版业新的利润增长点,也是这次中国展团的目标之一，同时，也是中国少儿出版业未来的发展趋势。据不完全统计，2015年展会上中国展团实现超过300项的版权输出量，比2014年翻一番。可以说，中国图书的人气超过预想。五洲传播出版社2015年已是第二次走进意大利，目前，仅该社一家就已达成30项版权输出意向。五洲传播出版社参展人员告诉采访者，他们此次带来的中英双语经典故事和中国当代儿童文学作家的原创绘本作品在展会上颇受欢迎。

随着儿童图书在中国的热销，中国出版界引进国外版权的规模和速度也在提升。最近几年，不论是在德国法兰克福书展，还是在意大利博洛尼亚童书展，总能看到中国的版权经理大量购买国外童书版权，甚至出现多家中国国内出版机构争抢同一版权的现象。除了美国、英国、韩国等主要版权引进国之外，就连阿富汗、伊朗等国也有童书被引进中国。

从品种和规模上看，中国已经成为世界少儿出版大国，但中国少儿出版缺乏叫得响的品牌作家和作品。中国出版协会少读工委负责人对此表示，"大而不强"是当下中国少儿出版最显著的特点。与西方出版强国相比，中国图书在"质"上还有很大差距。

据有关行业数据显示，从1990年至2013年，意大利少儿读物的发行量稳居世界第一，占全球少儿图书市场的一半还多，其次是英国、美国和法国。电子读物以及新技术应用是国际少儿图书发展的新方向。欧美国家很多大型出版商已经涉足电子读物这一领域，而中国由于技术支持以及版权问题，尚未在电子读物方面跟上世界脚步。

【相关链接】

大英图书馆求助网友数字化历史地图

把现代卫星影像与大英图书馆中数以百万计的历史地图匹配起来的工作，本来是件不可能完成的任务。

尽管把16世纪威斯敏斯特的城市规划图与今天的城市地图进行比照只需要少量的探测工作，但该计划需要将大英图书馆馆藏的270万张地图进行比对，其费用可能昂贵得令人望而却步。

地图部门管理员们知道，对这些图表进行专业处理需要1000万英镑，他们可能永远也凑不齐这笔钱。但他们想到,也许公众——在线志愿者,能助他们一臂之力。

人们需要在古老的地图上标出与现代卫星图像中吻合的点,而该地图参考计划获得极为热烈的回应,使该项目只需不到20年就可几乎不费分文地完成。

数字地图管理员金伯莉·科瓦尔将首批725张地图扫描上传后,志愿者仅用不到一周时间就完成了所有工作。她说:"我本来以为会需要和当地的历史社团打很多交道……但后来我发现连开一场新闻发布会都来不及(就完成了)。"

第二批历史意义略逊一筹的地图完成的速度更快,每天能完成200张。第三批图表包括索马里沙漠模糊的地量勘测和20世纪50年代毫无特色的塞浦路斯地图,平均每天的完成速度达到接近300张。

金伯莉·科瓦尔开始相信她有生之年也许能将大英图书馆的历史地图全部数字化,使人们能够看到全球任何一个地方在不同阶段发生的演变。如果处理速度上升到每天400张,那么这项工作将在18年内完成,尽管目前速度受到地图数字化的限制。她说:"我扫描和上传的速度跟不上公众处理的速度。"

扫描工作十分昂贵,因此,大英图书馆目前正在试图与谷歌等合作公司达成一项协议,批量对地图进行数字化。大英图书馆整个馆藏包括450万张地图,但其中只有270万张适合纳入地图参考计划。

(吴娣伊　编译)

在环球旅游中逛书店和图书馆

阅读在旅行当中占有重要地位，在旅途中，你会在各地的旅游中心阅读地图及观光手册，又或者是在旅行途中、等航班中，你会在随身行李当中拾起你最爱的书本阅读。一本好书，开启一段旅程，而在旅途中追寻书香，感受当地的人文和趣味，这对于热爱阅读的人，必定充满期待。

就我个人而言，在旅途中我尤其喜欢逛书店，从书店陈列的出版品上大体可以看出最近出版趋势和读者喜爱度，也能嗅出这个城市里的阅读品质与知识品位，而有一些文化产业创意和销售平台也经由书店贩售和经营，更是呈现出了多元化。

有时候，书店可以是小区中心，也可以自成体系，自己就是一个小型社区。1999 年，诚品书店作为第一家 24 小时营业的书店令台北市欢呼雀跃，如今已经成为中国台湾文化创意产业的代表。因为成功经营，诚品书店已在台北开设了好几家书店，其中松烟诚品店内配有零售区、商场、剧院和音乐演出中心，俨然就是一座小型城市。意大利米兰的 Corso Como 书店貌不惊人，这家书店建立于 1991 年，创立者是《VOGUE》杂志意大利区总编 Carla Sozzani。这位时尚界达人为这座建筑带来时尚的感觉，这是一家书店，也是一家服装店，还有咖啡馆、旅馆和屋顶花园。而日本 - 东京代官山的茑屋书店是由三栋建筑组成，有书、DVD 和 CD 出租，店内还有星巴克，为东京人营造出一处复合式的文化生活空间。

从世界各地的丰富有趣、在各地极具特色的书店中也可以窥见一二。意大利威尼斯的"高水书店"可能是世界上唯一一家水面以下的书店，其最大的特色是把美国和意大利的经典书籍装在威尼斯传统的贡多拉船上，而书店的后面把门打开就是美丽的运河。"这家书店所在的运河每年都发洪水，所以，那位爱收养流浪猫的古怪店主把书放在船里、浴缸里和废弃的贡多拉里来保护它们。"意大利旅游局中国市场推广经理储蓓蓓介绍道。而美国加州的巴茨书店（Bart's Books）自称是全世界最大的户外书店，这座书店建成于1964年，老板把自己不想要的书全部放在沿街的书架上，过路人如果想要买书，就在咖啡罐里留下钱。现在，书店里有将近100万本书籍——许多书依然靠顾客自律掏钱购买，书店里面还有一处荫凉庭院，可以供顾客下棋阅读。

法国没有莎士比亚，却有全球知名的莎士比亚书店。这个由美国人丝薇雅·比奇女士于1919年开办的书店，由于画家毕加索、音乐家邓肯等人的加入而使其声名远播，如今莎士比亚书店已成为巴黎的地标，是许多游客和文学爱好者的必去之地。像这样已经成为当地必游之地的书店不在少数，比如旧金山的城市之光书店，曾是"垮掉的一代"的大本营，更是"反叛文化"的路标。

当然，在世界各地，能让人感受到"书香"和"书趣"的地方，不仅有书店，还有众多的图书馆。那些古色古香的图书馆，不单单因其藏书而吸引喜欢闻着书香来阅读和思考的人们，同时，还吸引了游人来参观，众信旅游的"美国东岸VIP旅游团"便会带领游客去参观世界著名图书馆之一的纽约公共图书馆总部。其主体建筑位于著名的第五大道上，内藏有《古腾堡圣经》和牛顿的《自然哲学的数学原理》，是美国最大的公共图书馆。图书馆内的主阅览室，是当今世界上最大的无柱房间之一，如今图书馆里的部分房间仍保持了开办时的格局，读者仍使用沉重的木桌，上面放着蒂凡尼设计的铜质台灯，古意盎然。

携程旅行网推出的"修学体验"系列产品中，也多次带领游客去感受图书馆里"书山书海"的文化震撼。在其"澳洲飞行员体验营14天"里，将去墨尔本市中心的维多利亚州立图书馆纳入其中。这个澳大利亚最古老的公众图书馆于1854年建立时，墨尔本才仅创立20年而已。而如今，这里再不是传统意义上的图书馆，而是成了集文化、信息、教育、娱乐、休闲于一身的社会文化活动中心。同样，携程旅行网"修学体验"系列"新加坡真课堂＋留学考察7日游学营"线路中也将新加坡最高等学府南洋理工大学的中文图书馆纳入行程。

海浪、沙滩、图书馆，这三个词汇一般情况下是不会出现在一起的，但是它们可以搭成一个组合。保加利亚黑海阿尔贝纳市度假村的海滩上建了一个海滩图书馆，馆藏2500多本10种语言的书籍。来到度假村的游客可以免费从此借阅书籍，并最好留下自己国家的书供人借阅。这或许是世界上最让人放松的图书馆了吧！

哥本哈根的黑钻石图书馆则是游客观赏北欧建筑设计的绝佳地点，由于拥有一道让人震撼的黑色夹层玻璃外墙，而被人们称为"黑钻石"，这座建筑闪闪发亮、黑色的表面可以映射出港湾的海天一色，非常美丽。一个大型的断裂结构将建筑分成两部分,这样阳光可以照进建筑内部的中央位置,中厅将城市与海以及新老图书馆连接起来。北欧旅游局市场推广主管朱胜欣介绍道:"一般去哥本哈根,游客都会去看图书馆外观建筑,其实,黑钻石图书馆是对公众开放的,很多自由行游客进入里面才发现天花板上有出自名家之手的200平方米的美妙壁画,而除了作为图书馆的主要功能以外,这座建筑还拥有一个国家摄影博物馆、一个书店、一个咖啡馆、一个餐厅、一个天台以及可以容纳600人的音乐剧院,非常值得一游。"

要想追寻书香,还有许多小镇也不容错过。海伊小镇是闻名威尔士的一座书香小镇,也是爱书者们常来的地方。1988年起,这里每年会举行文学庆典,美国前总统克林顿形容其为"思想界的伍德斯托克音乐节"。窄窄的街道上林立着30多家书店,但最叫人惊讶的还是小镇诺曼时期城堡空地上摆放的书架。在这里,游客们不但能欣赏到破败的中世纪岩石建筑,还能细读这里的二手书籍。

(李文清　编译)

全球好书店侧影

从全球范围看，受互联网和在线阅读的冲击，实体书店正在减少，且这种减少的趋势不可逆转。也许有一天，我们的子孙后代会以为"书店"只是一个虚构的概念，只是一个古老的传说，只有在发送到电子信箱中的小说里才能找到。鉴于近些年已经有很多家出色的独立书店关门倒闭，这样的场景已经不再遥不可及，但是并非所有书店都走向穷途末路，即便是线上书店风生水起，实体书店的幸存者和一些勇气可嘉的业内新贵，仍旧以自己的方式适应着普及电子阅读的时代，它们尝试24小时营业，进行建筑设计和室内装潢的改建翻新，提供线上书店巨头销售范围之外的书籍。至此，这些或古老或新潮的实体书店，因为他们背后引人入胜的故事成为了历史遗址、文化圣殿，成为了旅行计划不可错过的景点。

一、法国巴黎，莎士比亚书店

1919年，美国移民丝薇雅·比奇在塞纳河左岸开了第一家莎士比亚书店，乔伊斯、海明威等知名作家都曾在此留下了自己的足迹。海明威在这里完成了自传《流动的盛宴》。由于无力经营，比奇在1941年将书店关闭。1951年，同样在巴黎左岸，美国老兵乔治·惠特曼开了一家叫作西北风（Le Mistral）的书店，并在1958年得到比奇准许更名为莎士比亚书店，书店不但继承了它的名字，也继续保有它的精神。迄今为止，书店已经合并了多位作家位于巴黎的故居，安静地坐落于左岸拉丁区，仍旧展示着海明威书中描绘的美好画面。书店最多可以容纳四人过夜，大部分客人会选择停留更长时间，少则一周，多则一个月。

二、葡萄牙波尔图，莱罗兄弟书店

莱罗兄弟书店早先曾是高端书店的典范，又出版书籍又销售书籍的历史可以追溯到 1869 年，但现在的书店店址是由工程师哈维尔·埃斯特维斯于 1906 年设计完成的。经历了一个世纪的沧海桑田，以镶嵌在窗户上的彩色玻璃、宽阔楼梯和仿木质灰泥吊顶为特色的新哥特式建筑，仍旧被一部分人认定是全世界最美的书店。

三、荷兰马斯特里赫特，天堂书店

建成于 13 世纪、占地 1100 平方米的多米尼加教堂在 2006 年被改建为天堂书店。在受到多方赞誉的改建工程之前，这座哥特风格的建筑曾经是马斯特里赫特交响乐团的驻留地，举办过儿童狂欢节，甚至也曾用于屠宰牲畜。现在书店内储藏着荷兰语、英语、法语、西班牙语和意大利语图书约四万册，还提供全城最为香醇的咖啡。每年有 140 多个大小活动在此举办。"这里总有事情发生。"天堂书店代表托恩·哈莫斯说道。

四、澳大利亚墨尔本，厨师书店

厨师书店位于墨尔本最有趣的街道上，曾是一间有 150 年历史的地下酒吧，是澳大利亚唯一专门出售烹饪类书籍的零售书店。你能想到的任何类型的菜谱或烹饪读物都能在这里直达天花板的书架上找到，店内还珍藏了一些 18 世纪的烹饪读物。"我们的顾客有主厨、美食家和饕客。"书店联合所有人蒂姆·怀特介绍道，"我们登记在册的烹饪类书籍有四万多册，每天至少有三万册摆在货架上。"店内所有书籍都在全球范围内同价销售。

五、美国纽约，斯特兰德书店

早在 1920 年，曼哈顿第四大道的 6 个街区被人们称为"书行"，因为这里有 48 家书店。时光荏苒，斯特兰德书店成了唯一的幸存者。自从搬到现在位于百老汇十二街的新址，这家深受人们喜爱的纽约书店建立起了庞大到令人震惊的目录册，包含 250 万册新书、二手书和珍本。书店中最棒的区域就是珍本书室，"现在我们之前最早的收藏，是由马蒂斯绘制插图的一本《尤利西斯》，市场价大概可以达到 4.5 万美元。"书店的市场部经理布里亚娜·斯佩贝尔介绍道，"人们还会阅读硬皮精装书，书本仍旧是可供收藏的好东西，所以，我觉得就算是有亚马逊之类电子书商的冲击，斯特兰德书店还是可以继续保持良好经营状态的。"

六、中国广州，1200 书店

虽然开始营业时间不长，但这家与众不同的 24 小时书店已经声名远播，不仅仅是因为他们贩售书籍和咖啡，也因为他们为旅行者提供了一个避风的港湾。受到巴黎莎士比亚书店的启发，1200 书店的店主刘二喜在书店内的一间客房为背包客提供免费的住宿。他表示，"我们白天开书店做生意，晚上交朋友。"要申请住宿的旅客必须提前发邮件申请，说明自己的背景和申请住宿的原因。书店也欢迎外籍游客的到来。

七、英国伦敦，斯坦福斯书店

来到伦敦科芬园中心的大型露天书店——斯坦福斯，总会让人兴起旅行的念头。作为全球最大的旅游专门书店之一，透过那一排排的书架，你会看到一个富有冒险精神、充满无限可能性的世界。这里是任何想要经由艰难跋涉通向伟大未知之人启程的地方，无论那未知之地有多么神秘，似乎都能在斯坦福斯找到一本"旅行指南"，甚至是一本详尽的街道插页地图，指引你找到那里最棒的鸡尾酒。当然，不只是旅行指南和地图，在这里还有很多有关旅行的文学作品，包括一些语焉不详的文字。对于那些想要了解在不丹山区捕虾，或者用勺子横越卡拉哈里沙漠这样鲜为人知故事的人，斯坦福斯绝对不会让你失望。

八、美国洛杉矶，最后一家书店

这家仓库一般的书店销售全新的书籍和二手书，也有专门的绘本和唱片区。夹层的"书店迷宫"区域藏有 10 万多本书，每本售价只要 1 美元，由于书店标志性的圆柱形书架，这里成为了许多摄影作品的取景地。《绅士》杂志不久前才在这里完成了最新一期时尚大片的拍摄工作。书店管理员凯蒂·奥尔芬说："这里本来是一家银行，所以，两层楼都有保险库，只不过现在都被书籍塞满了。通常情况下，我们都会保证书店里有大约 20 万册书籍。"只希望这家书店不会像它的店名一样，真的成为"最后一家书店"。

（万　波　编译）

日本书店对反中反韩图书说"不"

2014年以来，针对近几年日本国内煽动对韩国和中国憎恶情绪图书泛滥的现象，日本几名年轻的出版社编辑发起对反中反韩图书说"不"的活动。他们建议书店设立专属图书角，向读者推荐正确看待日中、日韩关系和历史的图书。日本知名纪录片导演想田和弘说，这些好书能为日本出版业"解毒"。

韩国《朝鲜日报》报道称，日本著名出版社河出书房新社的四名年轻编辑对如今日本图书市场宣传反中反韩言论的图书激增深感忧虑，于是发起了一个名为"现在思考这个国家——既不烦也不傻"的活动。该活动在书店设立图书角，出售日本著名作家、评论家、学者推荐的18本书，包括《在日特权的虚伪》《九月的东京街头》《什么是仇恨言论》等，这些图书指出反中反韩论的虚伪和危险性。

日本《每日新闻》说，从2010年起，日中、日韩关系因领土纠纷变得紧张，日本一些作家为博销量，借机大写批判韩国和中国的新书。2013年开始，安倍及其阁僚不断参拜靖国神社，引起中韩两国及国际社会不满。而日本一些新出版的图书竟站在安倍一边，公然挑衅中韩立场。此外，韩国客轮"岁月"号沉没后，日本一些作家不仅不同情，还极尽所能进行嘲讽。

图书角活动发起人说，身为图书编辑，有责任让读者看到真实的世界。他们向日本全国多家书店发出倡议书，同时，通过推特宣传。截至2015年1月底，就有超过100家书店响应，纪伊国屋书店、丸善书店等大型连锁书店也参与其中。

日本很多报纸、杂志、网站都对图书角一事进行报道，并且文学、文艺界人士，以及普通民众就此进行热议。作家星野智幸表示，日本"反中反韩是长期酿成的，改变这种倾向要很长时间。但是重要的是现在面对现实，这个策划拯救了日本社会"。在图书角活动中参与推荐图书的电影导演想田和弘说："如果煽动愤怒情绪的书热销，那就要更加努力销售能成为这些书的'镇静剂'和'解毒剂'的好书。"

（古隆中　编译）

中国文学"走出去"在韩日泰

中国文学在国外有多火,不妨走进韩国、日本、泰国瞧一瞧。

一、韩国教保文库的中国文学书籍

教保文库是首尔的最大书店,同时,也是韩国最大的书店。走进教保文库,满满两架中国文学书籍反映了中国文学在韩国的版图,即传统经典著作和当代文学"二分天下"的格局。

一侧书架被《西游记》、《三国演义》等传统历史小说所占据,金庸的系列武侠小说也在其列,此外,还有《论语》、《孙子兵法》等古代典籍。而另一侧书架则全是中国当代文学作品,一类是王朔的《孩子王》、苏童的《碧奴》、王安忆的《长恨歌》等;一类是80后作家韩寒的《三重门》、《1988:我想和世界谈谈》,郭敬明的《幻城》,此外,还有因影视作品而扬名的《失恋三十三天》、《山楂树之恋》、《贫嘴张大民的幸福生活》等。

据采访者一连几天的观察,在中国文学书籍的书架两旁,总是人头攒动,熙熙攘攘,各个年龄段的韩国读者都有。那些中老年读者,一般钟情于中国的历史小说和武侠小说,而那些青少年读者即少男少女们,则对中国的当代文学作品,特别是其中的言情小说爱不释手。

教保文库的负责人告诉采访者,中国文学书籍在这里既是畅销书,又是常销书,平时来这里的读者不少,到了节假日,来这里的读者更是数也数不清。

二、《中国新时期文学日译一览》

问及日本人爱读的中国文学作品时,最常听到的便是《三国志》,实际上,这就是中国著名小说《三国演义》的日文名字——《三国志演义》。据保守估计,有近一半日本人阅读过各种版本的"三国志",或是由其改编的漫画、口袋书等作品。

不仅《三国演义》、《红楼梦》、《聊斋志异》等中国古典文学作品在日本都有广阔市场,居于实体和网络书店畅销书之列。现当代中国文学作品影响力尚不能与古典名著比肩,但随着中国作家国际知名度的提高和中国国际影响力的扩大,这些作品的销路也被看好。

众所周知,近代以前的中国一直是日本学习的榜样,阅读中国文人的作品也成为日本知识分子的修身立世之道。时至今日,仍有相当多日本人对中国古典文学满怀敬意,从中汲取为人处世的营养。

以《三国演义》为例,其普及和受欢迎程度远超中国人想象。据日本亚马逊网站的数据,2014年,《三国演义》的各种译本以及衍生书的销售品种超过4000种,三国里面的许多人物在日本都家喻户晓。

这种喜爱甚至延伸到电影领域。尽管日本引进的中国电影极少,普通人甚至说不出几个中国演员的名字,但《赤壁》却成为例外。当它上映时,几乎场场爆满,可见中国古典文学在日本的受欢迎程度。

东京神保町专门销售与中国相关图书的东方书店,推出了"日本爱读的中国文学"排行榜。其中,《庄子》、《史记》和《三国演义》位列前茅,在现代文学门类中,鲁迅、张爱玲、巴金等作家的知名度也很高。

与古典作品不同,当代中国文学作品进入日本市场的时间不长,路途也不算平坦。改革开放以后,中国文学开始逐渐复苏繁荣,日本及时翻译引进了相当多的作品,例如刘心武1977年发表的短篇小说《班主任》。

据日本中国当代文学研究会的《中国新时期文学日译一览》统计,自1976年至2007年间,共有486位中国作家、约2652部作品被引入日本。

不过,较之日本畅销书作家村上春树、渡边淳一、东野圭吾在华作品销量动辄上百万的傲人成绩,中国文学在日本只能算"小众"。旅日学者毛丹青在考察中国当代文学在日本的传播时提到,"一般(中国)作家的作品在日本的发行量只有2000册至3000册,可以说影响力还太小,甚至可以说是微不足道"。

这种局面一直持续到新世纪,随着中国经济实力的持续增强,以及中国作家国际知名度的提高而有所改观。特别是莫言2012年获得诺贝尔文学奖,给中国文学在日本打开了一扇窗，不仅是研究人员，普通读者也开始更加关注中国文学及相关动态。

需要指出的是，很长时间以来，相对于当代中国文学作品的文艺性，日本读者更加关注的是其中投射的社会现状，他们渴望从这些作品中了解中国现实，一些题材较"敏感"的内容更能引起他们的兴趣。为了满足读者需求，出版商们在引进和翻译中国作品时也是重社会性题材，轻文学性题材。

这反映出很多日本读者对中国还是心存偏见，不过，随着中国经济的持续发展和国力增强，一些日本人开始端正心态，更加公正地看待中国。中国作家屡屡获世界性文学大奖认可，也让他们不再反复从中寻找中国社会问题，而是从文学作品本身讨论其艺术性。

三、《三国演义》和《了凡四川》在泰国

"三读《三国》者不能交"，这是泰国的一句俗语，意思是《三国演义》读得多的人计谋太多，不能深交。这与中国"老不看三国"的说法十分类似。不过，实际上，在泰国"三读三国"的人还真不少，孔明是智慧的化身，刘、关、张是生死之交的代名词，泰国人对这些故事都很熟悉。

《三国演义》里的一些章回甚至进入了泰国的教科书。朱拉隆功大学的大学生麦塔薇告诉采访者，高三课本中就有一课选自《三国演义》的"屯土山关公约三事 救白马曹操解重围"。此外，"草船借箭"等章节也被改编成中学语文课文。

从历史来看，随着华人移民迁入泰国，《三国演义》也开始在当地传播。1802年，吞武里王朝时期的帕康亲王专门组织人将《三国演义》翻译成泰文，取名《三国》。不过，真正使《三国演义》流行起来的功臣当推泰国著名的政治家和杰出作家克立·巴莫。克立·巴莫出身王族，曾出任过议长、部长和总理等职。他1975年3月出任总理伊始，就宣布泰国决定承认中华人民共和国。时年6月，中泰实现关系正常化，应周恩来总理邀请，巴莫对中国进行了正式友好访问。

这位中泰建交的元老，也是著名的《三国演义》研究专家。他仿照"三国文体"创作了历史小说《资本家版本三国演义》和《终身丞相曹操》，抨击20世纪50年代的泰国政治，在泰国各界引起强烈反响。

泰国历史学家陈辉曾指出，《三国演义》等中国古典历史演义故事的翻译，对泰国文学创作产生了很大影响。受中文表达方式的影响，译文简洁明快，比喻形象生动，带有特殊的中国韵味，被人们称为"三国文体"。小说的内容和表现

方法也多为泰国作家所借鉴。除了巴莫的历史小说，泰国著名诗人顺吞蒲创作的叙事长诗《帕阿拍玛尼》，在人物性格的塑造和战斗场面的描写上，都有明显的中国小说的影子。

《三国演义》翻译的成功，掀起了泰国读者的"三国热"，还引发了对中国古典历史演义故事的翻译热。据了解，《说汉》、《韩信》、《隋唐》、《水浒传》等，至少有30部中国历史演义故事被译成泰文。

中国古典文学还影响到泰国其他的一些文化艺术形式。泰国产生了不少以《三国演义》的故事为题材的戏剧和说唱文学作品。泰国木偶有中式木偶和泰式木偶之分，中式木偶类似于中国潮汕手套式木偶，通过手指运动操作木偶的各种动作，表演的剧目多是中国古典文学作品，包括《三国演义》、《岳飞传》等。

1949年之前，中国文学作品在泰国的翻译出版主要是受泰籍华裔的影响。1949年之后，尤其是中泰建交之后，中国更为积极主动地向泰国推介古典和现代文学作品，两国的文化交流日益频繁。

在中方的积极推动和王室高层的支持下，不少中国古代的经典书籍，比如《中国古代诗选》、《论语》、《道德经》、《孙子兵法》等被翻译成泰文，很多中国现当代作家的优秀文学作品也在泰国翻译出版，如巴金的《家》、茅盾的《子夜》、鲁迅的《野草》、郭沫若的《奔流》、老舍的《月牙儿》，以及《敌后武工队》等，这些作品都深受泰国读者喜爱。

泰国诗琳通公主也是一位中国文学爱好者。她亲自翻译了一些现当代作家的作品，如巴金的散文《爱尔克的灯光》、王蒙的小说《蝴蝶》、方方的小说《行云流水》等。

值得一提的是，中国明代思想家袁了凡所著的《了凡四川》在泰国也广为人知，泰国上百家出版社出版过此书。袁了凡融通儒道佛三家思想，结合大量真实生动的事例，告诫世人不要被"命"字束缚手脚，要自强不息，改造命运。这样一本励志书成为泰国人的"心灵鸡汤"，是与《三国演义》影响接近的超级畅销书。

（王　艳　编译）

在北京图博会上看外国童书的创作

扳着指头算一算，北京国际图书博览会在2014年是第二十一届了。应当说，在每届图博会上，儿童图书的展示和阅读都是一个亮点。

一、亲子在童书中"游走"世界

如今，很多家长通过童书带孩子"游走"世界，从中了解不同国家的文化与风情。

瑞典儿童文学作家罗莎·拉格克朗兹的童年有两个非常重要的伙伴——《长袜子皮皮》中的"皮皮"和《玛德琳》中的"玛德琳"。"小时候我也和皮皮一样，把脚放在枕头上倒着睡，也曾经认为全世界的小朋友都是如此；而玛德琳因为阑尾炎住进了医院，并在这个过程中收获到关心和爱护，因此，我不害怕去医院。"

"我的父母是战争难民，可以说，童书点亮了我的童年；也可以说，儿童文学塑造了我们每一个人。"如今，罗莎·拉格克朗兹将她所著的《我的快乐人生》带到了中国。"书中小主人公的妈妈去世，好朋友也要转学离开。有人问我为什么会写一个悲伤的故事？其实，生活中有各种困难，如果能够帮助书中的主人公和现实生活中的小朋友度过这样的阶段，我会非常高兴。我也希望给予别人真正的快乐和获得快乐的能力。"

在北欧儿童文学交流现场，罗莎的话感染了很多人。事实上，越来越多的外国作家带着自己的童年记忆走到了中国小朋友身边。而如果有机会走进一家绘本馆或者书店的儿童图书区，家长也会发现，世界各地的优秀图书都汇集于此。

近十年间，由于家长对教育、儿童阅读的关注，以及阅读推广人的实际行动等因素，使得中国的童书市场得到了快速发展。特别是2011年以后，电商、主题绘本馆、儿童培训机构的阅读区等多元的流通推广渠道，更成为儿童阅读的"加油站"，而绘本已经成为越来越多家庭首选的早期教育读物。

童书题材内容和推广形式丰富的同时，总有人要问——任何故事都可以给孩子讲吗？

有着二十多年从业经历的著名插画师、作家佩尔·古斯塔夫森给出了肯定的答案。他表示："几年前和一个出版商聊天，希望能做一个以离婚为主题的故事，其实，父母也希望在他们分开后能够有这样的作品帮助孩子度过艰难的阶段。其实，生命、死亡或恐惧等内容都可以跟孩子分享，关键是要用孩子可以理解的语言，并最终给予孩子希望。"

"丹麦儿童文学的主题更为直接，也会选择一些生活中比较沉重的主题，但面对沉重主题时，给予孩子温暖显得尤为重要。比如，书中的孩子经历负面情绪时，作者可能会运用幽默、反讽等表现形式。"来自丹麦的儿童文学经纪Louise Langhoff还坦言，丹麦插图的特点是比较狂野、走在"边缘"，而这也代表了丹麦乃至北欧绘本的特点。

有业内专家指出，中国家长比较重视绘本的功能性和教育意义，欧美和日本的家长更为关注趣味和创意。其实，家长需要在陪伴孩子"游走世界"的过程中、在文化差异中、在良莠不齐的图书市场中，学会选择和辨别——你愿意为孩子埋下怎样的"种子"？你希望孩子享受怎样的童年？

二、绘本之力

日本学者柳田邦男在《绘本之力》中称，人生有三个阶段会与绘本相遇——童年、为人父母之初和人生的暮年。

哪里才是黎明开始的地方？山顶、树梢儿还是故乡？绘本《黎明开始的地方》给世界各地的孩子和成年人带来了疑惑，而作者与读者分享了一个如日初般光明的答案。同时，插画师既"讲述"了一个关于孩子的故事，又表现出每一个简单日子所带来的美好——从日初到日落。

若论页数，可能很多人会认为绘本有点儿"贵"。但其恰恰"贵"在，图画能传递出比文字更多的内容，拥有跨越年龄界限的力量。

李女士为3岁的调皮男孩儿买了一本《大卫，不可以》。书中，大卫伸着舌头，站在椅子上颤颤悠悠地取糖罐；一身污泥回家，客厅的地毯上留下了一串黑脚印；在浴缸里嬉闹，使得水流成河……大卫调皮的时候，妈妈总说："大卫，不可以。"而在故事结尾处,作者希望传递出无论孩子多么调皮,当他真正伤心的时候,母亲的怀抱永远是他温暖的港湾。

李女士认为:"这本书孩子非常喜欢,可能也正好迎合了他这个年龄段的心理。而这本书也似乎在告诉我,无论孩子多么调皮,都需要妈妈的耐心和理解。"

父母和孩子在绘本中都有收获,只是它真的可以成为解决现实问题的工具吗?比如,通过《肚子里有个火车站》,让孩子明白食物不能吃得太多、太快;通过《我不会害怕》,和孩子一起面对他感到害怕的事物,并帮助他建立自信。

同样,作为3岁孩子的母亲,中国一家出版社的图书编辑喻涛告诉采访者:"绘本确实能够帮助孩子以他们理解的方式面对问题,但这只是一个辅助工具。现实生活中遇到的难题还是需要家长全面分析,或与教育专家、孩子老师一起交流,以便找到科学有效的解决方法。"

三、中国童书如何"走出去"

中国的儿童文学作家、北京大学教授曹文轩正在开展一个名为"中国种子世界花"的合作项目,以寻求中国儿童文学作家与国外一流插画师的合作。

在北京图博会品牌活动"文学之夜"的分享现场,曹文轩表示:"我们总希望让中国的文学艺术走向世界,可是,怎么才能让别人真正了解你?我们选择一个切实可行的办法,就是由中国儿童文学作家写文字,邀请国外著名的插画师来画画。他们画的绘本自然有国外出版社希望出版。"

曹文轩也指出,国内高水平的绘本插画师数量非常有限。"这与国内一流画家对绘本这个特殊的文学艺术形式不够了解有关。"

绘本领域有一个有趣的现象——引进与原创绘本的比例失调。喻涛分析:"中国家长选择绘本主要从身边人推荐、知名作者和获得国际大奖等方面考量。而国外绘本吸引家长的原因在于,文字创作者和插画师更为专业,他们懂儿童心理学,善于把握儿童的内心世界。"

"很多绘本中的故事富有哲理,我认为它是离哲学最近的一种文学艺术形式。"曹文轩坦言,"中国原创绘本在文字和图画部分都需要突破,目前,国内很多绘本都是一个小童话的插图本,这是对绘本的理解偏差。其实,绘本的故事内容极其讲究,好的故事能让孩子受益终身。而且,图画和文字也不是简单叠加,而是互为创作和推动。"

虽然原创童书面临诸多困境,但业界都认可这样一种观点——原创童书正呈现出体现中国艺术美、对中国传统文化的传承和展现母语力量三个方面的特点；汉字、民俗、节日、古代传说等题材成为当下让儿童了解中国传统文化的高效通道。

（王朝玲　编译）

版权

美国破获"史上最大"数据盗窃案

2015年3月上旬，美国司法部说，两名越南公民和一名加拿大公民被控运行大型网络诈骗链，他们窃取了10亿个电子邮件地址，然后向这些邮箱发送垃圾邮件，推销假冒软件产品。

美国司法部说，这一黑客行动是美国历史上"最大规模的"数据盗窃案。该部拒绝透露受害的电邮服务提供商的名字。

网络安全问题专家布赖恩·克雷布斯说，受害企业之一是Epsilon公司。该公司2011年遭受大规模攻击后，花旗银行集团和大通国际银行发出了大量客户通知。

28岁的阮越国（音）被控在2009年2月到2012年1月之间至少攻击了八个电邮服务提供商。政府指控阮越国和25岁的武江黄（音）（两人都是越南人）利用盗窃来的邮件地址，把数千万人作为垃圾邮件的发送目标。这些垃圾邮件把收件人引向销售假冒奥多比系统软件公司软件的网站。

这两名男子生活在荷兰。武江黄是2014年3月被引渡到美国的，承认利用电脑进行诈骗。阮越国仍然在逃。

另一名被告是33岁的加拿大人戴维-曼纽尔·桑托斯·达席尔瓦。他被控洗钱。起诉书说，他是一家名叫"21摄氏度"的公司的所有人之一，该公司与阮越国和武江黄达成了敛财和洗钱的协议。

法庭文件指控说，达席尔瓦和阮越国以每件65美元的价格销售他们假称是"Adobe Reader 10"的软件，获得了大约200万美元的好处。

（万　波　编译）

美英利用"愤怒小鸟"窃取个人隐私

"愤怒的小鸟"有不生气的时候吗？不，"'愤怒的小鸟'更加愤怒了！"英美媒体援引斯诺登最新公布的泄密文件称，美英情报机构通过诸如"愤怒的小鸟"等手机游戏和应用软件，窥探手机用户的年龄、性别，甚至性取向等私密信息。

美国福克斯新闻网报道称，智能手机在全球范围的迅速普及为情报机构的情报收集工作提供了便利——很多手机应用程序不仅本身带有漏洞，它们每天还要向手机网络上传巨量的数据信息。对于技术高超的美英情报部门的工作人员，接入手机网络收集这些信息不费吹灰之力，还省去单独"黑"进手机设备的麻烦。

最新泄密文件显示，使用安卓系统的手机用户，每进行一次系统更新，就会向手机网络上传500多行的数据，而这些涉及个人隐私的数据被媒体戏称为"可收集数据"。美国国安局（NSA）的一份文件称，苹果和安卓手机操作系统在NSA内部被称作"数据资源的金矿"。因预料到这座"金矿"将产生极高的利用价值，美英情报部门2007年就已合作监控手机应用程序，美国国安局一度将这方面的预算从2.04亿美元追加到7.67亿美元。

手机应用程序会泄露出哪些私密信息呢？英国《卫报》称，这些个人信息包括手机用户的年龄、性别、位置、手机通讯簿、种族、收入、教育程度，甚至还包括婚姻状况、有几个孩子；更离谱儿的是，就连手机用户有哪些"性怪癖"，情报机构都能统统获悉。媒体称，许多手机应用程序的保密性设计得很糟糕，堪称"漏勺"——如手机游戏"愤怒的小鸟"、应用程序"谷歌地图"以及"脸谱"、推特和网络相册Flickr的手机客户端。《卫报》称，"据泄密文件透露，有些应用程序能将用户最隐私的信息曝光，而这些被泄露信息的详细程度令人咋舌，"有一种手机应用程序甚至能记录手机用户的'性偏好'和'性开放程度'"。据称，这些被泄露信息的主要来源是用户在初次使用某个应用程序时填写的用户资料。另据美国《数字日报》网站称："很多智能手机用户都会忽视一个事实，他们的个人信息在网上的传播范围相当广泛。"

泄密文件还显示，美国国安局和英国政府通讯总部（GCHQ）对"谷歌地图"这款应用软件"情有独钟"。据美国《纽约时报》援引英国情报机构2008年的一份机密文件称："任何在智能手机上使用'谷歌地图'的人，都是在变相支持着政府通讯总部的监控系统。"通过这款手机应用程序，情报机构能准确地获得被监控者的精确位置，距离偏差仅为几码。

美联社称，新一轮曝光使美国国安局再度成为众矢之的。国安局在一次新闻发布会上发表声明称，对于非目标对象，国安局方面是不会予以"特别关注"的。声明还表示，该机构所开展的情报收集工作均得到过法律授权。白宫发言人卡尼也说道，无论国安局使用何种途径、在多大范围内进行情报收集，该机构都"不会关注美国的普通民众"，也不会关注"无辜的外籍人士"。而英国政府通讯总部方面并未就此给予评论，只是表示该机构所开展的一切情报工作都是"得到授权、必要且适宜的"。

自"棱镜门"事件曝光后，政府情报机构和高科技公司的"合作"到底有多深的问题，一直为美国民众所关注。很多网友都曾质疑，电子通讯软、硬件产品漏洞频发，又刚好被情报部门利用，是高科技公司"故意卖的破绽"。美国合众国际社报道，为增加"合作"透明度、让民众安心，奥巴马政府和美国国内多个互联网公司就情报收集问题达成一项临时协议。根据协议条款，各公司将公布政府向它们索要信息的范围、时段以及有可能受到影响的用户群。媒体称此举是为寻求美国政府和企业利益的平衡点，既要保障美国政府所开展的谍报活动的保密性，又要保障各企业在用户当中的声誉。

（李爱蓉　编译）

好莱坞对抄袭多是"无法认定"

在影视产业极度发达、对知识产权极度重视的好莱坞,各种"抄袭"官司层出不穷,并且由于判断"抄袭"与否的标准比较模糊,"被抄袭者"的维权之路大都格外艰辛。

2014年4月下旬,美国加利福尼亚州联邦法院驳回了编剧托马斯·阿特豪斯指控华纳影业"抄袭"的诉讼。阿特豪斯在2013年称,华纳电影《黑客帝国》的第二部和第三部抄袭自己20世纪90年代创作的剧本《不死之身》,主题和故事都非常相似,他向华纳索赔3亿美元。不过,法官在宣判时表示,尽管两部剧本都对神、耶稣等宗教因素进行讨论,但"在情节上有显著不同",无法认定为抄袭。

在"一个点子价值千万美元"的好莱坞,"抄袭事件"十分常见。好莱坞著名演员、导演克林特·伊斯特伍德曾经说:"在好莱坞,抄袭永远很重要。"不过,尽管美国法律对"侵犯知识产权"有明确界定和严格处罚措施,但由于剧本"抄袭"界定难度极大,此类事件仍然层出不穷。阿特豪斯的败诉,是"被抄袭者"维权失败的最新案例。

在好莱坞,导演或者编剧的名气越大,就越可能被卷入"抄袭"官司。例如卡梅隆导演,他在凭借《终结者》、《异形2》、《阿凡达》等影片名利双收的同时,也多次引发"借鉴他人理念"的争议。2011年,科幻小说家布莱恩特·摩尔直接把卡梅隆告上法庭,称《阿凡达》盗取了他的理念和图纸。不过,还是由于无法找到确凿证据,摩尔的指控2014年1月被法院驳回。

被摩尔起诉时,卡梅隆曾表示,好莱坞有一群人专门靠起诉成功影片抄袭,以达到收获名利的目的。不过,类似的指控也发生在导演之间。2009年,《变形金刚2》导演迈克尔·贝就讽刺同期上映的《终结者4》"抄袭",称该片中的巨型机器人"收割者"和变形金刚形象太过相似。不过,也许是考虑到通过法律维权困难,迈克尔·贝最终并未将此事告上法庭。

然而,好莱坞也有人为"过度借用"付出代价。动作明星史泰龙的成名作《洛基》取材自查克·韦伯纳和拳王阿里的拳赛,为此,他承诺让韦伯纳在适当的机会"触电"作为"报酬"。但是,史泰龙此后一直未能兑现诺言,20多年后韦伯纳将他告上法庭,最后,以史泰龙赔偿一笔"角色使用费"而达成和解。

与史泰龙赔钱相比,因出演《变形金刚》系列电影走红的希安·拉博夫为"抄袭"付出的代价更大。这名个性男星因其作为导演的处女短片抄袭一部小说,而被猛烈攻击。巨大的舆论压力让拉博夫不堪重负,2014年1月,他在推特上宣布退出娱乐圈。

大多数情况下,好莱坞只能对"抄袭者"在舆论上给予严厉批判,而无法有更为具体的处罚手段。此外,影视作品也确实无法回避互相借鉴,20世纪30年代活跃于好莱坞的编剧威尔逊·米茨纳曾说:"只抄一部作品是抄袭,而如果抄袭多部作品,就变成'研究'了。"

相关链接

韩国以细节判定影视剧是否抄袭

韩国编剧金秀贤有"韩国琼瑶"之称。2002年,金秀贤曾对一部侵权电视剧有过诉讼请求,并且最终胜诉。

韩国《日刊体育》称,2002年2月,金秀贤一纸诉状将热播剧《狐狸与棉花糖》的编剧告上法庭,称对方抄袭了自己的作品《爱情是什么》。此外,金秀贤还要求MBC电视台立即停播还有两个月才能剧终的《狐狸与棉花糖》。一个月以后,法院做出判决,认定被告确有侵犯原告著作权的嫌疑,但鉴于该剧在即将播完时停播,会对电视台造成巨大损失,而不支持原告"立即停播"的诉求。《狐狸与棉花糖》因此得以播完。

金秀贤此后再次向法院提起诉讼,要求涉嫌抄袭的编剧支付各种经济及精神补偿费。这次韩国支持了金秀贤,判决《狐狸与棉花糖》的编剧赔偿金秀贤3亿韩元(约合183万元人民币)。法院认为,这笔赔偿金的数额等同于改编一部作品时,给原作者的"版权费"。

《日刊体育》称，韩国法院判决作品"抄袭"的主要根据是"看具体描述手法是否相同"，而一些细节也非常重要。当时法院判决《狐狸与棉花糖》抄袭《爱情是什么》，最关键的证据就是剧集中都有一个"动不动就戴着老公领带撒泼的妈妈"。此外，2006年的韩剧《恋人》最终被法院认定抄袭小说《白色国界黑色国界》，关键的证据便是两个故事中出现的刑事案件编号完全相同。

德国是产品仿冒"秘密故乡"

德国机械制造商忍受着大规模仿冒带来的损失。德国机械设备制造业联合会在世界最大的工业展汉诺威展览会期间发布的最新调查报告说，近四分之三的企业在与造假行为作斗争，而这一比例比以往任何时候都高。

2013年由此造成的损失高达79亿欧元，这直接影响了德国机械制造业的就业，因为相同水平的营业额可以为该行业确保约3.8万个工作岗位。

因此，德国机械设备制造业联合会主席赖因霍尔德·费斯特说，现在机械制造业已形成了一种影子经济。德国在这方面不仅仅是作为受害者扮演重要角色，近四分之一的受访企业称德国是仿冒品的故乡。

而情况不像以前那样只是涉及仿冒用户手册、照片或目录等"软抄袭"。相关受访企业还说，零部件或整部机器也遭到仿冒。

"德国的伪造可谓是高科技抄袭。"德国机械设备制造业联合会产品和技术保护工作组负责人斯特芬·齐默尔曼说。

（吴娣伊　编译）

英国承认中国致力于知识产权保护

2014年晚些时候，英国知识产权大臣罗尔夫率团访问中国，被视作两国政府官员讨论问题和了解彼此知识产权情况的"一次绝佳机会"。不可否认，中国在保护知识产权上需要做的还很多。中国有关专家指出，西方国家应该在这些方面多帮助发展中国家，不能只说好听的，却没有实际贡献。知识产权国际合作将是一个渐进的长期的融合发展的过程，大家要习惯这个过程。

英国《金融时报》报道称，本次访华，是2014年夏天就任英国政府知识产权大臣以来，罗尔夫对中国的首次访问。据了解，这是英国首个以知识产权问题为核心的大臣级访华代表团，随行者包括英国知名的知识型企业及知识产权密集型行业的代表，中英两国企业和政府的150多名代表围绕执法、商标、专利和设计等知识产权各个关键方面进行了讨论。

据悉，在罗尔夫访华前夕，英国商务大臣凯布尔呼吁对知识产权盗窃采取更全球化的应对方式。英方认为，知识产权犯罪每上升1%就会带来17亿英镑（约合173.5亿元人民币）的经济损失。凯布尔说："这是个国际问题。知识产权的跨国泄露数量庞大，人们已经认识到盗版所造成的潜在损失。"

中国在保护知识产权上起步较晚。中国有关专家在接受采访时表示，美国在专利制度方面做得比较出色，欧盟则在商标保护方面做得比较好。但他同时说，它们也有很多企业，其中甚至包括著名跨国公司，也干过盗版侵权乃至在全球滥用知识产权的事情。当年，德国博世西门子公司就曾抢注海信的商标，并向海信开出高价转让费，令双方谈判陷入僵局。海信集团与博世西门子公司的商标之争，是中国本土企业早期进入国际市场时遭遇的一场没有硝烟的战争。

英国媒体承认，中国在维护知识产权方面一直在努力。英国广播公司报道说，中国全国人大常委会2014年8月底通过决定，在北京、上海、广州三地设立知识产权法院。该报道评论说,设立知识产权法院能更好地解决目前存在的审判标准不一的问题,也代表了中国对知识产权的重视。《金融时报》报道称,2013年,中国政府对故意"占用"商标的侵权人提出的"恶意"申请出台严惩措施,直到侵权人与原商标所有人就经济赔偿达成和解。中国企业已注册大量新专利,这令中国政府更加大力度改进国内知识产权标准。截至2012年,中国发放的专利证书已逾100万,年均申请量超过美国。

《金融时报》援引罗尔夫的话说,中国政府近年来在保护知识产权方面有很大改进。英国《独立报》评论说,罗尔夫这次访华的根本目的是希望英中两国继续合作,在2020年让英国对华出口额较目前水平实现翻番。罗尔夫对英国媒体说,在改善英国关于知识产权保护和减少仿造及设计剽窃的双边关系上,还有更多可以做的。

中国有关专家说,知识产权的国际合作交流方式很多,比如经常的消息沟通、立法部门之间的沟通、民间的沟通、学术的沟通。相互之间可以取长补短,促进合作,尤其是促进发展中国家对西方先进技术的引进、消化、吸收再创新。

相关链接

莎士比亚所有剧作将译成中文

英国皇家莎士比亚剧团将把莎翁所有作品译成中文,这是加强两国文化纽带的举措之一。

英国文化大臣赛义德·贾维德宣布为该项目提供150万英镑的资金,其中还包括把多达14部重要的中国剧作译成英文。

皇家莎士比亚剧团还将获得30万英镑资助,在2016年到中国巡演,纪念莎士比亚逝世400周年。

在宣布这些计划的同时,财政大臣乔治·奥斯本还宣布了几笔商业协议来加强中英经济关系。

皇家莎士比亚剧团艺术总监格雷戈里·多兰说:"我深信,通过分享和互相讲述我们的故事,我们将促进两种文化之间的了解。"

多兰说:"中国拥有深厚的戏剧文化传统,可以反映莎翁作品的史诗般规模、复杂性和普遍性,中国的全国性课程设置里也要求年轻人研讨莎翁作品。"

他说："我们计划把莎翁作品译成中文，在英国推出更多中国经典作品的英译本和演出，皇家莎士比亚剧团还将到中国巡演，这些将弘扬两国的艺术和文化。"

文化大臣贾维德说："加强与中国的关系是英国政府最优先考虑的事项，而分享我们各自文化中的精华是实现这一目标的绝妙途径。此次资金支持意味着东西方文化可以互相学习和借鉴。而且，还有什么比使用莎翁作品更好的方法吗？"

这项一揽子计划还包括提供 30 万英镑，支持一系列大英博物馆参与的博物馆交流项目。

（李文清　编译）

"海盗湾"潮落之后还会潮起吗？

截至2015年8月，全球最知名文件共享网站"海盗湾"没有什么动静。这应该归功于有关国家政府部门过去多年以及2014年对该网站的大力度打击。不过，专家们还是担心，"海盗湾"犹如人人喊打的老鼠，越是打它，它的生命力就越强。

这或许就是"海盗湾"的最后下场：2014年，两名创始人锒铛入狱，办公室遭警方突袭，网站下线。这个文件共享网站创立于2003年，曾一度拥有2200万用户，现在却一落千丈，可能不复存在。

"海盗湾"网站土崩瓦解的过程已持续数年，但2014年12月圣诞节前后加快了速度，直到遭到可能致命的最后一击。据"当地"网站报道，瑞典警方在某一天突袭了"海盗湾"位于"大斯德哥尔摩的一处服务器机房"。瑞典检察官弗雷德里克·英布拉德说："这次行动与违反版权法的行为有关。"

有关突袭"海盗湾"行动的细节至今仍不得而知。瑞典当局以及华纳兄弟影片公司、哥伦比亚影片公司等美国企业认为，该网站提供的点对点文件共享服务违反了版权法（即著作权法）。

通过所谓的"比特流（BT）"技术，"海盗湾"的用户能够共享数百万包含音乐和电影的大型文件，绕开版权法，剥夺了版权所有者的应得利益。

那次突袭的目标实际上不仅限于"海盗湾"。据报道，除了"海盗湾"的论坛网站Suprbay.org之外，瑞典的另外几家文件共享服务网站也已下线，在2015年也没有了动静。

"海盗湾"成为突袭目标并不令人意外，因为当局早就盯上了这个网站。但在2009年其创始人因侵犯版权而被判有罪后，"海盗湾"却设法生存了下来。

令人意外的是，在那之后"海盗湾"继续取得了成功。2012年，曾被连续杂志网站称为"全球最知名文件共享网站"的"海盗湾"开始迁移至云端。

当时,"海盗湾"的运营管理人员曾向BT资讯网站TorrentFreak吹嘘说,他们是"无法触及"的。这位管理人员说:"迁移至云端使'海盗湾'能够从一个国家转移到另一个国家,毫无停顿地顺畅穿越国境线,甚至不需要将所有服务器交给同一个供应商。"

然而,对留在现实世界的"海盗湾"创始人来说,穿越国境线却要困难得多,特别是在2009年之后。那一年,在一次被称为里程碑式的审判中,"海盗湾"的创始人弗雷德里克·内伊、戈特弗里德·瓦里和彼得·松德被判入狱一年,并向多家娱乐公司支付700万美元。其中两名创始人离开瑞典逃往东南亚,后来相继落网。

在那之后,"海盗湾"的命运雪上加霜。2014年12月上旬,法国一家法院下令该国的国家互联网供应商封锁该网站。再后来,美国谷歌公司将多个有关"海盗湾"文件共享的第三方应用从电子市场下架。2014年12月中旬,"海盗湾"又遭到瑞典警方的突袭。

然而,也有人认为"海盗湾"还会卷土重来。美国科技博客网站Gizmodo的马里奥·阿圭勒写道:"关于未来,很难想象'海盗湾'会就此谢幕。即使这个名字会消失,比特流和盗版仍将用其他名字存在下去。"

(宋家德 编译)

印度向联合国争瑜伽归属权

印度为保护自己传统的医学和疗法，专门设立了一个瑜伽部。其部长什里帕德·耶索·奈克号召国民从西方人手中夺回瑜伽的归属，批评印度人忽视自己的遗产。

2014年11月，上任伊始的奈克，被委以保护各种传统医学和疗法的任务，包括阿育吠陀、瑜伽、自然疗法、尤纳尼和悉达药草学以及顺势疗法等。

奈克说："瑜伽是一种印度艺术形式，这一点几乎毋庸置疑。我们现在要做的是向全世界证明瑜伽是我们的。"奈克以前是主管旅游事务的部长。

他被总理莫迪任命为瑜伽部长，反映了该国为证明这一价值不菲的产业承袭有印度基因的愿望。莫迪本人是一名素食主义者，他说自己之所以思维敏捷、身手灵活，要归功于每天练习瑜伽。

2012年的一份调查估算，美国有2040万人练习瑜伽，比2008年增加29%，美国的瑜伽练习者每年花费的课程费超过103亿美元。

印度官员打算把瑜伽重新引入民众生活的方方面面，包括60多万所学校、大量医院和警察培训中心。

他们还带头推广印度最著名的输出产品，莫迪在联合国提议把瑜伽定为"地理标志产品"——这是一种贸易保护措施，一般给予地区属性明确的商品，比如帕尔玛干酪和香槟。联合国在2014年12月开始审议这一提议。

奈克对印度一家电视台的记者说："这是属于印度的一种医学。英国人来到印度后，打压印度医学，企图把西方医学强加给我们——传统医学没有得到推广，原因正在于此。"

他还说，他每天都练习瑜伽，"或许正是因为这一点，我才得到这份差事"，另外，推广阿育吠陀医学是政府的"一项重点任务"。

他说："今后，我们将竭尽全力让印度成为体魄健康的印度。"他赞扬瑜伽和阿育吠陀医学的预防特性。

印度推广瑜伽并非现在才开始——2010年，印度裔美国人基金会某董事会成员劝告印度人"收回瑜伽，夺回这份精神遗产的知识产权"。而今，随着莫迪2014年5月份登上总理宝座，瑜伽无疑成为政府热捧的事物。

为吸引外国投资者，特别是来自健康产业的投资者，莫迪展开了一场名为"印度造"的运动。全球健康产业估计价值80亿美元。

2015年全年，印度继续等待联合国对莫迪提议的审议结果。

相关链接

英国霍金为自己名字申请注册商标

身陷严重残疾却仍获卓越研究成就的英国物理学家、剑桥大学教授斯蒂芬·霍金为自己的名字申请了商标。

据英国"技术专家新闻"网站报道，和作家J.K·罗琳、足球明星大卫·贝克汉姆和物理学家布赖恩·考克斯一样，霍金也为自己的名字申请注册商标，防止人们在产品中滥用他的名字。

这个商标还将令霍金可以成立一个支持物理学研究或运动神经元疾病研究的慈善基金会。

霍金在21岁时被诊断患有这种疾病，现已完全瘫痪，只能在一个电脑语音合成器的辅助下讲话。

在职业生涯方面，霍金最突出的成就是他对黑洞和其他时空奇点的研究。他还撰写了畅销科普书籍《时间简史》。

剑桥大学的一名发言人说，为自己的名字注册商标是"霍金的个人行为，和本校无关，他只是采取措施保护自己的名字及其带来的成功"。

英国商标代理人协会主席克里斯·麦克劳德称，如果霍金的申请获得批准，这个商标的价值可达数百万英镑。据报道，这个商标将涵盖使用他的名字命名的电脑游戏、电动轮椅、贺卡和医疗保健等产品。

（万　波　编译）

有关 3D 打印的知识产权争议

科幻小说家 Cory Doctorow 曾两次把 3D 打印作为其作品的主题。第一次是在 2007 年的短篇《Printcrime》中提出"自我复制的机器",不仅是要能够打印实物的机器,而且机器自己还要有能力复制自己,才能确保这项技术的永久存续。第二次则是经过了相当思考于 2009 年出版的长篇《Makers》,其中构想了一个完全依靠私人 3D 打印生产交换的乌托邦经济,并探讨这样的乌托邦在何种情况下会崩溃。

尽管尚未成为现实,Cory Doctorow 的小说基本勾勒出 3D 打印从出现到普及过程中的动力和需求,特别是它们都涉及的盗版侵权问题,很可能会伴随这项技术的始终。流行的意识形态已经在鼓吹:3D 打印必将成为"第三次工业革命"的星星之火。至少是在美国,这项技术据称将扩展至医药、食品、日用品、考古、遗迹保护、航空等诸多领域。在乐观主义者看来,不仅传统工业会更多得益于 3D 打印技术,随着小型打印机成本的降低,最终私人也有能力成为优秀的设计者和生产者,使整个社会经济变得更加繁荣富足。

实际上,预测更多的私人将拥有一台小型家用 3D 打印机,并乐此不疲地自我发明和创作,可能还需要相当的时间。如果 3D 打印只是把既有的软件模板变成实物,那就几乎没有什么吸引力,就像印刷术普及时代,很容易就可以打印装订书籍一样。按照这个思路,更可能的情况是,首先出现一批出租 3D 打印机的服务业,允许用户自带模板按需定制。本文将表明,互联网将进一步超越这种以制造为中心的活动,产生更多的附加价值。

不论 3D 打印是否能够被唱衰,都需要一个合适的角度来理解这一技术和社会现象。本文将从它带来的法律问题谈起,特别是可能的知识产权争议,分析不同的商业价值取向将如何影响立法实践,如何处理从原子到比特这一飞跃过程带来的新问题；最后试图阐释3D打印技术带来的理论意义，即原子和比特之间的鸿沟正通过技术革新得以弥补，从而使我们能够更好地认识虚拟世界和现实世界的批判性联系。

一、或把制造业变成下一个出版业

3D打印包含两个层面：一是软件层，随着计算机技术的发展，通过运行于操作系统上的软件工具进行设计变得更加便利，这允许更多的普通人进行设计创作；二是硬件层，通过3D打印机将比特产品变成原子产品。两个层面的问题都可以通过既有的法律制度施行比拟调整。例如，在硬件层，可能涉及产品质量问题。一旦3D打印机变得普遍，产品质量控制就变得必不可少，设备制造商需要对产品承担质量担保责任。标准的制定和统一随后就会出现。在保险业发达的国家，更可能由保险公司逐渐统一设定标准，通过市场的力量实现品质统一。国家还可能介入，对那些涉及人身财产安全领域的生产活动，通过行政力量设定技术标准。再例如，在软件层，软件设计的瑕疵在打印过程中给用户带来的损害，可能不同于硬件质量担保，因为按照软件即服务的商业模式，软件产品原本就有潜在瑕疵，需要不断地通过补丁更新。本文将在讨论机器人的产品责任时详细考察这个问题。

涉及更多的是软件层的知识产权问题，3D打印的知识产权争议可能会重复数字版权兴起的过程，从天下大乱到新兴利益群体的兴起，再到与传统利益合作共同扩大市场。这个过程，互联网只用了十年时间，就彻底改变了传统出版业和其他文化产业的利益格局。这不禁引人遐想：3D打印技术是否也会如此改造传统制造业？新旧利益之间的冲突会如何解决？

3D打印最主要的部分是软模板，既可以申请外观设计专利（因为比特最终会成为具有外观的原子产品），也可以通过著作权保护防止未经许可的网络传播，甚至也可以和商标权相结合（因为该技术便利了通过逆向工程进行的伪造和仿制）。一旦该技术的门槛足够低，很可能再现大量盗版侵权行为，在扩大市场的同时，也侵蚀了传统制造业的份额。

从传统利益的角度看，通过知识产权牢牢控制从比特到原子这一"惊险一跃"极为重要。专利和商标需要依靠强有力的法律执行机制，但数字版权则可以依赖技术保护措施（如DRM）严格控制软件模板的生产、传播，甚至在打印机上的兼容使用。一个极端的版本便是控制从上游软件（模板程序和操作系统）到中游硬件（打印机与兼容性），再到下游物流（专卖店），实现硬软件一体，我们在苹果公司身上已经看到了这类模式的成功。垂直整合既可以帮助设定垄断性行业标准，也可以有效施行社会控制，防止本文提到的危险生产活动，以及制作像枪支那样的非法物品。问题仅仅在于是由传统利益群体还是像互联网公司那样的新兴利益群体来实现垂直整合。

　　具有不同基因的公司看待整合的视角和行动的效果会十分不同。对传统制造业而言，3D打印不过是提高生产率、卖出更多产品的技术手段。这仍然是一种旧的工业生产思维方式，信息价值没能进入到生产和销售的环节，也就无法产生增量价值。而如果按照现有的互联网模式进行整合，则会看重从海量信息和需求中提取更多价值的数据分析能力，并逐渐将数据服务变成主营业务。按照这样的思路，未来的3D打印可以采用的商业模式是，使用设计软件免费、硬件和材料收取成本费，但更加专业的设计和个人化定制按市场价格收费；甚至还可以将其他比特产品与服务（如金融服务）同原子产品与服务紧密结合起来，将工业化与信息化结合起来。未来的实践将会证明，互联网革命对制造业的影响，比纯粹的3D打印技术革命对制造业的影响要深远得多。

　　一旦软件层免费，甚至鼓励用户提交自己的设计模板供众人分享，就会重演2011年百度文库和作家纠纷的一幕。模仿和学习是人的天性，人们会纷纷将手边的小玩意儿和工业产品重新转化成比特图纸，并在此过程中添加些许微创新，摇身一变就上传至一个由互联网公司主导的"公共池"中供人任意取用。这无疑会和旧工厂的专利权与商标权相互冲突，并出现大量诉讼。类似的，此类纠纷中获得最多的将是相关互联网公司。它们不仅可以通过用户协议约定永久免费使用这些设计模板，将用户变成自己打工的免费劳动力，还能以此对抗工厂，直到把后者也拉入合作的链条。笔者之前参与讨论过大数据革命和互联网商业模式的紧密关系，要理解3D打印的影响，需要沿着相同的思路进行逻辑推演和经验考察。

　　不难看出，零星的仿冒侵权完全可以通过传统知识产权诉讼解决，因为侵权者与被侵权者使用的是同种生产方式和盈利模式，实质仍然是抢占市场份额罢了。但成规模的微小侵权会变成一条长尾，产生新的增量价值和商业模式，并要求法律确认和保护。在这场围绕生产方式合法性展开的战争中，互联网很可能再次获胜，把制造业变成下一个出版业。

　　毫无疑问，表面上自由获取（free）的"公共池"只是互联网公司免费商业模式（free）的副产品。一旦战胜封闭的竞争对手，免费模式无法获得更多好处的时候，"公共池"随时可以发生变更，限制用户使用由大众创造的作品。在这个意义上，互联网公司并非网络公共资源的守护者。作为商业契约的用户协议也不可能成为社会契约。也是在这个意义上,开源运动不仅针对传统知识产权巨头,也同样针对以开放为旗号的新兴巨头。在3D打印领域,在传统和新兴巨头尚未兴起或者试图对这一技术进行全面掌控的时候,像"海盗湾"那样的团体(全球最大的反版权网站——编译者注)吸取了数字版斗争的教训,先行一步将一些3D打印模板进行开源,使之真正进入公共领域。现实中不仅广泛存在着软件开源,也有硬件开源实践,帮助激进的理想主义者们实现梦想。

从国际层面上看,知识产权问题会更突出。全球化的后果之一是资本不断从"高法治"向"低法治"国家流动,在经济上获取更多利益,同时,客观上降低了法治的标准和意识形态效果。美国及其企业可能通过各种手段向其他国家和地区进一步施压,以确保它们没有滥用3D打印技术对某些品牌进行仿冒或山寨,维持自己高端品牌的价值和影响力。回到前述工业经济和信息经济两种思路的不同:在中国目前的状况下鼓励3D打印技术发展,并通过数据业务和互联网模式盈利,让更多的创意出现的做法,可能比简单扶植传统制造业更为有利,在一个更大范围内弥补因劳动力成本提高和制造自动化带来的失业和用工不足。做出这一决策的前提,是需要真正理解信息化如何同工业化相结合而非取代后者。

二、例外论与财产权

3D打印技术的独特之处在于缩小了比特与原子之间的鸿沟,物理空间的实物可以随时转化成可编程修改的数据图像,又可以精确地复制还原。对软件模板的控制并不仅仅限于软件本身,而是延伸至物理实体。在出版业,互联网想尽办法培育用户的电子书阅读习惯,消灭纸介质书籍、实体书店和图书馆,将一切转变成比特。但经过新经济洗礼的制造业则可以往来穿梭于虚拟世界和现实世界,比特与原子之间的界限将变得模糊不清。另一个例子是"增强现实"(augmented reality),允许用户通过虚拟技术重新体验现实世界。

美国20世纪90年代中期曾经在学术界有过一场关于互联网法律性质的争论。大致的争议焦点是,不少学者主张网络空间的独立性和独特性;如果能够找到网络空间的独特性,那么就不能简单地应用传统法律制度处理新问题。这一主张被称为"信息例外论",其理论基础是认为信息作为可以低成本无限复制的资产,是天然的公共品,不同于物理世界中的有限资源,也无需通过设定产权进行交易和再分配。

二十年过后,这个问题沦落为一个纯粹探究"空间"性质的形而上学问题,因为互联网作为一个开放网络,没有足够力量确保自己的独立地位(工程师们甚至无法解决蠕虫病毒问题），政府和互联网巨头的影响早已渗透至每一个角落。本文提到的DRM（数字权利管理系统）、免费、众包和"公共池"的私有化恰好可以在理论和实践上说明，"信息例外论"只是一种一厢情愿的意识形态，这种意识形态和新兴利益结合在一起，更好地为背后的资本服务。

首先，人们早就认识到，架构设计足以影响人们的行为，无论是虚拟世界还是在现实世界。DRM系统本来是用作保护数字作品不被盗版，现在则可以控制人们制作和使用3D打印出来的物理资产。新兴技术在带给人们自由便利的同时，也给自己套上了枷锁。其次，免费不仅是互联网主导的商业模式，它也影响了诸多线下的商业活动，传统上被视为搭售、低于成本价格倾销和不正当竞争行为，现在全部被接受为正当了。再者，当人们为互联网上的"公共池"欢呼时，往往忽视了劳动在数字经济中的作用。免费的互联网商业模式掩盖了大众信息生产的过程，通过像"众包"、"分享"这样的词汇为新经济模式树立正当性。无论是信息生产还是实物生产，都是一种劳动，只不过信息生产需要汇集的是零星点滴的"剩余"劳动力。只要承认互联网是一种经济活动，我们就无法不承认劳动的地位。最后，无论是新经济还是传统制造业，资本都主导着技术架构的变化，选择对自我增值最为有利的模式，这也是所谓"公共池"的最终命运。

如果以上论述的论证成立，我们需要重新思考比特和原子之间的关系。对传统知识产权的批判似乎并不能仅仅基于信息例外论，而应扩展和回归至更为广泛的生产和劳动活动，从而打通线上与线下，虚拟与现实。这一视角不是客观认识论上的，而是利益争夺之后的实用主义考量。每当有新技术兴起，给既有利益集团造成冲击的时候，便会出现某些"例外论"声音支持新生事物，然而，当新技术普及被巨头主导以后，例外论便销声匿迹。因此，概念和视角本身是受到经济利益和政治活动影响的。从一个角度看，工业经济和信息经济代表了不同的经济形态，占主导地位的生产要素大有不同；从另一个角度看，却都可以用劳动、资本等基本框架进行比较分析。当工业化和信息化紧密结合在一起的时候，或者当互联网渗透至社会生产生活的方方面面时，这个理论才能更好地解释3D打印带来的现实。

在互联网时代已经有很多声音用信息自由来反思传统知识产权，那么在3D打印时代同样可以用这一逻辑反思财产权。两者的边界并不是清晰稳定的，其区分往往和政治力量与技术进步息息相关。廉价、丰盈的产品背后未必是某个真正公共领域的出现，其形成仍然遵循着类似的资本主义生产逻辑；伴随创造性破坏出现的新兴利益不断扩张，要求法律承认其生产方式。在笔者看来，3D打印最大的理论价值就在于此。重要的是，越过3D打印技术带来的表面问题，指出该项技术可能的不同前景及其主导力量,并反思在虚拟与现实交融的世界中,如何重新审视新技术带来的挑战,同时,不至于迷失在技术进步带给我们的乐观想象之中。

相关链接

格莱美奖得主被判抄袭老歌

2015年3月10日,美国加利福尼亚州联邦法院判定,四次获得格莱美奖的著名歌手法瑞尔·威廉姆斯创作的《模糊界限》抄袭了20世纪70年代的一首美国老歌。

美国《福布斯》杂志说,《模糊界限》是威廉姆斯和罗宾·西克共同创作的,由后者演唱,2013年推出后迅速走红,成为当年美国最畅销单曲,并获得格莱美奖提名。法院认为,这首歌与R&B传奇盖耶1977年的单曲《该放弃了》"有太多相同",盖耶后人对威廉姆斯与西克侵权的指控成立。42岁的威廉姆斯是主打嘻哈风格创作型歌手,曾四次获得格莱美奖,2015年格莱美颁奖礼上,他与中国钢琴家郎朗同台表演其代表作《快乐》。

(吴娣伊 编译)

阅 读

法国作家评价《习近平谈治国理政》

2015年3月2日，法国作家索尼娅·布雷斯莱发表了题为《习近平与中国治理》的文章。文章主要内容如下：

在西方，我们对中国国家主席习近平知之甚少。然而，他在中国建立了一个非常有智慧的政权，并领导着这个国家迈向深入的改革。

不久前，他出版了一本非常了不起的著作，名为《习近平谈治国理政》。这本书将成为一个里程碑！

这本书主要收录了他的一些讲话、谈话、演讲等，无论在政治、社会，还是在指导人们行动方面都具有十分重要的意义。

本书从第一章到最后一章都在强调政治稳定："坚持和发展中国特色社会主义"和"提高党的领导水平"——这两者都在肯定共产党的领导地位，并为社会稳定提供了保障。

在他的一次次讲话中，习近平把政治稳定当作"中国梦"的一部分：它可以使一些重大改革得以推出，而改革反过来又能促进经济的发展。

第二章讲的是"中国梦"。当代中国的伟大使命随之出现：民族复兴和人民幸福。习近平写道："改革开放以来，我们总结历史经验，不断艰辛探索，终于找到了实现中华民族伟大复兴的正确道路，取得了举世瞩目的成果。这条道路就是中国特色社会主义。"

在2013年4月28日的一次讲话中，习近平谈到了现代一切政治思想的核心，"人民创造历史，劳动开创未来。劳动是推动人类社会进步的根本力量。幸福不会从天而降，梦想不会自动成真。实现我们的奋斗目标，开创我们的美好未来，必须紧紧依靠人民"。

他十分清楚年轻人的重要性。他在一次讲话中这样说："广大青年要牢记

'空谈误国、实干兴邦',立足本职、埋头苦干,从自身做起,从点滴做起,用勤劳的双手、一流的业绩成就属于自己的人生精彩。"

在介绍了有关"中国梦"——它是维护国家和稳定的核心所在——的内容后,接下来的章节主要谈到了深化改革和经济发展问题,以及法治建设、文化强国、推进社会事业和建设生态文明等问题。其中提到了习近平的真正"战斗":"作出'使市场在资源配置中起决定性作用'的定位,有利于在全党全社会树立关于政府和市场关系的正确观念,有利于转变经济发展方式,有利于转变政府职能,有利于抑制消极腐败现象。"

只有中国特色社会主义才能发展中国,但是,坚持"中国特色社会主义"必须坚持一些基本原则,即独立性:中国仍将是一个不结盟国家;多极化:没有一个国家可以占据统治地位;双重体制:如同香港所实行的"一国两制";和平发展:它不是指建立一个新霸权,而是与各国携手合作,共创美好未来;倡导多边的国际合作。

在一篇有关和平发展的文章中,习近平表示:"走和平发展道路,是我们党根据时代发展潮流和我国根本利益作出的战略选择。"

正如我在另一篇文章中说过的,习近平的标志性政策之一就是"一带一路"建设。这一包括陆地和海洋,甚至可能涉及空中的政策将使中国展开更广阔的国际合作、建立更广泛的友谊和伙伴关系。这一政策将给世界在经济、生态和精神上带来巨大的想象空间。

这其中有很多细节值得我们进一步展开讨论。面向全世界发行的《习近平谈治国理政》一书处处透着简单和真实的原则。虽然,书中所引述的一些诗句对我们来说一时很难理解,但在这个西方的政策更多地面向虚拟空间的时代,能够读到这样一本介绍总体政策,能够激发人们去想象、去反思人性的书,实在是一件令人快意的事。

相关链接

美国学者评《习近平谈治国理政》

像之前的领导人一样,中国国家主席习近平知道执政党的最大问题是脱离人民。担任拥有世界五分之一人口和经济增长速度最快的大国的国家主席是一个著书立说的极好平台。他凭借《习近平谈治国理政》一书做到了这一点。此书记录了他试图表述自己与人民相结合的方方面面。

习近平深谙"上梁不正下梁歪"这句谚语的力量。领导层的问题是一个组织失败的根源。《习近平谈治国理政》一书中随处可见反腐的标题。许多国家可以自称是这句谚语的发源地，但不论起源在哪儿，其结论常常是符合事实的。当某个组织或国家失败的时候，根本的原因往往是领导的不力或缺失。习近平似乎从前最高领导人邓小平那里得到了指点，并掌握了这句谚语的真谛。他似乎了解，领导力和问责必须始于高层。

自从习近平就任中国共产党的总书记以来，他就警告说，腐败不仅可能亡党，甚至可能亡国。在与中国共产党新一届中央政治局成员举行的一次闭门会议上，习近平语重心长地谈到必须消除腐败现象。他在谈话中提到，一些国家因长期积累的矛盾导致民怨载道、社会动荡、政权垮台，其中贪污腐败就是一个很重要的原因。

习近平正在重新确定中国高级官员的行为规范。他的反腐运动把"老虎"和"苍蝇"一起打——既追究高级官员，也追究低级官员。习近平也明确表示，党员干部必须管好亲属和身边工作人员。

21世纪的"中国梦"是指在不晚于2049年新中国成立100周年的时候，实现中华民族的全面复兴。中国的正确治理对于中国人民——以及对于整个人类——是十分重要的。

阿富汗官员学者评《习近平谈治国理政》

2015年2月15日，中国驻阿富汗使馆与阿中友协、阿战略研究所在喀布尔联合举办《习近平谈治国理政》介绍会。邓锡军大使以及阿中友协会长拉辛、阿外交部第三政治司司长巴辛、战略研究所所长穆拉迪恩、喀布尔大学校长哈比卜、阿议会和智库代表及使馆全体外交官等70余人出席。喀布尔新闻电视台、1频道电视台、Negaah电视台及Shamshad电视台等阿主流媒体及新华社、中央电视台驻阿记者对活动进行了采访报道。

阿中友协会长拉辛表示，阿中传统友谊源远流长、历久弥新，《习近平谈治国理政》一书为阿各界进一步了解中国领导人对未来发展的想法、规划和目标提供了一扇重要窗口。长期以来，中国为推动阿和平重建与民族和解提供了大量无私帮助和支持，这正是书中"命运共同体"、"正确义利观"等思想的具体体现。

阿外交部第三政治司司长巴辛高度评价新中国成立，尤其是改革开放以来社会经济建设领域取得的巨大成就，表示中国领导人在新的历史时期对内全面深化改革、对外坚持走和平发展道路，不仅有助于中国顺利实现"两个一百年"奋斗目标，也将为包括阿富汗在内的世界各地带来重要发展机遇。

阿战略研究所所长穆拉迪恩表示，《习近平谈治国理政》是解释中国长期快速发展奇迹的最好答案。本书反映了中国领导人融合古老经验和现代理念治理国家的卓越智慧、恪守信仰和原则的坚定意志。书中关于可持续发展、反腐倡廉、科教兴国、社会公平等施政理念对阿具有重要借鉴意义，"一带一路"等地区合作倡议有望为亚洲乃至世界经济版图带来"革命性变化"。

（王　艳　编译）

书香巴黎

经历了五年主权债务危机的法国，经济依然没有摆脱低迷的状态，高债务、高失业、低增长、低通膨成为新常态，民众的购买力明显下降。然而，唯有图书出版业没有受到太大的影响。法国人钟情于读书，在咖啡馆里、在地铁车厢里、在公园的椅子上……随处可见法国人在读书的情景。法国作家帕特里克·莫迪亚诺荣获诺贝尔文学奖，不仅给法国社会带来了一丝暖意，而且也给2014年度法国文学奖增添了一份热度。

法国设有大大小小文学奖2000多种，其中绝大部分是非官方的。在林林总总的文学奖中，法兰西学院小说大奖、龚古尔文学奖、勒诺多文学奖、费米娜文学奖和联盟文学奖是法国最重要和最引人注目的文学奖，每年10月底到11月中旬进行评选，法国人称之为文学奖季。2014年10月30日，法兰西学院小说大奖的颁布拉开了法国2014年度文学奖的序幕。

法兰西学院小说大奖

法兰西学院小说大奖是法国六大主要文学奖中唯一官方的文学奖，而且也是唯一设有7500欧元奖金的文学奖。年仅28岁的法国作家安德里安·博斯克(Andrien Bosc)以他的处女作《星座》(Constellation)捧得桂冠。在获得法兰西学院小说大奖之前，《星座》已经获得法国马塞尔·布勒斯坦－布郎谢文学奖，并列入龚古尔、勒诺多、美第西和花神等多个文学奖的候选名单。该书由法国斯托克出版社出版。

安德里安·博斯克1986年出生于法国南部城市阿维尼翁市。《星座》是安德里安·博斯克的第一部小说。除写作外，他还创建了一家名为"地下室"(Sous-sol)

的出版社，创办了《专栏》（Feuilleton）和《德斯波尔》（Desports）等两种杂志。

《星座》是一部对命运与偶然这一永恒话题提出思考的小说，故事发生在上世纪40年代。1949年10月27日晚，法国航空公司一架名为"星座"的新飞机，从巴黎奥利机场准时起飞，飞往目的地纽约，机上共载有37名旅客。其中，有世界拳击冠军马塞尔·塞尔当，他是法国家喻户晓的歌星埃迪特·皮亚夫的情人。1948年10月7日，马塞尔·塞尔当击败对手，荣获中量级世界拳击冠军。一年后，马塞尔·塞尔当在其经纪人和朋友的陪同下，再赴纽约，试图卫冕冠军。乘客中，还有天才小提琴家吉内特·内沃。10月28日，飞机从控制塔台雷达显示屏上消失，在亚速尔群岛圣塔·玛丽娅岛的雷东多山失事，机上无一人生还。

这是一场传奇的空难。当时，所有报刊只谈论世界拳击冠军马塞尔·塞尔当和天才小提琴家吉内特·内沃两位大明星。事实上，除了马塞尔·塞尔当、吉内特·内沃和他的兄弟外，还有一位迪士尼乐园衍生产品天才设计师、五个准备到美国西部大农场打工的法国巴斯克牧羊人、一位准备到美国继承一家尼龙厂的绕线工人……

命运作弄人，拳击冠军马塞尔·塞尔当原先准备坐船去纽约，但其情人埃迪特·皮亚夫非要他乘坐飞机……于是，作者对每位有名的或无名的遇难者进行了大胆的调查分析，结果发现无论哪位遇难者，都是命运与偶然交织在一起的。不过，如同泰坦尼克号邮轮一样，还有许多悬念无法找到答案。

安德里安·博斯克获奖后对法新社记者说："我是奔着龚古尔文学奖去的，能获得法兰西学院小说大奖实在感到意外。不过，这是我一生中最美好的一天。"

费米娜文学奖

旨在奖励最富想象力作品的费米娜文学奖2014年11月3日揭晓，来自加勒比海岛国海地的法语女作家亚尼克·拉昂（Yanick Lahens）凭借其新品《沐浴月光》（Bain de lune）在第二轮投票中以6票对4票折桂，成为获得该奖的第二位外籍法语作家。费米娜文学奖创立于1904年，评委会成员清一色为知名女作家，初创时旨在奖励女性文学创作，后来改为奖励最富想象力的作品。该书由法国萨比娜·韦斯皮埃塞出版社出版。

亚尼克·拉昂1953年12月22日出生于海地首都太子港。在海地上完小学和中学后，亚尼克·拉昂独自来到巴黎求学，在巴黎第四大学完成学业后，回到海地，在高等师范学校任教，教授文学课，并兼任记者，一直到1995年。1996年至

1997年在海地文化部任职。拉昂热衷于社会活动，在社会和文化发展方面非常活跃。她是海地作家协会的创始人之一，并通过文化创新基金会在海地建立了四个图书馆。2011年，亚尼克·拉昂的所有作品荣获海地研究协会优秀奖，并出任国际法语学习理事会理事。2014年，她又获得法国文学艺术军官荣誉勋位。

1990年，亚尼克·拉昂发表随笔《流放：海地作家在锚地与逃避之间》（L'Exil: entre l'ancrage et la fuite, l'écrivain haïtien），1994年，发表短篇小说《蕾西娅阿姨和上帝》（Tante Résia et les Dieux），2000年，发表首部小说《父亲之家》（Dans la maison du père），随后又发表两部短篇小说。2008年，出版小说《黎明的颜色》（La Couleur de l'aube），获法国2008年度千页文学奖、法国2009年度RFO文学奖和法语地区黎塞留文学奖。2010年，海地发生强烈地震，亚尼克·拉昂有感而发，发表散文《破产》（Failles），2013年，出版小说《纪尧姆和纳塔莉》（Guillaume et Nathalie），获得加勒比海文学奖，2014年，发表小说《沐浴月光》，荣获法国2014年度费米娜文学奖。

《沐浴月光》围绕海地农民的主题展开。故事从一个渔夫遇到了一个被海水冲到海滩上的年轻女孩儿开始，遇难者呼唤着伏都教的神和她的列祖列宗。离海滩不远，有一个名叫安斯·布勒的村庄，居住着梅西道尔家族和拉弗勒家族，梅西道尔家族是村里的领主。很久以来，两个家族交恶。一天，当梅西道尔家族的泰尔蒂利厄·梅西道尔遇到拉弗勒家族的奥尔梅内时，两人大吵大闹，如同晴天霹雳。恐怖和死亡笼罩着整个安斯·布勒村。于是，把一段沉重且尘封已久的家族史逐渐呈现在读者眼前。两个家族的恩恩怨怨不仅受传统观念的影响，而且还受海地政治风暴的影响。最终，两个家族放下多年的积怨，冰释前嫌。除了讲述主人公的遭遇外，这部充满神秘的小说还呈现了海地各个领域的生活，涉及民族、文化、历史、暴力以及人与自然的关系。

费米娜文学奖评委发言人克里斯蒂纳·若尔迪赞扬小说《沐浴月光》充满神秘、无形之美，将读者带入非同寻常的视界。拉昂获奖后说："我非常高兴。这部作品获奖证明海地文化强大，我们海地人总是能够从灾难中重新站起来。"她还说："大家都说小说家获奖是因为作家自身的努力，但我总觉得我身后有一个永远与我脱离不开的背影，那就是生我养我的海地。"

龚古尔文学奖

龚古尔文学奖的奖金虽然只有象征性的10欧元，但这个奖项在法国文学界威望之高、影响之大，超过其他任何文学奖。2014年11月5日，66岁的法国女作家莉迪·萨尔维尔（Lydie Salvayre）以她的新作《不要哭泣》（Pas pleurer）最终在第五轮投票中以 5 票对 4 票夺得 2014 年度龚古尔文学奖。该书由法国塞伊出版社出版。

莉迪·萨尔维尔 1948 年出生在法国南部小镇奥丹维尔，她的父母亲是在西班牙内战结束后逃亡到法国南部的西班牙人。她的父亲是西班牙安达卢西亚人，母亲是加泰罗尼亚人。莉迪·萨尔维尔在法国南部城市图卢兹附近的富瓦度过童年，中学毕业后就读于图卢兹大学，获得文学学士，1969 年考入医学院，毕业后到马赛从事多年的心理咨询工作。从上世纪 70 年代末起，莉迪·萨尔维尔开始写作，80 年代初经常在法国艾克斯 – 普罗旺斯和马赛的文学杂志上发表文章。1990 年，发表第一部小说《声明》（Déclaration），至今已出版 21 部小说，并为两部小说作序。其中，《声明》获得埃梅斯处女作文学奖，1997 年出版的《幽灵陪伴》（La Compagnie des spectres）获得 11 月文学奖，并被法国文学杂志《阅读》列入最受欢迎的图书目录，2009 年发表的《BW.》获得弗朗索瓦 – 比耶杜文学奖，2014 年发表的《不要哭泣》获得龚古尔文学奖。另外，《共同生活》（La Vie communne）被改编成广播剧，《苍蝇的威力》（La Puissance des mouches）等五部小说被改编成剧本。

《不要哭泣》以 1936 年至 1939 年西班牙内战为背景，以法国作家乔治·贝纳诺斯和莉迪·萨尔维尔母亲用夹杂着西班牙语的法语对话形式写作。乔治·贝纳诺斯是位法国知名作家，莉迪·萨尔维尔的母亲 15 岁时逃离西班牙佛朗哥的血腥屠杀来到法国定居，在富人家当女佣。两种不同的声音交织出一段使人为之触动的历史故事。作家乔治·贝纳诺斯亲历了西班牙内战，揭露了由民族主义者和基督教会操弄的恐怖事件，作者莉迪·萨尔维尔的 75 岁母亲对女儿讲述了她的悲惨童年，以及当年活跃在西班牙农村的新思想，并揭露了西班牙内战给整个西班牙以及她的故乡带来的破坏和精神创作。经历了血与火的洗礼，母亲最后变得十分坚强。

莉迪·萨尔维尔获悉得奖消息后眼含热泪地说："我非常开心，非常激动。这对我而言是无上荣耀，我很幸运能够在这样的年纪收获这样的奖项。"

原籍同为西班牙加泰罗尼亚的法国总理曼努埃尔·瓦尔斯获悉莉迪·萨尔维尔获得龚古尔文学奖后，即在推特网上祝贺莉迪·萨尔维尔，并说："莉迪·萨尔维尔用这种充满活力的写作风格叙述历史，她的历史以及许许多多其他人的历史，真棒！"

勒诺多文学奖

与龚古尔文学奖同日颁发的勒诺多文学奖,由 40 岁的法国阿尔及利亚裔作家大卫·冯基诺斯(David Foenkinos)以他的新作《夏洛特》(Charlotte)摘得。此奖竞争激烈,直到第六轮评选时,冯基诺斯以 5 票对 4 票胜出。勒诺多文学奖创立于 1925 年,以法国"报业之父"勒诺多的名字命名,颁给作品具有全新风格的作家。该书由法国加利玛尔出版社出版。

大卫·冯基诺斯 1974 年 10 月 28 日出生于巴黎,中学毕业后,考入巴黎索邦大学文学系,同时研修爵士乐,大学毕业后担任吉他老师。2001 年,发表处女作《蠢话转换》(Inversion de l'idiote),获得当年的弗朗索瓦－莫里亚克文学奖。大卫·冯基诺斯是位多产的作家,至今已经出版 16 部小说和一部动漫。其中,2004 年出版的《我夫人的爱情潜力》(Le Potentiel érotique de ma femme)获得罗歇－尼米埃文学奖,2007 年发表的《谁会想起大卫·冯基诺斯？》(Qui se souvient de David Foenkinos？)荣获让·焦诺文学奖,2009 年出版发行的《精巧细致》(La Délicatesse),不仅入围当年的龚古尔、勒诺多、费米娜和联盟等四个文学奖,而且还获得了大大小小十个文学奖的殊荣。《精巧细致》的袖珍版则跃居法国亚马逊书店百大畅销书排行榜长达一年,该书已被翻译成 40 多种文字。除此之外,大卫·冯基诺斯还将这部代表作改编成剧本,与导演哥哥一起将其搬上银幕。2011 年出版的《回忆》(Souvenirs)已于 2014 年改编成电影。2014 年出版的《夏洛特》获得 2014 年度勒诺多文学奖和龚古尔文学奖。

小说《夏洛特》的主人公夏洛特·萨洛蒙是德国犹太裔画家,26 岁去世时怀有身孕。在柏林度过悲惨的童年后,夏洛特在德国无处藏身,被迫到法国流浪。流亡到法国南部城市尼斯附近后,夏洛特潜心创作,用两年时间完成了一部以水彩画和绘画为主的自传体小说,全书共有 800 页。深知自己处于险境,夏洛特便将其作品交给她的医生保管,并对他说"这是我的一生"。1943 年秋天,怀有身孕的夏洛特被关进奥斯维辛集中营,后死在毒气室。第二次世界大战结束后,夏洛特的父亲找到了这部珍贵的小说。2008 年,夏洛特的作品在柏林展出,大卫·冯基诺斯前往参观。

大卫·冯基诺斯说:"看到这些画时,我深受感动。这是我生命中最奇特的时刻之一,就像为了看到它们我已期待了半辈子。我为她着迷。"于是,大卫·冯基诺斯从寥寥的史料出发,以梦幻般的笔触抒写了夏洛特惊人的艺术才华和悲剧的一生。

联盟文学奖

2014年11月20日,法国六大文学奖的最后一个奖——联盟文学奖揭晓。马蒂亚斯·梅内戈(Mathias Menegoz)和他的小说《卡尔帕蒂亚》(Karpathia)挂冠。该奖竞争激烈,直到第五轮评选时,梅内戈以6票比4票胜出。该书由法国P.O.L出版社出版。

马蒂亚斯·梅内戈1948年出生于法国,其父亲是法国诺曼底人,法国电影导演;其母亲原籍德国施瓦本,出生于匈牙利首都布达佩斯,法国著名电影制片人。马蒂亚斯·梅内戈大学毕业后,一直从事神经生物化学研究工作。《卡尔帕蒂亚》是他的第一部小说,旗开得胜,荣获法国2014年度联盟文学奖。

小说《卡尔帕蒂亚》将读者带到19世纪30年代巴尔干半岛的特兰西瓦尼亚地区。小说的主人翁是亚历山大·科尔瓦尼上尉。他是一位年轻的匈牙利伯爵,是一个充满希望的人。他把年轻的妻子从维也纳带回特兰西瓦尼亚老家。离开军队后,科尔瓦尼依附于一位名叫卡拉的骑士,这位骑士既优秀又有号召力。1833年,特兰西瓦尼亚还是一个奥匈帝国的边远地区,离跳华尔兹舞和喝咖啡的维也纳还有上千里路。那时,封建制度虽然还维持着特兰西瓦尼亚的平静,但瓦尔几亚人、马扎尔人和撒克逊人在许多效忠当地领主的村庄里正在策划阴谋。科尔瓦尼上尉夫妇回到故乡的城堡,一天城堡突然垮塌,科尔瓦尼上尉夫妇从城堡里摔下来。这是好机会,应该有所行动。然而,科尔瓦尼上尉并不是《睡美人》里的王子。于是,他就怒骂、发号施令。他的极端亵渎行为却把人们聚集到了一起,于是,一场反封建运动就开始了……

联盟文学奖评委、2013年度联盟文学奖得主内莉·阿拉尔说:"《卡尔帕蒂亚》是一部很棒的小说,主题原汁原味,时代非常传奇。"

马蒂亚斯·梅内戈获奖后说:"我是学习理工科的,喜欢文学。没有想到第一部文学作品就能获奖,很高兴,很荣幸。"

(张林初　编译)

阅 读

英国写在羊皮纸上的《大宪章》800寿诞

英国《大宪章》是世界上最著名的文件之一,《大宪章》启发了很多现代文件的起草者,被认为是除了英语之外,英国另一个最重要的出口产品。2015年,大英图书馆开启了主题为"大宪章:法律、自由、遗产"的展览,纪念《大宪章》签署800周年。

《大宪章》1215年由英王约翰与贵族在温莎堡附近的伦尼米德签订。该文件第一次通过法律限制封建君王的绝对权力,确立任何人不得凌驾于法律之上的原则。《大宪章》原本只是一个解决约翰王与贵族之间政治危机的文件,却在过去的800年里展示了极强的适应性。直到今天,《大宪章》仍有三项条文在当今的英国法律中使用:保护英国教会的独立性,保护伦敦金融城以及其他城镇的权利,最重要的一条——未经同级贵族的判决,国王不得任意逮捕或监禁任何自由人或没收他们的财产。这些条文使英国《大宪章》日后成为英国君主立宪制的法律基石。

此次展览汇集了200多件展品,包括中世纪手稿、历史档案、画、图纸、书本以及影像资料等。展览从1215年6月文件签署开始叙事,讲述了《大宪章》的中世纪起源和历史传承以及如何逐步演化成自由的象征。采访者在最后一间展厅里见到了"镇馆之宝"——两份幸存的《大宪章》原稿。为了确保文档不受到损害,展厅的灯光调至昏暗。其中一份曾经在280多年前一场大火中被烧毁。2014年,研究人员使用一种多光谱成像技术,对烧焦的羊皮纸上的文字进行了恢复。

在展览中,除了两份原稿,另外引人注目的是美国历史上最具标志性的两份文件——托马斯·杰斐逊1776年的手写珍本《独立宣言》和美国《权利法案》。这两份分别收藏于纽约公共图书馆和美国国家档案馆的文件是首次来到英国。据说，托马斯·杰斐逊在起草《独立宣言》时深受《大宪章》的影响。

其他展出的受《大宪章》影响的标志性文件还有《权利请愿书》(1628年)、英国《权利法案》(1689年)和《世界人权宣言》(1948年)。与这些重要文件一同展出的还包括从伍斯特大教堂借来的约翰王的两颗臼齿和拇指骨。

《大宪章》在签署后最初的100年里，经历过多次修改和重新颁布。到了17世纪，议会在与斯图亚特王朝君主的斗争中，进一步弘扬了《大宪章》所蕴含的宪法精神，使《大宪章》真正具有了宪法的重大意义。《大宪章》的精神被历史名人在多个重要场合反复提及和诠释，逐步演变成自由象征。如丘吉尔、甘地和曼德拉都曾引用过《大宪章》的精神。一些英国政府文件揭示，丘吉尔政府在二战期间为争取美国支持，甚至考虑把其中一个《大宪章》抄本送给美国。

（李文清　编译）

阅读

百岁广义相对论历久弥新

2015年，是爱因斯坦发表广义相对论100周年。100年前，36岁的爱因斯坦向普鲁士科学院提交了完整的广义相对论方程。

不管你怎么看，无可否认的是，爱因斯坦的相对论是人类利用想象力解开自然界最神奇奥秘的绝佳例证：欢迎来到由弯曲空间、黑洞、大爆炸、虫洞组成的宇宙，甚至是多重宇宙。

为什么是"广义"？这使之区别于爱因斯坦在1905年提出的"狭义"相对论。

狭义相对论主要关注的是匀速运动，颠覆了我们对空间、时间和物质的看法。爱因斯坦证明，我们对现实的认知是肤浅的，因为我们的运动速度太慢而被扭曲；如果我们能够以接近光速的速度来感知运动，就会发现物体沿着运动方向收缩、钟表变慢、质量随着速度而增加。这些奇特的效应就在我们身边，只是因为我们所习惯的速度而无法被察觉。在亚原子粒子以近似光速对撞的高能物理学实验中，这些现象很常见。就连全球卫星定位装置也需要校正由相对论效应引发的误差：为我们提供定位服务的卫星在轨道上运行的速度足够快，因此需要进行微调来提高精确度。（卫星也需要应用到广义相对论，因为地球周围存在弯曲空间。）

爱因斯坦知道，狭义相对论不是最终定论。毕竟，物体并非总是匀速直线运动，而是会加速和转弯。他的广义相对论旨在将所有运动涵盖在内。

出乎爱因斯坦的意料，而且在刹那间，他凭借惊人的洞察力意识到，任何涉及加速运动的理论也必然是一种关于引力的理论。为什么？因为加速运动能够模仿引力，反之亦然。

爱因斯坦努力完善自己的理论，其中涉及异常复杂的数学难题。当时，牛顿的引力理论认为，引力可以被描述成一种与距离的平方成反比的力。他假设引力具有瞬时作用，就像幽灵一样穿越空间发挥作用。虽然很神秘，但这一理论可以很好地解释大部分现象。爱因斯坦则提出了一些截然不同的理论。引力并非一定距离之外的某种作用力，而是由物体周围的弯曲空间造成的：物体质量越大，周围的空间就越弯曲。

作为一名物理学家，爱因斯坦知道，只有在现实世界中找到能够证明这些新效应的实例，他的奇思妙想才会得到重视。

爱因斯坦提出了三个检验其新理论的实验。其中一个实验是对水星轨道的修正。水星围绕太阳运行的方式很奇妙，就像是一个在摆动的陀螺。按照牛顿的理论无法计算出其准确数值，而爱因斯坦根据水星受太阳周围弯曲空间的影响，得出了准确的修正值。

爱因斯坦及其相对论带给我们的最伟大经验也许在于，现实并非像它看上去的那样。我们所认为真实的东西其实是扭曲的。科学拓宽了我们的现实观，揭示出常常看似奇怪且出人意料的联系和可能性。

在我们继续努力了解大自然及其奥秘时，也许应该牢记爱因斯坦的名言："我眼中的大自然是一个我们只能非常不完美地理解的宏伟结构，而这必使一个沉思者充满了谦卑的感觉。"

（吴娣伊　编译）

丹麦巴西韩国日本培养娃娃书卷气

读书从娃娃抓起。从小看大——小时候喜欢读书，可以成为终身的好习惯，并且终身受益。

一、丹麦孩子都是安徒生

丹麦被称为童话的故乡。210年前的4月2日，童话大师安徒生诞生在丹麦中部菲英岛上的欧登塞。安徒生一生共创作了160多篇脍炙人口的童话作品，他也因此享誉世界。童话之乡的人们都热爱读书。在丹麦，读书是一种自然而然的行为，已经融入人们的日常生活，无论是在地铁站台上还是车厢里，抑或是公园的长椅或者草地上，总能看到人们捧卷阅读的身影。丹麦人热爱读书的传统，与当地政府、社会为读书爱好者创造的良好阅读条件不无关系，而阅读习惯的培养，则是从娃娃开始抓起的。

初到丹麦时，采访者在社区服务中心大厅看到，除了备有免费的咖啡以及针对移民的资料外，还有专门为小朋友们准备的各种绘本和图书。后来，在社区医院或牙医诊所等公共场所，采访者也总能发现专门给儿童准备的图书。丹麦的图书馆内，一般都会辟有专门的儿童图书阅览区，阅览区内设有沙发及少量的玩具，小朋友们看书累了可以玩玩具休息一下。让儿童随时接触到图书，养成好的阅读习惯，长大后怎么会不爱读书呢？

时下，随着各种数码产品的出现，手机或者iPad等对传统阅读方式的冲击不言而喻，学校的学生们也不可避免地受到影响。但丹麦的一项调查却发现，尽管当地少年儿童也看电视和用数码产品，但却没有以牺牲阅读为代价，相反，与十几年前相比，在课堂外读书的儿童比例还有所提高。

丹麦第二大城市奥胡斯2014年年底在近2000名9至12岁的儿童中开展了一项读书调查，发现与2000年相比，课后坚持阅读的学生比例从56%上升至61%。调查发起人、奥胡斯大学儿童文学中心的斯泰恩·汉森认为，丹麦儿童阅读量增加，与学校重视学生阅读并为此采取的各种努力是分不开的。

汉森介绍说，丹麦政府在学校发起的各种倡导读书的活动，收到了成效。丹麦许多小学规定，学生每周都要根据自己的喜好，选择读一本书；不少公立学校的老师为了更好地指导学生阅读，提高学生的阅读理解能力，还接受了专门的培训。

据介绍，丹麦出版商对奥胡斯大学的调查也十分看重，他们希望从中了解孩子们真正想看什么样的书，并据此调整自己的出版计划，可以让孩子们读到他们真正喜欢的书。

为了让孩子爱上读书，能够从读书中得到乐趣，丹麦学校正在推广"为快乐而读书"的阅读理念。奥胡斯大学教育系助理教授伊丽莎白·安巴克认为，比起读学校指定的课外读物，让孩子们自己选择读什么样的书，能够使他们可以得到更多乐趣，并从阅读中学到更多。

二、巴西孩子钟情莫妮卡

巴西小学生拉丽莎6岁的时候，得到了几本《莫妮卡和她的伙伴们》作为生日礼物。从此，她就成为这份杂志的忠实读者，期期不落。如今，16岁的拉丽莎喜欢阅读各国名著，逛书店成为她的闲暇爱好。

《莫妮卡和她的伙伴们》的作者、巴西著名卡通画家毛里西奥·德·苏萨培养了许多巴西孩子的阅读兴趣。从1959年至今，毛里西奥笔耕不辍，塑造了超过200名卡通人物，其中以《莫妮卡和她的伙伴们》最为著名。他在全球已售出超过十亿本漫画书，被翻译成包括中文在内的40多种文字。莫妮卡留着小分头、身穿小红裙的形象在巴西家喻户晓，在众多公众场合都可以看到。

巴西人给世人的印象是好动不好静，作为巴西两大名片的足球和桑巴，均以动感取胜。但是事实上，巴西的有识之士早已意识到教育对于国家发展的重要性，而培养阅读习惯成为学校教育的重要组成部分。

巴西教育学家认为，从小培养孩子的阅读习惯，有助于为孩子打开文学世界的大门。巴西著名作家保罗·科埃略就曾表示，少年时代母亲对阅读兴趣的培养，最终帮助他成为一名职业作家。"新学校"培训机构的协调员雷吉纳·斯卡帕认为："对于孩子来说，写作不过是纸和笔的组合。但是当大人向孩子讲述历史故事时，纸和笔这样的写作材料就能获得生命，就能让孩子真正进入到阅读世界中去。"

巴西非政府机构"促进阅读"研究所每隔几年会发布一次《巴西阅读素描》报告，这是巴西有关阅读的最权威调查之一。从2007年到2011年，"促进阅读"研究所进行的两次调查发现，受到电视和互联网的影响，巴西人的阅读量随着年龄增长而逐渐下降。即便是在校学生，读书习惯也不如以往。

Educar基金会的高级专员玛丽娜·卡瓦略认为，导致儿童阅读量下降的一个重要原因来自家长。她说："如果家里一本书都找不到的话，孩子光靠在学校里读几本课外书，这是远远不够的。家长应该更积极地培养儿童的阅读兴趣，让他们随处能够见到书，这样才能培养他们对书本和阅读的热爱。"

另外一项权威调查还发现，生活区域范围内有没有图书馆，对于巴西人能否维持阅读兴趣也十分重要。Ecofuturo机构所做的调查显示，生活在拥有图书馆社区的巴西学生，读书数量是平均值的156%，而且其阅读习惯也会长久地保持下去。这项调查引起了巴西政府的高度重视，巴西政府于2010年通过法律，要求所有学校在2020年以前必须建图书馆。

三、韩国孩子争当"读书王"

受访者在韩国书店查看了最新畅销的儿童书排行榜，排名前三的分别为：《好好学习的101个方法》《塑料星球》和《小斯图尔特》。此外，《美术的历史》和《韩国经济史》等知识百科类图书也榜上有名。

韩国注重对孩子自幼进行传统文化教育，因此，童书中还有一类比较受欢迎的是韩国本土童话故事，如《兴天传》《老虎与柿饼》《檀君神话》和《勇儿和中秋》。值得一提的是，很多韩国儿童书还成为外国人学韩语的热门参考书，很多语言学院的老师都会推荐学生购买语言简单、生动活泼的童书帮助学习。

大多数韩国家长给孩子买书时，首先会考虑自己小时候曾看过的传统童话故事书，也会看书店的畅销书排行榜以及网络或杂志的儿童图书资讯。

韩国每所小学基本都有自己的读书促进活动，会开设阅读课，鼓励孩子写读后感，每个学期还会选出"读书王"，并发放奖品。韩国各区图书馆也会定期举办鼓励孩子读书的活动，包括要求家长和孩子共同参与的亲子读书活动。

韩国图书馆一般上午8点至晚上9点对外开放，市民仅需凭借身份证办理借书证就可以借阅图书。韩国的社区很多都有小型图书室，以儿童类图书居多，家长在节假日经常会带着小朋友去社区图书室看书。另外，韩国很多地方周末还会有"流动图书馆",满载图书的车辆开赴各个小区,提供各种儿童图书供借阅。

韩国的许多儿童图书质量高、有特色,受到了中国国内出版商的青睐。在韩国颇为畅销的《Why》系列图书、《自信满满原理科学》等知识百科类都被引进到中国。有中国书商曾对韩国媒体表示,韩国通过漫画讲解知识的方法对中国很有启发。韩国很多数学、科学类书籍,都会使用图解、漫画等形式,将枯燥的学习内容变得生动有趣,使孩子们能够在短时间内获得更好的学习效果。

四、日本孩子乐为"小书虫"

日本人爱读书。东京的大部分书店生意一向很好,不论什么时候去逛,总有人排队结账。日本有一种开本的书叫"文库本",手掌大小,也不太厚,适合随身携带,很多日本人出门时习惯带上一两本,在等车、坐地铁等碎片化时间拿出来读。阅读是一种习惯,日本人爱读书的习惯就是从小培养起来的。

日本为推动儿童阅读专门进行了立法。2001年,日本政府出台《关于推动儿童读书活动的法律》,并将每年的4月23日设为日本的"儿童读书日"。

日本政府认为,读书对儿童学习语言、培养审美、提高表现能力、丰富创造力和拓展人生感受而言必不可缺,并力求建立所有儿童可以随时随地自主读书活动的基本计划,每五年修订一次,真正以国家战略的高度抓阅读。

不少日本幼儿园都设有阅读角,幼儿可以在那里亲近绘本。日本的绘本在全世界也很有名,内容丰富,画工精美,注重培养幼儿的情商。JR(日本铁路)目黑站有邻堂书店设有一排绘本专柜,摆放着《培养思维能力的365个故事》、《致男孩子的30个名作》等有营养、有启蒙意义的作品。店员佐藤对采访者表示:"绘本比教辅卖得好。"

日本的图书馆是让孩子亲近文学、爱上读书的重要阵地。在东京涩谷区图书馆,有一个儿童阅读专区。专区分成"恐龙小屋"、"星星小屋"、"森林小屋",很多孩子一进去就不愿出来。还有哺乳室,方便家长带幼儿来看书。涩谷区图书馆甚至还有儿童版官网。统计显示,日本近三分之二的图书馆都设有这样的少儿阅读室。

日本国立国会图书馆还专设"国际儿童图书分馆"。国立国会图书馆是在帝国图书馆旧址上建起来的,将原来最繁华的帝国贵宾室留给孩子,成了少儿阅读区,其各类国内外少儿藏书超过30万册,是"小书虫"的天堂。普通图书馆经常和保育所、幼儿园、小学校等交流,了解儿童的需求,方便其利用图书馆,同时,馆员还会赴学校进行读书指导。

近年来,网络对阅读产生很大冲击,但日本儿童越来越爱读书。统计数据显示,图书馆少儿图书出借次数最近几年一直在稳步增长。

另外,日本家长也喜欢和孩子分享阅读的乐趣,使孩子从小对书籍耳濡目染。受采访的不少日本朋友都会在睡前给孩子念书、讲故事。日本政府一直在推广"开始读书"运动,让家长掌握给幼儿念书的正确方法,并赠送绘本。

日本公共团体、志愿者也对促进儿童读书做出很大贡献。公益组织"儿童读书推进会议"每年举办"儿童读书周"和"绘本世界"活动。各地还有数千个志愿者团体帮助儿童培养阅读习惯,包括开设"放学后少儿阅读教室"、援助学校图书馆等。

(吴娣伊　编译)

通过阅读重新认识一战

近几年，在领土、领海和领空的问题上，发生严重分歧时，国际社会特别是西方社会不惜危言耸听，认为出现了一战爆发前的态势。那么，事实真的如此吗？不妨通过阅读来重新认识一战。

一、《隐藏的视角：军事对话》的作者戴维·欧文说：

《隐藏的视角》这本书背后的重要信息是：英国外务大臣爱德华·格雷以及1906年至1911年间的大多数高级外交官把与法国有两年历史的"热诚协定"改成了包括沙俄在内的"三国协约"，却没有把英法军事参谋人员的对话内容告知内阁，更不用说议会。这种做法导致了深远的影响。

第一，这也是最主要的，通过掩盖和否认五年军事对话的存在，他们开始在英法参谋人员中营造一旦法国遭到德国进攻则英国将派远征军前往大陆的"责任"意识（1914年格雷语）。这事实上推翻了1870年至1871年确立的让两国独立进行战争的政策。

第二，德国不可避免地把这项"三国协约"视为对其"三国同盟"的蓄意"围堵"。尽管在公开场合予以否认，但德国对于沙俄调动大量军队能力的恐惧使得其政治领导人选择军方所青睐的选项，即先通过中立的比利时迅速对付法国，然后把兵锋转向沙俄战线。

第三，英国外交界潜在的恐德症得到强化，这导致格雷废除了战争大臣霍尔丹在1912年春与德国宰相和皇帝达成的临时协议，协议本可使一战得到避免。同样，对德国的这种忌惮意味着英方对于已经商定好的格雷私人秘书与德国新任外相在1914年春夏的私人会面一点儿也没有紧迫感，直到为时已晚。

霍尔丹1914年访德外交使命背后的意义远远超出了人们通常的认识。德国宰相两年后曾把1914年战争的爆发归咎于对"良性中立"的不同诠释，不可否认他的说法存在某些依据。霍尔丹曾保证，如果德国先攻打法国，那么英国对于"良性中立"的遵守将不再有效。假使格雷支持霍尔丹的谈判，那么德国将会放慢海上的扩张。作为回报，德国则会在非洲获得在英国殖民地事务大臣哈考特安排下割让的大片土地。哈考特深信可以通过谈判解决问题，但事实并非如此。格雷出了名的固执性格加上他不愿激怒巴黎，意味着德国和英国的外交合力根本阻止不了塞尔维亚和奥地利走向战争。

二、《洪水：一战与世界秩序的重建》的作者亚当·图泽说：

像一战那样的戏剧性事件的意义是不断变化的。1914年之后两年，当1916年11月的美国总统大选进入人们的视线时，有关战争最值得注意的一点是它有望使美国成为世界权力中心。又一年后的1917年，战争最重要的影响是它使沙皇统治被推翻了。而在一战后30年的节点，即1945年左右，其教训则是必须有一个欧洲合众国。而这种认识仍将继续下去。

1911年，继沙俄、伊朗、奥斯曼帝国及墨西哥发生革命后，中国皇帝也被推翻。宣布成立了共和国的革命者希望得到美国的支持，但没有人愿意帮助。当战争在1914年爆发时，中国不顾一切希望加入协约国的阵营。事与愿违，由于日本的坚持，中国的利益遭到漠视，而德国在山东的租界被日本军队所"解放"。继而东京在1915年声称对整个中国拥有统治权，这本来很可能导致远东的战争。战争得以避免，但中国最终未被"允许"参战，直到1917年美国宣战之后。而中国的参战并非凭借自己的力量，却是在一个受制于日本的军阀政权的指挥下进行的。其结果导致了连年的军阀混战，它把中国推向崩溃边缘，也引发了中国现代民族主义以及共产党的崛起。

三、《秘密战士：一战中的重要科学家、密码破译者和宣传者》的作者泰勒·唐宁说：

通常当我们想起一战的时候，脑海中浮现的是战壕、诗人、无谓的屠杀和无能的将军；但还有极少得到承认的另一面。随着新技术的巨大进步，一战经历了科学的革命。20世纪余下时间里的进步有许多是在1914年至1918年间奠定基础的。

例如在航空领域，英国军队 1914 年参战时拥有 272 架飞机，到 1918 年 11 月，皇家空军已拥有 2.2 万架飞机。与战争爆发时人们所能想象到的任何飞机相比，它们的体积更大、动力更强、性能更可靠。一个崭新的工业得以诞生，并制造出"喷火"、"兰开斯特"和"鹞"式等标志性战机。

情报搜集和密码破译学在战前几乎是不存在的，但是英国海军部设立了无线电监听处和一个密码破译中心，简称为"40 号房间"。在那里，德国的海军和外交电报信号被拦截和破译。战后这一机构成为政府密码学校，其办公地点在二战期间被转移到布莱奇利公园内。

医学上的重大进步包括杀菌剂的发明、输血的应用以及外科学的突飞猛进。专做脸部整形手术的新西兰医生哈罗德·吉勒斯在三年时间内进行了 1.1 万多例手术。他被誉为现代整形外科的创始人。

工程学、化学、无线电通信和宣传手段取得了长足进步。在后来的战争中，那些开创此类工作的人员被称作 boffin（科技人员）。但在一战时他们还没有专门的称谓，而且常常被人遗忘。我称他们为"秘密战士"。

四、《谎言》的作者海伦·邓莫尔说：

父亲或祖父辈参加过一战的许多人还记得，那些从战场归来的人几乎不向家人讲述他们的战时经历。沉默掩盖了一切。平民生活的线头被拾起，有时会有重重困难。这些人回到的祖国并不完全是首相劳埃德·乔治所许诺的那个"适合英雄居住的国家"。

吊诡的是，尽管所有的一战老兵如今都已作古，但我们却破天荒的第一次可以聆听到他们的声音。帝国战争博物馆所制作的录音档案的精选集现在可以从"空中战争"、"索姆河上的坦克"和"战壕生活"等播客上听到。

它们是淡定而又令人着迷的。这是男人女人们在讲述那些对于他们而言不是历史，而是记忆的事件。他们的故事因为有了细节而栩栩如生。列兵哈里·考克斯说，他 1915 年 5 月 5 日爬上一棵大树以躲避毒气袭击，那次毒气袭击夺走了他所在营大部分官兵的生命。

每当政客们利用纪念一战的机会告诉别人该思考些什么的时候，我总觉得心烦意乱。或许，更好的做法是倾听千百万战争亲历者中的一些人怎么说。他们对我们的讲述十分坦诚：他们是我们这个社会的一部分。

五、《驾驶热气球的人》的作者詹姆斯·朗说：

塞进被爱国歌曲和干瘪老男人的宣传所陶醉的狂热青年手中的新式进攻性武器把世界推入了战争。克虏伯公司的秘密超级大炮——野兽般的 42 厘米榴弹炮——造出来是为了撕开比利时边境厚厚的混凝土堡垒，从而扫清前往法国的道路。就算德国皇帝最后也许会在与自己表兄弟的战争面前退缩，他的将军们也已准备好了在没有他的情况下推进战争。这些老兵已花了很多年时间建设欧洲装备最精良的军队。亲临战场的美国记者曾经报道过德军对于从另类的田野灰军服，到使部队保持行军能力的装备精良的手足病医务车等各类细节的关注。

那些将军们不愿在还没有看到他们强大的军队走向战争时就卸任退休。他们对列日要塞的炮击是灾难性的，并成了长达四年的炮弹倾泻的起点。但是这种工业化规模的炮弹使用会迅速导致经济的毁灭，除非这些昂贵的炮弹具有制导功能，而且并不只是为了重新排列荒野上的弹坑才盲目开火的。

交战双方都需要空中侦察能力，而在飞机尚不可靠的前无线电时代，这意味着热气球上场。安全的氦燃料无法得到，可燃氢则可以用简单的化学方法制取。士兵们"热气球飞上来了"的惊呼声成为呼啸而至的炮弹的可怕预兆，但是那些悬在一英里高空爆炸性气囊下篮子里的飞行员们却有着同样的恐惧。

热气球是巨大的目标，侦察员必须在火焰开始蔓延的时刻跳出，把生命交给一副原始的降落伞。新的热气球设计帮助它们飞得更高和降落得更快，但是氢仍会引起失火。对于许多人士来说，他们的战争随着一股油腻的黑烟而告终。

六、《胜利前的 100 天：一战的发生与获胜》的作者索尔·戴维说：

1915 年 5 月 7 日，当英国豪华客轮"卢西塔尼亚"号即将完成从纽约至利物浦的航程时，它在爱尔兰近海遭到德国 U 型潜艇的鱼雷袭击并在 18 分钟后沉没，在 1959 名乘客和船员中，有 1198 人葬身大海。

遇难者中有 128 名美国人和 94 名儿童，这导致英国报纸纷纷谴责"德国佬最可怕的罪行"，称该舰被击沉是德国无所顾忌的战争暴行的最新例证。反德骚乱在英美城市爆发。美国总统伍德罗·威尔逊谴责了对美国公民的残杀，并说"犯下非法和惨无人道行径之前的任何警告都不能作为减轻罪责的借口"。

最终，这艘非军事船只被击沉所导致的感情剧变帮助改变了美国民意，人们支持美国在 1917 年 4 月加入同盟国阵营参战。

德国人当时声称，他们用鱼雷攻击"卢西塔尼亚"号及任何"敌方"船只的做法是正当的，因为这是为了报复英国对德国的海上封锁，这种封锁正在导致严重的食物短缺甚至饥荒。他们还怀疑许多像"卢西塔尼亚"号那样的英国客轮被用于秘密运送军火。后一项指控在当时遭到了否认。但是最新公布的政府文件和近年对沉船的潜水考察已经揭示了真相：此船真的装载着战争物资。

1982年，当第一次打捞行动快开始的时候，英国外交部曾表达了对于该船可能仍会"让我们真正丢脸"的担心。外交部还说："历届英国政府一直坚称'卢西塔尼亚'号上没有任何军火。事实上，沉船中是有大量军火的，其中有些还十分危险。"

后来，2008年的一次潜水考察证实了船上存在超过400万发步枪子弹和数吨其他军需品——包括炮弹、火药、引信和火棉，它们"被装在非冷藏货舱中，却被可疑地标上了奶酪、黄油、牡蛎等字样"。

"卢西塔尼亚"号上的目击者们觉得，在船被鱼雷击中后，他们听到了第二声更大的爆炸声，那很可能是被点燃的军火。如果这是真的——而事实很可能就是如此，那么该船的迅速沉没及其所造成的巨大生命损失的罪责，至少有一部分必须记在英国当局头上。

（吴娣伊　编译）

10本图书助你深入了解一战

从1914到2014年,第一次世界大战已经过去整整100年。2015年,有关了解一战的阅读热潮依然温度不减。有关一战的图书可以用"浩如烟海"来形容,据德国《世界报》介绍,仅是位于法兰克福的德国国家图书馆现在就可以提供一万多种有关一战主题的书籍,而且,周年纪念日历来会刺激作家和出版社创作大量作品。据有关方面估计,2014年至2015年,全世界又出版发行了有关一战主题的新书至少在5000种左右。这么多种新旧书籍,没有人能够将其完全浏览一遍,更不用说"客观地"去浏览。

为此,一批专家学者借助媒体向广大读者推荐书目。德国一战史专家斯文·费利克斯·克勒霍夫推荐了不算太新,但经过时间检验的10种书籍。

一、《梦游者》:描述战前欧洲状况

2014年以来,克里斯托弗·克拉克描述一战之前局势的大部头书籍在所有非小说类畅销书排行榜上一直名列前茅。据亚马逊网上书店称,现在销售的是第11版。这套书描述了1903年至1914年欧洲的状况。克拉克的核心论点是,所有欧洲大国都对战争的爆发负有不同程度的责任——塞尔维亚的责任最大。但正如克拉克本人有时也承认的那样,《梦游者》这个书名是一种误导。因为政治家们在那些年里对于"大灾难"是高度警觉的,而且也清楚地知道他们在做什么。

就像其他畅销书一样,这本书在最初给人带来激动后,也让学术界对这位颇受欢迎的作者的某些论点产生怀疑。这绝不是忌妒,因为对一战爆发起决定性作用的不是克拉克追忆的那11年,尽管如此,克拉克的作品可能仍将是有关一战的最重要的新(旧)书。

二、《1914 年 7 月》：集纳大国外交信函

外交信函不太容易阅读，更不容易让人快速理解——即便它们被详细和准确地翻译成德语。历史学家伊曼努埃尔·盖斯早在 1963 年到 1964 年就集纳了所有大国之间的外交信函，分两大卷出版发行。

1965 年，他又把其中最重要的信函收集到名为《1914 年 7 月》的袖珍书中。这本书后来用德语和英语多次再版，里面收录的文件当然没有包含有关战争爆发的全部事实，但其内容还是足以表明欧洲政治家的彻底无能和无奈的各说各话。

三、《1914 年德国的战争暴行》：澄清事实与"口水"

自有人类记忆以来，"口水战"就属于"武器战"的一部分。1914 年 8 月 4 日，德军入侵比利时后，有关恐怖暴力行为的消息在几天之内就传播开来。修女被强奸，儿童被切断手，文化上具有宝贵价值的城市被烧毁，成千上万的平民被屠杀。德方反驳这些说法，抱怨比利时神父开枪杀人或者武装的平民发动袭击。整个一战打上了这种暴行宣传的烙印。

约翰·霍恩和艾伦·克雷默合写的《1914 年德国的战争暴行》一书成功地仔细区分了事实和夸张。通过对八个国家的档案进行调查，他们确定了 1914 年在比利时到底发生了哪些战争暴行以及哪些消息是夸张说法。在这本出版十多年后仍可买到的砖头那么厚的书里，作者们的研究表明，宣传如何变得独立并很早就把哪怕最小的和解机会也破坏殆尽。

四、《沃尔夫日记》：记录柏林真实看法

特殊时期需要特殊措施。1914 年 7 月 23 日——奥匈帝国向塞尔维亚发最后通牒的日子，《柏林日报》主编特奥多尔·沃尔夫开始系统地记日记。作为和德国政界交往密切且在国际上关系广泛的记者，没有人像他那样评价本国的政治。

柏林历史学家贝恩德·泽斯曼在 1984 年出版了沃尔夫的日记，那个版本接近完美。该日记是有关柏林对世界大战看法的最重要的客观来源。几乎没有哪些重要的政治、军事和社会问题不是沃尔夫和高级对话伙伴的谈论议题。沃尔夫至少每隔一天就趴在办公室桌上熬夜记录下的事情是非常可信的。

五、《法尔肯海因传记》：聚焦德国最重要将军

一战中德国的头面人物是保罗·冯·兴登堡，他被称为"坦嫩贝格的英雄"，1916年至1918年是德军的最高指挥官。但是，他无论如何都不是最重要的德国将军。这一令人生疑的头衔其实属于埃里希·冯·法尔肯海因。1913年，他当上了普鲁士的战争部长，1914年至1916年任总参谋长。旨在让敌人"筋疲力尽"的消耗战概念就是他提出来的。

早在1994年，历史学家霍尔格·阿夫勒巴赫就写了一本内容丰富的人物传记，特别分析了帝国时期这位军事领导人的政治思想。这本足够用来写一篇博士论文的书出版过两次，但几年来只能在旧书摊上才能淘到。

六、《第一次世界大战百科全书》：一战知识集大成者

即便对二战的研究更多，但也没有人能够哪怕是概括性地去了解有关1914年至1918年战争的所有著述。战场太多，文化和社会历史问题相差太大。

谁想寻找比肤浅的互联网研究更为详尽的信息，最好看一看格哈德·赫希菲尔德、格哈德·克卢迈希和伊琳娜·伦茨出版的《第一次世界大战百科全书》。15个国家的近150位历史学家在25篇文章和650多个词条中解释了有关一战的各个方面。

七、《云格尔传记》：一战名著诞生记

书也有自己的传记——至少是特别成功且拥有多个版本的书。恩斯特·云格尔在1920年至1978年间六次修改他的处女作《钢铁风暴》，要么为了适应读者的口味儿，要么是按照自己的新想法。

《云格尔传记》作者赫尔穆特·基泽尔费了大量心血写成了两卷书，对各个版本进行了比较，并描述了这本既可作为赞美战争，也可作为无情的反战之作来读的名著的诞生过程。

八、《西线无战事》：经久不衰的反战小说

没有哪本反战题材的小说像埃里希·玛丽亚·雷马克的经典作品《西线无战事》那样久印不衰。该书在1929年首次出版。志愿者保罗·博伊默满怀激情地

走向前线并挺过了四年,在停战前几个月牺牲。他的故事比很多战地信函更直接地介绍了战壕中的狂热。

雷马克本人只参加过两个月的战斗,但已经亲身体会到了战争的巨大威力。以第一人称书写的博伊默的经历是经过精心设计的,没有对战争进行像20世纪20年代那样普遍流行的拔高。

九、《东线战场》：关注被遗忘的战线

回忆第一次世界大战的人通常会想到西线战壕和那里的残酷战役,东方战线却几乎无人记起。立陶宛裔美国历史学家维加斯·加布里埃尔·柳勒维修在他的著作《东线战场》中,详细描述了东方战线上广大区域内的运动战和对占领区的残酷占领统治。

并非他的所有结论都很有说服力——例如,德国在一战和二战中的占领统治有多紧密的联系,还需要进一步研究。但毫无疑问,柳勒维修的作品是迄今为止有关这一被人遗忘的战线的最重要的书。

十、《希特勒的第一次战争》：质疑希特勒一战经历

有关阿道夫·希特勒的近100部传记中,没有哪一部对《我的奋斗》一书中描述的他在一战中的经历提出根本质疑。直到2011年,任教于苏格兰阿伯丁大学和美国哈佛大学的德国历史学家托马斯·韦伯才这么做。他的著作《希特勒的第一次战争》依据大量材料批评了这位纳粹党首领的自我描述,揭露了他是没有参与战斗的后勤人员,并断定他直到1919年才在慕尼黑变成激进的反犹分子。

韦伯的这本书还远远不止于此。它最终证明了希特勒政权的大部分成员——而且恰恰包括那些在一战中参加了好几年战斗的人——并没有因为这段战争经历"而受到精神创伤、变得激进或被政治化"。他在书中埋下了很多伏笔,让人期待他再写出令人兴奋的后续研究。

（赵品芳　编译）

《福尔摩斯探案集》现实生活溯源

《福尔摩斯探案集》是怎样诞生的？福尔摩斯是怎样诞生的？

他不仅破案能力超群、逻辑推理严密、谙熟法理知识，而且精通乔装打扮，对地下犯罪网络了如指掌，这一切都令维多利亚时期的英国人着迷不已。但是，这位侦探不是夏洛克·福尔摩斯，而是一名真正的调查官杰罗姆·卡米纳达。一项新研究表明，正是卡米纳达启发阿瑟·柯南道尔爵士塑造了广为人知的大侦探福尔摩斯。

2014年，英国出版的一本卡米纳达的传记揭示了他和虚构的福尔摩斯之间一系列惊人的相似之处。

（一）

传记作者安杰拉·巴克利甚至提出，卡米纳达处理的案件中甚至涉及一名类似艾琳·阿德勒（福尔摩斯系列小说《波西米亚丑闻》中的人物，是福尔摩斯最尊敬的女性之一——编译者注）那样迷人的天才罪犯；卡米纳达也有一个像莫里亚蒂（福尔摩斯的主要对手，柯南道尔笔下的超级大反派——编译者注）那样的对手——在两人戏剧性的最后交锋前，他曾在多起案件中给卡米纳达制造麻烦。

巴克利说："正是在柯南道尔塑造夏洛克·福尔摩斯的时候，卡米纳达成为了英国家喻户晓的人物。两人的相似之处比比皆是，因而，柯南道尔显然借用了这个真实人物的一些特点。"

卡米纳达的父亲来自意大利，母亲来自爱尔兰。他居住在曼彻斯特，但为处理案件而遍游英国。在媒体的广泛报道下，卡米纳达享誉全国。

他职业生涯中的多数时间是在曼彻斯特市警察局度过的，但随后他也和福尔摩斯一样，成为了一名"顾问侦探"。

正如福尔摩斯要借助"贝克街小分队"那样的地下联系网，卡米纳达也有庞大的线人网络，他常常在教堂的后排座椅与他们见面。

这些线人们帮助他熟悉犯罪团伙的方方面面，他常常乔装改扮穿梭其中——这也是福尔摩斯的常用手段。

同虚构的福尔摩斯一样，卡米纳达也有一个广为人知的特点，他常常在最危险的街区夜行，毫无畏惧地处理所有遇到的案件。

他的化装技巧极为高超——有一次，在全国越野障碍赛马追踪一群小偷时，他装扮成一名苦力，甚至连他的警察局长都没有认出来。

（二）

他不仅被誉为"作恶者的克星"和"侦探中的加里波第（即朱塞普·加里波第，意大利将领、爱国者与政治家，被视为意大利国父——编译者注）"，而且据说能够通过人走路的方式发现小偷——很显然，这是他常去监狱观察、了解犯人体貌和步态的结果。

根据传闻，卡米纳达在他职业生涯中曾将1225名罪犯投入监狱。他处理的最有名的案子——也许是和福尔摩斯故事最相像的一个——便是匪夷所思的"四轮马车之谜"。两名男人一同搭乘了出租马车。一人中途跳车，另一人在车内身亡。

当时，人们没有发现明显的死因，也没有什么明显的线索，但是通过一系列推理——这个推理过程也会让福尔摩斯本人自豪不已——卡米纳达最终断定罪犯是查尔斯·帕顿，他在另一人上车前下了迷药，试图进行抢劫。

巴克利夫人认为，卡米纳达的"莫里亚蒂"是鲍勃·霍里奇。霍里奇暴虐、狡诈，是一名职业罪犯。两人20年的宿仇始于卡米纳达因霍里奇偷钟表而将其抓获，与此前数罪并罚判处他7年监禁。

偷盗钟表本算不得什么大罪，却受到这样的严苛惩罚，这令霍里奇非常恼火，因而从入狱时他便发誓要报复这位侦探。

霍里奇释放时，他的犯罪集团规模进一步扩大，但是他常常能在警方来到前先行一步，巧妙脱身。

在开枪射中两名警官后，霍里奇为非作歹的日子走到了尽头。卡米纳达又一次乔装，一路追踪霍里奇来到利物浦，并比霍里奇抢先拔出枪来，最终将其缉拿归案。霍里奇被判处谋杀未遂，处以终身监禁。

而卡米纳达的"艾琳·阿德勒"名叫艾丽西亚·奥蒙德。奥蒙德受过良好的教育，出身名门，品位不俗，但她实际上从事着造假行骗的勾当，骗术娴熟，经验丰富，因为一系列诈骗和偷盗案件受到全国性通缉。卡米纳达跟踪并逮捕了奥蒙德，但是——和迷恋阿德勒的福尔摩斯一样——卡米纳达也显然为奥蒙德所倾倒。

这一案件发生于1890年，比阿德勒在《波西米亚丑闻》中出现早一年。

（三）

卡米纳达退休后出版了自己的回忆录。他于1914年离世，同年，福尔摩斯系列的最后一本书出版。

此前，人们还发掘了其他福尔摩斯的原型人物。福尔摩斯的探索故事于1887年首次出版，共有四部长篇小说和56部短篇小说以他为主人公。

柯南道尔曾表示，他写作时受到过爱丁堡皇家医院医师约瑟夫·贝尔的启发，柯南道尔曾是他的手下。与福尔摩斯一样，贝尔也以从最微小的观察中得到宏大的结论而知名。法医亨利·利特尔约翰爵士也是柯南道尔的灵感来源之一。

然而，《真正的夏洛克·福尔摩斯》的作者巴克利夫人相信，卡米纳达接触到犯罪团伙的生活环境及其处理的离奇案件，为福尔摩斯的故事提供了更好的素材，并且形成了福尔摩斯的破案风格。

（万　波　编译）

在爱尔兰都柏林阅读《尤利西斯》

有人曾不无夸张地说，创作《尤利西斯》可以获得诺贝尔文学奖；读懂《尤利西斯》也应当获得诺贝尔文学奖——"读懂《尤利西斯》堪比攀登珠穆朗玛峰"，爱尔兰作家詹姆斯·乔伊斯（J.J）给世界文学史留下了难度系数最高的一本"天书"。这本书据说是全世界文学名著中读者最少的，但这丝毫不影响书中主人公布鲁姆的游荡之地爱尔兰首都都柏林"化虚拟为现实"，将"尤利西斯"、"J.J"、"布鲁姆"当成旅游地标，醒目地标注到城市地图上。2015年4月，笔者像布鲁姆一样到都柏林游荡了一番，终于能像文艺青年一样总结一句："兄弟我在都柏林的时候，感受到布鲁姆的意识像丽妃河的流水一样，裹挟着啤酒花的味道，在密布全城的小酒馆里泛滥荡漾。"

在旅馆里拿到都柏林城市地图的一刹"喜大普奔"，这简直就是文艺青年的朝圣指南。地图上除了有"作家博物馆"、"王尔德出生地"这样的图示，还有数不过来的"J.J"，有些注明是乔伊斯博物馆、雕像等，有些地方是"J.J"到过的酒馆、写作的场所，还有布鲁姆到过的"虚拟地点"。不过，作为一国之都，都柏林还是很讲政治的，"J.J"再多，全市最显眼的建筑还是高高耸立的爱尔兰民族独立先驱奥康纳尔的雕像，而与它一街之隔的街角，乔伊斯的雕像并不比常人高多少，他拄着手杖，侧仰着脸。乔伊斯在爱尔兰生活时间很短，但作品背景从未离开爱尔兰，他还说过"爱尔兰不喜欢我"，摆这样一副表情，倒也相得益彰。

同样位于角落的还有公园的一尊王尔德的雕像，和常见的立像或坐像不同的是，这位生性浪漫、情感丰富的作家半躺在一块大石头上，被浓密的树遮掩着，若不注意很容易就错过了。都柏林人把这些作家半遮半掩地安置在街角，倒是给了游客们寻寻觅觅蓦然回首的惊喜。当然，爱尔兰文学对世界的贡献也还是需要有一个集中的展现，两层楼的"作家博物馆"面积不大，却聚集了爱尔兰300年来有世界影响的文学巨匠的手稿、信件、肖像等纪念物，萧伯纳、王尔德、叶芝、贝克特、希尼，当然，也少不了J.J.。几乎每位作家的描述中都有一段与独立有关的"革命史"，文学仿佛是爱尔兰人不屈不挠追求独立主旋律的浪漫伴奏。

都柏林不大，与浓郁的文学气息相配的，是穿城而过的丽妃河（River Liffey）。这个名字更像是旧中国文人的译法，眼下流行的旅游攻略只会把都柏林著名的商业步行街 Grafton Street 译成"寡妇街"。从市中心沿丽妃河向西，走着走着，一股淡淡的麦麸酒香越来越浓，跨过白色的"J.J"桥，南岸不断出现涂着"GUINNESS"的厂房和货车，"吉尼斯世界纪录"和"健力士啤酒"的老家到了。如果说游客也分"文艺"和"普通"两种，这里就是普通游客的聚集地，花18欧元买张门票可以体验啤酒从生产到饮用的全过程，其中"闻香识酒"环节很有趣，游客们围在四个白色的"酒桶"周围，慢慢地，桶向外散发白色的"酒雾"，挥挥手闻闻酒香，更像是在做"啤酒香熏"。此行没记住几种酒香，最大的收获是知道"吉尼斯"和"健力士"原来是一个词的两种译法，创建于1759年的健力士黑啤酒2008年才正式进入中国市场，而1955年由健力士老板创意的吉尼斯世界纪录在中国授权是2002年，如今吉尼斯的知名度远远超过健力士，这恐怕是创始人没有预料到的。

文学与酒有着天然的联系。有作家，有酒，就一定有酒馆。在都柏林行走如何才能绕开酒馆？乔伊斯当年留下的问题至今没人能够回答。据说，都柏林有1000多个小酒馆，历史最久远的能上溯到12世纪。傍晚飘着初秋的小雨，透过窄窄的门望过去，昏暗的灯光里或年老或年轻的爱尔兰人对酌私语；热闹的神殿酒吧区因U2乐队驻唱成名，那里更多的是"摇滚青年"把酒狂欢的夜店。亦静亦动，乔伊斯的小说、叶芝的诗、王尔德和萧伯纳的戏，还有波诺穿心透肺的歌声，都仿佛因这酒馆而生，现在，这酒馆的生命又因他们而旺盛。

要离开都柏林了，才意识到避不开的除了酒馆，还有小城里四处开挖的市政工程。2008年以后，爱尔兰是金融危机的重灾区，最新的消息说，该国经济开始复苏，这满城打桩声将游客拉回了现实。

（李文清　编译）

东洋人钟爱"日式口袋书"

日本人是出了名的爱读书,地铁上、咖啡厅、公园里,读书的身影随处可见。一手拉着吊环,一手捧着书,身体随着电车前后摇摆,眼睛却始终盯着书看的景象已成为日本地铁上的经典画面。据采访者观察,日本人在室外或旅途中阅读的书主要有三类:漫画书、教科书和文库本开本的图书。文库本是一种小开本的图书,因为携带方便,价格便宜深受日本人喜爱。

一、岩波书店开日本文库本出版之先河

在明治维新时期,"文库"是指全套丛书,昭和时代起逐渐演变成廉价且便于携带的小开本图书。在现代日本,提起文库本则是指小型平装书,尺寸多为A6大小(105mm×148mm),类似于口袋书,所以,也有外国出版人把这种开本的图书叫作"日式口袋书"。

文库本起源于德国。德国最早的出版社之一雷克拉姆出版社自1828年成立时起,就希望推出廉价图书,让普通国民买得起书,以此提高国家的文化素养。但由于图书版权问题,该设想迟迟未能实现。1867年,德国国会颁布一项法律,宣布"图书版权受保护期限为作者去世后的30年",也就是说,图书作者去世30年后,任何人都有权再版其生前著作。雷克拉姆出版社当年便推出文学、科学、哲学等不同领域的廉价图书,被统称为"雷克拉姆文库"。"雷克拉姆文库"推出后大受欢迎,不断重印和再版,为德国文化事业的普及和发展做出了巨大贡献。

这带给日本岩波书店(虽然名叫"书店",其实是出版社——编译者注)创始人岩波茂雄很大启示。1927年,为鼓励国民阅读古典图书,岩波书店将市场

上价格昂贵的大部头巨著精简成薄薄的小册子，率先在日本推出，取名"岩波文库"。多家出版社也纷纷效仿，推出"新潮文库"、"角川文库"、"中公文库"等，掀起日本国内的文库本高潮。

二、小文库本每册大约 300 页

文库本在日本普及之后，内容也变得丰富起来。除了面向年轻读者的漫画和小说之外，政治评论、企业管理、社会问题等各方面图书应有尽有，像心理学、统计学、语言学、教育学，甚至理工科的专业用书也不在少数。采访者曾读过学者金田一春彦写的《日本语》一书，里面详细介绍了日语的词汇、语法和习惯用法等，让人切身体会到一本书的价值是不能通过它的大小、厚薄或价格来评判的。文库本每册大约 300 页，大部头名著或专业书籍一般会分上下册，既方便携带，也可灵活选购。

文库本售价约为 700 至 800 日元（1 元人民币约合 19 日元），这在一本书动辄上万日元的日本来说，已经是非常便宜了。如果不着急看新书，二手书店里的文库书售价多为 100 日元，差不多是一根雪糕的价格，而且文库本在车站、便利店都能方便买到。公司白领田中小姐对采访者表达了她对文库本的热爱，她说："很多女士坤包小巧精致，除了钱包、化妆品以外再装不下别的东西，塞进一本文库本还是绰绰有余的。"还有日本人说，文库本放在口袋或书包夹层里不占地方，随身携带非常方便。

三、从文库本延伸到"自己的书"

文库本的粉丝们把对它的喜爱延续到了各种衍生产品上，首屈一指的要说文库本专用书皮。由于文库本是随身携带的，纸介质书皮的保护显然不够，文库本专用书皮便应运而生，有布制的，还有皮革制的，文库本放在里面不易磨损，可重复使用。粉丝们常常会选购多款，根据自己心情或书的内容给文库本更换不同的"外衣"。

此外，日本还有文库本专用书架。这种书架的特点就是每个格子都刚好可以放进 A6 尺寸的文库本。有的文库本书架大小是普通书架的一半，书多的话可以购买两个，摞在一起组合成一个大书架，节省空间。还有的甚至可以组装在楼梯拐角处，不占用地面空间，还能起到装饰作用，很有人气。

文库本的相关产品还包括文库本笔记本和"自己的书"。文库本笔记本就是外形设计成文库本的样子，里面和普通笔记本没有差别。"自己的书"算是文库本笔记本的一种衍生产品，只不过里面的每一页都印有日期，记录一年生活的话就变成了"自己的书"，类似日记本，因其新颖的创意，一经推出便受到文库本粉丝的热捧。

（吴娣伊　编译）

尼泊尔人最爱读毛主席的书

国家虽然小，政党却很多；创建一个国家肯定不容易，成立一个政党似乎易如反掌。比如，南亚的政党就多得让人眼花缭乱——坐落于喜马拉雅南麓的尼泊尔，有联合尼泊尔共产党（毛主义）、尼泊尔共产党（联合马克思列宁）等近30个共产党。其中，光是信奉毛泽东思想的尼泊尔共产党就有五个。硝烟弥漫的战争岁月已经远去，加德满都的街头巷尾墙上新近画上去的镰刀锤子和用尼泊尔语写的红色标语，却让人时刻都能感受到毛泽东思想对这座城市的影响，在路边小摊儿上可以买毛泽东的画像，在书店里还可以买到英文版的《毛泽东传记》和《毛主席语录》。

一、"枪杆子里面出政权"

尼泊尔共产党最早于20世纪40年代在印度加尔各答成立，目前，影响力最大的两个即上述的联合尼共（毛）和尼共联。历史上，信奉毛泽东思想的尼泊尔共产党人认为尼泊尔处在半殖民地半封建阶段，城市中工人阶级力量薄弱，信奉"枪杆子里面出政权"和"工农武装割据，农村包围城市"。

1996年到2006年是尼泊尔十年内战时期，交战的一方是效忠国王的尼泊尔皇家军队，另一方则是由尼共（毛主义）领导的"尼泊尔人民解放军"。虽然战争已经结束，但毛泽东思想却在尼泊尔得到了广泛传播。

二、农民都知道"chairman Mao"

采访者在尼泊尔期间，曾去某"毛主义"政党领导人的家中做客。一进屋，大幅毛主席画像就让采访者内心深处感到激动与亲切。在谈话中，这位领导人向采访者表示："虽然目前尼泊尔的革命进入低潮期，但我们对毛泽东思想的信仰不会改变。毛泽东同志是中国革命的伟大领袖，也是世界无产阶级运动的伟大导师。目前，在尼泊尔的广大乡村地区，毛泽东思想的群众基础依然坚固，只有在毛泽东思想指导下，尼泊尔才能彻底完成当前反帝反封建的主要任务，才能抵制外部势力的干涉和国内权贵阶级对人民的剥削，结束议会政治中各党派自身利益至上以至于政局长期动荡的现状。"同时，他还表示，毛泽东思想的精髓是"实事求是"与"独立自主"，希望有一天尼泊尔"毛主义"政党也能如中国共产党一样，在毛泽东思想指导下，找出一条符合尼泊尔实际情况的革命道路，实现真正的民族独立与国家的繁荣稳定。

在尼泊尔广大的偏远乡村，毛泽东思想有极大的影响力，许多难得一见外国人的当地村民，看到中国人都会分外亲切，会不约而同提到"chairman Mao"（"毛主席"），甚至用浓厚的尼泊尔口音说出"Mao zhu xi"。2014年12月26日，毛主席诞辰121周年之际，尼泊尔五个不同的"毛主义"政党分别举办了群众集会、游行等盛大的庆祝活动，一时间加德满都各大广场和主要街道，红旗招展、口号声声，尼泊尔多家电视台对活动进行了现场直播，尼泊尔各主流报纸第二天也对此进行了大幅报道。

三、"黄洋界上炮声隆"

采访者在尼泊尔的许多朋友都是毛主席和中国共产党的"铁杆儿粉丝"，与采访者聊起中国革命史，如数家珍，有时候甚至能讲出个别连采访者都不曾听闻的中国革命故事，令采访者面红耳赤，羞愧难当。其中，不少尼泊尔朋友曾去中国旅游，北京的毛主席纪念堂、韶山冲的毛主席故居以及井冈山、延安等四处革命圣地是许多尼泊尔朋友赴中国旅游的必选之处。一位尼泊尔朋友说，在北京毛主席纪念堂瞻仰时，他特意换上正装，捧上鲜花，激动的心情让他终生难忘。还有一位朋友与采访者分享，他在井冈山上的时候，小时候长辈告诉他的中国共产党的革命故事一幕幕又展现在眼前，特别是站在黄洋界上，他似乎还能听到隆隆的炮声。

在尼泊尔期间，采访者感触最深的是毛泽东思想已成为信奉者内心深处看待世界的根本方式。采访者在与不少尼泊尔朋友探讨问题时，他们的思路是先实事求是地理清客观条件与主观愿望，然后找出主要矛盾，再分析该矛盾的内因和外因，最终抓住重点解决问题。在谈及尼泊尔当前政治局势时，尼泊尔朋友最愿意和采访者讨论的话题是目前尼泊尔是处于反帝反封建的新民主主义革命时期，还是推翻君主制度后，新民主主义革命的任务已经完成，进入了社会主义革命时期。作为"旁观者"的采访者暗自感慨，幸亏中学历史学得不错，否则连尼泊尔朋友的话题都听不懂。采访者还认识了一位尼泊尔青年诗人，他表示他们的青年诗会 2015 年的主要工作是研究 1942 年毛主席《在延安文艺座谈会上的讲话精神》，在尼泊尔青年诗人中掀起广泛讨论，使尼泊尔青年诗人的诗歌创作更好地反映人民大众的心声。

（王　艳　编译）

中国网络文学成为越南翻译出版纸介质图书源头

越南之于中国，是南"邻"之一。强大的中国文化对越南文化的影响是不言而喻的——在当今，把中国网络文学作品出版成越南语版的纸介质图书，成为中国文化影响越南文化的一大特征。

越南河内有一条著名的街道，叫作"丁礼街"。这条街是河内的图书街，一家挨一家的书店里，很容易找到中国人熟悉的图书封面：三国刘关张、鲁迅的阿Q、莫言笔下的山东农村，以及当代网络文学里的仙侠鬼怪和言情宫廷。

在一家叫"黄"的书店里，顺着店员阿成的手势，采访者看到一个两米长的书架摆了齐齐三排中国网络小说。"它们最好卖，"店员对采访者说，"《盗墓笔记》比较有意思，老人和年轻人都买，卖得也挺好。"

这些"好卖的"印刷成纸介质版的网络小说以言情小说为主。阿灵是河内大学的一名学生，正在书店里挑书，她对采访者说："我喜欢读这些现代中国言情小说，因为它们用很生活化的语言来讲述浪漫故事。"

近些年来，"晋江文学城"、"榕树下"等中国网络文学站点成了一些越南文学爱好者的关注热点，他们紧盯着自己喜爱的中国文学作品更新；不通中文没有关系，用翻译器；翻译器看得云里雾里也没有关系，先知道一个大概，等通中文的"好事者"翻译成越文版再细读。

一边是中国网络文学读物在越南读者中异军突起，另一边，中国传统文学作品在越南的销售也不错。

《水浒传》、《三国演义》的销售一直很好。顾客有年轻人也有老人，他们喜欢这些中国古典名著，因为他们喜欢书里的英雄传奇，"阿成对采访者说，"有些老人买这些书，是因为他们以前读过，现在想收集起来，丰富家里的书架，前几天就有一位老人买了全套的《水浒传》和《三国演义》。"

令中国数代年轻人着迷的武侠在越南也有不少同道，书店有个角落摆的全是梁羽生、金庸和古龙的小说。书店一位二三十岁、看起来像公司职员的男性顾客对采访者说："我喜欢读金庸的武侠小说，因为我喜欢里面的侠义和武打情节。"

"黄"店老板告诉采访者："莫言和鲁迅的书销量也很稳定，他们的书不像那些言情小说，只在刚出版时热一阵就过了。在我这里，鲁迅、莫言和古典名著读者群广泛，言情小说就年轻人喜欢。"

在现当代中国文学家中，莫言获得诺贝尔文学奖后在越南知名度看涨，鲁迅大概是在越南最出名的中国作家——他至少有两篇作品入选越南中学课本：《阿Q正传》和《药》。

"黄"书店反映了中国文学作品在越南的热度：以言情小说为代表的网络文学最为热火，古典名著受到持续关注，现当代中国文学在越南也有市场。

如今在越南，时不时可以看到一些人家敬奉忠义勇武的"武圣"关羽和出将入相的"智圣"诸葛亮；到一些寺院里可以看到孙悟空、红孩儿雕像；电视剧《红楼梦》、《水浒传》曾在越南热映，《西游记》到现在还会在假期里播放。因此可以想见，中国古典文学四大名著在越南有很高的接受度。

中国古典名著在越南有市场，源自中越两国在历史上的同气连枝，文化相通。

在当今，特别值得关注的是，中国网络文学越来越受到越南读者的青睐，中国网络文学俨然以中国文学"走出去"的急先锋，成为越南纸介质图书翻译出版的重要源头之一。有研究发现，自2009年至2013年的5年间，越南翻译出版中国图书的品种为841种，其中翻译自中国网络文学的品种为617种，所占比例达到73%以上。中国网络文学的代表作差不多都被翻译成越南语出版。在中国文学"走出去"的当代历史中，这是崭新的一页，这是奇特的一页，这是迄今为止创纪录的一页！

究其原因，一如读者阿灵所说，中国网络文学的表达能让越南读者觉得"生活化"，首先还是因为两国青年拥有共同或相近的文化传承。

两国在近现代走过了类似的历程，也都经过计划经济年代。由此，对于年轻人来说，影响两国年轻人的祖辈和父辈有相近的话语体系。诸如"统购统销"、"家庭联产承包"、"新农村建设"乃至"计划生育"都是两国百姓不陌生的词句。

在当代，两国都经历了相似的社会经济生活巨变，两国的青年一代在这个过程中产生的惶惑、惊奇、奋发向上，抑或不知所措，也都是身处其他社会所难以言喻的。这些体现在当代文学，包括网络文学中，都会提高彼此的接受度。

可见，中越两国的历史渊源和现实环境促成了两国读者的心灵相通，促成了越南读者对中国文学，尤其是中国网络文学的"心有灵犀"。

（李爱蓉　编译）

管 理

谁来接手世界互联网管理权？

2014年，美国宣布放弃全球互联网管理权，2015年，这一权利却还不知道谁来接手——这个全球互联网管理权是烫手的山芋还是香饽饽？

2014年3月14日，美国政府机构发表声明，宣布将放弃对互联网域名和地址分配机构（ICANN）的管理权，欧盟、互联网企业和国际社会对此表示欢迎。然而，究竟谁将接手这个"大权"却成了谜。美国共和党群起攻击，声称移交互联网管理权会导致"联合国或独裁国家"介入，并抢占互联网控制权。

美国商务部下属的国家电信和信息局发表声明称，美方认识到互联网域名和地址分配机构成为一个"有效的多方参与组织"的时机已经成熟，要求互联网域名和地址分配机构召集"全球利益攸关者"，提出一个获得"广泛国际支持"的移交方案，作为移交管理权的第一步。声明强调，方案应当遵循保持互联网开放性原则，并且不会接受"由政府或政府间机构主导的解决方案"。

互联网域名和地址分配机构是一个总部设在美国洛杉矶附近的非营利国际组织，负责协调、管理和分配全球互联网域名系统、根服务器系统、IP地址资源。自1998年成立之日起，互联网域名和地址分配机构便在互联网世界扮演着举足轻重的角色，有着"全球互联网中枢"之称，但互联网域名和地址分配机构成立时完全由美国政府主导，使美国掌握了互联网的控制权。比如，互联网域名相当于网络空间的"门牌号"，本是一个全球性系统，却要由一个美国政府机构管理。

美国《计算机世界》报道称，各国政府和互联网组织对美国垄断互联网早就怨声载道，包括欧盟国家在内的部分发达国家和广大发展中国家一直呼吁，希望能将互联网的管理权移交给一个依法代表所有国家的国际组织，比如在联合国框架下设一个管理机构。美国《纽约时报》称，美国大规模监控行为被披露以后，国际社会更是强烈抗议，认为"互联网问题最大麻烦是美国的领导"。2013年10月，一些有影响的互联网组织还在乌拉圭开会，呼吁美国放弃对互联网的控制权。声明警告说，"美国一系列监控行为正在掏空全球互联网用户的信任和信心"，让互联网企业面临巨大危机。

美国宣布将移交互联网管理权在美国国内也"炸开了锅"。美国《华盛顿邮报》称，美国参院商务、科学和运输委员会主席洛克菲勒等人予以积极评价，称之为"迈向自由、开放和共治的第一步"。但共和党开始反击，认为移交互联网管理权"相当草率"，会导致"联合国或独裁国家"介入，并抢占互联网的控制权。前众议院议长金里奇表示，"什么叫全球互联网社区？万一互联网被'外国独裁者'支配怎么办？"除了金里奇，参议员蒂姆·斯科特也指责移交计划"违反美国宪法第一修正案"。一些右翼团体甚至呼吁立法干预。但美国商务部称，不会让另一个政府或政府组织接管，目的是"保持互联网的安全性、稳定性、灵活性和开放性"。分析认为，这个话题可能成为美国中期选举的交锋点之一。

美国《政治》杂志认为，究竟谁接手如今仍是个谜。不少分析人士认为，美国的决定不过是搪塞各方对美国互联网霸权和信息监控的责难。但欧盟、互联网企业和国际社会对此大多表示欢迎，国际人权机构认为这是"建设性的一步"。

互联网域名和地址分配机构总裁兼首席执行官法迪·切哈德接受采访时表示，由于互联网诞生在美国，因此，美国政府主导了互联网的控制权，但互联网域名和地址分配机构致力于让自身变得更加全球化。切哈德说，为了加深与各地互联网社群的融合交流，增进相互理解与信任，共同推动互联网发展，互联网域名和地址分配机构决定在全球建立多个合作中心，近年还加快了包括推出中文域名在内的域名国际化步伐。

{相关链接}

保障谷歌安全的女"白帽黑客"

英国《每日电讯报》网站的文章指出，谷歌公司在安全方面的首席专家是一位女士。

她是谷歌的头号秘密武器,负责保护这个世界上最具有价值的品牌。

帕里萨·大不里士是该公司手中的秘密王牌。她是一名年轻的职业黑客,被人们称为"安全公主"。

作为白帽黑客,这名伊朗裔美国人受雇攻击她自己的雇主,使"坏人"——也就是黑帽黑客——无法抢占先机。她的任务是保护谷歌Chrome浏览器的将近10亿用户。

2015年,大不里士32岁,在硅谷堪称异类。这不仅仅因为她是女人——在繁荣发展的高科技产业,男女比例差距极大——还因为大不里士是团队负责人,她手下掌管着一个由30名专家组成的团队,这些专家来自美国和欧洲,基本上都是男性。

大不里士在2012年跻身《福布斯》杂志评选的"30位30岁以下创业者"榜单。她认为,科技界之所以缺少女性,是因为女性以为自己不行。她说:"几年前的一项研究对人们退出计算机课程的原因进行了调查。退课的女性给出的最普遍理由是,她们觉得课程太难,而她们的平均成绩是B-。退课的男性则认为课程没有意思,他们的成绩普遍是C。"

大不里士在芝加哥郊区长大,父亲是伊朗移民,职业是医生,母亲是波兰裔美国人,职业是护士。尽管父母都非常聪明,但对计算机一窍不通。

她本人直到上大学才第一次接触计算机,当时,她在伊利诺伊大学学习计算机工程。她关注着各种各样的黑客,从窃取银行账号信息的普通罪犯,到匿名者等黑客组织,再到攻击伊朗整个Gmail系统的那些有更大目标的黑客。

她具有进入"坏人"思维的能力,这使她成为谷歌公司安全领域内部培训的负责人,对那些想要进入安全领域的工程师进行培训。在她的讲座上,她首先会让工程师回答一个问题,如何在不使用技术的情况下攻击一台巧克力贩卖机。她能从他们的答案中一眼看出谁具有成为黑客所必需的好奇心和淘气劲儿。

一名欧洲雇员想出了一个最聪明的方法——将10泰铢硬币代替2欧元硬币投入自动贩卖机中,因为它们的大小、重量以及成分几乎都相同,但10泰铢的价值远远低于2欧元。

对许多黑帽黑客来说,谷歌被视为黑客的噩梦。这个科技巨头始终努力接近敌人。现在,谷歌甚至向外部黑客提供最高达3万美元的现金奖励,鼓励他们在Chrome浏览器上寻找漏洞或缺陷,试图以此阻止这些漏洞被坏人利用。

到目前为止,谷歌已经发放125万美元奖金,修补了700个漏洞。大不里士说,金钱的诱惑可以让黑帽变成白帽。她说:"今天,有些黑客变得很丑陋。他们甚至在网上曝光名人隐私照,这不仅是对那些受害者的侵犯,也是一种犯罪。作为黑客，我对此感到悲哀。我觉得黑客需要更好的公关，以展示并非所有黑客都是如此。"

（李爱蓉　编译）

日本在美国大学争话语权

在日本政府的新预算中，有一个小项目格外显眼：向纽约哥伦比亚大学提供500万美元赠款，资助一个研究日本政治和对外政策的教授职位。

日本政府官员称，对哥伦比亚大学的捐赠是在担心该校日本相关课程的教学人员减少的背景下做出的。哥大的日本问题研究项目是在美国大学中规模最大的之一。该校发言人不愿就此发表评论。

软实力举措对日本来说并不新鲜：1973年，东京曾向包括哥伦比亚、哈佛和密歇根大学等10所美国名牌大学各捐款100万美元以资助日本问题研究。随着自身财政状况的恶化，日本减少了总体开支，不过，仍继续资助某些研究项目和日语教学。例如，以安倍晋三父亲、前外务大臣安倍晋太郎的名字命名的安倍研究基金是于1991年设立的，每年资助10多位政治及社会经济学领域的研究人员。

2015年，安倍政府把用于"战略公关"的预算拨款额在一年前的基础上增加了两倍。在增拨的500亿日元（约合4.23亿美元）中，约有6500万美元规定专用于培养对日本友好的学者专家。对哥伦比亚大学的500万美元赠款属于日本政府本财政年度（即在2015年3月底结束）的补充预算。外务省官员称，这笔赠款项目由日本驻纽约总领事馆监督实施。

东京还计划增加日语教学计划、派日本年轻人到美国留学和工作及设法增强对有关日本的全球舆论的影响。

这一最新公关计划的铺开并不顺利。2015年前后，东京承认其外交官与一家美国主要教科书出版机构进行了接洽，要求修改高中历史教科书中有关日军战时强征慰安妇的内容的措词。纽约的麦格劳-希尔教育出版公司拒绝了这一要求。

波士顿大学帕迪全球问题研究学院的国际关系副教授托马斯·伯杰说，"现代日本有很多东西可引以为傲",尽管如此,"我担心安倍改变外部世界评价日本现代历史的方式的努力会白费力气和适得其反"。伯杰在 2015 年获得了安倍研究基金,这并没有阻止他批评安倍的政策。

政府机构日本国际交流基金为文化和学术交流计划提供支持。基金执行副总裁田口永二说:"我们对学术自由始终给予最高的尊重并将继续这么做。"田口永二表示,只要是用于与日本相关的项目,基金的使用是不受任何限制的。

对哥伦比亚大学的赠款被指定资助目前由杰拉尔德·柯蒂斯担任的教授职位。柯蒂斯是研究日本政治和对外政策的专家,定于 2015 年年内退休。柯蒂斯在电子邮件中说,"日本政府认识到哥伦比亚大学是海外进行日本问题研究的首要大学,这笔赠款将帮助学校能够保持在这一领域中的领先地位,这是非常好的事"。他不愿谈论赠款的细节。

日本官员称,他们就资助高校研究计划与其他美国大学进行了讨论,不过,拒绝透露更多细节。

相关链接

网络巨头不惜掷重金影响美欧政坛

亚马逊创始人贝索斯 2014 年收购了《华盛顿邮报》,一方面是为了进军传统媒体领域,另一方面也在华盛顿获得了一件强大的游说武器。这一事件说明,美国科技企业在游说方面的投入正在不断增加。

美国官方数据显示,脸书网站、亚马逊、苹果等科技企业都在加大游说投入,试图影响美国的政治决策,维护自身利益。其中,谷歌公司已经成了游说投入最高的企业,2014 年投入 1680 万美元。不过,从行业来看,2014 年美国银行业的投入最多,达到 5.53 亿美元。

美国科技企业在美国政坛的这种权钱交易中越陷越深。不出意外,谷歌公司 2015 年投入的游说资金将超过 2014 年,因为谷歌在 2015 年的第一季度就投入了超过 500 万美元。

然而,这些企业都无法隐瞒这些资金的去向。全世界目前有多个致力于将企业游说资金的具体情况公之于众的机构,其中一个机构公布了 10 家技术企业的情况。根据该机构公布的数据,这 10 家企业在 2014 年投入的游说资金总共高达 1.166 亿美元。其中，谷歌投入的资金比 2013 年增长 20%。谷歌目前是全美游说投入最高的企业，但如果将企业协会的数据也考虑在内，谷歌的排名就会降至第六位。而脸书网站是投入年增幅最大的，增长 45%。此外，亚马逊增长 37%，苹果增长 22%。

从很多细节都可以看出，科技企业在华盛顿的影响力正在逐渐增强。例如，谷歌 2015 年以来的游说投入已经比 2008 年全年投入的两倍还要多。不过，目前科技领域还不是对华盛顿影响最大的部门，整体投入最高的还是金融领域。

据欧盟委员会和欧洲议会公布的自愿登记的游说名单显示，微软公司的游说投入在全部 7567 个游说集团中排名第一。但专家指出，这些游说集团的投入被低估了。

和美国的情况一样，科技企业在欧洲也成为游说投入大户。微软公司 2014 年的游说投入为 450 万至 490 万欧元。埃克森美孚公司和壳牌集团紧随其后，接下来是谷歌公司，2014 年游说投入为 350 万至 390 万欧元。

专家认为，这些官方数据并不严谨，企业会自行选择哪些数据可以公开，而欧盟委员会无法加以干涉。专家就游说集团对欧洲政坛的影响力越来越大发出了警告。

考虑到上述问题，欧盟委员会表示，将把自愿登记变为强制登记，但可能要到 2017 年才能实施。目前，欧盟委员会要求那些希望与欧盟高层会晤的游说集团必须登记在册。

游说活动在布鲁塞尔由来已久，而希望对欧盟政坛产生影响力的企业首先会把目光放在欧盟决策的推动者——欧盟委员会身上，然后才是欧洲议会和欧洲理事会。

专家指出，游说活动日益细化，已经从双边会晤演化为所谓的"软实力"。游说集团会通过举行活动来美化企业的形象，而这方面的开支却不会体现为游说资金。

（李爱蓉　编译）

欧美社交网络冷与热

"厌倦了自拍，厌倦了低级的吹嘘夸耀以及无休止的话题标签儿"——社交网站火爆始于欧美，社交网站变冷也始于欧美。

社交网站让你厌烦了吗？美国《福布斯》杂志网站一篇报道称，中国人对社交网站的态度趋冷，全球知名市场研究集团凯度发布的《中国社交媒体影响报告》称，与上一年相比，认为社交网站让自己生活变糟的人增加了一倍。无论该结论精确与否，它反映出社交网站给很多人带来了麻烦或烦恼。事实上，在互联网市场相对饱和、社交媒体渗透率即普及度较高的欧美国家，也有这样的趋势，而且社交媒体的用户在分化。社交媒体的存在不到10年，著名的"脸谱"（Facebook，也叫"脸书"）向所有互联网用户开放是2006年，但它们迅速带来"社交媒体时代"，足显其魅力。生活因社交媒体而丰富、便利，但也带来诸多烦恼、抱怨，一些人开始期盼宁静网络世界的回归。社交媒体在衰落？一名研究新媒体的德国学者对采访者说，用户使用社交媒体热度的变化反映了民众对网络的认识更加成熟，也反映出可以选择的手段在多样化。社交媒体虽然问题很多，但它不会走向没落，未来全球使用社交媒体的人数仍会持续增加。

一、"脸谱"还是最受欢迎的社交媒体

在社交网络巨头"脸谱"的诞生地美国，经过多年的发展沉淀，人们对社交媒体的使用也已日趋理性。

在美国，社交狂热曾催生"自恋一代"，导致不少夫妻离异，以至于有人戏称社交网络已走向其反面，成为"反社交"网络。很多人逐渐意识到，个人生活太过"公众化"不是好事，毕竟太多的互动和参与会令人疲惫。此外，由于社交

网络让朋友之间的联系增加,发生在亲友身上的不利事件,如下岗、住院、刑事案件等容易产生负面影响,著名调查机构皮尤称之为"关心的代价"。

佐治亚大学教授伊塔伊认为,一些社交网络变得庞大无比,社交元素反而失去了。对很多人来说,"脸谱"和"推特"已成为"个人广播工具",让他们向一个大的群体播报生活中的大事,却不是真正分享。牛津大学心理学家和人类学家罗宾·邓巴表示,人类的大脑仅有能力维持150个稳定的朋友关系,超出这个数字,关系就会浮于表面。

2013年,皮尤的一项调查显示,美国青少年对"脸谱"的兴奋大不如前,因为他们"不喜欢越来越多的成年人加入,大家过度分享"。如果说公众遗弃或疏远社交网络尚为时过早,它们的用户日益分化却是事实。与早年大家蜂拥而至使用某一个社交媒体不同,如今可以选择很多应用工具。一些小众、无名的社交网络让人在网络上体验飞短流长的同时,也能保持自己的私密,没有人知道你的哪位朋友说了什么。

皮尤中心最新的调查证实了这一趋势。调查发现,"脸谱"仍是迄今为止最受美国人欢迎的社交媒体,但其用户增长放缓,"推特"、"图钉"(Pinterest)和"领英"等社交平台,过去一年中成年人用户增长显著,社交网络用户的新特点是:52%的成年网民使用两个或两个以上社交网络;18-29岁人群中53%使用Instagram;有大学学历的半数使用"领英";42%的女性网民使用"图钉"。有人认为,2015年,不少社交媒体用户会选择避开对自己状况的公开更新,回归更加隐秘的私人社交网络。

二、使用社交媒体德国比英国"冷"

"如果你要问这些网民都在社交网站上干什么?他们会反驳你一句,如果不上社交网络,你能干什么?"英国兰卡斯特大学学者麦克赫姆说,人们在网站上无限制地和朋友聊天,不再有诸如手机通话打出天价话费的担心;人们在网站上交朋友,不需要真的约在公园或麦当劳,一个摄像头和一个耳机就够了。还有很多人在上面过着"另一个我"的生活:贴上自己创作的诗歌,发布图文并茂的"新闻稿",炫耀自己与某位影视明星的合影……尽情展示才华。

一向以爱读书看报闻名的英国人,也自觉社交媒体对他们生活的影响越来越大。英国负责监管通信业以及广播媒体的通信委员会调查发现,英国人已将社交网络视作"生活必需品":40%以上的人表示会减少"下馆子"和度假开支,只有10%的人表示愿意减少上网,尤其是登录社交网站的费用。据采访者掌握的最新数据显示，社交媒体在英国的渗透率高达59%。

"我厌倦了自拍，厌倦了臀拍，厌倦了低级的吹嘘夸耀以及无休止的话题标签……"英国《每日电讯报》的一名记者抱怨道，"2015年，我期待网络能承担起更大社会责任，也希望那些企业将网络还给我们，给我们一个宁静的空间。但我预感这不会发生。我并非想要断网，没有这个必要，只是希望停止使用它发布无关痛痒的信息。"

相比英国的高普及率，德国显得有些"另类"。德国企业和机构较少使用社交媒体，德国人在公务活动中也较少使用社交媒体。有关数据显示，2014年，社交媒体在德国的渗透率仅为44%。与别国用户呈现出的"学历与社交媒体的使用呈正相关不同"，德国中等教育水平的群体拥有最多的社交媒体使用者，但社交媒体在德国的境遇变化比较明显。

德国社交网络十有八九遭遇"发展瓶颈"，像风光无限的"StudiVZ"曾开设多个分站，几年前，该网站一个月的访问量达到4.66亿，之后只剩4000万，到2015年6月，只有2000万。不得已，"StudiVZ"还关闭了其在西班牙、法国、意大利和波兰的网站。

据了解，目前在德国的主要社交媒体有"脸谱"、"YouTube"、"Google+"、"VZ-Netzwerk"、"Xing"、"My Video"、"推特"等。"脸谱"一直是德国最大的社交媒体平台，拥有其账户的受众占全部用户的三分之二左右。但"脸谱"在德国正面临用户减少的趋势，德国人使用"推特"的热潮也有所减退。

有分析认为，在经过差不多五年的热潮后，社交网站在德国逐渐变凉，进入"平静期"。德国《焦点》周刊总结称，社交网站虽然发展时间不长，但在网络行业来说，已经算"中年人"了。社交网络以前的卖点是新的应用软件和功能——用来保持新鲜感，但现在已经很难有新的突出卖点。这对主要群体是年轻人的社交网站来说，是致命弱点。专家认为，社交网站的平均寿命是五至七年。

德国布伦瑞克艺术大学新媒体研究学者鲍格曼接受采访时表示，社交网络已褪去"光环"。的确，在社交媒体时代，受众不满足于被动地接受知识和信息，更强调主体地位。但许多人逐渐发现，自己成了社交网络的攻击对象。其次，社交网络缺乏隐私保护，像"脸谱"的隐私保护选项十分复杂，很少有人真正清楚。特别是在美国国家安全局丑闻曝光后，欧洲人越来越担心社交网站个人数据被滥用。

三、欧美使用社交媒体者平均年龄在 40 岁

社交媒体给人们带来的烦恼在中外基本一致，但中西网民使用社交媒体的情况存在很大差异。有关数据显示，2014 年，中国社交媒体使用者增长迅速，渗透率达到 34%；欧美各主要国家渗透率均高于 44%，尤其美国，高达 62%。从总体上看，中国用户的平均年龄为 30 岁，而欧美在 40 岁以上。中国用户主体为年轻人，欧美在不同年龄段均衡分布：2014 年，中国社交媒体使用者中 90 后占 37.7%，80 后占 30.8%，70 后占 20.7%，50 年代及之前出生者占 2.1%；英国的对方比例为 19%、21%、19%、24%；德国为 21%、21%、18%、22%。此外，中国社交媒体使用者移动上网的比例远高于欧美。

中国互联网实验室创始人方兴东对采访者表示，各国互联网发展的差异很大，欧美目前是一个饱和市场，网民增速每年在 5% 左右，网民对社交媒体的使用比较理性，主要还是把社交媒体当作一个正常的互联网工具在使用。中国互联网发展已经过了高速成长期，网民增速开始放缓至每年 10% 左右，但中国仍将有五六亿新的智能手机用户出现，这将保证社交媒体未来还将会有非常好的发展空间。

方兴东说，这几年，以新浪微博、腾讯微信为代表的社交媒体在中国"火得太快"，占据用户太多时间，导致网民使用社交媒体出现一定程度降温，这是正常的，并不表明中国社交媒体市场"有泡沫甚至破裂"。他认为，出现这种情况也是警示，目前，中国是少数巨头主导整个互联网应用，这不太合理，应该有更多企业参与进来，"百花齐放"，这样才能推动中国社交媒体发展。

德国学者鲍格曼对采访者说，用户使用社交媒体热度的变化反映了民众对网络的认识更加成熟，也反映出可以选择的手段在多样化。社交媒体问题很多，但它不会走向没落，合理使用社交媒体不管对个体，还是对企业、机构等，都是有用的。最重要的一点是，可以加强个体与个体，个体与机构之间的交流。

（李文清　编译）

谷歌面临被欧洲议会"肢解"的局面

2014年11月下旬,也就是在美国感恩节前夜,欧洲发起了"对谷歌的战斗"。欧洲议会不顾美国国会在最后一刻提出的反对意见,以压倒性多数票通过了"拆分"美国互联网搜索巨头谷歌的决议。欧洲议会并没有拆分一家公司的权力,但却可以通过向欧盟委员会施加压力,为下一步限制谷歌在欧洲的权限提供立法依据,同时,为建设欧洲自己的"数字化单一市场"扫清障碍。有迹象显示,新一届欧盟委员会对美国信息霸权的反抗更为强硬。中国互联网问题专家对采访者说,谷歌拥有的大数据在一定程度上已对各国的政治安全构成严重挑战,"只不过中国早看到了这一点,所以先出手了",现在欧洲是在进行"绝地反击"。这位专家认为,"拆分"谷歌事件反映出各国对互联网控制权的争夺已经白热化。

一、"拆分"是酸葡萄心理及反美情绪的反弹

2014年11月27日,欧洲议会就"拆分"谷歌(指将谷歌的搜索引擎与其他商业服务相分离)的决议进行表决,结果384票赞成、174票反对、56票弃权。目前,谷歌在欧洲搜索引擎市场占到90%的份额,欧洲议会认为,这已经严重影响到互联网领域的公平竞争。

美国《纽约时报》认为,该项决议显示欧洲对谷歌的不满"达到一个新的嘈杂级别",文章称,过去18个月来,由于美国国安局前雇员斯诺登披露美国情报机构的间谍活动,欧洲对美国互联网巨头的担忧一直在增加,尤其是当2013年发现德国总理默克尔的手机很有可能被美国情报机构窃听并引发大西洋两岸尖锐争吵后。因此,"在某种意义上,……投票无异于政治姿态"。

谷歌发言人韦尔奈拒绝就欧洲议会的投票结果发表评论。美国驻欧盟使团发

出警告，反对将反垄断调查"政治化"。在美国，一些有权势的国会议员和州长也强烈谴责欧洲的决议，美国国会贸易委员会警告说，这场投票甚至可能危及跨大西洋贸易协定的谈判。

美国"商业内幕"网站称，谷歌在美国的市场份额是67%，在欧洲则更具有支配地位，对谷歌的不满早已堆积成浪潮，"这家公司如此成功和占有优势，造就了一批想看到它垮台的敌人"。

路透社称，当欧洲议会呼吁"拆分"谷歌时，可能很多人觉得这是"上了年纪的老欧洲"对美国"年轻又能赚钱的高科技企业"的一种嫉妒、酸葡萄心理以及反美情绪的反弹，但"美国人即使在感恩节里也不能轻视这个消息吧"。英国《金融时报》报道称，新一届欧盟委员会主席容克与新任反垄断负责人维斯特格都表示，要对信息产业的垄断行为加大监管力度。欧盟数字专员厄廷格公开警告：他将推动出台措施，确保谷歌保持中立和客观，对此，谷歌已表示"感到不安"。

也是在2014年11月下旬，德国保守党欧洲议员、"拆分"谷歌议案共同发起人施瓦布对采访者证实，该议案是向欧盟委员会发出的一个明确政治信号。

二、谷歌占有欧洲90%的市场份额

欧洲人为什么恨谷歌？法新社报道称，这是欧洲议会经过四年多调查得出的意见。调查显示，谷歌占有法国、德国、西班牙、英国等欧洲主要国家90%的市场，又利用这一强势地位来进行商务活动，大大损害了欧洲竞争者的利益。

德国《柏林日报》写道，谷歌早已失控。在德国，它已经占领了超过95%的搜索引擎市场份额。它不断收集数据，没有人知道它的存储和使用方式。数千万人的日常生活被它的免费应用程序"绑架"——从搜索引擎、社交网络，到智能手机的安卓操作系统，谷歌搞成现在这样的局面，是欧洲政客们低估了它的危险。反垄断法和竞争法早该大幅收紧。目前的情况"需要紧急处理"。

英国《金融时报》专栏作家加普撰文称，谷歌即又一个微软，一家因实力过大并且不公正使用实力而被欧盟盯上的美国科技公司。谷歌的做法与微软早期努力在视窗操作系统中捆绑IE浏览器相类似，"不但明显，而且令人不安"。加普的文章称，谷歌在搜索市场占有支配地位，"这一点是明显的，尽管该公司拒绝承认"。

欧洲议员施瓦布认为，谷歌以压倒性的力量控制欧洲网络搜索，还有其避税行为，滥用市场主导地位和侵犯隐私活动。谷歌也被怀疑在欧洲的搜索结果中优先陈列自家服务，如谷歌地图、比较价格和查找酒店及餐馆的服务。这损害了欧洲消费者的利益。法国《论坛报》称,谷歌问题在于利用其市场的几乎垄断地位而断了许多欧洲网络商家的财路,并由此也导致消费者选择范围的缩小。欧盟智库布鲁格研究中心研究员马里尼罗对采访者说,企业的垄断行为极大干扰了正常的市场秩序,不利于行业整体竞争力的提升。欧盟对垄断行为加大打击力度正在形成一种"新常态",谷歌在欧盟的日子将越来越不好过。

三、行使"被遗忘权"打击谷歌

路透社称,在这件事上,欧洲的反美情绪与反垄断需要是并存的。谷歌至今对此事没有进行反驳,就因为它明白自己是过去一段时间大西洋两岸矛盾的一个起因。2013年,有关美国对欧洲进行数字监控一事的曝光,使得欧洲无法在数字领域对美国重建信任。

"贪婪的巨人",德国《奥芬巴赫邮报》这样形容谷歌,报道称,欧洲的数字化单一市场仍处于起步阶段,对谷歌进行分拆是欧洲数字社会健康发展的第一步。

其实,自2010年以来,谷歌就成为欧盟反垄断监管的重点对象,频频因保护用户隐私问题、版权问题、税收争议等被欧盟警告和处罚。就在欧洲议会通过"拆分"谷歌的议案之前,欧盟委员会要求谷歌将"被遗忘权"延伸至全球。2014年5月,欧盟最高法院裁定欧洲用户可以要求谷歌删除搜索引擎中包含自己的名字或相关事件的链接,即保护所谓"被遗忘权",迄今已有数万人通过投诉谷歌屏蔽了个人信息,这被认为是对谷歌的一次重大打击。

中国能源网的有关专家对采访者说,美国认为欧洲在将反垄断问题政治化,其实不然。信息化发展到一定程度就异化了,谷歌最可怕的就是其大数据,它既能掌握整个社会群体方方面面的信息,也能追踪个人的隐私信息,远远超出人们的想象,它在一定程度上对欧洲的政治安全甚至民主构成挑战。

中国的这位专家认为,欧洲反击谷歌同谷歌在中国产生的问题有相似性,只不过中国早就看到了这一点,所以先出手了。欧洲现在也希望通过对谷歌"划一条红线",防止这种危险伤及自身。

四、美国的谷歌强于"欧洲的谷歌"

"拆分"谷歌议案的另一位共同发起人、欧洲议员特雷莫沙对法国《费加罗报》说,现在已经不能再等待谈判了,必须采取行动。他们的决议将给欧盟竞争事务委员会提供有关立法根据，接下来的有关立法才是决定性的。正如欧盟方面指出的那样，谷歌不仅需要改变其经营方式，而且会被罚以巨款。

俄罗斯信息技术管理局局长对俄罗斯《导报》表示，俄联邦反垄断局密切关注着俄罗斯搜索系统市场。如果有公司投诉谷歌垄断，发现其违反法律，也将对谷歌公司采取措施。

不过，在欧洲也有反对"拆分"谷歌的声音。瑞士《每日导报》称，欧洲需要更多，而不是更少的谷歌。谷歌的成功是美国创新的结果，绝非偶然。欧洲人浪费精力去骚扰谷歌，无非是因为想推出"欧洲的谷歌"却没有成功。欧洲各国还没有调整自己的商业模式，以驱动互联网时代的经济，对此欧洲"应该反省"。投下反对票的波兰籍欧洲议员博尼呼吁："我们不应该找一个替罪羊来为我们自己的弱点作辩护。"

英国《金融时报》称，谷歌在搜索市场占有支配地位，这一点是明显的，但也的确没有人强迫用户使用谷歌，他们使用谷歌，是因为发现谷歌好用，因为谷歌的品牌实力强，因为习惯很难改变，或者三种原因兼而有之。德国《商报》指出，欧盟最近几年对美国科技公司的制裁不少，但结果往往是反而助长了这些公司的业务。

采访者在巴黎随机调查了一些谷歌搜索引擎使用者，他们的反应普遍要缓和得多，许多人表示谷歌还是目前最佳的搜索引擎，优于其他搜索引擎。至于广告，普通人并不在意。但也有商家告诉采访者，谷歌利用其优势地位开出很高的广告费用，而他们又找不到其他替代者，这显然不公平。

英国《经济学家》网站发表社论认为，个人隐私问题是抵制互联网巨无霸的最好理由，限制谷歌以及"脸谱"等使用个人数据是对的。这些公司也应该在使用这些数据前征得客户的同意。在这个问题上，欧洲政治家显然表现出了比美国政治家更多的关切。但欧洲需要把握尺度，明白需要限制的是公司的做法，而不是市场经济本身，这样的监管才会让公众受益。

（宋家德　编译）

谷歌公司被欧盟"咬住"

2015年上半年,欧盟反垄断委员会正式起诉谷歌公司滥用网络搜索结果,以使其有利于自己的在线购物服务。美国《纽约时报》称,如果谷歌败诉,除了高昂的律师费,还将遭到高达66亿美元的罚款,相当于谷歌年营业额的10%。其结果还可能改变谷歌网上业务的规则,及其在欧盟的营销模式。

据英国路透社报道,欧盟在经过数年调查后指控谷歌滥用其在欧洲在线搜索市场的优势,在显示与购物相关的搜索结果时优先照顾谷歌自己的购物服务产品,将来自竞争者的信息放在次要地位,涉嫌错误引导消费者,而对其他竞争者例如eBay和亚马逊等电商网站展开不公平竞争。

谷歌占据欧盟搜索引擎市场90%的市场份额。按照程序,谷歌可以在10周之内做出回应。欧盟反垄断专员维斯塔格表示,我们将根据谷歌的反应来决定下一步行动。如果谷歌和欧盟没有能达成和解,诉讼过程会长达好几年,而且谷歌会面临其年营业收入10%的罚金。

尽管罚款数字对于谷歌来说不成问题,但这对谷歌的搜索引擎业务将是致命一击。维斯塔格指出,欧盟此次对谷歌在线购物提出反垄断指控,将为未来有可能对于谷歌其他相关服务如谷歌地图、宾馆搜索和航班搜索的反垄断调查,提供经验和范例。

欧盟也对谷歌的安卓操作系统提出反垄断指控。据英国广播公司报道,指控主要包含三点:谷歌强制使用安卓系统的手机和平板电脑内置谷歌系列应用,强制捆绑安装多种应用,限制其他软件生产商对安卓系统的改进以及创新。谷歌方面通过官网对于欧盟反垄断委员会的指控表示"强烈反对"。谷歌公司安卓系统副总工程师希罗什·洛克海默表示,安卓系统用户协议完全出于自愿。

欧盟反垄断委员会对于谷歌的调查始于2010年前后。购物是欧盟委员会接到对谷歌投诉的第一个领域，投诉方为英国比价网站 Foundem。此后，投诉像滚雪球一样扩大，在线旅行社 Expedia、微软也加入投诉谷歌的行列。

2015 年，除了谷歌被起诉，欧盟也展开了对亚马逊、苹果、脸谱的调查。微软在 2013 年向欧盟支付 5.1 亿欧元的罚款，英特尔则在 2009 年因垄断被欧盟罚款 11 亿欧元，创下信息行业罚款的最高纪录。

（杨令军　编译）

纽约时报广场未了中国广告情

从 2014 年 8 月 1 日开始，在纽约曼哈顿时报广场，江西九江市形象宣传短片在 223 平方米大的"中国屏"上滚动播放。在时报广场 2 号楼前，来自世界各地的数十万人一抬头便可以看到繁荣的九江长江港口、秀丽的庐山和鄱阳湖等九江城市和生态形象。被誉为"世界十字路口"的时报广场上，五彩炫目的广告巨屏遍布各个高耸的建筑物。在这里，全球各大企业大打宣传牌，竞争关注度。

2011 年 8 月，新华社全资子公司新华影廊（北京）文化传播有限责任公司成为第一家在时报广场长期租用广告屏的中国公司。除九江外，大庆、兰州等城市的宣传片现也通过新华影廊的"中国屏"播出。中国企业也纷纷不惜重金在时报广场打出广告。五粮液在"中国屏"开播伊始便购买了至少一个月的广告时段。格力公司的广告更是从 2012 年一直播放到今天，并计划持续播放五年。

与此同时，在地理位置更好的时报广场 1 号楼上，一面被称为"中国红屏"的大屏幕也在不断滚动播放大连、沈阳等地的宣传片。大连国域无疆传媒集团 2012 年初与 1 号楼拥有者美国 Jamestown 集团签下五年租赁合约，接手运营这块 1 号楼最接近地面的屏幕。

国域无疆美国公司市场部负责人于凡在接受采访时透露，广告的价格为每条每月 10 万美元。国域无疆要求广告时长为 15 秒或 30 秒，每条广告每小时可滚动播放共 7.5 分钟，这块屏幕一天持续播放 20 小时。于凡表示，国域无疆是 1 号楼上唯一代理播放第三方企业广告的屏幕租赁商。相比来说，"中国红屏"面积小一些，1 号楼旁边纳斯达克大屏幕面积更大，收费也约为"中国红屏"的两倍，但后者的劣势是地理位置不如"中国红屏"，同样是位于第 43 街与百老汇大街的交界处，人们走到第 49 街便无法看到纳斯达克的屏幕。

就企业申请租赁播放广告和宣传片的大致流程，于凡表示，主要为内容审查和播放效果测试。首先，国域无疆会告诉客户视频制作所需尺寸。所有完成的样片在播映之前都会经过两道内容审查关，第一道为国域无疆，第二道为 Jamestown 集团。国域无疆和 Jamestown 集团要求广告不可以涉及政治敏感内容，广告题材也不能影响 1 号楼上拥有其他屏幕的企业的利益。也就是说，由于东芝、百威啤酒等广告的存在，中国的电器、啤酒等企业的广告不能在"中国红屏"上出现。而如果视频内容过关，会先试映，测试兼容性和播放效果，之后就可以被安排时间正式开始播放。

而对屏幕租赁商来说，广告屏在大厦上的位置和屏幕尺寸都会影响月租高低。据《华尔街日报》报道，2012 年，时报广场 1 号楼的广告屏年租金，最下面靠近地面的屏幕最便宜，为 110 万美元，最贵为 400 万美元，是从下往上数第二块屏幕的价格，通常越靠中间位置越贵。新华影廊的"中国屏"是 2 号楼从上向下数第二个屏幕，《纽约时报》称，2 号楼广告屏出租方谢伍德户外广告公司可能收取新华影廊高达 30 万至 40 万美元的月租金。

面对巨额屏幕租金压力，企业如何通过广告创造更大利益呢？时报广场的广告屏在播放广告的形式上大致分为两种，收益模式也因此有所不同。一部分广告屏被单一企业长期租用播放固定广告，如 1 号楼的东芝以及 2 号楼的保诚保险、三星等。《华尔街日报》2012 年曾报道称，时报广场年均客流量超过 5000 万人次，这一类广告屏租赁户可借此扩大企业影响力。广告屏的第二种租赁者，如新华影廊和国域无疆，作为"二房东"将屏幕用来播放更多第三方企业的广告和宣传片。在"中国红屏"上播出广告的中外商业客户已有 20 余家，包括匹克、百事、NFL、Citco 等。另据报道，桂林、张家界、井冈山、丽江等旅游胜地以及北京、上海、江苏等数十个省市的形象也已经在"中国屏"上播出过。

1995 年 5 月，三九药业成为第一个在时报广场做广告的中国企业。中国的商业广告和形象宣传片面向海外播放的思路就此打开。2011 年 1 月 18 日，由国务院新闻办筹拍的《中国国家形象片——人物篇》在时报广场六块屏幕同时连续滚动播放一个月，给世界留下深刻印象。

（王朝玲　编译）

谁是艳照门的发布者？

2014年下半年，美国再爆艳照门事件，而这一事件似乎直接牵涉到苹果公司。

"苹果公司正针对多个 iCloud 账户遭非法侵入的报告展开积极调查，我们非常重视用户的隐私。"苹果（中国）在发给中国媒体的书面声明中这样说。2014年9月初，包括奥斯卡影后詹妮弗·劳伦斯、名模凯特·阿普顿在内多名女星的私照在互联网上大量出现，其中不乏裸照。"iCloud 云存储遭黑"被疑是"好莱坞艳照门"的祸首。随着涉事女星人数不断增加，这起"最大规模明星私照被黑"事件不仅在美国激起"孰是孰非"的舆论激辩，"云存储"安全性也备受质疑。安全专家在思考，这朵不知飘在何处的"云"为用户提供大量便利，同时是否也在侵犯人们的"数字主权"。劳伦斯等人发誓"追究到底"，美国联邦调查局（FBI）也表示"跟进案情"，但英国《卫报》显然不相信这会是最后一次"艳照门"，因为人们对女星的身体永远充满好奇。

一、发布者说自己不是黑客

"这是对隐私的公然侵犯。我们已就此事与官方沟通，并将追究每一个贴出这些被盗照片的人。"劳伦斯的发言人这样告诉对此事异常关注的媒体。此前，网络论坛"4chan"上突然被贴出60多张劳伦斯性感撩人的照片，其中不乏裸照。这位因出演《饥饿游戏》被中国观众知晓的奥斯卡"90后影后"瞬间成为互联网热词。一同被曝光裸照的还有名模凯特·阿普顿、影星玛丽·文斯蒂德等人。她们中有人认可照片真实性，有人愤怒指责照片系"伪造"。而媒体随后得到的涉事女星名单长达 101 人，其中包括美、英、澳等地多名影视艺人、名模和体坛红人。

"不，这不是丑闻，而是针对女性的性犯罪"，美国《福布斯》表达了对女星隐私被侵犯的同情。英国广播公司也说，该被谴责的不是拍下艳照的女星，而是窃取照片的黑客。在这种舆论氛围下，美国联邦调查局发言人表示，已获悉明星隐私遭侵犯并被非法公布的指控，将进一步跟进案情。美国媒体说，美国联邦调查局和愤怒的女星们眼下都迫切需要一个答案——谁是发布者。

美国全国广播公司说，这位神秘发布者之所以能保持神秘，在于他选择的发布平台是网络论坛"4chan"，该论坛类似于日本的 2CH，也像中国香港的"高登讨论区"。这家建于 2003 年的网站起初以日本动漫为主题，让用户贴图和讨论。其特色是用户能匿名发布图片、视频等信息。如今，网站每月有 2000 万用户登录，发帖量超过 16 亿，内容也涉及色情与暴力。其中，名为 Random（随机）的贴图区最具争议，劳伦斯等人的艳照即发布于此。

事发后，推特等同样出现艳照的社交网站，采取了封号等措施进行补救，发图者则在"4chan"上发表声明，宣称自己"并非黑客"，而是"收藏者"，且发布照片并非图财（虽然换取了 120 比特币），收集它们倒是花了大量时间和金钱。英国《每日镜报》称，这似乎说明窃取照片的黑客和照片发布者并不是同一个人。

二、"云端"既寒且栗

"谢谢你，iCloud"，事发后，被曝光艳照的演员克里斯汀·邓斯特在推特上发表这条信息，表达对苹果云存储服务的讽刺。原因是美国全国广播公司等媒体报道称，苹果 iCloud 的安全性出现漏洞，是劳伦斯等女星艳照被盗的主要原因。

iCloud 是苹果公司推出的一项"云端存储"服务，让 iPhone、iPad、iPod、Touch 等苹果产品使用者可以免费储存 5GB 资料。只要用户在手机等设备中选择启动 iCloud，其终端设备中的相片、电邮、联络数据存储等便会自动同步存储在 iCloud 中，由于是自动备份，就算用户在手机中删除该照片，照片备份仍存在于 iCloud 中。

黑客如何侵入女星们的 iCloud？英国《每日邮报》称，苹果 iCloud 中有一项名为"找回我的 iPhone"的服务，此前已有人发现该服务存在安全漏洞，恶意黑客只要知道想盗取对象的用户名，借助特殊软件便可在用户不知情的情况下，在短时间内输入成百上千密码组合，强行侦测到账户密码，进而窃取数据信息。美国网络安全专家拉施说，对黑客而言，云存储犹如"一站式便利店"，"他们能偷走女星的数据，就能偷走你的"。

"此次泄露事件很可能令加州科技巨头陷入尴尬。"法新社的文章称，事件已对苹果公司造成伤害，其云服务的安全性备受质疑。有消息称，苹果公司已修补了该漏洞。

根据苹果公司技术介绍，用户如开启"iCloud 照片流"，手机中的照片会自动同步存储在"云端"，但只保存 30 天时间。而被曝光艳照的影星文斯蒂德说，她被曝光的照片至少在一年前已删除，有安全专家据此认为，iCloud 未必是罪魁祸首。美国全国广播公司称，在黑客是怎样做到的问题上，目前有三种猜测，除了 iCloud 漏洞，黑客也有可能是通过猜中女星的用户密码（或从女星的朋友处得知密码），而网络专家的第三种猜测是，黑客有可能从其他电子商务网站下手，只要黑客能成功潜入用户的邮箱或是得到用户名和密码，就可以用改用户名和密码进入该用户在其他网站的个人空间，因为一个痛苦的事实是，大部分用户都用同样的用户名和密码登录不同网站，懒得换密码。

三、你的"数字隐私"谁保护？

"你觉得你这个月网络数据安全状况比上个月差吗？答案是不，事实是你的网络数据每个月都一样不安全。"美国全国广播公司说，虽然现在尚不能确定女星艳照来源是否是 iCloud，但事件已提醒人们，网络是多么不安全。英国广播公司称，不只是 iCloud，其他网络云存储服务也存在安全漏洞，有专家说，虽然许多云存储服务提供商在用户通过不同终端进入"云端"时都会加密，但这不代表当这些数据在"云端"休眠时也被加了密，"如果你能在云服务中看到图片，黑客也能"。

"你的数字主权可能被侵犯，对此，你要有足够的风险意识。"中国有关专家对采访者说，在我们生活的这个个人信息数据不断被电子化的时代，我们往往为享受某种技术便利而让渡个人信息的一部分权利。"你用即时通信工具时，在网站注册个人信息时，日复一日网购时，相关服务供应商有时会主动提醒，该数据会被记载但不会外泄，你可以确认并继续，这一过程即是在契约基础上你对个人信息的交付。"而好莱坞女星艳照门事件提醒你，数据存在被非法入侵和窃取的风险。

"不要把裸照存在云端"，德国《明星周刊》的提醒很直接。与此同时，西方媒体上网络专家对读者的建议大同小异：别用生日之类的简单密码，别所有账户用同一组密码，别在网上存艳照。

（王　艳　编译）

法国保护本土文化就要"例外"

无论英语多么普及，在法国人看来，法语还是世界上最优美的语言。同样，无论英美文化多么发达，在法国人看来，法国文化还是世界上最先进最有生命力的文化。为此，傲慢且有点儿孤独的法国人，始终坚持自己的"例外"原则。

2013年6月8日，美国与欧盟在华盛顿开启《跨大西洋贸易和投资伙伴关系协定》（TTIP）的首轮谈判。这个旨在建立全球最大自贸区的谈判内容涉及货物、服务、投资等多个方面，唯独"文化例外"。6月14日，欧盟27个成员国商务部长达成一致，响应由法国文化部长提出的"文化例外"倡议，宣布将把影音产业排除出此次欧美自贸谈判的范围。一时间"法国在给欧美自贸谈判设障碍"，"法国仇视英美文化"等论调充斥于全球媒体，美国谈判方也撂下狠话——"也有权不谈美国不愿谈的领域"，文化之争成为这场本不被看好的欧美自贸谈判的头一个雷区。

一、是被美国文化渗透逼出来的

"文化例外"是针对文化全球化提出的概念，它最早出现在20世纪90年代，那正是美国通过好莱坞电影将"美国梦"输送到全世界的时期。针对美国经济全球化带来的无孔不入的文化渗透，特别是好莱坞电影和影音产品的传播，法国于1993年在关贸总协定乌拉圭回合谈判中正式提出"文化例外"（L'ExceptionCulturelle）的概念，强调文化产品不同于其他一般商品；除了经济属性，其对人类社会发展和意识形态的形成有独特的作用。因此，法国呼吁在自由贸易的同时遵循"文化例外"原则，主张政府介入文化管理，保障各国公民持续享有丰富文化生活的权利。

提出"文化例外"的概念后，法国通过行业补贴、配额制以及税务减免等措施不断支持法语电影、电视节目以及音乐行业的发展。即便在这种情况下，2015年，美国电影占据欧洲市场几乎60%的份额，而欧盟电影在美国的市场份额只有3%至6%。在欧美音乐、电影、广播和电视节目贸易中，美国每年贸易顺差达到15亿欧元。

二、对文化全领域保护

电影作为法国文化的重要组成部分，是法国"文化保护"的重头。一战结束以来，法国就有限制外国电影进口和扶持本国电影发展的举措。如1928年2月实施的互惠配额制，要求美国购买与放映法国电影，作为在法国发行美国电影的先决条件；1932年推行的配音配额制限制了为在法国放映而进行配音的外国电影数量；1946年实行的"布鲁姆—贝尔纳斯"协议推行了银幕配额政策，即每年每个季度至少要放映四个星期的法国电影。

在图书税收方面，奥朗德政府的做法是将图书增值税由萨科齐任内的7%回落到以前的5.5%，并设法保持独立书店的存在和运转。独立书店是法国传统文化的重要象征，据粗略统计，截至2014年底，法国共有3500多家书店，其中约有3000家为独立书店。为了避免被大型连锁店竞争淘汰，法国政府创设了特殊担保基金机制，以低利率或者延长贷款期限等方式帮助独立出版商和独立书店从银行获得更优惠的贷款。同时，政府在2013年决定追加900万欧元扶持实体书店的发展和帮助发展有困难的独立书店。

从电视行业来看，法国电视台采取严格的份额制度——至少40%的法国本土自制节目，优先引进欧盟其他国家的节目，之后才是美国节目。

面对数字化的冲击，法国及时调整国内文化政策，2013年5月13日，法国《文化例外2号法》协调行动政策建议报告出炉。报告指出，网络和视频点播服务对艺术文化创作的威胁，要求保障创作者的利益和资助创作，将打击网络非法下载行为转向重点打击营利性盗版行为。此外，建议中还提出将对一切可联网媒介，包括手机、平板电脑、阅读器、游戏机等征税。

三、"例外"形似垄断，实非垄断

不同于美国，法国文化行业的发展一般都是由政府主导的。奥朗德政府奉行"文化服务于大家"的文化新政，重点在于艺术的发展和文化的民主。法国文化政策的核心价值就在保障文化的多样性。以电影为例，除了每年举行的戛纳电影节，法国各个地方政府也会举办各式各样的电影节，旨在发掘与支持故事长片以外的电影创作，包括短片、纪录片、实验电影等。同时，也有影展致力于发掘其他法语区、亚非地区的优质影片，如南特市的"亚非电影节"就是亚洲电影在法国行销的重要推手。

已故英国历史学家托尼·朱特曾表示，"对文化的支持是公众生活的最后一块重要阵地，在这里，应该让民族国家而不是欧盟或其他私营企业承担一个近乎垄断供应商的角色"。这个观点与法国政府现行的政策不谋而合。几十年来，法国因实行以政府主导的"文化例外"，有效支持了其文化产业发展，阻止了文化的商业化和低俗化，同时，也没有采取向美国文化产品关闭市场的行动。事实上，排斥他国文化根本不是"文化例外"的真实用意，而且大部分法国人也开始接受生活在一个英语主导的世界。"文化例外"原则在法国的实际操作表现为"文化多元化"。

相关链接

索尼影业败走"本土保护"的韩国

由于市场份额太低，索尼影业在2014年年底完全放弃了在韩国市场的电影发行业务。

据美国《综艺》杂志报道，尽管索尼方面还未发表正式声明，但有消息人士透露说，索尼影业的韩国分部已于2014年年底停止运营。由布拉德·皮特主演的影片《狂怒》成为索尼影业在韩国发行的最后一部电影。这部影片在2014年11月中旬在韩国上映。

报道称，美国电影协会2013年的统计显示，韩国虽然拥有全球第六大的电影市场，但韩国观众仍倾向于观看由本土演员演出的国产电影，对本土电影的需求未因技术及资金的欠缺而变化，这让好莱坞电影公司一直无法"攻城略地"。2014年，索尼影业的韩国市场占有率约为14%，尽管在众多好莱坞发行商中排名第二，但相较韩国本土电影并不算理想。由于经营困难，索尼影业想要退出韩国市场。不仅如此，环球影业随后可能也将选择退出。

索尼影业是第一家进入韩国的好莱坞电影公司，不久前还在韩国招募了16名新员工，这让退出消息更显意外。

（宋正群　编译）

中国软实力在斯里兰卡大有用武之地

"你来自中国吗？"在得到确认之后，载着采访者的三轮出租车司机的话匣子就打开了，"我爱中国功夫，我爱 BruceLee（李小龙）、JackieChan（成龙），功夫电影，太帅了！"

而就在同时，很少引进中国电影的斯里兰卡影院里正在播放由成龙主演的神话古装电影《天将雄师》。"我们引进的所有电影都是在充分考察市场受众之后做的选择，成龙的功夫在斯里兰卡就意味着票房。"科伦坡独立广场购物中心新开的一家影院负责人卡鲁纳拉特纳告诉采访者。

但他同时也表示，对于中国电影，斯里兰卡观众的口味儿很有限，除了功夫片，鲜见有其他题材影视剧在当地播放，尤其是当代题材。事实上，不仅电影如此，在对斯里兰卡的文化传播中，一个新鲜的、与时间同步的中国仍没有得到很好的展示。

一、郑和碑是中国文化影响斯国的标志

中国与斯里兰卡相距遥远，但自 5 世纪开始，两国之间丰富的民间往来和文化交流便开始了。在今天的斯里兰卡寻找两国文化交流的足迹并不难，从科伦坡国家博物馆里的郑和碑，到中南部山区一个叫"法显石村"的小村庄，两国在文化上的相互探寻和走访皆有实证，为今天两国进一步交流提供了基础。

斯里兰卡国家博物馆常常游人如织，6 号展厅内一块青灰色石碑因其朴素而低调的外观，很难引起围观，但它却是目前仅有的一块被发现的郑和碑，堪称中国古代海上丝绸之路和中斯友好交往的实物明证。600 年前，中国航海家郑和曾多次踏上斯里兰卡国土，而这块郑和《布施锡兰山佛寺碑》（郑和碑）成为关于

这一历史的直观见证。该碑系郑和于1407年9月至1409年第二次下西洋时，在斯里兰卡登陆后所立。碑文记载了600多年前郑和赴锡兰（今斯里兰卡）向岛上登佛教寺庙布施财物供奉佛祖之事。

除了郑和，在斯里兰卡，曾到此游历传习佛教的中国高僧法显更是家喻户晓。当年，法显追寻圣足所经的山被称为法显山，山上曾居住一夜的岩洞则得名法显洞，而山脚下的法显寺和法显石村，则在新时期传承着这一精神交流。20世纪80年代，中国政府在法显山下援建了一座寺庙、一个小学及一百多套房屋，因此有了法显寺、法显村小学和法显石村。后来的30年里，在布拉辛哈拉地区，以"法显"为中心所形成的乡村人数越来越多，逐渐形成今天的"法显旅游效应"，让该地区的发展充满活力。

二、电视剧《西游记》即将进入斯国

斯里兰卡社会文化学者辛哈拉贾说："中国与斯里兰卡民间和文化交流有着极为丰厚的历史基础，这为今天两国间增进了解提供了指引。事实上，与历史上相对活跃的文化交流以及如今两国如火如荼的政治经贸往来相比，中斯之间在文化交流上还有很大发挥空间。"

他说："斯里兰卡对中国的认知与现实有着很大的鸿沟，大多数人第一次去中国会被这个国家的发展程度和人们生活的现代化所震撼，这与他们过去在书里、电影里和艺术团体带来的节目中看到的太不一样了。这种认知差距多少与中国现代流行文化未能成功传播到斯里兰卡有关。"

正如辛哈拉贾所说，尽管进入现当代以后，中斯两国间在近代一度停滞的文化交流再度活跃起来，但与更为活跃的政治和经贸往来相比，中国文化传播在斯里兰卡总体呈现出单一化、僵硬化、传播途径受限等特点。

事实的确如此，在斯里兰卡，传播度最广、最深入人心的中国元素，除了中餐和功夫，似乎再无其他。人们对中国的科技水平、生活发展状况等都缺乏了解。尽管中国企业最大程度地活跃在斯里兰卡的建设领域，中国也已经成为斯里兰卡最大资金来源国，但中国文化传播的思路仍显陈旧：艺术交流主要靠地方歌舞团，出口电影多为功夫片。有趣的是，在采访过程中，斯里兰卡一家文化公司负责人非常兴奋地告诉采访者，该公司正着手从中国引进一部电视剧，预测会非常受欢迎，这部电视剧就是《西游记》。

三、东亚两国暂时领先中国

"在对斯里兰卡的文化传播上,同为亚洲国家的日本和韩国值得中国借鉴。"辛哈拉贾说。

说起韩国文化在斯里兰卡,有太多例子。采访者住所楼下有一个小杂货店,每次走进去,都能看到老板抱着笔记本电脑在看韩剧,现代的、古装的、穿越的……他的背后,是韩剧对海外市场的大力拓展——市区主干道旁常年悬挂且定期更换的韩剧广告牌;几乎当地每家电视台都在周末剧场和非周末黄金档安排韩剧播出。

"韩剧在斯里兰卡的传播既是市场行为,也离不开政府的努力。我们引进的电视剧是通过韩剧代理商购买的,但在购买前后都与韩国驻斯里兰卡大使馆保持密切接触,购买哪一类或者哪部电视剧,大使馆都会给出意见。购买过程则是电视台直接联系版权方,购买后由电视台自主配音,但配音人员则是韩国大使馆推荐的语言人才。韩剧里对家庭价值和传统伦理的强调在斯里兰卡民众中间有着强大的共鸣。"斯里兰卡国家独立电视台内容部主任拉马纳亚告诉采访者。

在辛哈拉贾看来,韩剧在斯里兰卡流行,虽是市场行为,但离不开政府以"服务性"为主导的推动。电视剧传播带来价值观和社会理念的沟通,进而获得的是全面的认同感。韩国的汽车和手机以及其他现代产品在斯里兰卡认可度非常高,不能不说有韩剧的很大功劳在其中。

与韩国相比,日本传播其文化则采用了另一渠道。作为斯里兰卡目前最大的捐助国,过去多年,日本对斯里兰卡多集中在科技、医疗、教育等领域,近些年日本公司更是从基础建设领域默默撤出,而将重心转向互联网、科技、教育和医疗。这种政治、经贸行为中的文化渗透,堪称"润物细无声"。

(王德胜　编译)

图书在版编目（CIP）数据

海外新闻出版实录2015 / 国家新闻出版广电总局进口管理司编. ——北京：中国书籍出版社，2017.4
ISBN 978-7-5068-6116-8

Ⅰ.①海… Ⅱ.①国… Ⅲ.①新闻工作—概况—世界—2015②出版工作—概况—世界—2015 Ⅳ.①G219.1②G239.1

中国版本图书馆CIP数据核字（2017）第055275号

海外新闻出版实录2015
国家新闻出版广电总局进口管理司　编

责任编辑	张　文
责任印制	孙马飞　马　芝
封面设计	东方美迪
出版发行	中国书籍出版社
地　　址	北京市丰台区三路居路97号（邮编：100073）
电　　话	（010）52257143（总编室）　　（010）52257140（发行部）
电子邮箱	eo@chinabp.com.cn
经　　销	全国新华书店
印　　刷	三河市顺兴印务有限公司
开　　本	787毫米×1092毫米　1/16
印　　张	29.5
字　　数	489千字
版　　次	2017年4月第1版　2017年4月第1次印刷
书　　号	ISBN 978-7-5068-6116-8
定　　价	98.00元

版权所有　翻印必究